서울교통공사 합격을 위한 추가 학습자료

JN345170

본 교재 인강
30% 할인쿠폰

7BAE DE7E B744 BCE3

전공필기 강의
20% 할인쿠폰

733D 7473 DCA7 462E

* 전공 단과강의에만 적용 가능

인성검사 온라인 모의고사
1만원 할인쿠폰

796E CF62 34SL APHC

* 인성검사 모의고사에만 적용 가능

서울교통공사 취업성공전략 동영상강의
수강권

F5EC 8CDE CFB5 B2HX

* 쿠폰 등록 시 [마이클래스]로 강의 자동 지급
* 지급일로부터 30일간 PC로 수강 가능

NCS 피듈형 온라인 모의고사
응시권

6BFB F87B 598C E2DF

* 쿠폰 등록 후 [마이클래스]-[모의고사]에서 응시 가능
* 지급일로부터 30일간 PC로 수강 가능

이용방법

해커스공기업 사이트(public.Hackers.com) 접속 후 로그인 ▶
사이트 메인 우측 상단 **[마이클래스]** 클릭 ▶ 상단 **[결제관리 - 포인트·쿠폰·수강권]** 클릭 ▶
[쿠폰/수강권 등록하기]에 위 쿠폰번호 입력 후 이용

NCS 모듈이론 핵심 요약집 (PDF)

GT94 T8Y8 RMN4 DSA3

이용방법

해커스공기업 사이트(public.Hackers.com) 접속 후 로그인 ▶
사이트 메인 우측 퀵바 상단의 **[교재 무료자료]** 클릭 ▶
[취업교재 무료자료 다운로드 페이지]에서 본 교재 우측의 다운로드 클릭 ▶
위 쿠폰번호 입력 후 이용

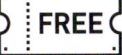

FREE

무료 바로 채점 및 성적 분석 서비스

바로 이용 ▶

이용방법 **해커스공기업 사이트(public.Hackers.com)** 접속 후 로그인 ▶ 사이트 메인 우측 퀵바 상단의 **[교재 무료자료]** 클릭 ▶
[취업 교재 바로 채점 서비스] 접속 ▶ **[바로 채점 서비스]** 클릭

해커스

서울교통공사 NCS+전공

실전모의고사

해커스공기업

서문

서울교통공사 필기시험 어떻게 준비해야 하나요?

서울교통공사 임용을 위한 필수 관문인 필기시험 대비에 어려움을 겪는 여러분의 마음을 알기에,
「해커스 서울교통공사 NCS+전공 실전모의고사」를 펴내며 많은 고민을 하였습니다.

최신 출제 경향을 정확히 파악하고 대비할 수 있도록,
실전 감각을 극대화할 수 있도록,
전공까지 확실히 대비할 수 있도록,

해커스는 수많은 고민을 거듭한 끝에
「해커스 서울교통공사 NCS+전공 실전모의고사」 개정판을 출간하게 되었습니다.

「해커스 서울교통공사 NCS+전공 실전모의고사」는

01 출제 경향 알아보기와 기출동형 모의고사를 수록해 최신 출제 경향을 정확히 파악하고 2023년 채용을 대비할 수 있도록 하였습니다.

02 출제 경향을 반영한 NCS 실전모의고사를 풍부하게 수록하여 실전 감각을 극대화할 수 있도록 하였습니다.

03 전기·전자일반과 기계일반에 더해 행정학, 법학, 경영학, 경제학 전공 모의고사까지 수록하여 2023년에 전공이 도입되는 사무 직종도 전공을 확실히 대비할 수 있도록 하였습니다.

해커스와 함께 서울교통공사 필기시험 관문을 넘어 최종합격하실 **'예비 서울교통공사인'** 여러분께 이 책을 드립니다.

해커스 취업교육연구소

목차

PART 2 전공 실전모의고사

[책 속의 책]
약점 보완 해설집

[온라인 제공]
해커스공기업 사이트(public.Hackers.com)
NCS 피듈형 온라인 모의고사(응시권 수록)
NCS 모듈이론 핵심 요약집(PDF)

필기시험 합격을 위한 이 책의 활용법

1 최신 출제 경향을 파악하고 효과적으로 학습한다!

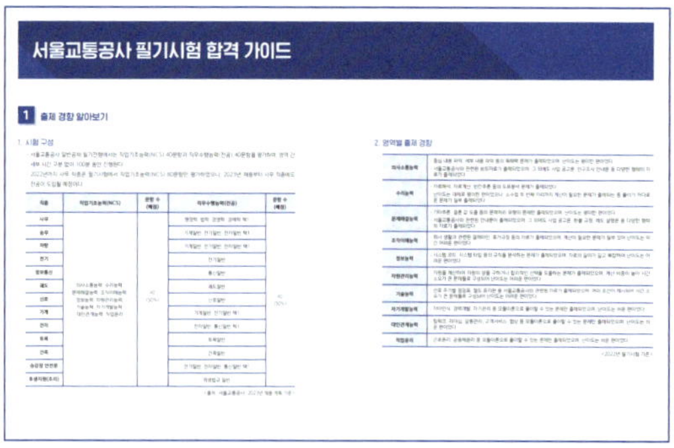
서울교통공사 필기시험 합격 가이드

1 출제 경향 알아보기

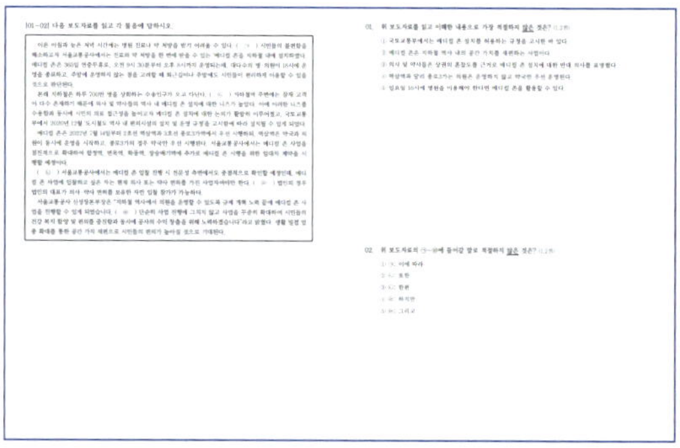

출제 경향 알아보기

최근 서울교통공사 필기시험 출제 경향을 확인할 수 있습니다.

기출동형 모의고사

가장 최근 시험인 2022년 시험 경향을 철저히 분석하여 반영한 모의고사로 최신 출제 경향을 파악하는 것은 물론 2023년 시험도 확실히 대비할 수 있습니다.

2 충분한 분량의 모의고사로 실전 감각을 극대화한다!

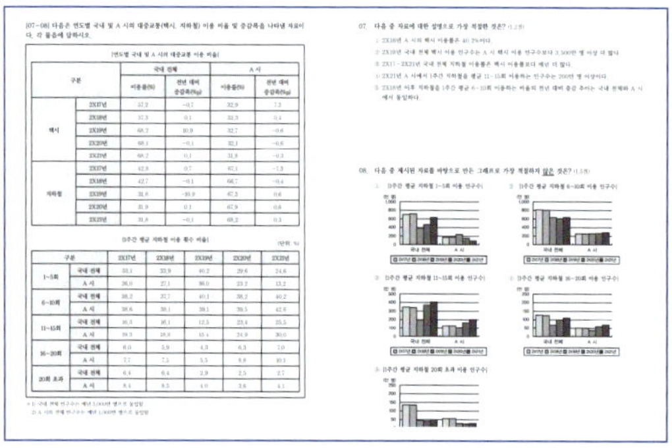

행정학 실전모의고사

NCS 실전모의고사(6회분)

실제 시험과 유사한 구성의 NCS 실전모의고사 6회분을 제한 시간을 두고 풀어보면서 실전에 철저히 대비할 수 있습니다. 다양한 유형의 문제를 수록해 출제사 변경에 따른 출제 경향 변동도 대비할 수 있습니다.

전공 실전모의고사(과목별 1회분)

행정학, 법학, 경영학, 경제학, 전기·전자일반, 기계일반 전공 모의고사를 1회분씩 수록하여, 지원하는 직종에 맞는 전공 실전모의고사로 전공시험도 한 번에 대비할 수 있습니다.

3 학습 플랜을 활용하여 전략적으로 준비한다!

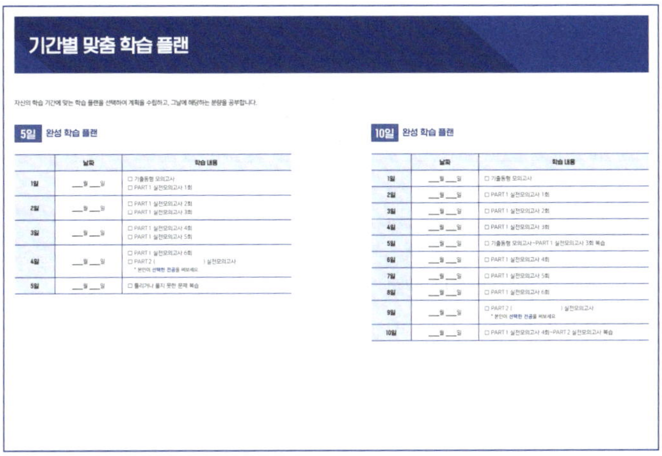

학습 플랜

본 교재에서 제공하는 기간별 학습 플랜에 따라 학습하면 혼자서도 단기간에 전략적으로 대비할 수 있습니다.

4 꼼꼼한 해설로 완벽하게 정리하고, 효과적인 풀이법을 익힌다!

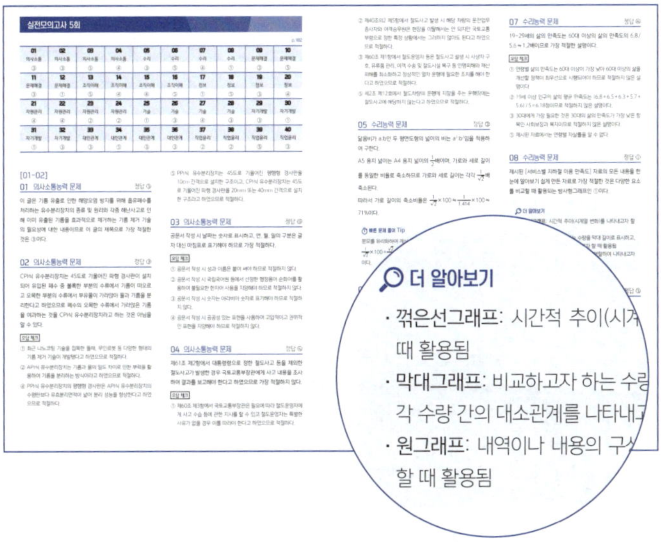

정답·해설

문제집과 해설집을 분리하여 보다 편리하게 학습할 수 있으며, 모든 문제에 대해 상세하고 이해하기 쉬운 해설을 수록하여 체계적으로 학습할 수 있습니다.
특히 해설의 '빠른 문제 풀이 Tip'을 통해 문제를 빠르고 정확하게 풀이하는 노하우를 익힐 수 있으며, '더 알아보기'로 문제와 관련된 추가 개념까지 한 번에 학습할 수 있습니다.

기간별 맞춤 학습 플랜

자신의 학습 기간에 맞는 학습 플랜을 선택하여 계획을 수립하고, 그날에 해당하는 분량을 공부합니다.

5일 완성 학습 플랜

	날짜	학습 내용
1일	____월 ____일	□ 기출동형 모의고사 □ PART 1 실전모의고사 1회
2일	____월 ____일	□ PART 1 실전모의고사 2회 □ PART 1 실전모의고사 3회
3일	____월 ____일	□ PART 1 실전모의고사 4회 □ PART 1 실전모의고사 5회
4일	____월 ____일	□ PART 1 실전모의고사 6회 □ PART 2 ( ) 실전모의고사 * 본인이 **선택한 전공**을 써보세요.
5일	____월 ____일	□ 틀리거나 풀지 못한 문제 복습

10일 완성 학습 플랜

	날짜	학습 내용
1일	___월 ___일	□ 기출동형 모의고사
2일	___월 ___일	□ PART 1 실전모의고사 1회
3일	___월 ___일	□ PART 1 실전모의고사 2회
4일	___월 ___일	□ PART 1 실전모의고사 3회
5일	___월 ___일	□ 기출동형 모의고사~PART 1 실전모의고사 3회 복습
6일	___월 ___일	□ PART 1 실전모의고사 4회
7일	___월 ___일	□ PART 1 실전모의고사 5회
8일	___월 ___일	□ PART 1 실전모의고사 6회
9일	___월 ___일	□ PART 2 ( ) 실전모의고사 * 본인이 **선택한 전공**을 써보세요.
10일	___월 ___일	□ PART 1 실전모의고사 4회~PART 2 실전모의고사 복습

서울교통공사 합격 가이드

1 서울교통공사 알아보기

1. 경영목표

미션

안전한 도시철도, 편리한 교통 서비스

비전

사람과 도시를 연결하는 종합교통기업 서울교통공사

핵심가치 체계

핵심가치	안전우선	미래대비	고객만족	지속경영
경영목표	시스템 기반 최고 수준의 안전운행	미래 성장동력 지속 발굴 및 강화	더 나은 서비스를 통한 고객만족도 제고	지속가능한 혁신 경영관리 체계 구축
전략과제	· 선제적인 차량 및 시설 현대화 · 공사 고유의 안전관리 시스템 고도화	· 철도 운영 역량 활용 수익 다각화 · 사업영역 확장을 통한 신성장동력 발굴	· 고객 맞춤형 고품질 서비스 제공 · 도시철도 이용환경 개선 및 편리성 강화	· 경영개선 및 대외협력을 통한 ESG 경영 · 조직 운영 및 업무 프로세스 개선

2. 인재상

열정과 도전정신을 가진 인재

안전분야 최고를 지향하는 인재	세계 최고 수준의 안전 전문가가 되기 위해 노력하는 인재
혁신을 주도하는 인재	실패를 두려워하지 않고 이를 통해 배우고 성장함으로써, 끊임없이 발전을 주도해 나가는 인재
열린 마음으로 협력하는 인재	나와 동료의 성공, 공사 발전에 기여하고 협력할 수 있는 영향력 있는 인재

<출처: 서울교통공사 홈페이지>

2 서울교통공사 채용 알아보기

1. 채용절차

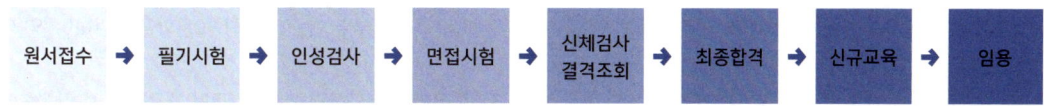

원서접수 → 필기시험 → 인성검사 → 면접시험 → 신체검사 결격조회 → 최종합격 → 신규교육 → 임용

원서접수

- 직무 중심 입사지원서를 제출하는 단계로, 서울교통공사는 별도의 평가 없이 적격 여부만 판단하여 적격자에게 필기시험의 기회를 제공한다.

필기시험

- 지원자의 직무수행 기본 역량을 검증하기 위한 평가 단계이다.

인성검사

- 직무수행 및 직장생활 적응에 요구되는 기초적인 인성을 측정하는 단계로, 인성검사 결과는 면접 시 참고사항이 된다.

면접시험

- 지원자가 제출한 원서 내용을 확인하고 지원자가 갖추고 있는 기본 역량과 자질을 확인하고자 하는 단계이다.
- 서울교통공사는 분야별 직무와 연계된 PT면접과 직원으로서의 정신자세, 의사발표의 정확성과 논리성 등의 평정요소를 확인하는 집단면접으로 진행된다.

2. 지원자격

공통

- 만 18세 이상
- 학력 제한 없음
- 병역필 또는 면제자
- 주·야간 교대(교번)근무가 가능한 자
- 공사 인사규정 제17조(결격사유)에 해당하지 않는 자
  ※ 결격사유: 파산자, 병역기피자, 금고 이상의 실형을 선고받고 그 집행이 종료되거나 집행을 받지 아니하기로 확정된 후 5년이 지나지 않은 자, 금고 이상의 형을 선고받고 그 집행유예 기간이 끝나지 않았거나 끝난 날로부터 2년이 지나지 않은 자 등
- 승무직의 경우 철도안전법 제11조에 해당하지 않는 자
  ※ 철도안전법 제11조: 19세 미만인 자, 철도차량 운전상의 위험과 장해를 일으킬 수 있는 정신질환자, 약물이나 알코올 중독자 등

자격

- 승무: 기관사 면허(제2종 전기차량 운전면허) 소지자

<출처: 서울교통공사 홈페이지, 2022년 채용 기준>

서울교통공사 필기시험 합격 가이드

1 출제 경향 알아보기

1. 시험 구성

· 서울교통공사 일반공채 필기전형에서는 직업기초능력(NCS) 40문항과 직무수행능력(전공) 40문항을 평가하며, 영역 간 세부 시간 구분 없이 100분 동안 진행된다.

· 2022년까지 사무 직종은 필기시험에서 직업기초능력(NCS) 80문항만 평가하였으나, 2023년 채용부터 사무 직종에도 전공이 도입될 예정이다.

직종	직업기초능력(NCS)	문항 수 (배점)	직무수행능력(전공)	문항 수 (배점)
사무	의사소통능력, 수리능력, 문제해결능력, 조직이해능력, 정보능력, 자원관리능력, 기술능력, 자기개발능력, 대인관계능력, 직업윤리	40 (50%)	행정학, 법학, 경영학, 경제학 택1	40 (50%)
승무			기계일반, 전기일반, 전자일반 택1	
차량			기계일반, 전기일반, 전자일반 택1	
전기			전기일반	
정보통신			통신일반	
궤도			궤도일반	
신호			신호일반	
기계			기계일반, 전기일반 택1	
전자			전자일반, 통신일반 택1	
토목			토목일반	
건축			건축일반	
승강장 안전문			전기일반, 전자일반, 통신일반 택1	
후생지원(조리)			위생법규 일반	

<출처: 서울교통공사, 2023년 채용 계획 기준>

2. 영역별 출제 경향

의사소통능력	· 중심 내용 파악, 세부 내용 파악 등의 독해력 문제가 출제되었으며, 난이도는 평이한 편이었다. · 서울교통공사와 관련된 보도자료가 출제되었으며, 그 외에도 사업 공고문, 인구조사 안내문 등 다양한 형태의 자료가 출제되었다.
수리능력	· 자료해석, 자료계산, 빈칸추론 등의 도표분석 문제가 출제되었다. · 난이도는 대체로 평이한 편이었으나, 소수점 두 번째 자리까지 계산이 필요한 문제가 출제되는 등 풀이가 까다로운 문제가 일부 출제되었다.
문제해결능력	· 기타추론, 결론 값 도출 등의 문제처리 유형의 문제만 출제되었으며, 난이도는 평이한 편이었다. · 서울교통공사와 관련된 안내문이 출제되었으며, 그 외에도 사업 공고문, 환불 규정, 제도 설명문 등 다양한 형태의 자료가 출제되었다.
조직이해능력	· 회사 생활과 관련된 결재라인, 휴가규정 등의 자료가 출제되었으며, 계산이 필요한 문제가 일부 있어 난이도는 약간 어려운 편이었다.
정보능력	· 시스템 코드, 시스템 타입 등의 규칙을 분석하는 문제가 출제되었으며, 자료의 길이가 길고 복잡하여 난이도는 어려운 편이었다.
자원관리능력	· 자원을 계산하여 자원의 양을 구하거나 합리적인 선택을 도출하는 문제가 출제되었으며, 계산 비중이 높아 시간 소요가 큰 문제들로 구성되어 난이도는 어려운 편이었다.
기술능력	· 선로 주기별 점검표, 철도 표지판 등 서울교통공사와 관련된 자료가 출제되었으며, 여러 조건이 제시되어 시간 소요가 큰 문제들로 구성되어 난이도는 어려운 편이었다.
자기개발능력	· 자아인식, 경력개발, 자기관리 등 모듈이론으로 풀이할 수 있는 문제만 출제되었으며, 난이도는 쉬운 편이었다.
대인관계능력	· 팀워크, 리더십, 갈등관리, 고객서비스, 협상 등 모듈이론으로 풀이할 수 있는 문제만 출제되었으며, 난이도는 쉬운 편이었다.
직업윤리	· 근로윤리, 공동체윤리 등 모듈이론으로 풀이할 수 있는 문제만 출제되었으며, 난이도는 쉬운 편이었다.

<2022년 필기시험 기준>

2 필기시험 대비 학습 전략

1. 서울교통공사와 관련된 소식을 주기적으로 확인한다!

서울교통공사 필기시험에는 철도안전법, 서울교통공사 입찰 자료와 같이 서울교통공사와 관련된 자료나 업무 시 겪을 수 있는 상황이 제시되는 경우가 많습니다. 따라서 서울교통공사에서 공개하는 문서나 보도자료를 주기적으로 확인하여 배경지식을 쌓는 것이 도움이 됩니다.

2. NCS 10개 영역을 골고루 학습해야 한다!

서울교통공사는 NCS 10개 영역이 모두 출제되며, 영역별 문항 수가 동일합니다. 따라서 일부 영역만 집중학습하기보다는 전 영역을 골고루 학습하는 것이 좋습니다. 평소 문제를 풀면서 자신이 취약한 영역이 무엇인지 파악하고, 취약 영역을 집중 학습한다면 고득점에 도움이 될 것입니다.

3. PSAT형도 모듈형도 모두 대비한다!

서울교통공사는 '모듈형'으로 불리는 한국산업인력공단 NCS 학습모듈을 기반으로 한 문제와 공직적격성평가(PSAT)와 유사한 사고력 평가 문제인 'PSAT형'이 모두 출제되는 시험으로, 두 유형 모두 대비해야 합니다.
최근 출제 경향에 따르면 의사소통능력, 수리능력, 문제해결능력, 조직이해능력, 정보능력, 자원관리능력은 PSAT 문제와 비슷한 유형의 문제가 출제되므로 7급 국가직 및 민간경력자 PSAT 수준의 문제를 풀어 보는 것이 도움이 되며, 자기개발능력, 대인관계능력, 직업윤리는 한국산업인력공단에서 제공하는 NCS 학습모듈을 기반으로 한 문제가 출제되는 편이므로 NCS 학습모듈을 확실히 숙지하는 것이 좋습니다.

3 시험 당일 Tip!

1. 시험 응시 당일 유의사항

- 시험 응시 전 수험표, 신분증 등을 미리 준비합니다.
- 별도로 쉬는 시간이 제공되지 않는다는 점을 염두에 두고 시험에 응시합니다.
- 파본 확인 시간이 별도로 주어지지 않을 수 있으므로 시험지를 받은 직후에는 파본 점검을 합니다.
- 수정테이프를 사용할 수 없으며, 답안지 교체는 가능하나 종료 5분 전부터는 교체도 불가능하다는 점에 유의하여 답안지를 신중히 작성해야 합니다.

2. 합격을 위한 Tip

- 시험 초반 안내 방송 외에도 시험 중간에 종료 시각 알림이 여러 번 있으므로 안내되는 시간에 맞추어 자신이 적절한 속도로 문제를 풀고 있는지 확인합니다.
- 문제 순서와 상관없이 문제를 풀 수 있으므로, 자신 있는 문제를 먼저 푼 후에 잘 모르는 문제를 푸는 방식으로 최대한 많은 문제를 푸는 것이 좋습니다.
- 서울교통공사는 각 문제에 배점이 존재합니다. 따라서 시간이 없을 경우에는 배점이 높은 문제를 우선하여 풀이하는 등 전략적으로 문제를 풀도록 합니다.

공기업 취업의 모든 것, 해커스공기업
public.Hackers.com

기출동형 모의고사

수험번호	
성명	

기출동형 모의고사

시작과 종료 시각을 정한 후, 실전처럼 모의고사를 풀어보세요.

시 분 ~ 시 분 (총 40문항/권장 풀이시간 50분)

□ **시험 유의사항**

[1] 2023년부터 서울교통공사 필기시험은 전 직종 NCS 40문항(직업기초능력평가 전 영역) + 전공 40문항으로 구성됩니다.

[2] 본 모의고사는 2022년 NCS 시험 후기를 바탕으로 한 기출 변형 문제로 구성되어 있습니다.

[3] 본 모의고사는 NCS 40문항으로 구성되어 있으므로, 직종에 맞는 전공 문항을 추가로 풀어보는 것이 좋습니다.

[4] 해커스잡 애플리케이션의 모바일 타이머를 이용하여 실전처럼 모의고사를 풀어본 뒤, 해설집의 '바로 채점 및 성적 분석 서비스' QR 코드를 스캔하여 응시 인원 대비 본인의 성적 위치를 확인해보시기 바랍니다.

[01-02] **다음 보도자료를 읽고 각 물음에 답하시오.**

이른 아침과 늦은 저녁 시간에는 병원 진료나 약 처방을 받기 어려울 수 있다. (㉠) 시민들의 불편함을 해소하고자 서울교통공사에서는 진료와 약 처방을 한 번에 받을 수 있는 '메디컬 존'을 지하철 내에 설치하였다. 메디컬 존은 365일 연중무휴로, 오전 9시 30분부터 오후 8시까지 운영되는데, 대다수의 병·의원이 18시에 운영을 종료하고, 주말에 운영하지 않는 점을 고려할 때 퇴근길이나 주말에도 시민들이 편리하게 이용할 수 있을 것으로 판단된다.

본래 지하철은 하루 700만 명을 상회하는 수송인구가 오고 다닌다. (㉡) 지하철역 주변에는 잠재 고객이 다수 존재하기 때문에 의사 및 약사들의 역사 내 메디컬 존 설치에 대한 니즈가 높았다. 이에 이러한 니즈를 수용함과 동시에 시민의 의료 접근성을 높이고자 메디컬 존 설치에 대한 논의가 활발히 이루어졌고, 국토교통부에서 2020년 12월 '도시철도 역사 내 편의시설의 설치 및 운영 규정'을 고시함에 따라 설치될 수 있게 되었다.

메디컬 존은 2022년 7월 14일부터 2호선 역삼역과 3호선 종로3가역에서 우선 시행하되, 역삼역은 약국과 의원이 동시에 운영을 시작하고, 종로3가의 경우 약국만 우선 시행된다. 서울교통공사에서는 메디컬 존 사업을 점진적으로 확대하여 합정역, 면목역, 학동역, 장승배기역에 추가로 메디컬 존 시행을 위한 임대차 계약을 시행할 예정이다.

(㉢) 서울교통공사에서는 메디컬 존 입찰 진행 시 전문성 측면에서도 중점적으로 확인할 예정인데, 메디컬 존 사업에 입찰하고 싶은 자는 현재 의사 또는 약사 면허를 가진 사업자여야만 한다. (㉣) 법인의 경우 법인의 대표가 의사·약사 면허를 보유한 자만 입찰 참가가 가능하다.

서울교통공사 신성장본부장은 "지하철 역사에서 의원을 운영할 수 있도록 규제 개혁 노력 끝에 메디컬 존 사업을 진행할 수 있게 되었습니다. (㉤) 단순히 사업 진행에 그치지 않고 사업을 꾸준히 확대하여 시민들의 건강 복지 함양 및 편의를 증진함과 동시에 공사의 수익 창출을 위해 노력하겠습니다"라고 밝혔다. 생활 밀접 업종 확대를 통한 공간 가치 재편으로 시민들의 편의가 높아질 것으로 기대된다.

01. 위 보도자료를 읽고 이해한 내용으로 가장 적절하지 않은 것은? (1.2점)

① 국토교통부에서는 메디컬 존 설치를 허용하는 규정을 고시한 바 있다.

② 메디컬 존은 지하철 역사 내의 공간 가치를 재편하는 사업이다.

③ 의사 및 약사들은 상권의 혼잡도를 근거로 메디컬 존 설치에 대한 반대 의사를 표명했다.

④ 역삼역과 달리 종로3가는 의원은 운영하지 않고 약국만 우선 운영된다.

⑤ 일요일 18시에 병원을 이용해야 한다면 메디컬 존을 활용할 수 있다.

02. 위 보도자료의 ㉠~㉤에 들어갈 말로 적절하지 않은 것은? (1.2점)

① ㉠: 이에 따라

② ㉡: 또한

③ ㉢: 한편

④ ㉣: 하지만

⑤ ㉤: 그리고

[03-04] 다음 안내문을 읽고 각 물음에 답하시오.

[○○공사 면접 전형 안내]

면접 일정	① 일시: 20XX년 11월 12일(토) 12:30분까지 도착 ② 장소: 서울시 강남구 서초대로 △△건물 1층 ③ 준비물: 신분증, 수험표, 입사지원서 증빙서류 ※ 1) 12:30 집결지 모임 이후 담당자가 개별 면접 장소로 안내할 예정 2) 신분증은 주민등록증, 운전면허증, 여권만 인정 가능(학생증 불가)
평가 기준	직무적합성, 책임감, 성실성, 열정 각 항목 30%, 25%, 25%, 20%의 비중으로 총점 100점으로 평가
입사지원서 증빙서류	면접 완료 후 면접장 퇴실 전 입사 담당자에게 입사지원서 작성 시 기재한 증빙서류의 원본 제출 ① 학력 증빙서류(지원자 전원) - 학사 졸업(예정) 증명서 - 학사 성적증명서 ② 병역 증빙서류(해당자만 제출) - 병역증명서 혹은 주민등록초본 ③ 기타 증빙서류 - 경력사항, 어학성적, 자격사항, 수상경력, 장애, 보훈 등
면접비 지급을 위한 개인정보 제공 동의서 제출	20XX년 11월 8일(화) 18시까지 채용 홈페이지 내 온라인 제출 ※ 개인정보 제공 동의서 미제출 시 면접비 지급이 거절될 수 있음
문의처	면접 전형과 관련한 문의사항이 있는 경우 recruit@oogongsa.com으로 이메일 접수 또는 052-1111-2222로 문의

03. 위의 안내문을 읽고 이해한 내용으로 가장 적절하지 않은 것은? (1.5점)

① 면접 평가 기준에 따르면 성실성이 열정보다 더 높은 비중으로 평가된다.

② 면접비 지급을 위한 개인정보 제공 동의서 제출은 면접 일정보다 우선 진행된다.

③ ○○공사 면접 전형과 관련해 문의사항이 있다면 이메일 혹은 유선으로 문의하면 된다.

④ 면접 일자에 면접 대상자는 12시 30분까지 개별 면접 장소에 도착해야만 한다.

⑤ 면접 전형이 완료되면 면접장에서 나가기 전에 입사 담당자에게 입사지원서 작성 시 기입한 증빙서류를 제출해야 한다.

04. ○○공사의 인사팀에서 근무하는 귀하는 면접 전형과 관련해 지원자의 문의에 답변하는 업무를 맡고 있다. 위의 안내문을 토대로 답변한다고 할 때, (가)~(마)의 문의에 대한 각 답변 내용으로 가장 적절한 것은? (1.5점)

> (가) 안내문에 따르면 면접비 지급을 위한 개인정보 제공 동의서를 제출하라고 되어 있던데, 제출하지 않을 경우 어떻게 되나요?
> (나) 제가 입사지원서 작성 시 기입한 증빙서류 원본을 잃어버렸는데, 사본을 제출해도 무관한가요?
> (다) 제가 지갑을 잃어버렸는데 면접 당일 신분증 대신 학생증을 지참해도 될까요?
> (라) 병역 증빙서류도 무조건 제출해야 하나요?
> (마) 저는 경력 지원자인데, 경력사항에 대한 증빙서류도 면접이 진행되는 날 제출해야 하나요?

① (가): 개인정보 제공 동의서를 제출하지 않으실 경우 면접비 지급이 거절될 수 있는 점 참고해주시기 바랍니다.

② (나): 증빙서류의 경우 사본도 원본과 동일한 효력이 있으므로, 사본을 제출하셔도 됩니다.

③ (다): 신분증으로는 주민등록증, 운전면허증, 여권, 학생증 중 한 가지를 지참하시면 됩니다.

④ (라): 병역 증빙서류의 경우 지원자 전원이 제출해야 하며, 병역증명서 혹은 주민등록초본을 제출하시면 됩니다.

⑤ (마): 경력사항과 관련된 증빙서류는 최종 합격 이후 입사일에 맞추어 제출하시면 됩니다.

[05-06] 다음은 성별 경제활동 인구수에 대한 자료이다. 각 물음에 답하시오.

[성별 경제활동 인구수]

(단위: 천 명)

성별	항목	2X18년	2X19년	2X20년	2X21년	2X22년
남성	15세 이상 인구수	21,699	21,887	22,035	22,198	22,273
	경제활동 인구수	16,002	16,090	16,005	16,124	16,376
	취업자 수	15,372	15,463	15,381	15,548	15,928
	실업자 수	630	627	624	576	448
	비경제활동 인구수	5,697	5,797	6,030	6,074	5,897
여성	15세 이상 인구수	22,483	22,618	22,750	22,882	22,988
	경제활동 인구수	11,893	12,097	12,007	12,186	12,546
	취업자 수	11,450	11,660	11,523	11,725	12,161
	실업자 수	443	437	484	461	385
	비경제활동 인구수	10,590	10,521	10,743	10,696	10,442

※ 증감폭 = |(기준 연도 수치) − (비교 연도 수치)|

05. 다음 중 자료에 대한 설명으로 가장 적절하지 않은 것은? (1.5점)

① 2X18~2X22년 여성 경제활동 인구수는 여성 비경제활동 인구수보다 매년 더 많다.

② 2X18~2X22년 남성 경제활동 인구수는 매년 남성 비경제활동 인구수의 3배 미만이다.

③ 2X19~2X22년간 남성 실업자 수는 매년 전년 대비 감소하였다.

④ 2X19~2X22년 중 여성 실업자 수의 전년 대비 증감폭이 가장 작은 해는 2X21년이다.

⑤ 2X22년 남성 15세 이상 인구수가 전체 15세 이상 인구수에서 차지하는 비중은 50% 미만이다.

06. 다음 중 제시된 자료를 바탕으로 만든 그래프로 적절하지 않은 것은? (1.5점)

① [남성 15세 이상 인구수]

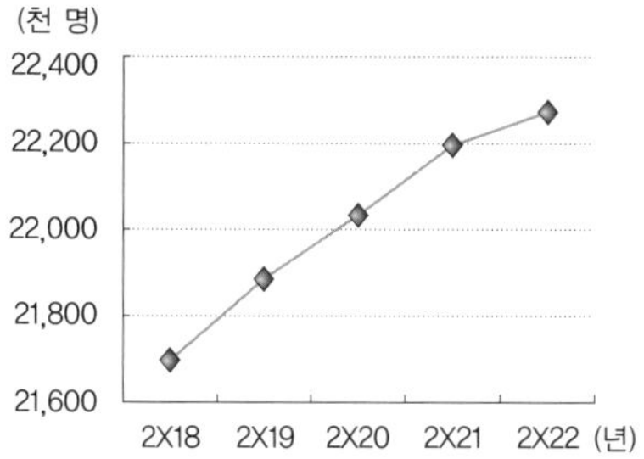

② [여성 경제활동 인구수의 전년 대비 증감폭]

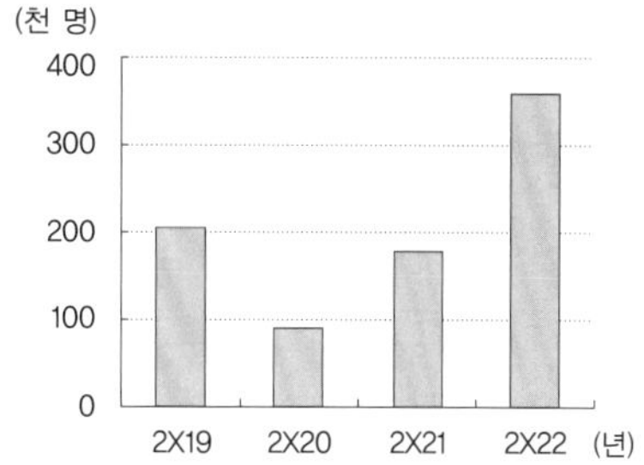

③ [성별 비경제활동 인구수]

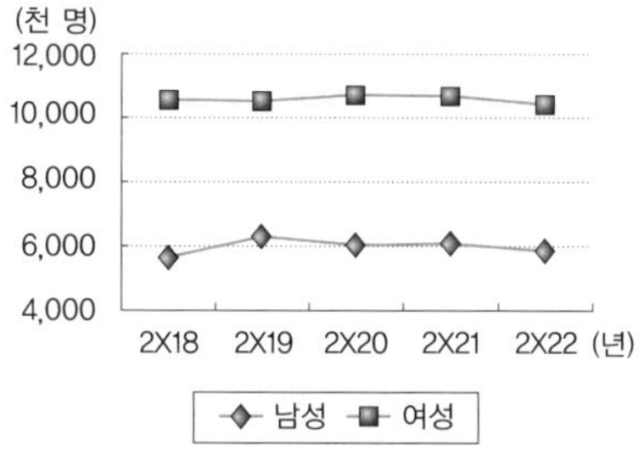

④ [전체 취업자 수]

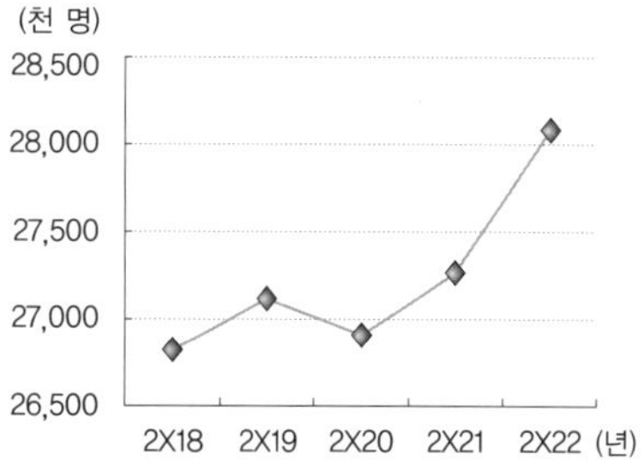

⑤ [2X22년 기준 해당 연도의 남성 실업자 수 증감폭]

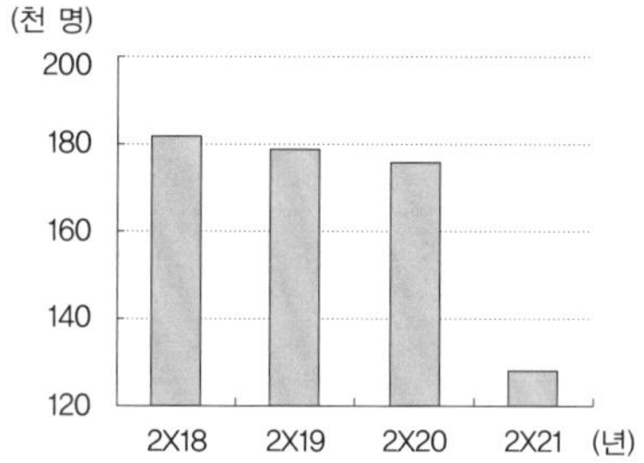

[07-08] 다음은 2X22년 ○○공사의 호선별 승하차 인원에 대한 자료이다. 각 물음에 답하시오.

[호선별 승차 인원]

(단위: 명)

구분	1월	2월	3월	4월	5월	6월	합계
1호선	37,218	36,895	41,151	34,656	35,154	38,653	223,727
2호선	52,134	53,252	52,642	56,242	53,345	56,132	323,747
3호선	28,563	27,654	27,558	27,326	30,215	29,293	170,609
4호선	30,212	31,121	27,752	26,648	28,542	26,741	171,016
5호선	23,215	21,542	22,246	26,843	20,102	21,120	135,068
6호선	15,432	16,235	16,432	16,632	17,210	15,442	97,383
7호선	14,251	16,254	17,526	17,323	15,432	16,548	97,334
8호선	20,531	18,245	17,345	16,258	17,686	18,896	108,961
합계	221,556	221,198	222,652	221,928	217,686	222,825	1,327,845

[호선별 하차 인원]

(단위: 명)

구분	1월	2월	3월	4월	5월	6월	합계
1호선	45,189	32,656	34,875	50,484	37,633	48,496	249,333
2호선	58,475	60,899	65,846	61,692	65,085	60,245	372,242
3호선	30,542	27,545	26,894	24,876	29,548	25,484	164,889
4호선	25,899	32,054	28,689	27,985	28,848	26,896	170,371
5호선	24,876	28,686	27,625	24,548	26,351	26,637	158,723
6호선	10,532	10,026	9,768	9,685	9,953	10,283	60,247
7호선	15,466	15,432	15,487	12,506	13,326	15,422	87,639
8호선	4,732	8,635	10,214	8,642	9,275	9,751	51,249
합계	215,711	215,933	219,398	220,418	220,019	223,214	1,314,693

07. **다음 중 자료에 대한 설명으로 가장 적절하지 않은 것은?** (1.2점)

① 2X22년 2~6월 4호선 승차 인원과 하차 인원의 전월 대비 증감 추이는 동일하다.

② 2X22년 1~6월 2호선 승차 인원이 가장 적은 달과 하차 인원이 가장 적은 달은 동일하다.

③ 2X22년 1~6월 전체 호선의 승차 인원이 가장 많은 달과 하차 인원이 가장 많은 달은 동일하다.

④ 2X22년 1~6월 전체 호선의 총 승차 인원 중 2호선 승차 인원이 차지하는 비중은 25% 이상이다.

⑤ 2X22년 1월 1호선의 승차 인원과 하차 인원의 차이는 7,971명이다.

08. **다음은 제시된 자료를 바탕으로 2X22년 6호선 승차 인원의 전월 대비 증감률을 나타낸 자료이다. 자료를 보고 빈칸에 들어갈 값을 구하면?** (단, 소수점 둘째 자리에서 반올림하여 계산한다.) (0.8점)

[6호선 승차 인원의 전월 대비 증감률]

(단위: %)

구분	2월	3월	4월	5월	6월
증감률	5.2	1.2	1.2	(　　)	−10.3

① 1.2　　② 2.3　　③ 2.8　　④ 3.2　　⑤ 3.5

[09-10] 다음은 역 시설물 임시 폐쇄 공사현황에 대한 자료이다. 각 물음에 답하시오.

[역 시설물 임시 폐쇄 공사현황]

호선	역명	폐쇄 시설물	폐쇄 기간	공사내용	대체 이용정보
2호선	A 역	1번 출입구	2X21-06-21~ 2X23-07-12	승강 편의시설 설치(E/S)	2번 출입구 사용
4호선	B 역	3번 출입구	2X22-05-12~ 2X23-05-08	승강 편의시설 설치(E/S)	5번 출입구 사용
1호선	C 역	에스컬레이터 2호 J 역행	2X20-07-14~ 2X23-06-15	노후 에스컬레이터 교체	계단 이용
3호선	D 역	5번 출입구	2X21-04-30~ 2X23-04-28	승강 편의시설 설치(E/L)	4, 6번 출입구 사용
2호선	E 역	7번 출입구	2X22-05-06~ 2X24-01-03	승강 편의시설 설치(E/S)	8번 출입구 사용
7호선	F 역	3번 출입구	2X21-04-13~ 2X24-02-03	승강 편의시설 설치(E/L)	4번 출입구 사용
5호선	G 역	5번 출입구	2X22-03-02~ 2X23-05-15	승강 편의시설 설치(E/L)	6번 출입구 사용
8호선	H 역	8번 출입구	2X20-06-13~ 2X23-07-31	승강 편의시설 설치(E/L)	7번 출입구 사용
7호선	I 역	에스컬레이터 1호 F 역행	2X21-11-29~ 2X23-11-28	노후 에스컬레이터 교체	계단 이용
1호선	J 역	8번 출입구	2X20-06-17~ 2X23-09-30	승강 편의시설 설치(E/S)	7, 9번 출입구 사용
6호선	K 역	2번 출입구	2X22-05-18~ 2X24-11-02	승강 편의시설 설치(E/L)	1, 5번 출입구 사용

※ E/S는 에스컬레이터, E/L은 엘리베이터를 의미함

09. 위 자료를 근거로 판단한 내용으로 가장 적절하지 <u>않은</u> 것은? (1.2점)

① 2X24년 1월 1일 이후 폐쇄가 끝나는 역 시설물은 3개이다.

② G 역의 5번 출입구의 폐쇄 사유는 엘리베이터 설치를 위한 공사이다.

③ 에스컬레이터 설치 공사를 진행하는 호선은 4개 호선이다.

④ 노후한 에스컬레이터를 교체하는 공사를 진행하는 역은 모두 에스컬레이터 대체로 계단을 이용한다.

⑤ 8번 출입구를 폐쇄하는 역은 총 2개이다.

10. 다음은 역 시설물을 임시 폐쇄한 역의 약도이다. 다음 역에 해당하는 호선은? (1.2점)

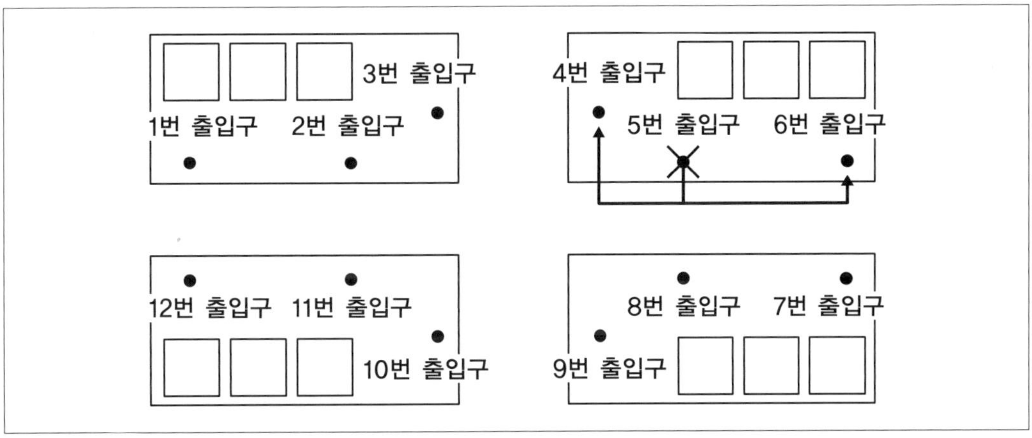

① 1호선 ② 2호선 ③ 3호선 ④ 5호선 ⑤ 7호선

[11-12] 다음은 ○○교통공사에서 운영하는 무인형 개인창고 대여 서비스의 이용현황 및 이용요금에 대한 자료이다. 각 물음에 답하시오.

[이용현황]

호선	역명	출구/위치	0.3평형 (비어있는 칸/전체)	0.5평형 (비어있는 칸/전체)
5호선	신정역	2번 출구/지하 2층	7/12	-
	답십리역	2번 출구/지하 2층	8/14	-
	군자역	5번 출구/지하 1층	0/6	-
6호선	월드컵경기장역	1번 출구/지하 2층	4/13	-
	광흥창역	2번 출구/지하 2층	10/14	-
	안암역	1번 출구/지하 2층	4/6	8/15
7호선	상봉역	3번 출구/지하 1층	17/29	9/16
	반포역	4번 출구/지하 1층	0/3	6/9
	신풍역	1번 출구/지하 2층	8/12	2/3
	논현역	3번 출구/지하 2층	0/7	0/8
8호선	가락시장역	2번 출구/지하 1층	4/12	3/3
		3번 출구/지하 1층	7/8	0/7

※ '-'는 역사 내 해당 평형의 무인형 개인창고가 설치되어 있지 않음을 의미함

[이용요금]

0.3평형			0.5평형		
1개월권	3개월권	6개월권	1개월권	3개월권	6개월권
76,000원	205,200원	387,600원	128,000원	345,600원	652,800원

11. 다음 중 자료에 대한 설명으로 가장 적절하지 <u>않은</u> 것은? (1.5점)

① 현재 무인형 개인창고는 지하에만 있다.

② 현재 사용할 수 있는 무인형 개인창고가 있는 역은 10개이다.

③ 무인형 개인창고를 3개월 동안 대여하는 경우 1개월마다 이용권을 결제하는 것보다 3개월권을 결제하는 것이 더 저렴하다.

④ 무인형 개인창고를 운영하는 역 중 현재 사용 중인 무인형 개인창고가 가장 적은 역은 광흥창역이다.

⑤ 0.3평형 무인형 개인창고를 12개월 동안 대여하는 경우 최소 이용요금은 0.5평형 6개월권보다 비싸다.

12. 고객만족팀 신입사원 갑은 고객의 요구사항에 맞는 역을 추천하고자 한다. 무인형 개인창고 대여 서비스의 이용현황 및 이용요금과 고객 A의 요구사항을 고려하였을 때, 갑이 추천할 역은? (1.2점)

[고객 A]

2023년 3월 1일부터 2023년 7월 31일까지 무인형 개인창고 대여 서비스를 이용하려고 하고, 예산으로는 500,000원이 있습니다. 7호선을 자주 이용하니까 7호선에 위치하였으면 좋겠고, 짐이 많은 관계로 많이 내려가지 않아도 되는 곳이 좋겠습니다.

① 안암역　② 상봉역　③ 반포역　④ 신풍역　⑤ 논현역

[13-14] 다음은 ○○공사 직원 5명의 2022년 인사평가 등급 및 직급별 기본급과 등급별 성과급 지급액에 대한 자료이다. 각 물음에 답하시오.

[2022년 직원별 인사평가 등급]

구분	갑 부장	을 과장	병 대리	정 사원	무 사원
인사평가 등급	C 등급	A 등급	C 등급	B 등급	S 등급

[직급별 기본급]

구분	기본급
부장	550만 원
과장	420만 원
대리	320만 원
사원	250만 원

[인사평가 등급별 성과급 지급액]

구분	지급액
S 등급	직급별 기본급의 115%
A 등급	직급별 기본급의 100%
B 등급	직급별 기본급의 80%
C 등급	직급별 기본급의 75%

※ 성과급은 1년에 한 번, 매년 12월에 기본급과 함께 지급됨

13. ○○공사의 직원 5명 중 2022년 인사평가 등급에 따른 성과급이 가장 많이 지급되는 직원은? (1.2점)

① 갑 부장 ② 을 과장 ③ 병 대리 ④ 정 사원 ⑤ 무 사원

14. ○○공사가 2022년 12월에 직원 5명에게 지급해야 하는 금액의 총합은? (1.2점)

① 3,250만 원 ② 3,280만 원 ③ 3,350만 원 ④ 3,380만 원 ⑤ 3,420만 원

[15-16] 다음은 팀별 경영성과 정보 및 경영성과 등급표에 대한 자료이다. 각 물음에 답하시오.

[팀별 경영성과 정보]

[영업 1팀]

구분	2021년	2022년
판매 개수	40개	62개
매출 실적	2,200만 원	4,550만 원

[영업 2팀]

구분	2021년	2022년
판매 개수	35개	42 + α개
매출 실적	1,300만 원	2,020만 원

[경영성과 등급표]

경영성과	200% 초과	100% 초과 200% 이하	50% 초과 100% 이하	25% 초과 50% 이하	25% 이하
등급	S	A	B	C	D

※ 경영성과(%) = (판매 개수 증감률 + 매출 실적 증감률) / 2, 소수점 첫째 자리에서 버림하여 계산함

15. 위 자료를 근거로 판단할 때, 영업 1팀의 2022년 경영성과 등급은? (1.2점)

① S 등급 ② A 등급 ③ B 등급 ④ C 등급 ⑤ D 등급

16. 위 자료를 근거로 판단할 때, 2022년 영업 2팀의 경영성과 등급이 A 등급이 되기 위한 α는 최소 몇 개여야 하는가? (1.2점)

① 40개 ② 44개 ③ 50개 ④ 54개 ⑤ 60개

[17-18] 본사 직원 갑과 하청업체 직원 을이 다음 조건에 따라 업무 관련 문서에 비밀번호를 생성하려고 한다. 각 물음에 답하시오.

- G는 정수, P는 소수이다.
- $C = G^{a}(\mathrm{mod}P)$, $D = G^{b}(\mathrm{mod}P)$일 때, 갑의 비밀번호는 a, 을의 비밀번호는 b이다.
- $X = G^{Y}(\mathrm{mod}P)$에서 X는 G^{Y}를 P로 나눴을 때의 나머지이다.

17. a, D에 해당하는 값을 바르게 연결한 것은? (1.5점)

- $4 = 3^{a}(\mathrm{mod}5)$
- $D = 3^{3}(\mathrm{mod}5)$

① 2, 2 ② 3, 2 ③ 4, 2 ④ 4, 3 ⑤ 5, 2

18. G^{a}, G^{b}에 해당하는 값을 바르게 연결한 것은? (1.2점)

- $5 = G^{a}(\mathrm{mod}11)$
- $9 = G^{b}(\mathrm{mod}11)$

① 2^{2}, 2^{4} ② 3^{2}, 3^{3} ③ 4^{2}, 4^{3} ④ 5^{1}, 5^{2} ⑤ 6^{1}, 6^{2}

[19-20] A 사의 노트북은 입력된 비밀번호와 기존 비밀번호가 일치하지 않으면 다음 조건에 따라 오류 메시지를 출력한다. 각 물음에 답하시오.

- 입력값과 비밀번호의 위치와 문자가 모두 일치할 경우 ○이 출력됨
- 입력값과 비밀번호의 문자만 일치하고 위치는 일치하지 않을 경우 ●이 출력됨

예 비밀번호: adfce, 입력값: afdce, 출력값: ○●●○○

19. 1~3회차 시도 후 출력된 ○의 총개수는? (1.5점)

비밀번호: trsjg
1회차: trjgs
2회차: trgsj
3회차: trgjs

① 6개 ② 7개 ③ 8개 ④ 9개 ⑤ 10개

20. 1~3회차 시도에서 입력값과 출력값이 다음과 같을 때, 올바른 비밀번호는? (1.2점)

1회차: kyplmd → ●●○●●●
2회차: mlypdk → ●○●●●●
3회차: pdlymk → ●●●○●●

① dlpykm ② dpymkl ③ dlypkm ④ dplykm ⑤ dlpkym

[21-22] B4역에 위치한 본사에서 근무하는 갑은 협력업체에 외근을 나가려고 한다. 각 물음에 답하시오.

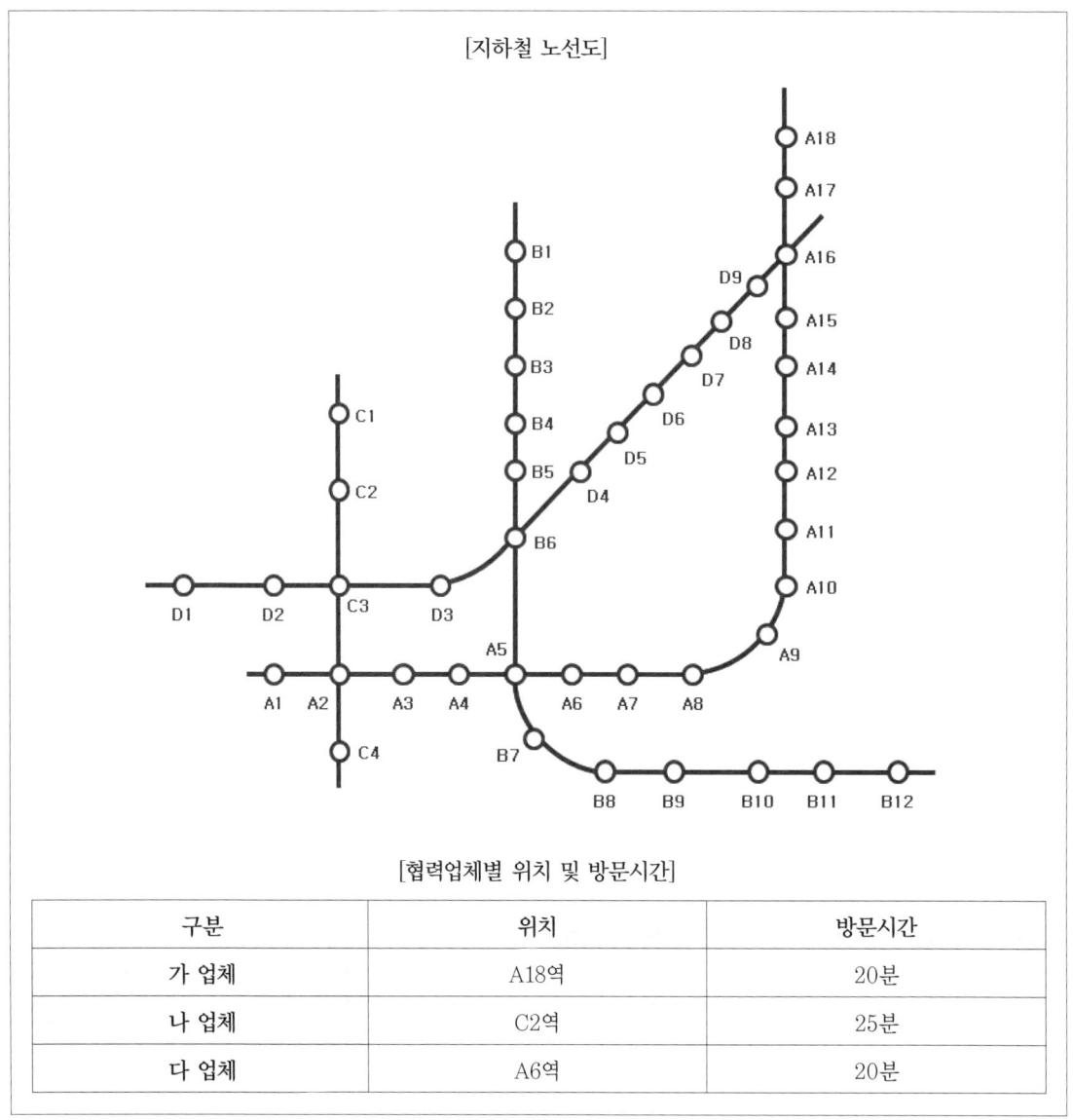

[지하철 노선도]

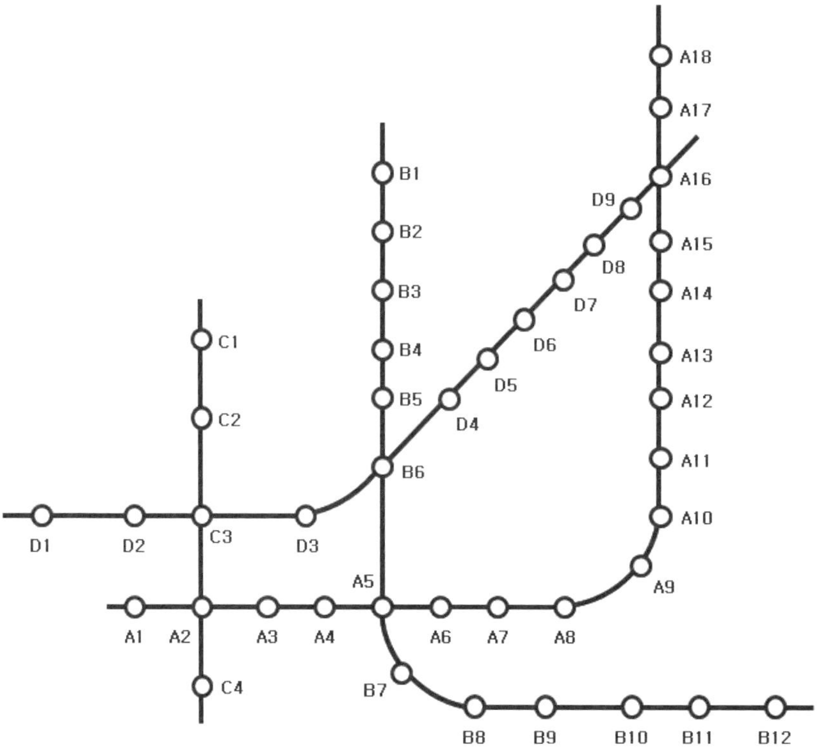

[협력업체별 위치 및 방문시간]

구분	위치	방문시간
가 업체	A18역	20분
나 업체	C2역	25분
다 업체	A6역	20분

※ 1) 1개 역 이동 시 소요시간은 2분이고, 다른 호선으로 환승 시 소요시간은 5분임
2) 본사 ↔ 역 또는 업체 ↔ 역 이동 시 소요되는 시간은 고려하지 않음

21. 본사 직원 갑은 오후 2시에 본사에서 출발하여 가, 나, 다 업체를 순서대로 방문 후 본사로 복귀하였다. 시간을 최소로 소요했다고 할 때, 갑이 본사에 복귀한 시각은? (1.5점)

① 오후 3시 31분 ② 오후 3시 36분 ③ 오후 4시 25분
④ 오후 4시 41분 ⑤ 오후 5시 6분

22. 갑은 본사에서 20분 내에 위치한 추가 협력업체를 선정하고자 한다. 다음 중 추가 협력 체결이 어려운 업체는? (1.2점)

① 라 업체: D1역 ② 마 업체: A1역 ③ 바 업체: B12역
④ 사 업체: C1역 ⑤ 아 업체: D8역

[23-24] 자재관리팀 직원 K는 2022년 3월 10일 현장 직원들의 요구사항에 맞게 자재를 구매하고자 한다. 각 물음에 답하시오.

[직원 K]

현장별로 필요한 자재를 말씀해 주세요.

[A 현장 직원]

파이프 4M, 레듀사 2개, 엘보 2개, 테이프 3M가 필요합니다.

[B 현장 직원]

파이프 6M, 레듀사 4개, 엘보 1개, 테이프 6M가 필요합니다.

[C 현장 직원]

파이프 8M가 필요하고, 엘보는 3개가 있지만 1개가 더 필요합니다.
테이프는 9M가 필요합니다.

[D 현장 직원]

파이프 2M, 레듀사 1개, 엘보 3개가 필요합니다.

※ 1) 테이프는 3M당 1롤임
2) 티는 파이프 2M당 1개를 필수로 구매해야 함

23. 다음 중 직원 K가 구매한 수량으로 적절하지 않은 자재는? (1.2점)

[2022년 3월 10일 현장별 자재 구매 수량]

구분	파이프(M)	레듀사(개)	엘보(개)	테이프(롤)	티(개)
A 현장	4	2	2	1	2
B 현장	6	4	1	6	3
C 현장	8	0	1	3	4
D 현장	2	1	3	0	1
	↓ ①	↓ ②	↓ ③	↓ ④	↓ ⑤

24. 상사 Z의 지시에 따라 직원 K는 현장별 추가 구매 요청에 맞춰 티를 추가로 구매하고자 한다. 티는 한 개당 3만 원일 때, 직원 K가 자재를 구매하는 데 필요한 추가 금액은? (단, 2022년 3월 10일 구매한 자재는 모두 각 현장에 전달되었으며, 현장별로 전달받은 자재를 모두 보유하고 있다.) (1.5점)

A 현장 직원: 티를 총 4개 보유하고자 합니다.
B 현장 직원: 티를 총 3개 보유하고자 합니다.
C 현장 직원: 티를 총 5개 보유하고자 합니다.
D 현장 직원: 티를 총 2개 보유하고자 합니다.

① 9만 원 ② 12만 원 ③ 15만 원 ④ 24만 원 ⑤ 36만 원

[25-26] 다음은 복합기별 제품 코드 부여 방식에 대한 자료이다. 각 물음에 답하시오.

[복합기별 제품 코드 부여 방식]

[인쇄방식(3자리)] - [컬러인쇄 여부(3자리)] - [기능 및 부가기능(5자리)] - [연결방식(2자리)]

구분	종류		코드
인쇄방식	잉크젯		IZK
	레이저		LAZ
컬러인쇄 여부	흑백		BLK
	컬러		COL
기능 및 부가기능	스캔	가능	B
		불가능	H
	팩스	가능	Q
		불가능	U
	복사	가능	F
		불가능	C
	스캔·팩스·복사	모두 가능	K
		세 개 중 두 개만 가능	X
		세 개 중 한 개만 가능	A
	양면 인쇄	가능	E
		불가능	P
연결방식	유선		LL
	무선		WF
	유·무선		AL

25. 위 자료를 근거로 판단할 때, 레이저 방식을 사용하여 컬러 양면 인쇄가 가능하고, 스캔 기능과 복사 기능만을 가지고 있는 유선 복합기의 제품 코드로 가장 적절한 것은? (1.2점)

① IZK - BLK - BUCAP - AL

② IZK - COL - BUFXE - LL

③ LAZ - BLK - BQCXE - AL

④ LAZ - COL - BQFKE - LL

⑤ LAZ - COL - BUFXE - LL

26. ○○사는 자사에 속한 팀 중 5개의 팀에서 새로운 복합기가 필요한 사실을 알고 각 팀에서 필요로 하는 복합기를 구매하여 나누어 주려고 한다. 위 자료를 근거로 판단할 때, 각 팀에서 필요한 복합기의 제품 사양과 제품 코드를 짝지은 것으로 가장 적절하지 않은 팀은? (1.5점)

> 1팀: 저희 팀은 주로 보고서를 작성하기 때문에 흑백 단면 인쇄만 가능한 복합기가 필요합니다. 대신 선을 연결하지 않아도 자유롭게 사용할 수 있고, 잉크젯 방식으로 인쇄할 수 있는 제품으로 구매 부탁드립니다. 아, 스캔 기능, 복사 기능, 팩스 기능을 모두 사용할 수 있는 복합기이면 좋겠습니다.
>
> 2팀: 복사와 스캔을 필요로 하는 일이 많아 두 기능은 반드시 갖추고 있었으면 좋겠습니다. 특히나 이 기능들을 많이 사용하기 때문에 양면 인쇄 기능도 꼭 필요합니다. 팩스 기능과 컬러 인쇄 기능은 필요하지 않으며, 유선과 무선으로 모두 연결될 수 있고, 레이저 방식을 사용하는 복합기로 구매 부탁드립니다.
>
> 3팀: 잉크젯 방식으로 컬러 인쇄가 가능한 복합기이면 좋겠습니다. 기존의 복합기로 스캔과 복사, 양면 인쇄 기능을 모두 사용할 수 있어 이 세 가지 기능은 모두 필요하지 않습니다. 다만, 팩스 기능은 필요하고, 복합기를 유선으로 연결할 수 있었으면 좋겠습니다.
>
> 4팀: 저희 팀은 양면 인쇄와 컬러 인쇄를 모두 사용할 수 있는 복합기가 필요합니다. 스캔 기능과 복사 기능도 함께 포함되어 있는 제품으로 부탁드리며, 유선으로 연결할 수 있는지도 함께 확인해주시면 감사하겠습니다. 아! 잉크젯 방식으로 인쇄할 수 있고, 팩스 기능이 있는 제품으로 부탁드립니다.
>
> 5팀: 무선으로 사용할 수 있고 레이저를 이용하여 인쇄할 수 있는 복합기가 필요합니다. 다만, 복사 기능을 제외한 모든 기능 및 부가기능이 구비되어 있는 제품으로 구매 부탁드립니다. 컬러 인쇄는 필요하지 않습니다.

	팀명	복합기 제품 코드
①	1팀	IZK – BLK – BQFKP – WF
②	2팀	LAZ – BLK – BUFXE – AL
③	3팀	IZK – COL – HQCAP – LL
④	4팀	IZK – COL – BUFXE – LL
⑤	5팀	LAZ – BLK – BQCXE – WF

[27-28] 다음은 안전보건표지 중 금지표지에 대한 안내문이다. 각 물음에 답하시오.

[금지표지의 종류]

구분	용도 및 설치·부착	설치·부착 장소 예시	색채
출입금지	출입을 통제해야 할 필요성이 있는 유해·위험장소 입구에 설치해야 함	조립·해체 작업장 입구	바탕: 흰색, 기본모형: 빨간색, 표지 속 그림 및 부호: 검은색
보행금지	사람이 걸어 다녀서는 안 될 장소에 설치해야 하며, 표지를 부착하기 어려울 때에는 입간판처럼 세워야 함	중장비 운전 작업장	
차량통행금지	차량통행으로 인한 사고가 발생할 위험이 있는 장소에 설치해야 함	집단 보행 장소	
사용금지	수리 또는 고장 등으로 만지거나 작동시키는 것을 금지해야 할 기계·기구 및 설비에 부착해야 함	고장난 기계	
탑승금지	사람이 탑승해서는 안 되는 장소 및 장비에 설치해야 함	고장난 엘리베이터	
금연	담뱃불로 인하여 화재가 발생할 위험이 있는 장소에 설치해야 함	인화물질 취급 장소	
화기금지	화재가 발생할 염려가 있는 장소와 가스 또는 각종 유류 등의 가연성, 폭발성 물질을 사용하는 기계·기구 주변에 설치해야 함	화학물질 취급 장소	
물체이동금지	정리·정돈상태의 물체나 움직여서는 안 될 물체를 보존하기 위한 장소 또는 물체에 부착해야 함	절전 스위치 옆	

출입금지	보행금지	차량통행금지	사용금지

탑승금지	금연	화기금지	물체이동금지

[금지표지 제작 가이드라인]
• 표시내용을 근로자가 빠르고 쉽게 알아볼 수 있는 크기로 제작해야 함 • 금지표지 속의 그림 또는 부호의 크기는 금지표지의 크기와 비례해야 하며, 금지표지 전체 규격의 30퍼센트 이상이어야 함 • 쉽게 파손되거나 변형되지 않는 재료로 제작해야 함 • 야간에 필요한 금지표지는 야광물질을 사용하는 등 쉽게 알아볼 수 있도록 제작해야 함 • 금지표지의 표시를 명확하게 하기 위하여 금지표지 주위에 표시사항을 글자로 병기할 수 있으며, 병기 시 글자는 흰색 바탕에 검은색으로 표기해야 함

27. **위 안내문을 근거로 금지표지에 대해 판단한 내용으로 가장 적절하지 않은 것은?** (1.2점)

① 금지표지 주변에 글자를 검은색으로 작성하여 금지표지의 식별을 쉽게 할 수 있다.

② 보행금지표지와 차량통행금지표지가 함께 설치되어 있는 장소는 없다.

③ 금지표지에는 흰색을 포함한 총 3가지 색깔이 사용된다.

④ 금지표지 속 그림의 크기가 전체 금지표지 크기의 30%를 차지한다면 잘못 제작된 표지이다.

⑤ 금연표지와 화기금지표지는 하나의 장소에 함께 설치할 수 있다.

28. **위의 안내문을 근거로 판단할 때, 다음 세 장소에 공통으로 설치할 수 있는 금지표지는?** (1.5점)

장소 A	장소 B	장소 C
사람이 지나다닐 경우 빠지게 될 상황이 예상되고, 불이 날 위험이 있는 싱크홀 매립 현장	주유소에 위치한 자동 세차장	인체에 유해한 물질이 사람의 체내에 흡수될 위험이 있는 고압가스 보관 장소

①

②

③

④

⑤

29. **교내 진로적성 상담사인 귀하는 A 학생의 고민을 듣고 자기개발 수립을 위한 조언을 해주었다. 다음 중 ㉠, ㉡에 들어갈 말을 순서대로 바르게 나열한 것은?** (1.2점)

> A 학생: 저는 앞으로 뭘 해야 할지 모르겠어요. 방과 후 동아리를 선택할 때도 미래의 제 직업과 관련 있으면서 흥미를 갖고 참여할 수 있는 활동으로 선택하고 싶었는데, 막상 선택하려고 보니 뭘 해야 할지 또 뭘 하고 싶은지 고민되어 결국 평소 생각지도 않았던 동아리에 가입했어요. 사실은 교육 봉사 동아리에 관심이 생겨 '교육 봉사 동아리에 가입하기'를 목표로 삼고 교육 대상자에게 좋은 본보기가 되기 위해 공부를 열심히 했어요. 그런데 막상 선택하려고 보니 지금 제 성적과 실력으로 교육 봉사 동아리 활동을 잘 할 수 있을까 걱정되어 결국 친한 친구 따라 뜨개질 동아리에 가입했어요.
>
> 귀 하: 본인이 뭘 해야 할지 모르는 상황은 안타깝지만, 의외로 많은 학생들이 고민하는 부분이기도 해요. 그런데, A 학생의 말을 들어보니 자기개발 계획을 수립하는 데 (㉠)과 같은 방해 요인이 작용하고 있는 것 같아요. 이때 자기개발 목표를 성취하기 위해서는 (㉡)와 같은 전략이 필요한데, 지금부터 차근차근 실행해보는 건 어때요?

① 주변 상황의 제약 – 자신을 브랜드화하기
② 의사결정 시 자신감의 부족 – 구체적인 방법으로 계획하기
③ 의사결정 시 자신감의 부족 – 주변 인간관계 고려하기
④ 자기정보의 부족 – 주변 인간관계 고려하기
⑤ 자기정보의 부족 – 자신을 브랜드화하기

30. **다음은 K 공사의 신입사원이 자기개발 필요성에 관하여 나눈 대화이다. 다음 중 자기개발의 필요성에 대해 적절하지 <u>않은</u> 발언을 한 신입사원을 모두 고르면?** (1.2점)

> A 사원: 자기개발은 자신의 목표를 발견하고 이를 성취할 수 있도록 도와주기 때문에 자기개발을 위해서는 자신의 비전을 발견하고 장단기 목표를 설정함으로써 자기개발의 방향 및 방법을 수립해야 해요.
>
> B 사원: 저는 제 주변 사람들과 긍정적인 인간관계를 형성하기 위해 자기개발을 해요. 주변인들과 인간관계를 형성하고 이를 유지하기 위해 저의 내면을 들여다보는 시간을 가지면서 목표를 세우고, 목표를 달성하기 위해 투자한 시간 대비 성취 정도를 파악하는 등의 자기관리를 꾸준히 하고 있죠.
>
> C 사원: 저도 같은 생각이에요. 자기개발은 개인의 사적인 삶을 보람되게 살기 위해 필요한 것이죠. 따라서 직업생활에서의 자기개발 활동은 업무의 집중도를 떨어뜨리기 때문에 업무 성과를 향상시키고자 한다면 직업생활에서의 자기개발은 지양해야 하는 활동 중 하나라고 생각해요.
>
> D 사원: 그런데 오늘날과 같이 인간을 둘러싼 환경이 빠르게 변화하고 있는 상황 속에서의 자기개발은 오히려 현재 하고 있는 업무를 지속하는 데 혼란을 가중시키는 것 같아요. 저는 변화하는 환경에 맞춰 자기개발을 하려고 하니 어떤 지식이나 기술을 습득해야 성공할 수 있을지 고민하는 시간만 길어지더라고요.

① A 사원, B 사원　② A 사원, C 사원　③ B 사원, C 사원
④ B 사원, D 사원　⑤ C 사원, D 사원

31. **다음 중 자기개발의 특징으로 가장 적절하지 <u>않은</u> 것은?** (1.2점)

① 자기개발에서 개발의 주체는 타인이 아니라 자기 자신이다.

② 자기개발을 통해 지향하는 바와 선호하는 방법은 자기개발을 하는 사람마다 다르다.

③ 자기개발은 특정한 사건이나 요구와 관련된 일부의 사람만이 하는 활동이다.

④ 자기개발은 일과 관련하여 이루어지는 활동이다.

⑤ 자기개발은 생활 가운데 이루어져야 하는 활동이다.

32. **다음 글의 빈칸에 공통으로 들어갈 단어에 대한 설명으로 가장 적절하지 <u>않은</u> 것은?** (1.2점)

> 우리는 어떤 실수를 저지르면 '다음에는 이렇게 하지 말아야지' 생각하고서는 매번 같은 실수를 반복하곤 한다. 이는 어떤 문제가 발생했을 때에 깊이 있는 (　　　) 없이 지나치기 때문이다. (　　　)은/는 어느 날 갑자기 되는 것이 아니라 지속적인 연습에 의해 몸에 익히게 되는 것으로, 숙련되는 것과 같다. 숙련의 형성은 일을 배우는 과정이다. 그 과정은 먼저 이에 숙련된 사람들의 가르침이 개입되는데, 자기 자신이 주체가 되어 스스로 알아가야 하는 힘겨운 과정을 거쳐야만 가능하다. 계속된 (　　　)와/과 수많은 연습, 그리고 시행착오가 필요한 것이다.

① 다른 일을 하는 데 필요한 노하우를 축적할 수 있다.

② 지속적인 성장의 기회를 제공한다.

③ 신뢰감 형성의 원천을 제공한다.

④ 창의적인 사고 능력 개발의 기회를 제공한다.

⑤ 타인에게 모범적인 모습을 보여줄 수 있다.

33. **다음 중 대인 차원과 관련된 임파워먼트 장애요인으로 가장 적절하지 않은 것은?** (1.2점)

① 의존성

② 약속 불이행

③ 승패의 태도

④ 갈등 처리능력 부족

⑤ 성과를 제한하는 조직의 규범

34. **다음 중 팀워크 촉진방법에 대해 가장 적절하지 않은 설명을 한 사람을 모두 고르면?** (1.5점)

> A: 마케팅팀 팀장으로서 나는 팀 내부의 협력을 통해서 팀워크를 촉진하려고 해. 협력적인 환경을 만들기 위해서 팀원들에게 많은 양의 아이디어를 요구하고, 그 안에서 도출된 모든 아이디어를 기록하기도 하지. 하지만 팀원들이 아이디어를 내는 과정에서 아무런 말을 하지 않는 경우에도 그들에게 아이디어를 강요하지 않고 침묵하는 태도로 존중하는 자세를 보이고 있어.
> B: 영업팀 팀장으로서 나는 지난달 대비 이번 달 매출 실적을 15% 이상 올리려는 분명한 목표를 세우고, 이 목표를 달성하기 위해 팀원들이 어떻게 하는지 관찰했어. 팀원들에게 즉각적인 피드백을 주기보다는 그들을 오랜 시간 동안 지켜보면서 그에 대한 피드백을 주는 방법을 통해 팀워크를 촉진시켰지.
> C: 총무팀 팀장으로서 나는 팀워크를 촉진하기 위해 우리가 논의하는 쟁점의 모든 측면을 다루었는지, 모든 팀원과 협의를 했는지 등의 의사결정 질의 측면에서 의사결정을 내리고 있어. 이와 더불어 모든 팀원이 의사결정에 동의를 했는지 등의 구성원 동참의 측면에서도 의사결정을 하고 있지.
> D: 인사팀 팀장으로서 나는 팀원들 사이에 갈등이 발생하는 경우에 제3자로서 재빨리 개입하여 중재하고 있어. 그리고 갈등이 생긴 팀원들 각각 공개되지 않은 곳에서 면담을 진행해. 각자에게 똑같은 질문을 하고 각자의 의견을 묻는다면 갈등을 더 빠르게 해결할 수 있고, 이로 인해 팀워크가 촉진되기 때문이야.

① A ② B ③ A, C ④ B, D ⑤ C, D

35. **다음 중 ㉠~㉢에 해당하는 협상의 실수에 대한 대처방안으로 가장 적절하지 않은 것은?** (1.2점)

> ㉠ 타기업과 협상을 진행하고 있는 A는 협상을 타결하는 일에 초점을 맞추지 못하고 있다.
> ㉡ 자사의 제휴 할인을 늘리기 위해 제휴 회사와 협상을 하고 있는 B는 제휴 회사의 대표자가 할인율을 더 이상 올릴 수 없다는 입장만을 계속해서 고집하여 어려움을 겪고 있다.
> ㉢ 협상을 진행할 준비가 완벽히 되지 않은 C는 준비가 안 되었음에도 상대방과의 협상을 시작하였다.

	실수	대처방안
①	㉠	협상의 모든 단계에서 협상의 종결에 초점을 맞추고 항상 종결을 염두에 둔다.
②	㉡	조용히 상대방의 준비를 도와주고 서로 의견을 교환하면서 상대의 마음을 열게 한다.
③	㉡	상대방이 이 협상에 대하여 책임을 질 수 있고 타결권을 가지고 있는 사람인지 확인한 후 협상을 시작한다.
④	㉢	협상을 상대방의 입장을 묻는 기회로 삼는다.
⑤	㉢	협상 시에 스스로 협상에 대한 준비가 되지 않았을 때는 듣기만 한다.

36. **다음 중 직원 A가 해당하는 팔로워십 유형으로 가장 적절한 것은?** (0.8점)

> 직원 A는 상사가 지시하는 내용을 본인의 판단이나 사고 없이 그대로 시행한다. 스스로 움직이는 법이 없고 리더의 지시가 있을 때에만 움직이며, 조직이 자신의 아이디어를 원치 않으므로 노력이나 공헌할 필요가 없다고 생각한다. 그러면서도 속으로는 'B 상사는 항상 자기 멋대로야. 모든 걸 다 자기 맘대로 하니 진짜 마음에 안 들어. 그래도 어쩌겠어. 하라는 대로 따라서 해야지.'라고 생각한다.

① 소외형　② 순응형　③ 실무형　④ 수동형　⑤ 주도형

37. **다음 사례에서 K가 지닌 직업윤리 덕목으로 가장 적절한 것은?** (0.8점)

> K: 나는 지금 영업 부서에서 근무하고 있어. 제품이 출시되면 그에 대한 판매 계획을 수립하고, 판매 예산을 편성하는 업무를 하지. 현재 업무가 적성에 맞지는 않지만, 하늘에서 부여한 나의 일이라 생각하며 임하고 있어.

① 소명의식 ② 천직의식 ③ 직분의식 ④ 책임의식 ⑤ 전문의식

38. **다음 중 개인윤리와 직업윤리 조화에 대한 설명으로 가장 적절한 것은?** (1.2점)

① 기업의 시스템은 사회에 미치는 영향력이 크기 때문에 업무상 개인의 판단과 행동은 기업 관련 이해관계자들에게 영향을 미치지 않는다.

② 규모가 큰 공동의 재산과 정보 등에 대해 개인이 권한을 갖고 위임이나 관리를 한다는 점에서 높은 수준의 윤리의식을 갖추어야 한다.

③ 직장 내에서는 개인적 선호에 의한 친분관계와 같이 인간관계를 형성하고 서로를 배려할 필요가 있다.

④ 수많은 사람이 관련되어 고도화된 공동의 협력을 요구하므로 일부 개인의 책임성 결여 등과 같은 일탈은 기업에 별다른 영향을 미치지 않는다.

⑤ 개별 직무에서 발생할 수 있는 특수한 상황의 경우 개인적 덕목 차원의 일반적인 상식과 기준으로 규제해야 옳다.

39. 다음 중 윤리적 규범 형성 요인으로 적절한 것을 모두 고르면? (1.2점)

㉠ 공동생활	㉡ 도덕적 타성	㉢ 협력	㉣ 무절제

① ㉠, ㉡ ② ㉠, ㉢ ③ ㉠, ㉡, ㉢ ④ ㉠, ㉢, ㉣ ⑤ ㉡, ㉢, ㉣

40. 우리 사회에서 직업인이 갖추어야 할 중요한 직업윤리 덕목 중 한국인들이 가장 강조하는 것은? (0.8점)

① 책임감 ② 성실성 ③ 정직함 ④ 신뢰성 ⑤ 창의성

약점 보완 해설집 p.2

PART 1
NCS 실전모의고사

실전모의고사 1회
실전모의고사 2회
실전모의고사 3회
실전모의고사 4회
실전모의고사 5회
실전모의고사 6회

수험번호	
성명	

실전모의고사 1회

시작과 종료 시각을 정한 후, 실전처럼 모의고사를 풀어보세요.

시　　분 ~　　시　　분 (총 40문항/권장 풀이시간 50분)

□ 시험 유의사항

[1] 2023년부터 서울교통공사 필기시험은 전 직종 NCS 40문항(직업기초능력평가 전 영역) + 전공 40문항으로 구성됩니다.

[2] 본 모의고사는 NCS 40문항으로 구성되어 있으므로, 직종에 맞는 전공 문항을 추가로 풀어보는 것이 좋습니다.

[3] 해커스잡 애플리케이션의 모바일 타이머를 이용하여 실전처럼 모의고사를 풀어본 뒤, 해설집의 '바로 채점 및 성적 분석 서비스' QR 코드를 스캔하여 응시 인원 대비 본인의 성적 위치를 확인해보시기 바랍니다.

[01-02] 다음 보도자료를 읽고 각 물음에 답하시오.

문화체육관광부(이하 문체부)는 올해도 국민들이 공공도서관을 종합문화공간으로 더욱 편리하게 이용할 수 있도록 U-도서관(스마트도서관) 45개소 구축과 실감형 창작공간 조성을 지원한다. 정보 취약계층 도서관 접근성 강화로 독서문화를 확대하는 U-도서관은 지하철역, 복지회관, 주민센터 등의 공공장소에 자동화된 무인 도서대출 (㉠) 반납시스템을 설치해 주민들의 독서 생활화를 지원하는 신개념 도서관이다.

평소 도서관 방문이 어려운 장애인, 원거리 지역주민 등은 도서관에 쉬이 방문하기 어려워 지식정보 취약계층이 될 수밖에 없었다. (㉡) 이제는 U-도서관을 통해 도서관을 직접 방문하지 않고도 편리하게 읽고 싶은 책을 읽을 수 있어 생활밀착형 독서문화가 크게 향상된 상황이다. 문체부는 지난 2017년부터 이 사업을 추진했으며, 지난해에는 서울 구로구 등 35개 시·군·구에 43개소 구축을 지원해 현재 전국에 총 150개소가 구축되어 있다.

올해는 25억 원을 지원해 서울 광진구 등 37개 시·군·구에 45개소를 구축한다. (㉢) U-도서관의 활용도를 높이고자 도서 예약기능을 추가해 스마트폰 등으로 예약하면 소관 공공도서관이 소장하고 있는 도서까지 편리하게 이용할 수 있도록 하는 등 무인 도서 대출·반납 서비스를 확대한다.

미디어 창작공간과 실감형 체험관 조성으로 다양한 문화의 콘텐츠 체험이 가능하도록 도서관은 단순히 지식을 접하는 장소에서 다양한 문화 콘텐츠를 제작하고 최신 기술을 접할 수 있는 복합지식센터로서 기능을 확대하고 있다. 이에 문체부는 1인 미디어 창작 시대에 발맞추어 누구나 적극적으로 미디어 문화를 향유할 수 있도록, 지역 도서관에 유튜브 생방송이나 동영상 촬영 등의 미디어 콘텐츠를 창작할 수 있는 장비를 갖춘 소규모 스튜디오 공간을 조성하고 있다.

(㉣) 국립중앙도서관의 '실감형 서재'와 국립어린이청소년도서관의 '체험형 동화구연' 콘텐츠를 활용하거나, 지역 도서관 고유의 콘텐츠를 가상현실로 체험할 수 있는 실감형 체험관도 구축하고 있다. (㉤) 지난해에는 인천광역시 교육청 주안도서관 등 미디어 창작공간 31개 관과 경상남도교육청 창원도서관의 '미래의 발견' 등 실감형 체험관 8개 관을 조성했다.

올해도 문체부는 공공도서관에 미디어 창작공간과 실감형 체험관을 만드는 '실감형 창작공간 조성사업'에 19억 원을 지원한다. 현재 17개 관을 지원 대상으로 선정했으며, 3월 3일(금)까지 지원 대상을 추가로 공모해 3월 말에 최종 선정할 계획이다.

문체부 정책 담당자는 "지역주민들이 시간에 구애받지 않고 가까운 곳에서 공공도서관 서비스를 편리하게 이용하고, 최신 기술을 활용한 다양한 문화 콘텐츠를 즐길 수 있도록 짜임새 있게 뒷받침하겠다."라고 밝혔다.

※ 출처: 문화체육관광부(2023-02-20 보도자료)

01. 위 보도자료를 읽고 이해한 내용으로 가장 적절하지 않은 것은? (1.2점)

① 지난해에는 미디어 창작공간과 실감형 체험관이 총 39개 조성되었다.

② 2017년부터 현재까지 U-도서관은 전국에 총 150개소가 조성된 상황이다.

③ 자신의 스튜디오가 없는 1인 유튜버는 지역의 U-도서관에서 자유롭게 미디어 콘텐츠를 제작할 수 있다.

④ 문체부에서는 3월 말부터 총 17개 관에 대해 실감형 창작공간 조성사업자금인 19억 원을 지원할 예정이다.

⑤ U-도서관에서 무인 도서 대출·반납 서비스를 활용하고자 한다면 스마트폰으로 예약하면 된다.

02. 위 보도자료의 ㉠~㉤에 들어갈 말로 가장 적절하지 않은 것은? (1.2점)

① ㉠: 및

② ㉡: 하지만

③ ㉢: 아울러

④ ㉣: 한편

⑤ ㉤: 반면에

[03-04] 다음 공모전 안내문을 읽고 각 물음에 답하시오.

[20XX 대한민국 청년정책 공모전]

1. 접수 기간
- 20XX년 3월 1일(수)~20XX년 3월 21일(화)

2. 공모 자격
- 만 19~만 34세 대한민국 청년 3인 구성 팀

3. 공모 주제

분야	세부 내용
주거	내집 마련 기회 확대, 주거비 부담 완화, 주거품질 및 주거안정 강화 등
일자리	민관협업 청년일자리 지원, 맞춤형 취업서비스 혁신, 청년창업 생태계 조성 등
교육	미래 산업 수요 대응 혁신 인재 양성, 교육비 부담 완화 등
복지·금융·문화	취약청년 도약 지원, 사회출발 자산형성 지원, 생활·문화 맞춤 지원, 마음 건강 지원 등

4. 시상 내역

대상(1팀)	최우수상(1팀)	우수상(1팀)	장려상(3팀)
1,500만 원	500만 원	300만 원	각 200만 원

5. 주요 일정

제안 접수	→	1차 심사	→	제안 내용 수정	→
03. 01.~03. 21.		20개 팀 선정		정책 분야 멘토링 진행	
2차 심사	→	**최종 심사**	→	**결과 공유**	
팀별 PT		상위 6개 팀 최종 경선		정책 반영 추진	

※ 1) 1차 심사 결과 선정된 20개 팀에게는 상금과 별도로 연구과제비 50만 원씩 지급 예정
2) 정책 분야 멘토링 및 2차 심사는 4월 중, 최종 심사는 5월 중 진행 예정

6. 접수 방법
1) 대한민국 청년정책 공모전 홈페이지 접속(www.청년정책.com)한 뒤 공모 접수 메뉴 내 신청 서류 첨부파일 다운로드 및 홈페이지 접수 시 업로드(중복 제출 가능)
2) 필수 제출 서류: 신청서, 제안서 2~5매, 서약서, 개인정보 수집·이용 동의서
※ 제안 정책 내용을 담은 숏폼 영상 SNS 업로드 시 가산점 제공(60초 이내, 자유 형식)

03. **위의 공모전 안내문을 읽고 이해한 내용으로 가장 적절하지 않은 것은?** (1.2점)

① 1차 심사에 통과된 팀이라면 최종 수상 팀이 아니더라도 연구과제비를 받을 수 있다.

② 만 20세, 만 33세, 만 35세로 이루어진 청년 3인 팀은 공모전에 참가할 수 없다.

③ 공모전에 참가하고자 한다면 제안 정책 내용이 포함된 숏폼 영상을 SNS에 반드시 업로드해야 한다.

④ 공모전 진행 결과 수상 팀에 제공되는 상금은 총 2,900만 원이다.

⑤ 미래 산업 수요 대응 혁신 인재 양성, 교육비 부담 완화 등에 대한 내용을 주제로 삼아 교육 분야 정책 관련 공모를 제출할 수 있다.

04. **국무조정실에서 근무하는 A 주무관은 청년정책 공모전과 관련한 문의에 답변하는 업무를 맡고 있다. 위의 안내문을 토대로 답변한다고 할 때, 문의에 대해 A 주무관이 답변할 내용으로 가장 적절하지 않은 것은?** (1.2점)

① Q: 공모전에 참여하려고 하는데, 접수 기간과 방법이 궁금합니다.
A: 20XX년 3월 1일 수요일부터 3월 21일 화요일까지 대한민국 청년정책 공모전 홈페이지에 접속하시어 공모 접수 관련 서류 다운로드 및 작성하신 뒤 홈페이지를 통해 접수해주시면 됩니다.

② Q: 공모전에 접수하려고 하는데 어떤 것을 필수적으로 제출해야 하나요?
A: 네, 공모전에 참여하려고 하신다면 신청서와 2~5매가량의 제안서, 서약서, 개인정보 수집 및 이용 동의서를 모두 작성하시어 제출해주시면 됩니다.

③ Q: 1차 심사 이후 각 전형이 몇 월쯤에 진행될지 알 수 있을까요?
A: 4월 중 정책 분야 멘토링이 진행될 예정이며, 2차 심사와 최종 심사는 5월 중에 진행될 예정입니다.

④ Q: 공모전 주제를 확인했는데, 주거, 일자리, 교육 분야 모두에 참여하고 싶습니다. 꼭 하나의 분야만 선택하여 접수해야 하나요?
A: 공모 내용은 한 개에 한정하지 않으므로 공모전 주제와 관련해 다양한 의견을 갖고 계신다면 필수 제출 서류를 모두 준비하시어 중복 접수 진행해주시면 됩니다.

⑤ Q: 총 몇 개의 팀이 상과 상금을 수상하게 되나요?
A: 네, 최종 심사에 오른 상위 6팀에 상과 상금이 수여되며, 그중 대상, 최우수상, 우수상은 각 1팀이 받게 되고, 나머지 3팀은 장려상을 받게 됩니다.

[05-06] 다음은 연도별 X호선 역내 배려시설 현황에 대한 자료이다. 각 물음에 답하시오.

[연도별 X호선 역내 배려시설 현황]

(단위: 개)

구분		2X18년	2X19년	2X20년	2X21년	2X22년
설치 역 수	엘리베이터	8	8	10	10	10
	에스컬레이터	6	6	7	8	8
	수평 보행기	0	0	0	0	0
	휠체어 리프트	1	2	2	3	3
	이동식 안전 발판	6	7	8	9	10
	전동휠체어 급속충전기	4	4	4	4	4
	장애인 화장실	10	10	10	10	10
	음성 유도기	5	6	6	6	7
	수어 영상전화기	1	1	4	4	4
전체 설치 개수	엘리베이터	30	30	36	36	36
	에스컬레이터	18	20	30	33	33
	수평 보행기	0	0	0	0	0
	휠체어 리프트	3	5	5	8	8
	이동식 안전 발판	6	7	8	9	10
	전동휠체어 급속충전기	4	4	4	4	4
	장애인 화장실	15	15	15	15	15
	음성 유도기	165	204	204	204	239
	수어 영상전화기	1	1	4	4	4

05. **다음 중 자료에 대한 설명으로 가장 적절하지 <u>않은</u> 것은?** (1.2점)

① 제시된 기간 동안 전체 설치 개수가 매년 동일한 배려시설은 3개이다.

② 2X19년 이후 이동식 안전 발판 설치 역 수는 매년 전년 대비 증가하였다.

③ 2X20년 전체 역내 배려시설의 설치 개수는 총 306개이다.

④ 2X18년 전체 역내 배려시설 설치 개수 중 엘리베이터가 차지하는 비중은 15% 이상이다.

⑤ 2X21년 휠체어 리프트 설치 역 수의 전년 대비 증가율은 50%이다.

06. **다음은 2X22년 설치 역 1개당 배려시설 개수를 나타낸 표이다. 빈칸에 들어갈 값을 구하면?** (단, 소수점 둘째 자리에서 반올림하여 계산한다.) (1.2점)

[2X22년 설치 역 1개당 배려시설 개수]

(단위: 개)

구분	엘리베이터	에스컬레이터	수평 보행기	휠체어 리프트	이동식 안전 발판	전동 휠체어 급속 충전기	장애인 화장실	음성 유도기	수어 영상 전화기
개수	3.6	4.1	0	2.7	1	1	1.5	( )	1

① 30.8 ② 32.5 ③ 33.2 ④ 34.1 ⑤ 35.6

[07-08] 다음은 연도별 국내 및 A 시의 대중교통(택시, 지하철) 이용 비율 및 증감폭을 나타낸 자료이다. 각 물음에 답하시오.

[연도별 국내 및 A 시의 대중교통 이용 비율]

구분		국내 전체		A 시	
		이용률(%)	전년 대비 증감폭(%p)	이용률(%)	전년 대비 증감폭(%p)
택시	2X17년	57.2	-0.7	32.9	7.3
	2X18년	57.3	0.1	33.3	0.4
	2X19년	68.2	10.9	32.7	-0.6
	2X20년	68.1	-0.1	32.1	-0.6
	2X21년	68.2	0.1	31.8	-0.3
지하철	2X17년	42.8	0.7	67.1	-7.3
	2X18년	42.7	-0.1	66.7	-0.4
	2X19년	31.8	-10.9	67.3	0.6
	2X20년	31.9	0.1	67.9	0.6
	2X21년	31.8	-0.1	68.2	0.3

[1주간 평균 지하철 이용 횟수 비율]

(단위: %)

구분		2X17년	2X18년	2X19년	2X20년	2X21년
1~5회	국내 전체	33.1	33.9	40.2	29.6	24.6
	A 시	26.0	27.1	36.0	23.2	13.2
6~10회	국내 전체	38.2	37.7	40.1	38.2	40.2
	A 시	38.6	38.1	39.1	39.5	42.6
11~15회	국내 전체	16.3	16.1	12.5	23.4	25.5
	A 시	19.3	18.8	15.4	24.9	30.0
16~20회	국내 전체	6.0	5.9	4.3	6.3	7.0
	A 시	7.7	7.5	5.5	8.8	10.1
20회 초과	국내 전체	6.4	6.4	2.9	2.5	2.7
	A 시	8.4	8.5	4.0	3.6	4.1

※ 1) 국내 전체 인구수는 매년 5,000만 명으로 동일함
2) A 시의 전체 인구수는 매년 1,000만 명으로 동일함

07. 다음 중 자료에 대한 설명으로 가장 적절한 것은? (1.2점)

① 2X16년 A 시의 택시 이용률은 40.2%이다.

② 2X19년 국내 전체 택시 이용 인구수는 A 시 택시 이용 인구수보다 3,500만 명 이상 더 많다.

③ 2X17~2X21년 국내 전체 지하철 이용률은 택시 이용률보다 매년 더 많다.

④ 2X21년 A 시에서 1주간 지하철을 평균 11~15회 이용하는 인구수는 200만 명 이상이다.

⑤ 2X18년 이후 지하철을 1주간 평균 6~10회 이용하는 비율의 전년 대비 증감 추이는 국내 전체와 A 시에서 동일하다.

08. 다음 중 제시된 자료를 바탕으로 만든 그래프로 가장 적절하지 <u>않은</u> 것은? (1.5점)

① [1주간 평균 지하철 1~5회 이용 인구수]

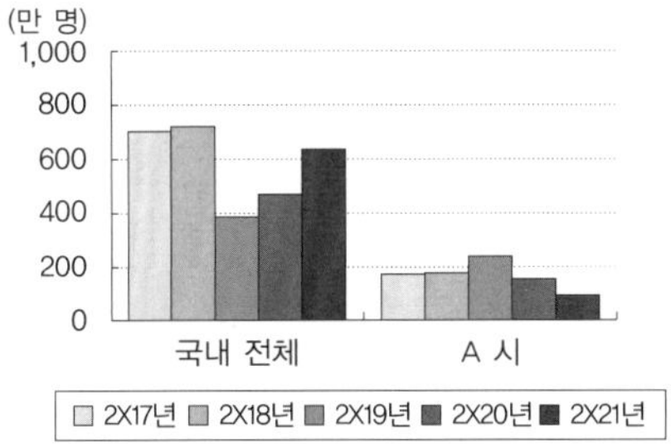

② [1주간 평균 지하철 6~10회 이용 인구수]

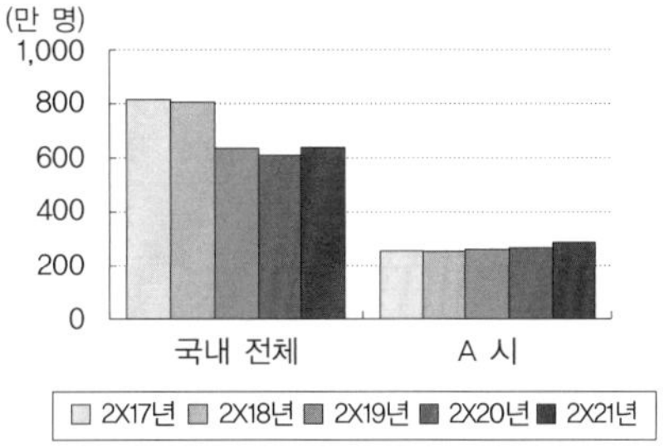

③ [1주간 평균 지하철 11~15회 이용 인구수]

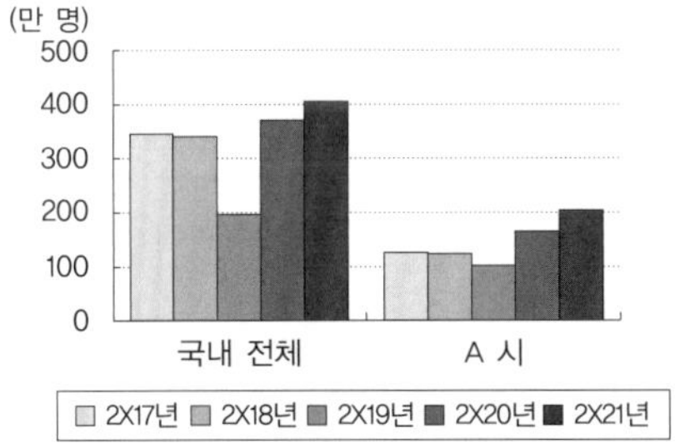

④ [1주간 평균 지하철 16~20회 이용 인구수]

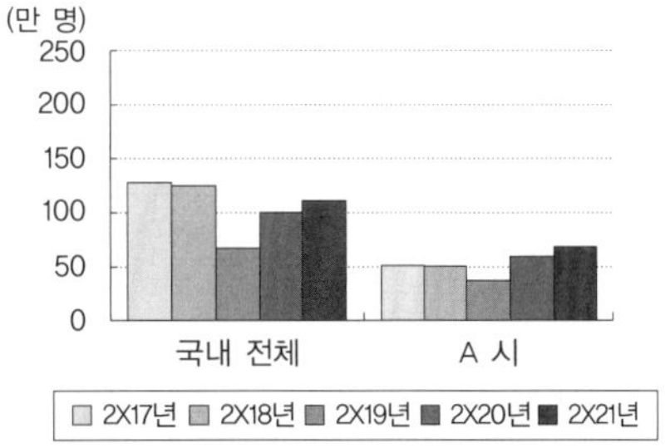

⑤ [1주간 평균 지하철 20회 초과 이용 인구수]

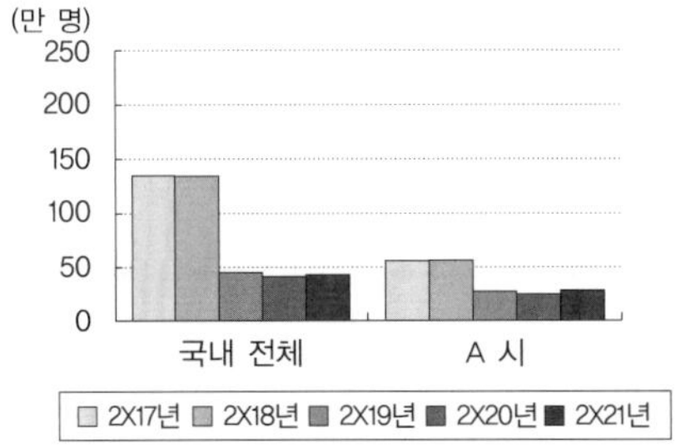

[09-10] 다음은 역세권 300m 이내 환승주차장에 대한 자료이다. 각 물음에 답하시오.

[호선별 역세권 300m 이내 환승주차장 현황]

호선	역명	출구	주차장명	구획 수	운영기관	기타
2호선	A 역	1번, 2번, 3번	A 역 환승주차장	184개	가 기업	카드 전용
	B 역	2번	B 역 환승주차장	60개	나 공단	일반
	C 역	1번, 4번	C 역 환승주차장	222개	가 기업	카드 전용
3호선	D 역	1번	D 역 환승주차장	182개	다 기업	일반
	E 역	1번	E 역 환승주차장	453개	가 기업	카드 전용
	F 역	1번	F 역 환승주차장	401개	가 기업	일반
4호선	G 역	2번	G 역 환승주차장	255개	다 기업	카드 전용
5호선	H 역	1번, 4번	H 역 환승주차장	66개	나 공단	카드 전용
	I 역	2번	I 역 환승주차장	124개	다 기업	일반
6호선	J 역	3번	J 역 환승주차장	85개	가 기업	카드 전용
	K 역	5번	K 역 환승주차장	332개	나 공단	일반
7호선	L 역	2번	L 역 환승주차장	158개	라 기업	카드 전용
	M 역	4번	M 역 환승주차장	225개	가 기업	일반
8호선	N 역	2번	N 역 환승주차장	468개	다 기업	카드 전용

[환승주차장 이용 방법]

- 카드 전용 주차장
  1. 환승주차장에 주차
     ※ 번호판 자동 인식으로 별도 주차권을 발행하지 않음
  2. 교통카드 또는 교통카드 겸용 신용카드로 지하철을 이용
  3. 출차 시, 지하철 탈 때 사용한 카드로 주차 요금을 결제할 때 환승 할인 적용
     ※ 주차 후 30분 이내에 지하철을 이용한 뒤 역 도착 후 30분 이내 정산할 때만 50% 할인 적용
- 일반 주차장
  1. 지하철 이용 후 지하철 이용 확인서를 받아야 하며, 카드 및 현금 모두 이용 가능
  2. 출차 시, 30분 이내 지하철 이용이 확인될 경우에만 주차 요금 50% 할인 적용

09. **위 자료를 근거로 판단한 내용으로 가장 적절하지 <u>않은</u> 것은?** (1.2점)

① 구획 수가 가장 많은 역세권 300m 이내 환승주차장은 E 역 환승주차장이다.

② 가 기업이 운영하는 역세권 300m 이내 환승주차장은 6개이다.

③ 2번 출구 300m 이내에 환승주차장이 있는 호선은 5개이다.

④ B 역 환승주차장에서 할인받기 위해서는 지하철 이용 확인서를 받아야 한다.

⑤ 교통카드 이용 시 카드 전용 주차장과 일반 주차장에서 모두 주차 요금 할인을 받을 수 있다.

10. **환승주차장을 이용하려는 갑의 요구사항이 다음과 같을 때, 갑이 추천받을 환승주차장을 고르면?** (1.2점)

안녕하세요. 교통카드로 지하철을 이용하려고 합니다. 지하철 이용 시 역까지 자차를 타고 이동하려고 하는데, 주차 할인이 가능한 역이면 좋겠습니다. 주차가 원활할 수 있도록 구획 수는 200개 이상이고, 4호선과 8호선은 제가 가려는 역까지 노선이 직행이 없어 두 개 호선은 제외하면 좋겠습니다. 또한, 가 기업이 운영하는 곳은 서비스가 만족스럽지 않아 가 기업이 운영하는 주차장은 제외하고 추천 부탁드립니다.

① A 역 환승주차장
② C 역 환승주차장
③ E 역 환승주차장
④ F 역 환승주차장
⑤ K 역 환승주차장

[11-12] 다음은 ○○공사의 운전원 채용 공고문이다. 각 물음에 답하시오.

[○○공사 운전원 채용 공고]

1. 모집 분야

모집 분야	모집 인원	연봉
운전원	1명	3,000만 원

2. 지원 자격
- 아래 조건을 모두 충족하는 자
  1) 1종 대형 운전면허 소지자
  2) 최근 3년 이상 무사고 운전 이력 보유자
  3) 공공기관에서 1년 이상 운전 경력 보유자

3. 전형 단계

구분		배점	평가 내용
1차	서류전형	100점	입사지원서 평가(100점)
2차	면접전형	100점	면접 평가(70점)
			인성 평가(30점)

※ 1) 서류전형 합격자에 한해 면접전형을 진행하며, 면접전형 합격자를 최종 합격자로 선발함
2) 서류전형 합격자는 서류전형 고득점순으로 모집 인원의 3배수 이내를 선발하며, 동점자는 전원 선발함
3) 면접전형 합격자는 면접전형 고득점순으로 모집 인원의 1배수를 선발하며, 동점자 발생 시 공공기관 운전 경력이 긴 지원자, 서류전형 점수가 높은 지원자 순으로 선발함
4) 인성 평가 점수가 인성 평가 점수 만점의 50% 미만인 자는 최종 합격자로 선발하지 않음

4. 채용 우대 사항
- 임원 수행 경력자는 전형별로 전형별 만점의 5%씩 가산점을 부여함
- 취업지원 대상자는 전형별로 전형별 만점의 10%씩 가산점을 부여함
- 저소득층, 북한이탈주민, 다문화 가족 중 한 개 이상에 해당하는 자는 면접전형 점수에 면접 평가 점수 만점의 10%에 해당하는 가산점을 부여함

※ 가산점은 중복 적용 가능함

11. 위 자료를 근거로 판단한 내용으로 가장 적절하지 않은 것은? (1.2점)

① 2종 보통 운전면허만 소지한 자는 ○○공사 운전원 채용 공고에 지원할 수 없다.

② 서류전형에서 동점자가 발생하지 않을 경우 서류전형에 합격하는 사람은 최대 3명이다.

③ 취업지원 대상자는 서류전형과 면접전형에서 총 20점의 가산점을 부여받는다.

④ 인성 평가 점수로 14점을 받은 지원자는 최종 합격자로 선발할 수 없다.

⑤ 면접전형에서 받을 수 있는 최대 점수는 125점이다.

12. ○○공사 운전원 채용 공고에 최종 합격한 지원자 P의 이력 사항이 다음과 같을 때, 지원자 P의 서류전형 점수와 면접전형 점수의 합은? (1.2점)

서류전형 점수	면접전형 점수		경력	특이사항
	면접 평가 점수	인성 평가 점수		
92점	64점	22점	- 공공기관에서 운전 경력 2년 - 임원 수행 경력 1년	- 취업지원 대상자 - 다문화 가족

① 205점 ② 208점 ③ 212점 ④ 215점 ⑤ 218점

[13-14] 다음은 선박 산업의 목표 달성률 등급표 및 기업별 매출실적 정보에 대한 자료이다. 각 물음에 답하시오.

[목표 달성률 등급표]

목표 달성률	100% 이상	75% 이상 100% 미만	50% 이상 75% 미만	25% 이상 50% 미만	25% 미만
등급	S	A	B	C	D

※ 목표 달성률(%) = (실제 매출액 / 목표 매출액) × 100, 소수점 첫째 자리에서 버림하여 계산함

[기업별 매출실적 정보]

구분	2021년		2022년	
	매출 목표율	실제 매출액	매출 목표율	실제 매출액
갑 기업	-	15억 원	20%	16억 원
을 기업	-	26억 원	18%	㉠

※ 매출 목표율은 전년 실제 매출액 대비 목표 성장률을 의미함

13. 2022년 갑 기업의 매출액에 따른 목표 달성률 등급은? (1.2점)

① S 등급 ② A 등급 ③ B 등급 ④ C 등급 ⑤ D 등급

14. 을 기업의 2022년 목표 달성률 등급이 S 등급일 때, ㉠에 들어갈 최소 금액은? (1.2점)

① 28억 6800만 원 ② 29억 8000만 원 ③ 30억 6800만 원
④ 33억 6800만 원 ⑤ 36억 8000만 원

[15-16] 다음은 ○○기업 개발팀 직원의 업무 평가 기준 및 직원별 업무 평가 점수에 대한 자료이다. 각 물음에 답하시오.

[업무 평가 기준]

평가 분야	평가 항목	가중치
근무 실적(40점)	기한 내 업무 처리 정도	-
	직무 관련 지식 보유도	10%
	직무 관련 정보 파악 정도	5%
직무수행태도(30점)	성실성 및 책임감	10%
	친절도	-
도덕성 및 청렴도(30점)	도덕성	5%
	청렴도	5%

※ 최종 업무 평가 점수는 평가 항목별 가중치를 적용한 점수를 합산하여 계산함

[직원별 업무 평가 점수]

구분	A 부장	B 차장	C 과장	D 대리	E 사원
기한 내 업무 처리 정도	15점	12점	11점	10점	9점
직무 관련 지식 보유도	10점	15점	10점	15점	10점
직무 관련 정보 파악 정도	10점	10점	15점	10점	10점
성실성 및 책임감	15점	10점	18점	10점	15점
친절도	10점	8점	12점	7점	10점
도덕성	10점	12점	10점	15점	10점
청렴도	10점	10점	12점	10점	10점

15. 위 자료를 근거로 판단할 때, 각 직원별 근무 실적의 최종 평가 점수가 올바르게 짝지어지지 않은 것은? (1.2점)

① A 부장 - 36.5점 ② B 차장 - 39점 ③ C 과장 - 37.75점
④ D 대리 - 37.5점 ⑤ E 사원 - 30.5점

16. 직원별 업무 평가 점수를 고려할 때, 최종 업무 평가 점수가 가장 높은 직원은? (1.2점)

① A 부장 ② B 차장 ③ C 과장 ④ D 대리 ⑤ E 사원

[17-18] 다음은 컴퓨터 작동 오류 세부 사항 및 오류 조치를 위한 Solution Code에 대한 자료이다. 각 물음에 답하시오.

[컴퓨터 작동 오류 세부 사항]

구분	세부 사항
System Code	System Code 각 자리에 따른 구성 요소: 위험성_전염성_작동성
Circumstance Code	Server Value, Main Value, Error Value의 자리별 숫자의 합 1) Server Type에 따른 Server Value 지정사항 - α: 1_2_3 - β: 2_1_3 - γ: 3_1_2 2) Error Type에 따른 Error Value 지정사항 - 3xx: 2_3_2 - 4xx: 3_1_2 - 5xx: 2_1_1
Result Code	Circumstance Code의 각 자리 숫자를 System Code의 각 자리 숫자로 나눈 값

[오류 조치를 위한 Solution Code]

Result Code	Solution Code
각 자리 숫자의 합이 3 이상~5 미만의 값	MJ60
각 자리 숫자의 합이 5 이상~7 미만의 값	VK77
각 자리 숫자의 합이 7 이상~9 미만의 값	UA08
각 자리 숫자의 합이 9 이상~11 미만의 값	OZ24
각 자리 숫자의 합이 11 이상의 값	TR95

[컴퓨터 작동 오류 확인 절차]

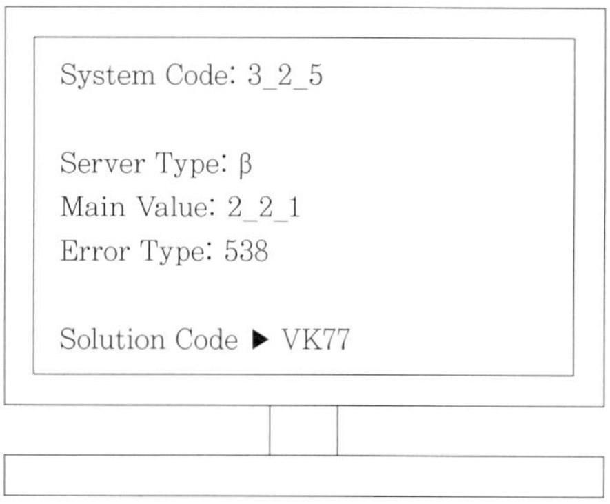
System Code: 3_2_5
Server Type: β
Main Value: 2_2_1
Error Type: 538
Solution Code ▶ VK77

절차 1. Result Code 산출
Server Type이 β, Error Type이 5xx이므로
Circumstance Code = (2 + 2 + 2)_(1 + 2 + 1)_(3 + 1 + 1) = 6_4_5이다.
따라서 Result Code는 (6 / 3)_(4 / 2)_(5 / 5) = 2_2_1이다.

절차 2. 오류 조치를 위한 Solution Code 입력
Result Code 각 자리 숫자의 합은 2 + 2 + 1 = 5로 5 이상~7 미만의 값에 해당하므로 입력할 Solution Code는 'VK77'이다.

17. 시스템 상태가 다음과 같을 때, Solution Code는? (1.5점)

System Code: 5_2_4

Server Type: α
Main Value: 2_5_3
Error Type: 372

Solution Code ▶

① MJ60 ② VK77 ③ UA08 ④ OZ24 ⑤ TR95

18. 시스템 상태가 다음과 같을 때, Solution Code는? (1.5점)

System Code: 3_5_3

Server Type: γ
Main Value: 3_3_2
Error Type: 424

Solution Code ▶

① MJ60 ② VK77 ③ UA08 ④ OZ24 ⑤ TR95

[19-20] 다음은 ○○통신사에서 무선 공유기의 초기 비밀번호 설정을 위해 사용하는 비밀번호 생성 시스템이다. 각 물음에 답하시오.

[비밀번호 생성 시스템]

항목	세부 사항
Model Number	무선 공유기의 제품명으로, '제조 연월-일련번호'로 구성됨
Default Password	무선 공유기의 초기 비밀번호로, 일련번호 각 자리에 비밀번호 생성 시스템을 적용하여 일련번호의 문자를 생성 값으로 변환한 값
Formation System	무선 공유기가 제조된 달에 따라 일련번호 각 자리 문자에 적용되는 비밀번호 생성 시스템 • 홀수 달

문자	생성 값	문자	생성 값	문자	생성 값
A	V	M	L	Y	F
B	Y	N	E	Z	H
C	D	O	J	1	9
D	W	P	G	2	5
E	M	Q	U	3	0
F	I	R	O	4	2
G	Q	S	Z	5	7
H	C	T	X	6	1
I	N	U	K	7	4
J	R	V	B	8	6
K	S	W	T	9	3
L	A	X	P	0	8

Formation System	• 짝수 달 (see table below)

• 짝수 달

문자	생성 값	문자	생성 값	문자	생성 값
A	J	M	H	Y	Z
B	P	N	R	Z	X
C	U	O	G	1	8
D	I	P	C	2	9
E	B	Q	W	3	4
F	Q	R	L	4	7
G	Y	S	N	5	3
H	V	T	A	6	5
I	K	U	E	7	0
J	O	V	S	8	1
K	T	W	M	9	2
L	D	X	F	0	6

19. 다음 중 제품명이 'JUL22-AD6Z0E4'인 무선 공유기의 초기 비밀번호로 가장 적절한 것은? (1.5점)

① JI5X6B7 ② JW4G7A9 ③ VW1H8M2 ④ BG1H0T9 ⑤ VI4H9W2

20. 다음 중 제품명이 'DEC19-UK3A2T6'인 무선 공유기의 초기 비밀번호로 가장 적절한 것은? (1.5점)

① EB4O9A5 ② ET4J9A5 ③ KM4V9X5 ④ KS0V5X1 ⑤ ST9J8A1

[21-22] 직원 K는 사무실 리모델링을 하기 위해 업체를 선정하려고 한다. 각 물음에 답하시오.

[리모델링 업체 정보]

구분	경영상태	후기	공사 기간	비용	A/S 기간
A 업체	A0	★☆☆☆☆	1년 3개월	330만 원	2년
B 업체	BBB-	★★★☆☆	9개월	380만 원	3년
C 업체	BBB0	★★★★☆	6개월	320만 원	1년
D 업체	BBB+	★★☆☆☆	1년	350만 원	1년 6개월
E 업체	A+	★★★★★	3개월	430만 원	6개월

[순위별 점수]

순위	1위	2위	3위	4위	5위
점수	5점	4점	3점	2점	1점

※ 1) 경영상태와 후기는 좋을수록, 공사 기간은 짧을수록, 비용은 저렴할수록, A/S 기간은 길수록 높은 점수를 부여함
2) 최종 점수가 높은 업체로 선정하며, 최종 점수가 동일하면 경영상태가 더 좋은 업체로 선정함

21. 다음 중 직원 K가 리모델링 업체로 선정할 업체는? (1.2점)

① A 업체 ② B 업체 ③ C 업체 ④ D 업체 ⑤ E 업체

22. 후기는 고려하지 않고 비용이 360만 원 이상인 업체가 모두 비용을 40만 원씩 줄였을 때, 직원 K가 리모델링 업체로 선정할 업체는? (1.5점)

① A 업체 ② B 업체 ③ C 업체 ④ D 업체 ⑤ E 업체

[23-24] 다음은 제품별 1개 제품 생산당 자원 예산 사용량 및 예상 수익과 자원별 가용 예산에 대한 자료이다. 각 물음에 답하시오.

[제품별 1개 제품 생산당 자원 예산 사용량 및 예상 수익]

(단위: 원)

구분	예산 사용량			예상 수익
	X 자원	Y 자원	Z 자원	
A 제품	2,000	1,500	3,000	30,000
B 제품	1,500	3,500	5,000	50,000

[자원별 가용 예산]

(단위: 원)

구분	X 자원	Y 자원	Z 자원
가용 예산	100,000	80,000	140,000

※ 가용 예산은 자원별 제품 생산 시 최대 사용할 수 있는 예산을 의미함

23. A 제품만 생산했을 때, 자원의 최대 예산 사용량은? (1.2점)

① 292,500원 ② 299,000원 ③ 305,500원 ④ 325,000원 ⑤ 344,500원

24. A 제품과 B 제품을 동일한 개수만큼 동시에 생산했을 때, 자원의 최대 예산을 사용하여 얻을 수 있는 총이익은? (1.5점)

① 818,000원 ② 952,500원 ③ 1,016,000원 ④ 1,079,500원 ⑤ 1,200,000원

[25-26] 다음은 □□전자에서 판매하는 오븐 설명서의 일부이다. 각 물음에 답하시오.

[오븐 부속품 사용방법]

구분	사용방법
회전 접시·회전 축	• 기기 내부의 중앙에 위치한 회전축에 회전 접시의 돌출부를 정확히 끼워 넣은 후에 사용하세요.
회전 받침	• 기기 내부의 정중앙에 회전 받침을 설치하세요. ※ 잘못 끼워 넣었을 시 기기 소음의 원인이 될 수 있습니다. • 회전 받침 주변에 특히 이물질이 없도록 해주세요.
오븐팬	• 오븐팬은 높은 석쇠나 낮은 석쇠 위에 올려놓고 사용하세요. • 오븐 모드는 파이나 쿠키 등을 구울 때 사용하세요. • 그릴 모드는 생선구이, 스테이크 등 두께가 얇은 음식물을 조리할 때 사용하세요. • 사용 시 조리실 내부면에 닿지 않도록 해주세요. ※ 불꽃 발생의 원인이 될 수 있습니다. • 전자레인지 모드로 사용할 수 있지만 해동 모드로는 사용하지 마세요. • 음식물을 넣지 않은 상태로 사용하지 마세요. ※ 고장의 원인이 될 수 있습니다. • 수세미를 사용하여 청소할 시 코팅면이 손상될 수 있으므로 스펀지와 중성세제를 이용하여 청소해 주세요.
높은 석쇠	• 스테이크, 생선, 닭다리 등 두께가 얇은 음식을 조리할 때 사용하세요. • 오븐 모드와 그릴 모드 모두로 사용할 수 있지만, 전자레인지 모드로는 사용하지 마세요.
낮은 석쇠	• 통닭이나 통삼겹살과 같은 두꺼운 육류를 조리할 때 사용하세요. • 쿠키나 빵과 같은 베이커리류를 조리할 때 사용하세요. • 오븐 모드와 그릴 모드 모두로 사용할 수 있지만, 전자레인지 모드로는 사용하지 마세요.
보호 장갑	• 조리가 모두 완료된 이후 오븐팬과 석쇠 등을 옮길 때에는 반드시 오븐용 보호 장갑을 끼고 옮겨주세요. ※ 조리가 끝난 용기는 뜨거우므로 화상을 입을 수 있습니다.

[모드별 사용 가능한 그릇의 종류]

구분	전자레인지 모드	오븐 모드	그릴 모드
도자기류	O	O	O
내열 유리 그릇	O	O	O
내열 플라스틱 그릇	O	X	X
일반 유리 그릇	△	X	X
일반 플라스틱 그릇	△	X	X
나무, 종이 그릇	△	X	X
금선·은선 무늬 그릇	X	X	X
비닐봉지·랩	O	X	X
호일	X	△	△

※ O: 사용 가능, X: 사용 금지, △: 주의해서 사용(사용 중 자주 확인이 필요함)

25. 위의 설명서를 근거로 판단한 내용으로 가장 적절하지 않은 것은? (1.2점)

① 중성세제를 묻힌 스펀지로 조리가 끝난 오븐팬을 닦으면 제품의 손상을 예방할 수 있다.
② 금선 무늬 모양을 가지고 있는 그릇은 어떠한 용도로도 오븐에서 사용할 수 없다.
③ 남은 통닭을 전자레인지 모드로 따뜻하게 데워 먹기 위해서는 낮은 석쇠를 사용해야 한다.
④ 쿠키 반죽이 담겨 있는 오븐팬을 오븐에 넣을 때는 오븐 내부와 맞닿지 않게 하는 것이 중요하다.
⑤ 오븐에서 소음이 발생할 경우에는 오븐 내부의 회전 받침이 정확한 위치에 있는지도 확인해야 한다.

26. 위의 설명서를 근거로 판단할 때, 오븐을 잘못 사용한 사람은? (1.2점)

동욱: 할머니께 고구마를 좀 구워드리려고 오븐을 사용했어. 고구마를 호일에 감은 다음 오븐에 넣고 오븐 모드로 시간을 맞추고 다 익을 때까지 주기적으로 확인했어.
지수: 생선을 도자기 재질의 그릇에 담아 그릴 모드로 구우려다가 크기가 작아서 오븐팬에 담아서 구웠어. 조리가 끝난 이후에는 화상을 입지 않도록 보호 장갑을 낀 채로 오븐팬을 꺼냈지.
자혁: 피자를 내열 플라스틱 그릇에 담아 오븐 모드로 데우려다가 집에 내열 유리 그릇이 있길래 거기에 담아 피자를 데워 먹었어.
경만: 냉장고에 남아있던 스테이크의 두께가 얇아서 랩으로 몇 번 감은 후에 오븐 안에 있는 높은 석쇠에 올려놓고 전자레인지 모드를 사용해서 데웠어.
미정: 지난주 주말에는 오븐에 빵을 구워 먹었어. 설명서에 나와 있는 내용을 참고해서 오븐팬을 낮은 석쇠에 올려서 사용했지.

① 동욱 ② 지수 ③ 자혁 ④ 경만 ⑤ 미정

[27-28] 다음은 어린이 놀이시설 점검 주기에 대한 일부 자료이다. 각 물음에 답하시오.

[어린이 놀이시설 점검 주기]

구분	점검 항목	점검 주기		
		1일	1주	2주
부대시설	울타리, 의자, 가로등의 고장 또는 파손 여부	●		
	화장실의 파손 여부 및 청결 상태	●		
	식수대, 쓰레기 처리대의 파손 여부 및 청결 상태	●		
	놀이터, 표지판의 파손 및 내용물 지워짐 여부		●	
놀이터 공동사항	놀이터 내에 전기, 고압선 등의 위험물질 존재 여부	●		
	모든 놀이기구와 시설의 낙후 및 휘어짐 여부		●	
	기둥의 고정 및 조임 장치의 조임 상태	●		
	금속재질의 녹 상태			●
	기구 및 시설의 도장 상태			●
	신체부위가 낄 수 있는 틈새의 존재 여부	●		
	유실 모래의 보충 여부			●
	금이 간 곳의 존재 여부	●		
	페인트칠의 벗겨짐 여부			●
	돌출부나 거친면의 존재 여부		●	
	볼트나 나사의 풀림 형태	●		
그네	그네고리의 풀림 및 파손 여부	●		
	그네 좌석판의 파손 여부	●		
	그네 회동구 베어링의 윤활유 주입 상태			●
	그네 줄의 꼬임 여부	●		
	그네 체인 모양 변형 여부		●	
	그네 줄의 균형 상태	●		
미끄럼틀	미끄럼틀 보호벽(난간) 및 계단의 파손 여부		●	
	미끄럼틀 활주판의 요철 및 파손 여부		●	
시소	무게균형의 정확성	●		
	충격완화용 시소 타이어의 파손 여부		●	
	지지대와 시소판 연결부위의 원활성 및 회전성		●	
	목재부분의 부식 여부			●

27. 위 자료를 근거로 판단한 내용으로 가장 적절하지 않은 것은? (1.2점)

① 부대시설의 점검 항목 중 2주에 한 번씩 점검되는 항목은 없다.

② 어린이 놀이시설 내 표지판의 내용이 지워졌는지 점검하는 주기와 동일하게 점검되는 항목은 해당 항목을 제외하고 총 7개이다.

③ 미끄럼틀 활주판 부분과 그네의 좌석판 부분의 페인트칠이 벗겨졌는지 매주 한 번씩 확인해야 한다.

④ 시소의 목재부분 부식 여부의 점검 주기는 모든 놀이기구와 시설의 낙후 및 휘어짐 항목 점검 주기의 2배이다.

⑤ 금속재질의 녹 상태와 그네 줄의 꼬임 여부를 같은 날 점검한 경우 금속재질 녹 상태의 그다음 점검이 있기까지 그네 줄의 꼬임 여부는 13번 더 점검된다.

28. 어린이 놀이시설 점검 담당자 중 한 명인 귀하가 20X3년 3월 31일에 점검한 내용은 아래와 같다. 귀하가 20X3년 3월 31일부터 7월 31일까지 아래 항목을 각 점검 주기에 맞추어 점검할 때, 해당 기간 동안 아래 항목별 점검 횟수의 총합은? (1.5점)

[점검 내용]

- 미끄럼틀 난간에 돌출부나 거친면의 존재 여부 확인
- 놀이시설 밑 유실 모래가 보충되었는지에 대한 확인
- 시소의 무게 균형이 정확한지에 대한 확인
- 시소의 지지대 및 시소판 연결부위가 원활한지, 회전이 잘 되고 있는지에 대한 확인
- 놀이시설 내에 위치한 의자, 울타리 등의 파손 여부 확인
- 놀이시설 내에 전기, 고압선 등의 위험물질의 존재 여부 확인

① 386회 ② 392회 ③ 406회 ④ 414회 ⑤ 425회

29. 다음 ㉠~㉤은 경력개발 단계별 주요 내용이다. 다음 중 경력개발의 단계에 따라 ㉠~㉤을 순서대로 바르게 나열한 것은? (1.2점)

> ㉠ 환경과 자신의 특성을 고려해 직무를 선택해야 하며, 특히 자신이 들어갈 조직의 특성을 알아봐야 한다.
> ㉡ 자신이 그동안 성취한 것을 재평가하고, 생산성을 그대로 유지하는 단계이다.
> ㉢ 자신에게 적합한 직업이 무엇인지를 탐색하고 선택한 후, 여기에 필요한 능력을 키우는 과정이다.
> ㉣ 조직의 생산적인 기여자로 남고 자신의 가치를 지속적으로 유지하기 위해 노력함과 동시에 퇴직을 고려하게 된다.
> ㉤ 조직에서 자신의 입지를 확고히 다져나가 승진하는 데 많은 관심을 가지는 시기이다.

① ㉠ – ㉢ – ㉡ – ㉤ – ㉣
② ㉠ – ㉢ – ㉣ – ㉤ – ㉡
③ ㉢ – ㉠ – ㉣ – ㉡ – ㉤
④ ㉢ – ㉠ – ㉤ – ㉡ – ㉣
⑤ ㉢ – ㉤ – ㉠ – ㉡ – ㉣

30. 다음 글을 읽고 귀하가 윤 팀장에게 해줄 수 있는 조언으로 가장 적절하지 <u>않은</u> 것은? (1.2점)

> 2년 전 경영관리팀에서 인사팀으로 이직한 윤 팀장은 요즘 직무 스트레스에 시달리고 있다. 경영관리팀과 비교하여 팀원 수는 절반밖에 되지 않지만, 총무 업무를 비롯한 인사 및 교육 관련 업무까지 진행해야 하는 등 업무량은 2배 이상 늘었기 때문이다. 게다가 업무 역량이 잘 갖춰지지 않은 팀원들을 교육하여 일정 수준 이상의 역량을 갖출 수 있도록 자신이 만들어야겠다는 압박감과 중압감이 수면 장애를 불러와 피곤하다는 말을 입에 달고 산다. 이직 전의 직장에서는 신경질적인 성격으로 인해 지적도 많이 받았으나, 이직 후에는 업무 중 화를 내면 팀장으로서 자질이 부족하다는 평가를 받게 될까 걱정되어 예전만큼 화를 내지 못하고 있다. 다만, 스스로 세운 계획이나 성과에 미치지 못하는 결과가 나왔을 때는 울화가 치밀어 업무를 진행하지 못할 정도로 어려움을 겪고 있다. 윤 팀장은 업무 역량 향상을 위해서라도 인내심을 기르고 긍정적인 마음을 가지는 등 내면을 잘 관리해야겠다는 생각을 하는데 방법을 몰라 고민하고 있다.

① 인내심을 기르지 못하면 다른 사람에게 신뢰감을 주지 못할 뿐 아니라 감정적인 사람으로 비칠 거예요.
② 자신의 능력과 가치를 신뢰하고 있는 그대로의 자신을 받아들여 건강한 자아상을 확립해야 하죠.
③ 자신의 목표를 분명하게 세우면 인내심을 기르는 데 도움이 될 거예요.
④ 인내심을 기르기 위해서는 한 가지 시각으로 상황을 분석하는 일관된 모습을 보여야 해요.
⑤ 자기 스스로 운명을 통제할 수 있다고 믿는 사람은 그렇지 않은 사람보다 성공할 확률이 더 높아요.

31. **다음 중 자기개발 계획을 수립하기 위한 전략으로 가장 적절한 것은?** (1.2점)

① 장기목표는 단기목표를 수립하기 위한 기본 단계가 된다.
② 장기목표와 단기목표 모두 반드시 구체적으로 수립해야 한다.
③ 다른 사람과의 관계를 발전시키는 것도 하나의 자기개발 목표가 될 수 있다.
④ 미래에 대한 계획이므로 현재의 직무를 고려할 필요가 없다.
⑤ 남들과 차별화되는 특징은 자기개발 계획 수립 시 방해 요인으로 작용하므로 부각되지 않도록 해야 한다.

32. **다음 사례의 A 씨의 활동에 해당하는 경력개발 단계로 가장 적절한 것은?** (1.2점)

A 씨는 대학교에 입학하면서부터 마케팅 분야에 관심이 생겨 졸업 후 마케팅 회사에 입사하겠다는 목표를 세웠다. 이를 위해 마케팅 관련 수업이라면 가리지 않고 수강했으며, 마케팅 직무 수행을 위해 필요한 능력이나 요구되는 가치관 등을 조사하여 자신이 어떤 능력을 길러야 할지, 어떤 가치관을 가져야 할지 생각해보기도 하였다. 마케팅 직무에 관심을 갖고 해당 직무 수행을 위해 필요한 자질이나 연봉, 업무 조건 등 마케팅 직무와 관련된 정보를 알아갈수록 자신의 성향과 잘 맞는 직무라는 생각이 들어 마케팅 회사에 입사하고자 하는 마음이 더욱 커진 상태이다.

① 직무정보 탐색
② 자신과 환경 이해
③ 경력목표 설정
④ 경력개발전략 수립
⑤ 실행 및 평가

33. **다음 중 리더와 관리자의 특징을 가장 올바르게 분류한 것은?** (1.2점)

㉠ 내일보다 오늘에 초점을 맞춤	㉤ 체제나 기구를 중시함
㉡ 계산된 위험을 취함	㉥ 혁신 지향적임
㉢ 어떻게 할지를 생각함	㉦ 상황에 수동적임
㉣ 동기를 부여함	㉧ 비전을 구축함

	리더	관리자
①	㉠, ㉡, ㉤, ㉧	㉢, ㉣, ㉥, ㉦
②	㉠, ㉢, ㉣, ㉦	㉡, ㉤, ㉥, ㉧
③	㉡, ㉤, ㉥, ㉦	㉠, ㉢, ㉣, ㉧
④	㉡, ㉣, ㉥, ㉧	㉠, ㉢, ㉤, ㉦
⑤	㉣, ㉤, ㉥, ㉧	㉠, ㉡, ㉢, ㉦

34. **다음 중 갈등에 대한 설명으로 가장 적절하지 않은 것은?** (1.2점)

① 불필요한 갈등은 조직 구성원마다 문제를 다르게 인식하거나 정보가 부족한 상황에서 발생할 수 있다.
② 권력을 확보하기 위해 발생하는 갈등보다 역할 모호성으로 인해 발생하는 갈등부터 먼저 해결해야 한다.
③ 갈등은 그 문제를 해결함과 동시에 갈등에서 승리하기를 원하는 조직 구성원들로 인해 증폭된다.
④ 갈등의 수준이 지나치게 낮은 조직은 구성원들의 의욕이 상실되어 조직 성과가 낮아질 수 있다.
⑤ 문제를 바라보는 관점과 이해하는 관점이 상이할 때 발생하는 갈등은 해결할 수 있는 갈등이다.

35. 다음 중 김 과장이 갈등 상황에서 사용한 갈등 해결 방법의 유형으로 가장 적절한 것은? (0.8점)

> ○○팀의 김 과장은 최근 자신의 팀원인 박 대리와 팀에서 맡게 된 세 가지 업무의 순서에 대한 의견 차이로 작은 갈등이 있었다. 김 과장은 팀원들에게 들어온 순서인 A 업무부터 처리하고, B 업무, C 업무를 이어서 처리하자고 이야기하였으나, 박 대리의 의견은 달랐다. 박 대리는 C 업무가 가장 빠르게 마무리될 업무이기 때문에 C 업무를 우선 처리해야 한다고 주장했다. 김 과장은 자신의 의견대로 업무를 진행하는 것이 효율적이라고 생각했지만, 팀원과의 갈등보다는 해결점을 찾는 것이 더 중요하다고 생각하여 두 의견 중 어느 방향으로 진행할지 다른 팀원들에게도 물어본 후 갈등을 해결하였다.

① 타협형 ② 통합형 ③ 경쟁형 ④ 수용형 ⑤ 회피형

36. 다음 중 갈등 해결 방법을 모색할 때 명심해야 할 사항에 해당하지 <u>않는</u> 것의 개수는? (1.2점)

사람들의 눈을 자주 마주치기	마음을 열어놓고 적극적으로 경청하기	다른 사람들의 입장을 이해하기
어려운 문제는 가급적 피하기	어느 한쪽으로 치우치지 않기	사람들이 당황하는 모습을 자세히 살피기
자신의 의견을 명확하게 밝히고 지속적으로 강화하기	빠른 해결이 필요할 때는 타협보다 논쟁을 선택하기	존중하는 자세로 사람들을 대하기

① 0개 ② 1개 ③ 2개 ④ 3개 ⑤ 4개

37. **다음 글에서 A에게 발생한 비윤리적 행위로 가장 적절한 것은?** (1.2점)

한 화장품 회사의 대표인 A는 최근 여러 백화점에 자사 제품을 납품하고 있다. 그러나 자사의 매출 실적을 올리는 데 집중하고자 한 A는 남몰래 여러 백화점 대표들에게 부정한 금품을 제공하며 자사 제품을 더 많이 구매할 수 있도록 유도하였다. A는 부정한 금품을 제공하는 일이 비윤리적인 행위라는 것을 알고 있었지만, 윤리적인 올바름보다 자사의 매출 실적을 올리는 것이 더 중요한 일이라 생각했다.

① 무지　　② 무관심　　③ 무절제

④ 도덕적 타성　　⑤ 도덕적 태만

38. **다음은 ○○공사의 신입사원이 직장 내 괴롭힘에 관하여 나눈 대화이다. 다음 중 직장 내 괴롭힘에 대해 가장 적절하지 <u>않은</u> 설명을 한 신입사원을 모두 고르면?** (1.2점)

정 사원: 근로기준법에 따르면 일반적으로 행위자에는 사용자가 해당되지만, 근로자도 행위자가 될 수 있어요. 원칙적으로 그 피해자와 같은 장소에서 근무하고 있다면 말이죠.
박 사원: 회사 내 오프라인 및 온라인 공간뿐만 아니라 외근 출장지에서 행해지는 괴롭힘도 직장 내 괴롭힘으로 볼 수 있어요.
유 사원: 부하 직원이 보고서를 불성실하게 기재하여 상사에게 보고한 상황에서 그 부하 직원의 문제점을 지적하는 경우는 직장에서의 지위를 이용하여 행위한 것이기 때문에 직장 내 괴롭힘에 해당해요.
하 사원: 만일 팀장이 자신의 팀원에게 직장 내 괴롭힘의 의도가 없이 행동했을지라도 이로 인해 해당 팀원의 근무 환경이 이전에 비해 나빠졌다면 직장 내 괴롭힘으로 인정될 수 있죠.

① 정 사원　　② 하 사원　　③ 정 사원, 유 사원

④ 박 사원, 하 사원　　⑤ 유 사원, 하 사원

39. **다음 중 직업이 갖추어야 할 속성에 대한 설명으로 가장 적절하지 <u>않은</u> 것은?** (1.2점)

① 현재 하고 있는 일을 계속할 수 있다는 가능성이 있어야 한다.

② 경제적 거래 관계가 성립되는 활동이어야 한다.

③ 비윤리적인 영리 행위나 반사회적인 활동을 통한 경제적 이윤추구는 직업 활동으로 인정되지 않는다.

④ 모든 직업 활동은 사회 공동체적 맥락 속에서 의미 있는 활동이어야 한다.

⑤ 속박된 상태에서의 제반 활동이라고 하더라도 계속성과 경제성을 갖추고 있다면 직업 활동으로 인정된다.

40. **다음 ㉠~㉣은 근면과 관련된 사례이다. ㉠~㉣의 사례 중 근면의 종류가 같은 것끼리 바르게 짝지은 것은?** (1.2점)

> ㉠ 저는 부모님의 권유로 학교 수업을 마치면 태권도 학원에 가요. 원래는 일주일에 5번 가기로 부모님과 약속했는데, 요즘엔 피곤하다는 이유로 2~3번도 겨우 가요. 그마저도 억지로 가는 날이 대부분이고, 가서도 사범님의 다그침이 이어져 한 시간 정도만 운동해요.
> ㉡ 어렸을 때부터 저희 집은 경제적으로 넉넉한 편이 아니었어요. 그래서 만 17살이 되던 해부터 아르바이트를 시작해 집에 생활비를 보태왔어요. 지금은 지방의 한 공장에서 생산직으로 근무하며 하루 12시간씩 일을 하고 있어요. 이렇게 일을 하지 않으면 저희 집은 생계를 유지할 수 없거든요.
> ㉢ 저는 매일 아침 6시에 일어나 집 근처 공원을 한 바퀴씩 달리고 있어요. 평소에 운동을 좋아하시는 아버지의 요구로 아침마다 함께 운동하고 있어요. 아침에 운동하고 나면 상쾌하긴 하나 오후에 피곤함이 몰려와 그만두고 싶지만, 아버지께서 저랑 함께 운동하고 싶어 하셔서 어쩔 수 없이 하고 있어요.
> ㉣ 저는 한 달 후 독일로 어학연수를 가기로 결정했어요. 고등학교 졸업 후 미술을 전공하고 싶은데, 스스로 생각했을 때 아직 실력이 충분하지 않은 것 같아 대학에 입학하기 전에 독일에서 미술 공부를 하고 싶었거든요. 그래서 전 요즘 매일 아침에 1시간씩 인터넷 강의를 들으며 독일어 공부를 하고 있어요.

① ㉠, ㉢ ② ㉡, ㉣ ③ ㉠, ㉡, ㉢ ④ ㉠, ㉡, ㉣ ⑤ ㉡, ㉢, ㉣

약점 보완 해설집 p.12

수험번호	
성명	

실전모의고사 2회

시작과 종료 시각을 정한 후, 실전처럼 모의고사를 풀어보세요.

시 분 ~ 시 분 (총 40문항/권장 풀이시간 50분)

□ 시험 유의사항

[1] 2023년부터 서울교통공사 필기시험은 전 직종 NCS 40문항(직업기초능력평가 전 영역) + 전공 40문항으로 구성됩니다.

[2] 본 모의고사는 NCS 40문항으로 구성되어 있으므로, 직종에 맞는 전공 문항을 추가로 풀어보는 것이 좋습니다.

[3] 해커스잡 애플리케이션의 모바일 타이머를 이용하여 실전처럼 모의고사를 풀어본 뒤, 해설집의 '바로 채점 및 성적 분석 서비스' QR 코드를 스캔하여 응시 인원 대비 본인의 성적 위치를 확인해보시기 바랍니다.

[01-02] 다음은 지능형 뿌리공정 시스템 구축사업 공고문이다. 각 물음에 답하시오.

[지능형 뿌리공정 시스템 구축사업 공고]

1. 사업 목적
- 뿌리산업의 디지털화를 위해 뿌리공정 설비의 지능형 제어를 기반으로 한 뿌리 업종별 맞춤형 공정시스템을 개발 및 구축하기 위함

2. 지원 내용
- 솔루션 시스템의 개발 및 구축, 공정 설비 구입 비용, 인건비 등을 지원함

3. 신청 자격
- 지능형 뿌리공정 시스템을 구축하고자 하는 주관기업과 공정 설비 및 솔루션을 공급하는 공급기업이 반드시 함께 사업을 신청해야 함

구분	기준
주관기업	뿌리산업 진흥과 첨단화에 관한 법률 제2조에 따른 뿌리기업 중 주조, 금형, 용접·접합, 소성가공, 표면처리, 열처리, 사출·프레스 업종에 해당하는 기업
공급기업	공정 설비와 제어 및 모니터링이 적용된 솔루션 시스템을 모두 공급할 수 있는 기업

4. 신청 기간 및 신청 방법
- 신청 기간: 4월 11일 월요일 9시부터 5월 2일 월요일 18시까지
- 신청 방법: 뿌리산업 진흥센터 홈페이지에 제출 요청 서류 및 온라인 신청서를 제출함

5. 선정 기준
- 업종별 전문가로 구성된 평가위원회의 현장 평가를 통해 100점 만점 중 총점이 80점 이상인 기업이 선정 후보가 되며, 이들 중 최종 점수가 높은 상위 200개의 기업을 지원 대상으로 선정함

평가 항목	평가 기준	배점
사업 적정성	지능형 공정 시스템 적합도, 신규·혁신성, 공정문제 해결 효과, 뿌리기업 파급성 등 지능형 뿌리공정 우수 모델로서의 적정성	50점
사업 추진성	투자 능력, 매출 성장성, 경영 안정성, 공급기업 역량 등 지능형 공정시스템 도입을 위한 추진성	30점
사업 구체성	사업 목표, 사업비, 인력·시설 운용 계획 등 뿌리산업 제조 혁신을 추진하기 위한 사업 계획의 구체성	20점

※ 1) 뿌리기술 전문기업 및 스마트 그린 산단 소재의 뿌리기업에 가점 10점을 부여함
2) 각 배점의 50% 미만의 점수를 받은 항목이 1개 이상인 경우 선정 후보에서 탈락됨

6. 지원 제외 대상
- 신청 기간 중 국가 연구개발 사업에 참여 제한이 걸린 사업자가 포함된 기업
- 최근 5년 동안 국세 및 지방세를 체납하거나 금융기관의 채무를 불이행한 사업 참여자가 포함된 기업

01. **위 공고문을 읽고 이해한 내용으로 가장 적절하지 <u>않은</u> 것은?** (1.2점)

① 국가 연구개발 사업의 참여 제한이 5월 3일부로 해제된 기업은 지원 제외 대상이다.
② 스마트 그린 산단에 위치한 뿌리기업이 평가 기준에 의해 75점을 받았다면 최종 점수는 85점이다.
③ 사업에 선정된 기업은 인건비와 공정 설비에 필요한 비용을 모두 지원받을 수 있다.
④ 공정 설비 및 솔루션 시스템 제공이 가능한 공급기업일지라도 단독으로 지원하는 것은 불가능하다.
⑤ 사업 추진성 평가 시 설비 사용 및 인력 배치 계획을 평가한다.

02. **위 공고문을 읽고 이해한 내용이 가장 적절하지 <u>않은</u> 사람을 모두 고르면?** (1.5점)

갑: 사업 구체성 항목에서 10점을 받은 기업은 총점이 80점 이상이더라도 선정 후보에서 무조건 탈락하겠네.
을: 3주 정도의 시간이 신청 기간으로 주어지니 온라인 신청서 등 사업 신청에 필요한 서류를 준비할 시간이 넉넉하겠어.
병: 사업에 참여하는 기업이 작년에 채무를 불이행한 경험이 있더라도 신청 기간 전에 모두 해소하였다면 지원이 가능하겠군.
정: 사업 구체성과 사업 추진성 항목에서 모두 만점을 받고 사업 적정성 항목에서 30점을 받은 기업은 선정 후보가 될 수 있겠네.

① 갑, 을 ② 갑, 병 ③ 을, 병 ④ 갑, 병, 정 ⑤ 을, 병, 정

[03-04] 공공기관에서 근무하는 귀하는 스마트오피스 관련 보도자료를 읽고 있다. 다음 보도자료를 읽고 각 물음에 답하시오.

조달청이 중앙부처 최초로 자율적으로 업무공간을 선택할 수 있는 스마트오피스를 운영한다. 조달청은 수평적 조직문화의 확산과 일하는 방식의 혁신을 위해 1개 층(1개국 4개 과)에 스마트오피스를 시범 도입하고 개소식을 개최했다. 정부청사관리본부와 함께 '업무공간 혁신 시범사업'의 일환으로 진행한 이번 스마트오피스 구축은 자율좌석제, 페이퍼리스, 열린 소통 공간 등 수평적 사무 공간을 통한 업무 효율성 확보가 핵심이다.

먼저 자율좌석제를 도입하여 직급순으로 자리를 배치하는 기존의 권위적 사무실 문화를 수평적·자율적 조직문화로 혁신하였다. 자율좌석제는 부서 간 장벽을 허물고 개인의 업무 특성과 상황에 따라 다양한 공간 선택지를 제공하여 업무 효율을 극대화하는 것으로 좌석예약시스템, 행안부 클라우드 시스템 및 클라우드 프린팅을 활용하였다. 선호도가 높은 창가 좌석에는 오픈형 데스크를 배치했고, 온라인 화상 평가에 적합한 집중 근무실을 설치하는 등 다양한 좌석 선택지를 마련해 선택의 자율성과 업무 효율성을 높였다. 수평적 배치와 개인 간 칸막이도 최소화해 직원 간 소통의 기회를 넓혔다.

업무공간 중앙에는 오픈 커뮤니티를 마련하여 직원들의 자유로운 의사소통과 휴식의 공간으로 활용할 수 있도록 하였다. 카페 같은 분위기의 다양한 만남 공간은 물론 폰 부스 겸 1인 휴식 공간을 마련하는 등 직원들을 위한 편의시설을 확충했다. 개별 보관하던 각종 규정집, 정책자료집 등은 라이브러리로 모아 공유하도록 했다. 이번 스마트오피스 구축은 개별 사무기기 축소 등 기존의 비효율적 공간을 재활용해 예산 절감은 물론 직원들에게 쾌적한 사무환경을 제공했다. 특히 국·과장실을 축소해 남은 공간은 영상회의실, 녹음 방지회의실 등 특색 있는 회의 공간으로 탈바꿈시켜 공간 활용을 극대화해 효율적인 업무공간을 확보했다.

김○○ 조달청장은 "스마트오피스 구축은 단순한 사무환경 정비가 아니고 공간의 변화와 선택의 자율을 통해 조직문화를 변화시키는 혁신적인 작업"이라 전하며 "앞으로도 정보통신기술과 MZ세대 요구에 맞는 다양한 공간 활용 방안 등을 스마트오피스에 적용시켜 타 기관에도 확산시키는 계기가 될 수 있도록 노력하겠다."고 말했다.

※ 출처: 조달청(2021-11-23 보도자료)

03. **위 보도자료의 제목으로 가장 적절한 것은?** (1.2점)

① 지방정부에서 시행되고 있는 조직문화 혁신 방법

② 스마트오피스 구축을 위해 한자리에 모인 다양한 기관들

③ 커뮤니케이션 역량과 업무 효율 간의 상관관계

④ 업무 효율을 높이는 자율좌석 기반의 스마트오피스

⑤ 기업이 갖추어야 할 스마트오피스 확장의 필수 조건

04. **위 보도자료를 읽고 이해한 내용으로 가장 적절하지 않은 것은?** (1.5점)

① 스마트오피스를 구축함으로써 운영 부처의 예산이 절약되는 결과를 가져왔다.

② 스마트오피스의 도입은 사무환경 정비를 넘어 조직의 문화를 재구성하는 작업이다.

③ 칸막이 공간을 늘려 개인 공간을 충분히 확보할 수 있다는 것이 스마트오피스의 장점 중 하나이다.

④ 과장실과 국장실의 규모를 줄여 확보한 여분의 공간은 녹음 방지회의실 등 독특한 공간이 되었다.

⑤ 조달청은 스마트오피스를 4개의 과에 우선 도입하여 시행하고 있다.

[05-06] 다음은 C 질병의 2월 확진자 수 현황에 대한 자료이다. 각 물음에 답하시오.

[2월 확진자 수 현황]

(단위: 명)

구분	10일		11일		12일		13일	
	인원수	전일 대비 증감량	인원수	전일 대비 증감량	인원수	전일 대비 증감량	인원수	전일 대비 증감량
누적 확진자 수	1,185,361	54,122	1,239,264	53,903	(㉠)	54,935	1,350,630	56,431
1일 확진자 수	54,122	4,555	53,903	(㉡)	54,935	1,032	56,431	1,496
1일 사망자 수	(㉢)	29	33	-16	36	3	21	-15
1일 신규 입원자 수	1,393	-76	2,021	628	1,432	-589	(㉣)	-116
1일 해외 유입 확진자 수	88	-77	129	(㉤)	113	-16	134	21

※ 치명률(%) = (1일 사망자 수 / 1일 확진자 수) × 100

※ 출처: 질병관리청

05. 다음 중 자료에 대한 설명으로 가장 적절한 것의 개수는? (1.2점)

㉠ 제시된 기간 중 1일 확진자 수가 가장 많은 날과 1일 해외 유입 확진자 수가 가장 많은 날은 동일하다. ㉡ 9일의 누적 확진자 수는 1,131,239명이다. ㉢ 11일 기준 C 질병의 치명률은 0.05% 미만이다. ㉣ 12일 기준 1일 신규 입원자 수의 전일 대비 감소율은 25% 이상이다.

① 0개 ② 1개 ③ 2개 ④ 3개 ⑤ 4개

06. 다음 중 ㉠~㉤에 해당하는 값을 예측했을 때, 가장 타당하지 <u>않은</u> 값을 고르면? (1.5점)

① ㉠: 1,294,199 ② ㉡: −219 ③ ㉢: 49 ④ ㉣: 1,306 ⑤ ㉤: 41

[07-08] 다음은 도시광역철도 운영기관별 전력 사용량 및 전력 요금에 대한 자료이다. 각 물음에 답하시오.

[운영기관별 전력 사용량]

(단위: 십만 kwh)

구분	2018년		2019년		2020년	
	전철	일반	전철	일반	전철	일반
서울교통공사	8,140	5,511	8,370	5,249	7,895	5,356
서울메트로 9호선㈜	386	438	443	454	461	414
서울교통공사 9호선 운영 부문	148	82	161	242	167	250
부산교통공사	2,129	1,429	2,016	1,433	2,026	1,522
대구 도시철도공사	966	1,193	957	1,210	933	1,200
인천교통공사	791	817	774	860	775	827
광주광역시 도시철도공사	187	201	188	188	188	182
대전광역시 도시철도공사	176	181	174	191	170	180
부산-김해 경전철㈜	104	70	102	68	103	67
의정부 경량전철㈜	63	49	63	50	61	45
용인 경량전철㈜	142	25	138	21	144	25
우이신설 경전철㈜	74	91	70	75	67	72

[운영기관별 전력 요금]

(단위: 백만 원)

구분	2018년		2019년		2020년	
	전철	일반	전철	일반	전철	일반
서울교통공사	108,676	73,274	122,722	70,518	106,184	72,039
서울메트로 9호선㈜	5,182	5,947	5,983	6,227	6,389	5,730
서울교통공사 9호선 운영 부문	2,053	1,129	2,181	3,272	2,256	3,383
부산교통공사	27,182	18,246	25,907	18,416	25,826	19,498
대구 도시철도공사	12,774	15,847	12,585	15,944	12,273	15,755
인천교통공사	10,075	10,506	9,814	10,978	9,907	10,519
광주광역시 도시철도공사	2,566	2,761	2,589	2,600	2,511	2,427
대전광역시 도시철도공사	2,281	2,347	2,232	2,446	2,189	2,320
부산-김해 경전철㈜	1,342	903	1,326	884	1,331	848
의정부 경량전철㈜	1,278	857	1,149	900	1,114	830
용인 경량전철㈜	1,897	335	1,834	275	1,902	336
우이신설 경전철㈜	942	1,152	894	968	843	914

※ 출처: KOSIS(한국철도공사, 한국철도통계)

07. **다음 중 자료에 대한 설명으로 가장 적절하지 <u>않은</u> 것의 개수는?** (1.2점)

㉠ 2020년 운영기관별 전철 전력 사용량이 일반 전력 사용량보다 많은 운영기관은 7개이다. ㉡ 2019년 서울교통공사 전력 요금의 총합은 전년 대비 11,290백만 원 증가하였다. ㉢ 2020년 용인 경량전철㈜ 전력 사용량의 전년 대비 증가율은 전철이 일반보다 크다. ㉣ 2018년 전철과 일반의 전력 요금 차이는 인천교통공사가 부산-김해 경전철㈜보다 작다.

① 0개　② 1개　③ 2개　④ 3개　⑤ 4개

08. **다음은 제시된 자료를 바탕으로 2020년 총 전력 사용량이 500십만 kwh 이상인 운영기관의 전력 평균 단가를 나타낸 그래프이다. 자료를 보고 ㉠~㉤에 해당하는 값을 예측했을 때, 가장 타당하지 <u>않은</u> 값을 고르면?** (단, 소수점 셋째 자리에서 반올림하여 계산한다.) (1.5점)

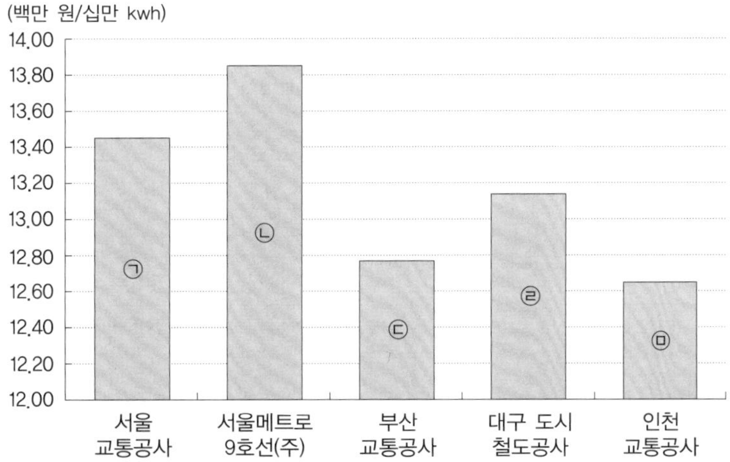

※ 전력 평균 단가 = 전력 요금/전력 사용량

① ㉠: 13.45　② ㉡: 13.85　③ ㉢: 12.77　④ ㉣: 13.14　⑤ ㉤: 12.61

[09-10] 다음 공고문을 읽고 각 물음에 답하시오.

[전국 문화 공감 사업 공고]

1. 사업 목적
   1) 전 국민에게 다양한 문화예술 프로그램을 제공함으로써 문화 향유권 신장 및 문화 양극화 해소 기여
   2) 지역 특성에 맞는 공연 창작·유통 역량을 강화하여 문화예술 수준 제고 및 문예회관 운영 활성화 기여

2. 사업 내용

프로그램	지원 내용	비고
민간예술단체 우수공연 프로그램	작품성 및 대중성 등에서 검증된 민간예술단체의 우수공연 프로그램 선정 후, 이에 대한 초청 경비 일부를 지원함	유치 기관: 문예회관
국공립예술단체 우수공연 프로그램	작품성 및 대중성 등에서 검증된 국공립예술단체의 우수공연 프로그램 선정 후, 이에 대한 초청 경비 일부를 지원함	유치 기관: 지역문예회관
문예회관 기획·제작 프로그램	문예회관을 중심축으로 지역 예술단체와 주민이 참여하여 지역문화의 특성을 반영할 수 있는 프로그램을 기획 및 제작할 수 있도록 경비 일부를 지원함	-
공연콘텐츠 공동 제작 프로그램	문예회관이 예술단체가 보유하고 있는 공연콘텐츠에 참여하여 공동으로 제작할 수 있도록 개최 경비를 지원함	금년 4분기 신규 사업

3. 지원 비율

프로그램	지원 내용		지원 비율	기관 부담률
민간예술단체 우수공연 프로그램	운영 주체	광역시 및 도립	20%	80%
	문예회관 소재지	시·군·구 재정 자립도 10% 이상	30%	70%
		시·군·구 재정 자립도 10% 미만	50%	50%
국공립예술단체 우수공연 프로그램	운영 주체	광역시 및 도립	40%	60%
	지역문예회관 소재지	시·군·구 재정 자립도 20% 이상	50%	50%
		시·군·구 재정 자립도 20% 미만	60%	40%
문예회관 기획·제작 프로그램	프로그램 특성에 따라 선정심사 후 지원 금액 결정 ※ 단, 기관 부담률 최소 20% 이상 책정			
공연콘텐츠 공동 제작 프로그램	프로그램 특성에 따라 선정심사 후 지원 금액 결정 ※ 단, 기관 부담률 최소 40% 이상 책정			

※ 시·군·구 재정 자립도: 행정안전부 자치단체별 재정 자립도 기준

09. 위 공고문을 근거로 판단한 내용으로 가장 적절하지 않은 것은? (1.2점)

① 올해 4월에는 공연콘텐츠 공동 제작 프로그램이 시행되지 않았다.
② 재정 자립도는 행정안전부에서 배포하는 자치단체별 기준에 의거하여 판단한다.
③ 지역문예회관은 민간예술단체 우수공연 프로그램의 유치 기관이다.
④ 사업 신청 전에 정확한 기관 부담률을 알 수 없는 프로그램은 2개 이상이다.
⑤ 전국 문화 공감 사업은 전 국민의 문화 접근성 확대를 목표로 진행하는 사업이다.

10. 다음은 문화 공감 사업에 지원한 기관이다. 위 공고문을 근거로 판단할 때, 최대 지원 비율이 가장 낮은 기관은? (1.2점)

①
가 기관
• 참여 프로그램: 민간예술단체 우수공연 프로그램 • 문예회관 소재지: ◇◇시(재정 자립도 5%)

②
나 기관
• 참여 프로그램: 공연콘텐츠 공동 제작 프로그램 • 운영 주체: △△광역시(재정 자립도 40%)

③
다 기관
• 참여 프로그램: 문예회관 기획·제작 프로그램 • 문예회관 소재지: □□군(재정 자립도 10%)

④
라 기관
• 참여 프로그램: 민간예술단체 우수공연 프로그램 • 문예회관 소재지: ☆☆구(재정 자립도 30%)

⑤
마 기관
• 참여 프로그램: 국공립예술단체 우수공연 프로그램 • 운영 주체: ○○도(재정 자립도 25%)

[11-12] 다음 자료를 읽고 각 물음에 답하시오.

[펜션 정보]

구분	갑 펜션	을 펜션	병 펜션	정 펜션
구조	방 7개	방 5개	방 6개	방 8개
수용 인원	30명	20명	25명	40명
취사 여부	가능	가능	가능	불가능
부대 시설	세미나실	실내 바비큐 존	-	세미나실

[요금 안내(1박)]

구분	비수기			준성수기	성수기
	주중	금요일	주말		
갑 펜션	420,000원	480,000원	580,000원	600,000원	650,000원
을 펜션	280,000원	330,000원	430,000원	450,000원	490,000원
병 펜션	350,000원	410,000원	530,000원	540,000원	590,000원
정 펜션	470,000원	520,000원	630,000원	650,000원	690,000원

※ 1) 주중: 일~목, 주말: 토, 공휴일 전일
2) 준성수기: 7/1~15, 8/16~31, 성수기: 7/16~8/15
3) 비수기: 연중 준성수기 및 성수기를 제외한 시기

[환불 수수료 기준]

구분	비수기	준성수기	성수기
계약일 또는 이용일 7일 전 취소	5%	10%	10%
이용일 6일 전 취소	10%	15%	20%
이용일 5일 전 취소	20%	25%	30%
이용일 4일 전 취소	30%	35%	40%
이용일 3일 전 취소	50%	55%	60%
이용일 2일 전 취소	70%	70%	80%
이용일 1일 전 또는 사용 예정일 취소	80%	90%	100%

※ 1) 갑, 을, 병, 정 펜션의 환불 수수료 기준은 모두 동일하며, 총 이용 요금을 기준으로 산출함
2) 사용 예정일이 주말인 예약을 취소하는 경우 성수기 기준으로 환불 수수료가 적용됨

11. 윤 주임은 상사로부터 다음과 같은 지시를 받은 후 네 곳의 펜션 중 한 곳을 결정하였다. 예약금으로 총 이용 요금의 20%를 지급한다고 할 때, 윤 주임이 지급한 금액은? (1.5점)

> 윤 주임님, 월요일부터 수요일까지 2박 3일간 진행되는 워크숍을 위해 적당한 펜션으로 예약 부탁드려요. 경영지원팀이 모두 참석하는 5월 워크숍인 만큼 적어도 20명을 수용할 수 있는 곳이 좋겠어요. 방은 남녀 따로 쓸 수 있도록 6개는 있어야 할 것 같고, 아무래도 취사가 가능한 곳이 이용하기 편하겠네요. 세미나실은 있으면 좋겠지만, 총 이용 금액을 기준으로 없는 곳이 있는 곳보다 10만 원 이상 저렴하다면 없는 곳으로 예약해 주세요.

① 70,000원 ② 84,000원 ③ 140,000원 ④ 168,000원 ⑤ 350,000원

12. 박 팀장은 가족 여행으로 을 펜션을 예약하였으나 출장 일정이 잡히게 되어 이전에 진행한 펜션 예약을 취소하려고 한다. 다음 대화의 빈칸에 들어갈 내용으로 가장 적절한 것은? (1.2점)

[안내센터] 반갑습니다, 고객님. 펜션 고객 안내센터입니다. 무엇을 도와드릴까요?

[박 팀장] 안녕하세요, 5월 13일에 펜션 예약을 한 박□□입니다. 출장 일정으로 인해 펜션 예약을 취소하려고 합니다. 환불 수수료가 어느 정도인지 확인 부탁드립니다.

[안내센터] 펜션을 부득이하게 취소하셔야 하는 상황이시군요. 예약하신 펜션 이용일이 5월 21일 토요일부터 22일 일요일까지 맞으십니까?

[박 팀장] 네, 예약한 펜션 이용일이 말씀해주신 날짜가 맞습니다.

[안내센터] 취소하시는 오늘 날짜가 5월 20일이므로 적용되시는 환불 수수료는 총 이용 요금의 ( )인 점 전달해 드립니다.

① 80% ② 85% ③ 90% ④ 95% ⑤ 100%

[13-14] 다음은 A 사의 결재 규정 및 조직도이다. 각 물음에 답하시오.

[결재 규정]

- 결재를 받으려는 업무에 대하여 최고결재권자(대표이사) 포함 이하 직책자의 결재를 받도록 한다.
  ① 팀 결재라인: 팀장 – 실장 – 본부장 – 감사 – 대표이사
  ② 실 결재라인: 실장 – 본부장 – 감사 – 대표이사
  ③ 본부 결재라인: 본부장 – 감사 – 대표이사
- 결재는 결재권자가 결재란에 서명 또는 날인으로 하며, 필요에 따라 결재 일시를 기재한다.
- "정상 결재"라 함은 결재권자가 정상적으로 정해진 결재선에 따라 서명하는 것을 의미한다.
- "전결"이라 함은 기업의 경영 활동·관리 활동을 수행하는 중에 의사결정 및 판단을 요하는 업무에 대하여 최고결재권자의 결재를 생략하고, 그 권한을 위임받은 자가 자신의 책임하에 최종적으로 의사결정 및 판단을 하는 행위를 의미한다. 전결 사항에 대해서도 위임받은 자를 포함한 이하 직책자의 결재를 받도록 한다.
- 최고결재권자로부터 전결 권한을 위임받은 자가 있을 경우 권한을 위임받은 자의 결재란에 "전결" 표시를 하고 최종결재란에 위임받은 자가 누구인지를 표시한다. 단, 결재가 불필요한 직책자의 결재란은 상향대각선으로 표시한다.
- "대결"이라 함은 결재권자 또는 전결권자가 출장 및 휴가, 기타 사유로 상당 기간 부재중이거나 긴급하게 처리해야 할 문서의 경우 그 직무를 대행하는 자가 자신의 책임하에 최종적으로 의사결정 및 판단을 하는 행위를 의미한다. 단, 중요 문서 대결 시 기존의 결재권자에게 사후 보고해야 한다.
- 결재권자로부터 그 직무 대행을 위임받은 자의 결재란에 "대결" 표시를 하고, 전결하는 자의 서명란에 "전결" 표시를 한다. 대결 사항에 대해서도 위임받은 자를 포함한 이하 직책자의 결재를 받도록 한다. 단, 결재가 불필요한 직책자의 결재란은 상향대각선으로 표시한다.

[조직도]

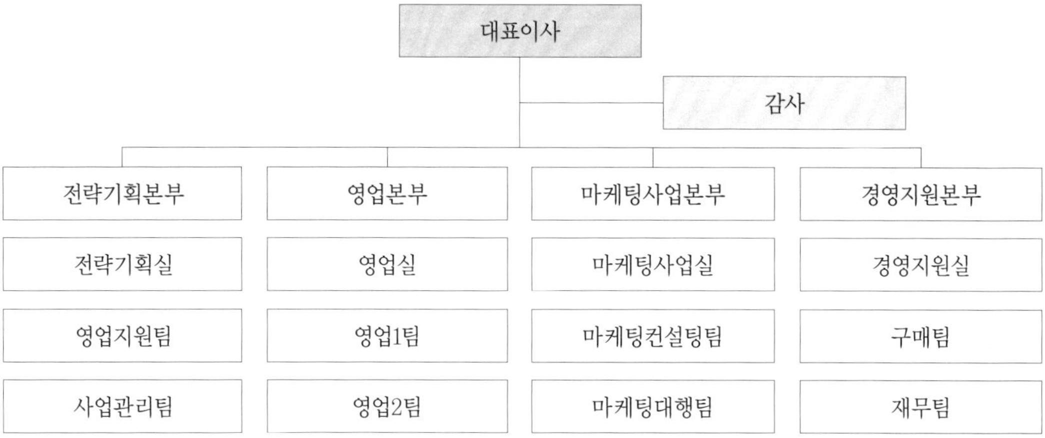

13. 위 자료를 근거로 판단한 내용으로 가장 적절하지 않은 것은? (1.2점)

① 결재권자가 부재중일 때 직무대행자가 중요 문서를 결재했다면 직무대행자는 결재권자에게 해당 사항을 반드시 보고해야 한다.

② 대결 사항 및 전결 사항에 대해서는 항상 업무 위임자를 포함한 이하 직책자의 결재를 받아야 한다.

③ 결재란에는 결재권자의 서명이나 도장을 받아야 하며 업무의 경중에 따라 결재 날짜는 생략할 수 있다.

④ 본부장이 결재한 경영지원본부 지출결의서의 다음 결재권자는 대표이사이다.

⑤ 전결 사항에 대해 결재를 받는 경우 대표이사의 결재란은 상향대각선으로 표시해야 한다.

14. 마케팅컨설팅팀 직원이 품의서 결재를 받고자 할 때, 결재라인으로 가장 적절한 것은? (단, 해당 결재 건은 전결 사항이다.) (1.2점)

① 마케팅컨설팅팀 팀장 – 마케팅사업실장 – 대표이사

② 마케팅컨설팅팀 팀장 – 마케팅사업본부장 – 대표이사

③ 마케팅컨설팅팀 팀장 – 마케팅사업실장 – 마케팅사업본부장

④ 마케팅컨설팅팀 팀장 – 마케팅사업실장 – 마케팅사업본부장 – 감사

⑤ 마케팅컨설팅팀 팀장 – 마케팅사업실장 – 마케팅사업본부장 – 감사 – 대표이사

[15-16] 다음은 ○○회사의 인사평가 제도와 직원 5명의 2020년 인사 정보에 대한 자료이다. 각 물음에 답하시오.

[○○회사 인사평가 제도]

- 1년간 근태 및 팀 내 평가 등급에 따른 점수를 종합하여 연봉 인상률이 결정된다.
- 팀 내 평가 등급에 따른 점수는 아래와 같다.

구분	S	A	B	C
점수	4점	3점	2점	1점

- 근태 불량(지각, 조퇴, 무단결근)은 1회당 0.5점을 팀 내 평가 등급에 따른 점수에서 차감하며, 근태 불량이 없을 경우 1점을 부여한다.
- 연봉 인상액은 최소 300만 원이다.
  ※ 연봉 인상률에 해당하는 금액이 300만 원 미만이면 연봉은 300만 원 인상됨
- 종합 평가 등급의 기준과 그에 따른 연봉 인상률은 아래와 같다.

구분	S	A	B	C
종합 평가 점수	3점 이상	2점 이상	1점 이상	1점 미만
연봉 인상률	15%	10%	7%	5%

[직원별 2020년 인사 정보]

구분	갑	을	병	정	무
팀 내 평가 등급	B	S	A	C	S
근태	조퇴 2회	지각 2회, 조퇴 1회	-	무단결근 1회	지각 1회
연봉	3,000만 원	3,200만 원	2,800만 원	4,000만 원	3,600만 원

15. 갑~무 중 팀 내 평가 등급과 종합 평가 등급이 다른 직원의 2021년 연봉의 합은? (1.5점)

① 6,600만 원 ② 6,720만 원 ③ 6,740만 원 ④ 7,600만 원 ⑤ 7,740만 원

16. 갑~무 5명의 2021년 연봉 인상액의 합은? (1.5점)

① 1,410만 원 ② 1,590만 원 ③ 1,690만 원 ④ 1,750만 원 ⑤ 1,880만 원

[17-18] 다음은 웹 사이트 연결 오류 확인 절차에서 사용되는 연결 오류 세부 사항 및 오류 상태 판단 기준에 대한 자료이다. 각 물음에 답하시오.

[연결 오류 세부 사항]

<table>
<tr><th>구분</th><th>세부 사항</th></tr>
<tr><td>Error Code</td><td>• Web Code와 Code Type에 따라 최종 WEC 산출
– WEC (1) @@_@@_@@_@@_@@
– WEC (2) @@_@@_@@_@@_@@</td></tr>
<tr><td>Web Code</td><td>• Web Code 지정사항
– B-101: 제시된 Web Code 중 최빈값 1개로 고려함
– B-375: 제시된 Web Code 중 중간값 1개로 고려함
– D-193: 제시된 Web Code 중 최댓값 1개와 최솟값 1개를 더한 값으로 고려함
– D-814: 제시된 Web Code의 평균값으로 고려함</td></tr>
<tr><td>Code Type</td><td>• Code Type: EV(위험성), CV(복잡성), IV(확산성)
<table>
<tr><th colspan="3">Type</th><th>적용 방식</th></tr>
<tr><td>EV ≥ 1</td><td>CV > 10</td><td>IV = 5</td><td>WEC (1) × 2, WEC (2) + 30</td></tr>
<tr><td>EV = 0</td><td>CV = 10</td><td>IV = 0</td><td>WEC (1) + 24, WEC (2) + 50</td></tr>
<tr><td>EV ≤ −1</td><td>CV < −10</td><td>IV = −5</td><td>WEC (1) × 1, WEC (2) − 17</td></tr>
</table>
※ 각 Type의 범위가 상이한 경우, EV, CV, IV 순으로 우선순위를 적용함</td></tr>
<tr><td>WEC Comparison</td><td>• WEC 간 서로 비교하여 최종 WEC 산출
– WEC (1) > WEC (2)인 경우: 최종 WEC = (WEC (1) + WEC (2)) × 3
– WEC (1) = WEC (2)인 경우: 최종 WEC = (WEC (1) + WEC (2)) × 2
– WEC (1) < WEC (2)인 경우: 최종 WEC = WEC (1) + WEC (2)</td></tr>
</table>

[오류 상태 판단 기준]

최종 WEC	Solution Code
100 이하의 값	178
101 이상 200 이하의 값	968
201 이상 300 이하의 값	199
301 이상 400 이하의 값	872
401 이상의 값	644

[연결 오류 확인 절차]

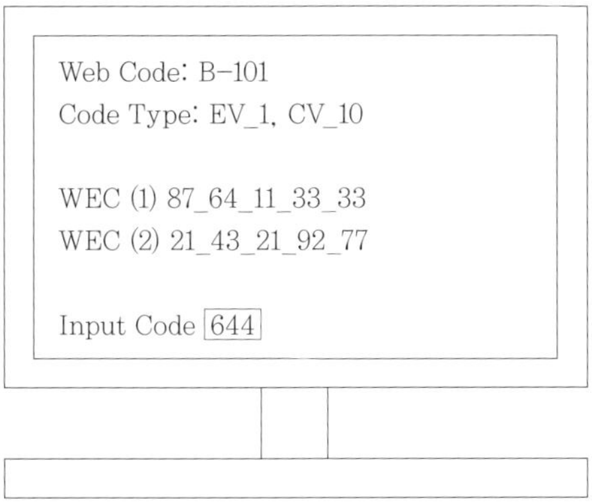
Web Code: B-101
Code Type: EV_1, CV_10
WEC (1) 87_64_11_33_33
WEC (2) 21_43_21_92_77
Input Code 644

절차 1. 최종 WEC 산출
Web Code B-101, Code Type EV_1, CV_10임에 따라 WEC (1)의 최빈값은 33, WEC (2)의 최빈값은 21이고, Type 우선순위에 따라 EV ≥ 1 적용 방식으로 산출하면 WEC (1)은 33 × 2 = 66, WEC (2)는 21 + 30 = 51이다. 이에 따라 WEC (1)이 WEC (2)보다 크므로 최종 WEC는 (66 + 51) × 3 = 351이다.

절차 2. 오류 상태 판단 및 Solution Code 입력
최종 WEC가 351이므로 301 이상 400 이하의 값에 해당하여 입력할 Solution Code는 '872'이다.

17. 다음 웹 상태에서 입력할 Solution Code로 가장 적절한 것은? (1.2점)

Web Code: B-375
Code Type: IV_0

WEC (1) 82_71_35_56_91
WEC (2) 21_89_45_66_13

Input Code [ ]

① 178 ② 968 ③ 199 ④ 872 ⑤ 644

18. 다음 웹 상태에서 입력할 Solution Code로 가장 적절한 것은? (1.2점)

Web Code: D-193
Code Type: IV_-5, CV_10

WEC (1) 42_99_52_67_81
WEC (2) 13_65_68_88_34

Input Code [ ]

① 178 ② 968 ③ 199 ④ 872 ⑤ 644

[19-20] 다음은 시스템 오류 확인 절차에서 사용되는 시스템 오류 세부 사항 및 시스템 상태 판단 기준이 업데이트되어 Client와 Server 간 요청 및 응답에 따른 세부 내용이 추가된 자료이다. 각 물음에 답하시오.

[시스템 오류 세부 사항]

항목	세부 사항
Error Alert @○ □_#	• Error Alert는 Error Code, Hazard, Weight, Client or Server로 구성됨 – @: Error Code(에러 코드) – ○: Hazard(에러 심각도) – □: Weight(에러 가중치) – #: Client or Server(Client와 Server 간 요청 및 응답)
Result Value	• Error Alert에 따른 Result Value 산출 방법 – Error Code가 대문자인 경우: Hazard × Weight × 2 – Error Code가 소문자인 경우: Hazard × Weight • Client or Server – Client가 대문자인 경우(C): Result Value × 3 – Client가 소문자인 경우(c): Result Value × 1.5 – Server가 대문자인 경우(S): Result Value × 2 – Server가 소문자인 경우(s): Result Value × 1

[시스템 상태 판단 기준]

최종 Result Value	시스템 상태	Input Code
60 이하의 값	안전	Norm0
60 초과~70 이하의 값	주의	Caut1
70 초과~80 이하의 값	경고	Warn2
80 초과~90 이하의 값	위험	Crtc3
90 초과의 값	정지	Halt4

[시스템 오류 확인 절차]

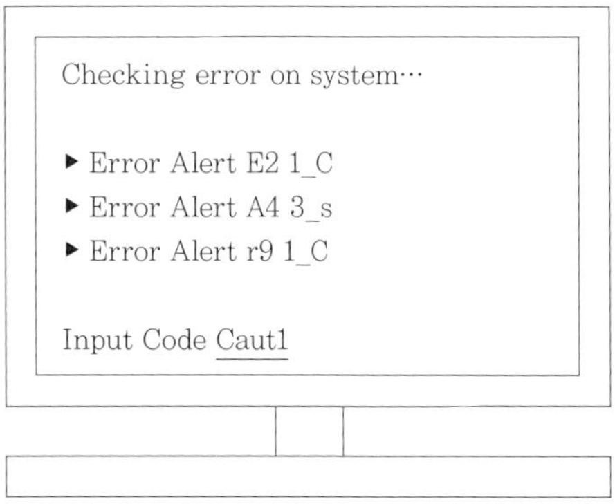
Checking error on system···
▶ Error Alert E2 1_C
▶ Error Alert A4 3_s
▶ Error Alert r9 1_C
Input Code Caut1

절차 1. Result Value 산출
Error Code가 대문자(E), Hazard(2) × Weight(1) × 2 × C(3) = 12
Error Code가 대문자(A), Hazard(4) × Weight(3) × 2 × s(1) = 24
Error Code가 소문자(r), Hazard(9) × Weight(1) × C(3) = 27이므로
최종 Result Value는 12 + 24 + 27 = 63이다.

절차 2. 시스템 상태 판단 및 Input Code 입력
최종 Result Value(63)가 60 초과~70 이하의 값에 해당하여 시스템 상태는 '주의'이므로 입력할 Input Code는 'Caut1'이다.

19. 다음 시스템 상태에서 입력할 Input Code로 가장 적절한 것은? (1.2점)

Checking error on system…
▸ Error Alert j7 2_c
▸ Error Alert M1 3_S
▸ Error Alert N6 2_s

Input Code ______________

① Norm0 ② Caut1 ③ Warn2 ④ Crtc3 ⑤ Halt4

20. 다음 시스템 상태에서 입력할 Input Code로 가장 적절한 것은? (1.5점)

Checking error on system…
▸ Error Alert L2 4_S
▸ Error Alert h9 1_C
▸ Error Alert B2 2_c
▸ Error Alert p3 3_s

Input Code ______________

① Norm0 ② Caut1 ③ Warn2 ④ Crtc3 ⑤ Halt4

[21-22] 다음은 K 사 창립 10주년 기념 이벤트 안내문 및 팀별 신청 사항이다. 각 물음에 답하시오.

[창립 10주년 기념 이벤트 안내]

- **이벤트 기간:** 5월 9일(월)~5월 13일(금)
- **이벤트 대상:** K 사 모든 팀
- **결과 발표:** 5월 27일(금)에 이벤트에 참가한 모든 팀의 팀장에게 티켓 구매 링크를 전달함
- **참여 방법:** 사내 인트라넷 메뉴에서 [창립 10주년 이벤트] 메뉴 클릭 후 K 사 창립 10주년 축하 메시지 및 팀별 신청 티켓 매수를 작성하여 제출(팀별 인원수만큼 요청)
- **이벤트 경품:** 오페라·콘서트·뮤지컬 티켓

오페라	
토요일	일요일
12:00~14:00 16:00~18:00 19:00~21:00	12:00~14:00 14:00~16:00

콘서트	
토요일	일요일
10:00~12:00 16:00~18:00 21:00~23:00	13:00~15:00 16:00~18:00

뮤지컬	
토요일	일요일
12:00~14:00 15:00~17:00 17:00~19:00	12:00~14:00 15:00~17:00

[팀별 신청 사항]

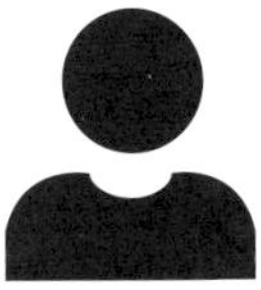
A 팀

K 사의 창립 10주년을 진심으로 축하합니다. 토요일 오후 7시에 시작하는 오페라 티켓 8매 요청드립니다.

B 팀

10년을 열심히 뛰어온 만큼 100년 기업이 될 수 있도록 최선을 다해봅시다. 콘서트 티켓 7장, 뮤지컬 티켓 5장 모두 일요일 가장 빠른 시간대의 티켓으로 부탁드립니다.

C 팀

창립 10주년을 맞이한 K 사의 무궁무진한 발전을 기원합니다. 저희 팀은 총 5명이고, 팀원 모두 토요일 16시에 시작하는 콘서트를 함께 보겠습니다.

D 팀

앞으로 맞이할 20주년, 30주년이 더욱 기대됩니다. 다들 지금처럼만 열심히 합시다. 토요일 15시에 시작하는 뮤지컬 티켓 4매, 일요일 14시에 시작하는 오페라 티켓 4매 요청합니다.

E 팀

10주년 기념 이벤트 최고입니다. 다들 정진하는 K 사 직원이 되었으면 좋겠습니다. 저희 팀 10명 모두 토요일 21시에 시작하는 콘서트 티켓을 받고 싶습니다.

21. 다음은 요청 티켓 매수를 정리한 표이다. 빈칸에 들어갈 숫자로 가장 적절하지 않은 것은? (1.2점)

공연별 티켓 매수			요일별 티켓 매수	
오페라	콘서트	뮤지컬	토요일	일요일
(㉠)	(㉡)	(㉢)	(㉣)	(㉤)

① ㉠: 12 ② ㉡: 17 ③ ㉢: 9 ④ ㉣: 27 ⑤ ㉤: 16

22. 신청한 모든 팀은 신청 매수에 따라 티켓을 받았으나, 콘서트 가수의 사정으로 토요일 21시 콘서트가 취소되어 해당 일시의 콘서트 티켓을 요청한 팀은 일요일 13시 콘서트 티켓을 받았을 때, 빈칸에 들어갈 숫자로 가장 적절하지 않은 것은? (1.5점)

오페라		콘서트		뮤지컬	
토요일	일요일	토요일	일요일	토요일	일요일
(㉠)	4매	(㉡)	(㉢)	(㉣)	(㉤)

① ㉠: 8 ② ㉡: 5 ③ ㉢: 7 ④ ㉣: 4 ⑤ ㉤: 5

[23-24] 다음은 △△기업 인사팀의 신입사원 소양 교육에 대한 자료이다. 각 물음에 답하시오.

[신입사원 소양 교육]

구분	가격	난이도	소요 시간	효과	만족도
비즈니스 매너	3점	5점	3점	4점	5점
요가	4점	3점	2점	5점	5점
요리	3점	4점	4점	3점	4점
코딩	5점	1점	1점	5점	5점
캘리그라피	5점	2점	5점	3점	3점

※ 가격, 난이도, 소요 시간은 낮을수록, 효과, 만족도는 높을수록 5점에 가까움

23. 신입사원 A가 가장 높은 총점을 받을 수 있는 소양 교육을 들으려고 할 때, A가 들을 교육은? (1.2점)

① 비즈니스 매너 ② 요가 ③ 요리 ④ 코딩 ⑤ 캘리그라피

24. 다음은 신입사원 소양 교육 배점에 대한 변경사항이다. 신입사원 B는 변경된 점수를 기준으로 가장 높은 총점을 받을 수 있는 소양 교육을 들으려고 할 때, B가 들을 교육은? (1.5점)

구분	가격		난이도	
	변경 전	변경 후	변경 전	변경 후
비즈니스 매너	3점	2점	5점	4점
요가	4점	3점	3점	2점
요리	3점	2점	4점	3점
코딩	5점	4점	1점	3점
캘리그라피	5점	4점	2점	4점

① 비즈니스 매너 ② 요가 ③ 요리 ④ 코딩 ⑤ 캘리그라피

[25-28] 다음은 철도 표지 설치 기준이다. 각 물음에 답하시오.

[공통 설치 기준]

- 철도 표지는 역장 또는 승무원이 탑승한 상태에서 투시가 용이한 곳에 설치하며 건축 한계에 지장이 없도록 설치한다.
- 철도 표지는 선로 좌측에 설치하는 것을 원칙으로 하되 현장 여건에 따라 아래의 경우에는 우측에 설치할 수 있다.
  - 현장 여건으로 건축 한계에 지장이 되는 경우
  - 전차선로 등 고압 이상의 전선으로부터 이격 거리를 확보하기 어려운 경우
  - 표지의 확인 거리를 확보하기 어려운 경우
  - 역방향 운전설비를 한 경우
- 자립형 표지는 다음 기준에 의하여 설치한다.
  - 토공구간: 콘크리트 기초에 신호기주를 이용하여 설치한다.
  - 교량구간: 콘크리트 도상에 신호기주를 이용하여 설치한다.
  - 터널구간: 터널 벽면에 신호기주를 부착 후 신호기주를 이용하여 설치한다.

[세부 설치 기준]

			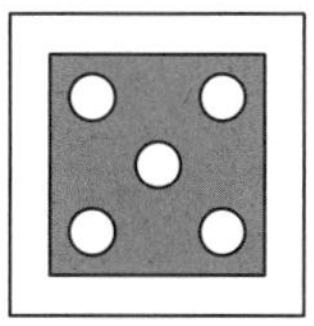	
열차정지 표지	차량정지 표지	무인역 표지	선로작업 표지	열차정지위치 표지
	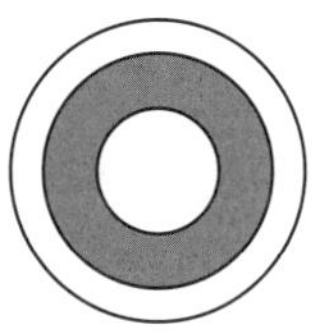		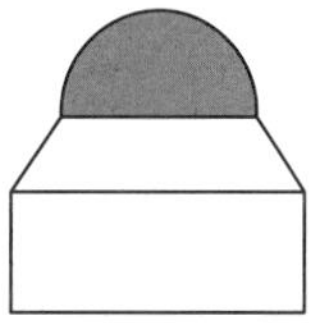	
속도제한 표지	속도제한해제 표지	기적 표지	차량접촉한계 표지	차막이 표지

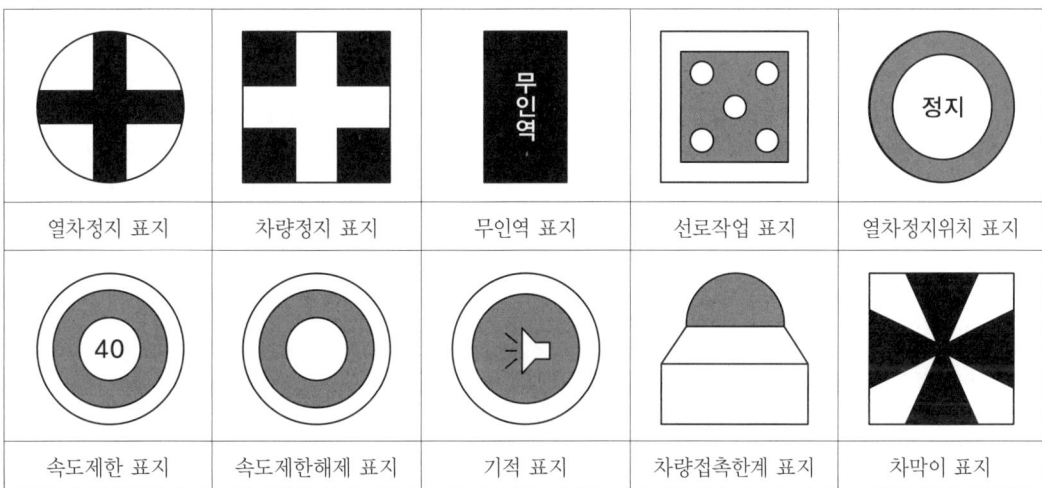

1. **열차정지 표지:** 출발신호기를 소정의 위치에 설치할 수 없는 선로 혹은 출발신호기를 설치하지 않은 선로의 정거장에서 열차 또는 구내운전 차량을 상시 정차할 한계를 표시할 필요가 있는 경우에 설치한다. 해당 표지가 설치되어 있는 선로에 도착하는 열차는 이 표지를 지나서 정차할 수 없다.
2. **차량정지 표지:** 정거장에서 구내운전 또는 입환 차량을 정지시키거나 운전구간의 끝 지점을 표시할 필요가 있는 지점에 설치하며 정거장의 측선에도 필요에 따라 설치할 수 있다.
3. **무인역 표지:** 역원이 배치되지 않은 간이역의 장내 신호기 하단에 설치한다.
4. **선로작업 표지:** 정거장 외 본선에서 작업할 때 열차에 대하여 그 작업구역을 표시하기 위해 설치하며 작업 개소로부터 100m 이상의 바깥쪽에 설치해야 한다. 다만, 400m 이상의 거리에 있는 열차로부터 이를 인식하기 곤란할 때는 그 거리를 연장하여 설치한다.

5. **열차정지위치 표지:** 정거장에서 열차 또는 차량이 정차할 맨 앞 위치를 표시할 필요가 있을 때 설치한다. 측면 표지는 열차 출입문과 승강장의 승차 위치 표시가 일치되는 지점의 기관사석 중앙 측면 승강장 또는 승강장 맞은편 지점에, 전면 표지는 측면 표지와 동일선상의 선로 중앙에 설치한다.
6. **속도제한 표지:** 선로의 내림 기울기 및 특별한 사유로 인하여 선로의 속도를 제한할 필요가 있는 경우에는 그 제한구역의 시작 지점에 설치하며 왼쪽 선로 운전구간에서는 왼쪽에, 단선 운전구간 및 오른쪽 선로 운전구간에서는 오른쪽에 설치한다. 다만, 동일 선로에 대하여 이중으로 속도를 제한하는 경우 높은 속도의 제한 표지는 설치하지 않을 수 있다.
7. **속도제한해제 표지:** 열차의 운전속도를 제한하는 구간(내림 기울기, 선로 곡선, 서행 운전구간 등)의 끝 지점에 설치한다. 다만, 속도를 제한하는 개소가 연속되는 경우로서 속도제한해제 구간이 전동차 편성 수의 길이보다 짧은 경우에는 설치하지 않을 수 있다.
8. **기적 표지:** 정거장, 터널, 교량, 곡선 등으로 전방 인식이 곤란한 개소 또는 특별히 기적을 울릴 필요가 있는 지점에 설치한다.
9. **차량접촉한계 표지:** 선로가 분기 또는 교차하는 지점에 선로상의 열차가 인접 선로를 운전하는 열차에 지장을 주지 않는 한계를 표시하기 위해 설치한다.
10. **차막이 표지:** 본선 또는 주요한 측선의 끝 지점에 있는 차막이에 설치한다.

25. 위 자료를 근거로 판단할 때, 다음 ㉠~㉢에 들어갈 표지를 순서대로 바르게 나열한 것은? (1.2점)

○○역에는 다양한 표지가 설치되어 있다. 대표적으로 출발신호기를 설치하지 않은 선로의 정거장이나 출발신호기를 특정 위치에 설치할 수 없는 선로의 정거장에서 열차나 구내운전 차량의 정차 한계를 상시 표시할 필요가 있을 때 설치하는 (㉠)가 있다. 이 표지가 설치된 선로에 도착하는 열차는 표지를 지나쳐서 정차할 수 없다는 특징이 있다. 또한, 선로 위에서 달리고 있는 열차가 이웃하고 있는 선로를 달리는 열차와 맞닿는 것을 피할 수 있도록 표시하는 (㉡)와 ○○역 정거장 이외의 본선에서 작업을 하는 경우 작업구역을 표시하기 위한 (㉢)도 설치되어 있다.

① 열차정지 표지 – 차량정지 표지 – 차막이 표지
② 열차정지 표지 – 차량접촉한계 표지 – 선로작업 표지
③ 열차정지 표지 – 차량접촉한계 표지 – 차막이 표지
④ 열차정지위치 표지 – 차량정지 표지 – 선로작업 표지
⑤ 열차정지위치 표지 – 차량접촉한계 표지 – 선로작업 표지

26. 위 자료를 근거로 판단한 내용으로 가장 적절하지 <u>않은</u> 것은? (1.5점)

① 작업 개소를 기준으로 150m 떨어진 곳에 선로작업 표지를 설치할 수 있다.
② 터널에 의해 전방을 분별할 수 없는 지점에는 기적 표지를 설치해야 한다.
③ 단선 운전구간과 왼쪽 선로 운전구간에서는 모두 속도제한 표지를 왼쪽에 설치하는 것이 옳다.
④ 모든 철도 표지는 열차 운행에 지장을 주지 않으면서 역장이 알아보기 쉬운 곳에 설치되어 있다.
⑤ 역무원이 없는 간이역의 장내 신호기 아래쪽 부분에는 무인역 표지가 설치되어 있을 것이다.

27. 철도공사에서 근무하고 있는 귀하는 열차 선로 및 구역을 전체적으로 점검하던 중 운전구간의 마지막 지점을 알려야 하는 지점에 표지가 설치되어 있지 않다는 것을 알게 되었을 때, 귀하가 설치해야 할 표지는? (1.2점)

①

②
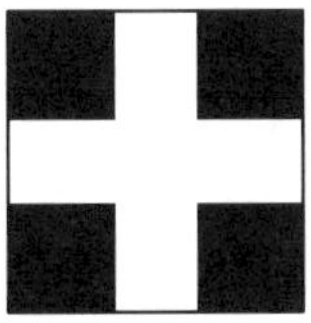
③
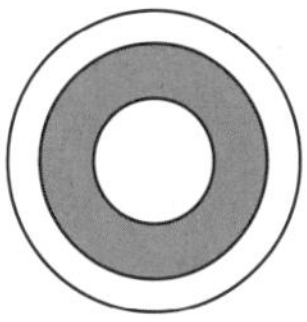
④
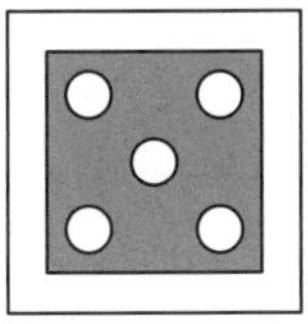
⑤

28. 위 자료를 근거로 판단할 때, 철도 표지 설치 기준에 대해 가장 적절하지 <u>않은</u> 설명을 한 사람은? (1.5점)

나연: 표지의 확인 거리를 확보할 수 없는 경우에는 철도 표지를 선로의 오른쪽에 세울 수 있어. **도진:** 열차정지위치 표지의 측면 표지는 전면 표지가 설치되어 있는 곳보다 뒤쪽 선로에 설치해야 해. **민찬:** 속도를 제한하는 개소가 연속되어 전동차 편성 수의 길이가 속도제한해제 구역보다 길다면 속도제한해제 표지를 설치하지 않을 수 있겠군. **유리:** 자립형 표지는 모든 구간에서 신호기주를 사용하여 설치한다는 공통점이 있어. **호영:** 동일한 선로에서 이중으로 속도를 제한해야 할 때에는 속도제한 표지를 1개만 설치해도 되겠네.

① 나연　② 도진　③ 민찬　④ 유리　⑤ 호영

29. 다음은 경력개발 관련 이슈에 대한 PPT 자료이다. 다음 자료 중 수정이 필요한 페이지의 개수는? (1.2점)

[창업 경력]

인터넷의 확산으로 공간이나 시간의 제약 없이 손쉽게 창업을 하고 있으며, 창업을 하는 이유로는 정치 변화, 경제 변화, 회사생활에 대한 불만 등이 언급되고 있다. 청년실업 문제, 새로운 일자리 만들기 이슈와 맞물려 각급 단위 학교에서도 창업 교육이 활발하게 이루어지고 있으며, 청년창업을 지원하는 정부 정책들도 다양하다.

[투잡스(Two-jobs)]

지속적인 경기 불황에 따라 2개 혹은 그 이상의 직업을 가지는 사람이 늘고 있으며, 주5일제 시행으로 더욱 확대되고 있다. 한 취업 기관이 30대 이상 직장인을 대상으로 아르바이트 현황에 대한 설문조사를 진행한 결과, 응답자 중 18.6%는 '직장생활과 함께 아르바이트를 하고 있다'고 답했으며, 투잡을 원하는 이유 1순위는 '부족한 월급'이었다.

[새로운 노동 형태의 등장]

긱 경제의 출현은 개별 근로자들에게 노동방식과 노동시간에 대한 결정권을 갖게 하였고, 프리랜서, 계약근로자, 자유근로자, 포트폴리오 근로자와 같은 독립근로 형태가 등장하며 노동방식의 변화를 가져왔다. 정보기술의 발달로 원격근무 등 근무 환경이 유연해진 것도 다양한 분야에서 독립근로자들이 증가하게 된 배경이다.

[평생 학습 사회]

지식과 정보의 폭발적인 증가로 새로운 기술개발에 따라 직업에서 요구되는 능력도 변화하고 있으며, 지속적인 능력개발이 필요한 시대가 되었다. 개인 각자가 자아실현 또는 직업적 지식, 기술의 획득 등을 목적으로 생애에 걸쳐서 자주적으로 학습을 계속할 수 있는 사회가 도래하였으며, 이러한 사회에서는 개인이 현재 가지고 있는 능력보다 개인의 학습 능력과 자기개발 노력이 더욱 중요시된다.

① 0개 ② 1개 ③ 2개 ④ 3개 ⑤ 4개

30. 다음 글을 읽고 빈칸에 공통적으로 들어갈 단어로 가장 적절한 것은? (1.2점)

사람에 따라서 일터에서 이루어지는 활동 등에 대해 관심과 애착을 느끼는 정도가 다르고, 각기 잘하는 일도 다르다. 일터에 대한 흥미를 가지고 잘 할 수 있을 때 사람들은 그 일터에 만족하고 잘 적응할 수 있으므로 자신의 특성을 파악하고 그에 알맞은 일터를 선택할 필요가 있다. 흥미는 일에 대한 관심이나 재미를 의미하고, (　　　)은 개인이 잠재적으로 가지고 있는 재능이나 남들보다 쉽게 잘 할 수 있는 주어진 학습 능력을 의미한다. (　　　)은 선천적으로 부여되는 것이기도 하지만 후천적으로 개발되어야 하는 측면이 있는데, 절대적으로 있고 없는 것이 아니라 상대적으로 더 많이 가지고 태어나는 잠재 능력이기 때문이다. 따라서 후천적으로 개발되지 않으면 소용이 없고, 꾸준히 노력하면 어느 정도 능력 발휘가 가능하므로 경험을 통해 자신의 흥미나 (　　　)을 발견하고 이를 적극적으로 개발하려는 노력이 중요하다.

① 역량 ② 실력 ③ 지능 ④ 적성 ⑤ 성격

31. **다음은 새로운 시대의 인재상에 대한 칼럼 중 일부를 발췌한 내용이다. 다음 중 장인성을 구성하는 요소에 대한 설명으로 가장 적절하지 <u>않은</u> 것은?** (1.2점)

독일의 〈노동 4.0〉에 의하면 노동 시간과 노동 공간의 유연성이 커지는 시대에 노동자들은 일에 대한 책임감을 갖고 자기 자신을 지킬 수 있는 역량을 길러야 한다. 결국 자신의 일하는 삶을 스스로 꾸려갈 수 있는 능력을 갖춘 사람이 되어야 한다는 것이다. 이러한 관점에서 새로운 시대의 인재상으로서 '장인(匠人)'을 제시하고자 한다. 여기서 장인은 전통적 수공업자에 한정된 개념이 아니라 더욱 확장된 의미의 현대적 장인을 뜻한다. 장인은 자신의 업무 분야에 따라 업무 내용과 직무 수행 방법은 상당히 다르지만, 자기 일을 대하는 태도와 일하며 살아가는 방식에 있어서는 매우 유사한 특성을 나타낸다. 이러한 특성이 '장인성(匠人性)'이다. 장인이 된다는 것은 단지 장인정신을 갖는 것을 넘어서 장인성을 몸에 배고 행동 습성으로 드러내는 것이다. 그렇게 일한 결과물로 장인은 최고의 제품과 서비스를 제공한다.

① 자신의 기술과 노하우를 나누고 남김으로써 배움을 베푼다.
② 아무것도 모르는 상태에서 일을 시작했을지라도 성장하기 위해 하나하나씩 배워나간다.
③ 전통을 고수하고 전승하기보다는 오히려 새로운 전통을 창조하고 확장한다.
④ 언제나 정상 주변의 높은 지대에 머무르며 더 높은 정상에 오를 준비를 하고 있다.
⑤ 처음부터 일에 대한 소명 의식을 가지고 시작하여 최고의 위치에 이른다.

32. **다음 중 팀의 업무수행 성과를 높이기 위한 행동전략으로 적절하지 <u>않은</u> 것을 모두 고르면?** (0.8점)

㉠ 업무 집중도를 높이기 위해 한 번에 한 가지 업무만 수행한다.
㉡ 회사와 팀의 기본적인 업무 지침을 바꾸어 새로운 방식으로 접근한다.
㉢ 직장에서 가장 일을 잘한다고 평가받는 사람의 업무수행 방식을 모방한다.
㉣ 일을 미루지 않고 가장 중요한 일부터 처리한다.
㉤ 직장인에게 가장 중요한 자기개발은 업무수행 성과를 높이는 것임을 명심한다.

① ㉠, ㉡ ② ㉡, ㉤ ③ ㉠, ㉡, ㉢ ④ ㉠, ㉣, ㉤ ⑤ ㉡, ㉢, ㉣

33. **다음 중 개인 차원에서의 임파워먼트 장애요인에 해당하지 <u>않는</u> 것의 개수는?** (1.2점)

동기의 결여	경험 부족	결의의 부족
의존성	주어진 일을 해내는 역량의 결여	승패의 태도
약속 불이행	책임감 부족	정책 및 기획의 실행 능력 결여

① 0개 ② 1개 ③ 2개 ④ 3개 ⑤ 4개

34. **다음 중 A~C 고객의 불만 유형 및 유형에 따른 대응 방안으로 가장 적절한 것은?** (1.2점)

A: 레스토랑의 서비스가 정말 마음에 들지 않네요. 빵이랑 수프를 같이 내오기 전에 고객에게 먼저 물어보는 것이 올바른 순서 아닐까요?
B: 보여주신 에어컨이 정말 이 가게에서 제일 저렴한 제품이 맞는지 확인해 주세요. 더 가격이 저렴하거나 동일한 가격에 더 좋은 성능을 보유한 제품을 카탈로그에서 본 것 같아서요.
C: 와인을 제대로 숙성하기 위해서는 온도는 8℃, 습도는 60~80%를 연중 유지해야 하지요. 제대로 숙성된 와인을 보여주시겠어요?

	고객	불만 유형	대응 방안
①	A	거만형	과시욕이 충족될 수 있도록 제지하지 않고 인정해 준다.
②	A	트집형	담당 직원 대신 직급이 높은 책임자가 응대한다.
③	B	의심형	분명한 증거나 근거를 제시하여 스스로 확신을 갖도록 한다.
④	B	빨리빨리형	일을 신속하고 시원하게 처리하는 모습을 보여준다.
⑤	C	거만형	이야기를 경청하고 추켜세워주며, 맞장구친다.

35. **다음 중 협상의 의미에 대해 가장 적절하지 않은 설명을 한 사람은?** (1.2점)

A: 갈등 해결 차원에서 협상이란 갈등 관계에 놓인 이해당사자들이 대화를 통해 공통되는 이익은 증진시키고 상반되는 이익은 조정하는 상호작용 과정입니다.
B: 모든 이해당사자들이 수용할 수 있는 이익의 조합을 찾으려는 개인, 조직 또는 국가의 상호작용 과정으로 협상을 본다면 이는 의사결정 차원에서 보는 것입니다.
C: 지식과 노력 차원에서의 협상은 타인보다 더 우월한 지위를 차지하면서 자신이 원하는 것을 어떻게 얻을 수 있는지에 대한 지식을 의미합니다.
D: 교섭 차원에서 협상은 선호하는 것이 서로 다른 이해당사자들이 갈등상태에 있는 쟁점을 해결하고 합의에 도달하기 위해서 개인적으로 의사결정을 하는 과정입니다.
E: 협상을 의사소통 차원에서 본다면 이해당사자들이 상대방을 설득하여 자신의 욕구를 충족시키기 위한 과정이라고 볼 수 있습니다.

① A ② B ③ C ④ D ⑤ E

36. **다음 글을 읽고 빈칸에 들어갈 내용으로 가장 적절한 것은?** (1.2점)

핸드폰 대리점에서 근무하는 A 씨에게 한 고객이 찾아와 지난주에 구매한 고속 충전기가 제대로 작동되지 않는다며 불만을 토로하였다. 내용을 들은 A 씨는 이에 빠르게 대처할 수 있도록 고객 불만 처리 프로세스에 따라 응대하기로 하였다. 고속 충전기 사용 시 충전이 빠르게 되지 않아 기분이 좋지 않았다는 고객의 이야기를 경청하는 모습을 보이고, 문제 해결을 위해 직접 대리점으로 방문한 것에 대해 감사의 마음을 표현하였다. 또한, 충전이 제대로 되지 않는 충전기를 판매한 것에 대해 사과하며 해당 문제를 빠르게 해결해드릴 수 있도록 최선을 다하겠다고 전하였다. 그다음 고객 불만 처리 프로세스 5단계 절차에 따라 ( )라는 말을 전하며 고객을 응대하였다.

① "금일 진행된 제품 교환 서비스는 만족스러우셨나요?"
② "동일한 제품의 재고를 확인한 후에 바로 교환해드려도 괜찮을까요?"
③ "앞으로 고속 충전기의 고속 충전 여부에 대한 검수 단계를 추가하는 것이 좋겠습니다."
④ "제품 불량으로 인해 고객님께서 큰 불편함을 겪으셨겠습니다."
⑤ "구매하신 제품과 같은 상품으로 준비해드리겠습니다."

37. 다음 중 윤리 규범에 대한 설명으로 적절하지 않은 것을 모두 고르면? (0.8점)

> ㉠ 인간은 삶의 본질적 가치와 도덕적 신념을 존중하기 때문에 윤리적 규범을 지켜야 하는 존재이다.
> ㉡ 윤리 규범은 개개인의 행복을 보장할 수 없으나 모든 사람의 행복을 보장할 수 있는 가치이다.
> ㉢ 윤리적 가치는 시대와 사회 상황에도 변하지 않는 만고불변의 진리이다.
> ㉣ 윤리적 인간이란 도덕적 가치 신념과 공동의 이익 추구를 기반으로 형성되는 것이다.

① ㉠, ㉡　② ㉠, ㉣　③ ㉡, ㉢　④ ㉡, ㉣　⑤ ㉢, ㉣

38. 다음 글을 읽고 A 씨가 취해야 할 행동으로 가장 적절한 것은? (0.8점)

> 의사 A 씨가 근무하고 있는 병원에 어느 날 교통사고로 크게 다친 어린아이가 입원했다. 최선의 의학적 치료를 다하였으나, 더는 회복이 불가능한 상태에 이르러 아이는 최소한의 연명치료만 하게 되었다. 아이의 고통스러운 모습을 보다 못한 A 씨는 인간에게는 인간으로서 지녀야 할 최소한의 품위와 가치를 지키면서 생을 마감할 수 있는 권리가 있다고 생각하지만, A 씨가 속한 의사협회에서는 안락사를 일절 금지하고 있어 A 씨는 어떻게 해야 할지 고민이다.

① 생명 존엄에 대한 개인윤리보다 직업윤리를 우선하여 연명치료를 계속한다.
② 개인윤리가 의사협회에서 규정한 것과 다르더라도 본인의 소신껏 행동한다.
③ 환자 본인의 의사가 가장 우선시되어야 하므로 환자의 의견에 따른다.
④ 연명치료를 중단하는 소극적 안락사가 허용되도록 의사협회를 설득한다.
⑤ 개인윤리는 직업윤리의 바탕이 되는 상위 개념이므로 연명치료를 중단한다.

39. **다음 중 직장 내 괴롭힘을 판단하는 요소에 대한 설명으로 가장 적절하지 않은 것은?** (0.8점)

① 직장 내 괴롭힘의 행위자가 될 수 있는 근로자는 피해자와 같은 사용자와 근로관계를 맺고 있는 자이다.

② 행위자의 의도가 없었더라도 피해자에게 근무에 지장이 발생할 정도로 신체적·정신적 고통을 주었다면 직장 내 괴롭힘으로 판단한다.

③ 직장에서의 지위와 관계 등의 우위를 이용한 행동은 직장 내 괴롭힘에 반드시 해당한다.

④ 사내 메신저, 소셜 네트워크 서비스 등 온라인 공간에서 발생하는 괴롭힘도 직장 내 괴롭힘에 포함된다.

⑤ 동종 업무를 수행하는 근로자와 비교했을 때 합리적 이유 없이 한 행위라도 업무상 필요하다고 볼 여지가 있다면 직장 내 괴롭힘에 해당하지 않는다.

40. **다음 사례에서 위반하고 있는 직업윤리의 기본원칙으로 가장 적절한 것은?** (1.2점)

> 대법원은 국내 건설업을 주도하는 O 사, P 사, Q 사를 ○○시 도시철도본부가 시행하는 대단위 택지개발사업의 공구 입찰에서 법을 위반한 공동행위를 실시한 것으로 간주하여 유죄를 판결했다. 이들 건설사는 대형 건설사 임원 모임에서 얻은 정보를 바탕으로 건설사별 입찰 희망 공구에 대해 서로 경합하지 않도록 암묵적 또는 명시적으로 공구 분할 합의를 하였으며, 일부 기업은 최초로 분할받은 입찰 예정 공구를 다른 건설사와 교환하기까지 한 것으로 밝혀졌다. 이는 해당 공구 입찰 참여자를 미리 합의하여 경합을 줄이거나 소멸을 유발하는 행위로 볼 수 있으므로 단순한 정보교환의 수준을 넘어 법적으로 금지된 부당 공동행위에 해당하는 사건이다.

① 객관성의 원칙 ② 전문성의 원칙 ③ 고객 중심의 원칙
④ 정직과 신용의 원칙 ⑤ 공정경쟁의 원칙

약점 보완 해설집 p.21

수험번호	
성명	

실전모의고사 3회

시작과 종료 시각을 정한 후, 실전처럼 모의고사를 풀어보세요.

시 분 ~ 시 분 (총 40문항/권장 풀이시간 50분)

□ **시험 유의사항**

[1] 2023년부터 서울교통공사 필기시험은 전 직종 NCS 40문항(직업기초능력평가 전 영역) + 전공 40문항으로 구성됩니다.

[2] 본 모의고사는 NCS 40문항으로 구성되어 있으므로, 직종에 맞는 전공 문항을 추가로 풀어보는 것이 좋습니다.

[3] 본 모의고사는 모듈형 문제의 비중이 높습니다. 시간 관리에 참고하시기 바랍니다.

[4] 해커스잡 애플리케이션의 모바일 타이머를 이용하여 실전처럼 모의고사를 풀어본 뒤, 해설집의 '바로 채점 및 성적 분석 서비스' QR 코드를 스캔하여 응시 인원 대비 본인의 성적 위치를 확인해보시기 바랍니다.

[01-02] 다음은 철도안전법 및 철도안전법 시행규칙의 일부이다. 각 물음에 답하시오.

[철도안전법]

제2조(정의)

이 법에서 사용하는 용어의 뜻은 다음과 같다.

10. "철도종사자"란 다음 각 목의 어느 하나에 해당하는 사람을 말한다.
    가. 철도차량의 운전업무에 종사하는 사람(이하 "운전업무종사자"라 한다)
    나. 철도차량의 운행을 집중 제어·통제·감시하는 업무(이하 "관제업무"라 한다)에 종사하는 사람
    다. 여객에게 승무(乘務) 서비스를 제공하는 사람(이하 "여객승무원"이라 한다)
    라. 여객에게 역무(驛務) 서비스를 제공하는 사람(이하 "여객역무원"이라 한다)

제38조의2(철도차량의 개조 등)

① 철도차량을 소유하거나 운영하는 자(이하 "소유자 등"이라 한다)는 철도차량 최초 제작 당시와 다르게 구조, 부품, 장치 또는 차량성능 등에 대한 개량 및 변경 등(이하 "개조"라 한다)을 임의로 하고 운행하여서는 아니 된다.

② 소유자 등이 철도차량을 개조하여 운행하려면 제26조 제3항에 따른 철도차량의 기술기준에 적합한지에 대하여 국토교통부령으로 정하는 바에 따라 국토교통부장관의 승인(이하 "개조승인"이라 한다)을 받아야 한다. 다만, 국토교통부령으로 정하는 경미한 사항을 개조하는 경우에는 국토교통부장관에게 신고(이하 "개조신고"라 한다)하여야 한다.

③ 소유자 등이 철도차량을 개조하여 개조승인을 받으려는 경우에는 국토교통부령으로 정하는 바에 따라 적정 개조능력이 있다고 인정되는 자가 개조 작업을 수행하도록 하여야 한다.

④ 국토교통부장관은 개조승인을 하려는 경우에는 해당 철도차량이 제26조 제3항에 따라 고시하는 철도차량의 기술기준에 적합한지에 대하여 개조승인검사를 하여야 한다.

[철도안전법 시행규칙]

제41조의2(철도종사자의 안전교육 대상 등)

① 법 제24조 제1항에 따라 철도운영자 등이 철도안전에 관한 교육(이하 "철도안전교육"이라 한다)을 실시하여야 하는 대상은 다음 각 호와 같다.

1. 법 제2조 제10호 가목부터 라목까지에 해당하는 사람
2. 영 제3조 제2호부터 제5호까지 및 같은 조 제7호에 해당하는 사람

② 철도운영자 등은 철도안전교육을 강의 및 실습의 방법으로 매 분기마다 6시간 이상 실시하여야 한다. 다만, 다른 법령에 따라 시행하는 교육에서 제3항에 따른 내용의 교육을 받은 경우 그 교육시간은 철도안전교육을 받은 것으로 본다.

③ 철도안전교육의 내용은 별표 13의2와 같다.

> [별표 13의2]
> - 철도안전법령 및 안전관련 규정
> - 철도운전 및 관제이론 등 분야별 안전업무수행 관련 사항 (…중략…)

④ 철도운영자 등은 철도안전교육을 법 제69조에 따른 안전전문기관 등 안전에 관한 업무를 수행하는 전문기관에 위탁하여 실시할 수 있다.

⑤ 제1항부터 제4항까지에서 규정한 사항 외에 철도안전교육의 평가방법 등에 필요한 세부사항은 국토교통부장관이 정하여 고시한다.

제75조의3(철도차량 개조승인의 신청 등)

① 법 제38조의2 제2항 본문에 따라 철도차량을 소유하거나 운영하는 자(이하 "소유자 등"이라 한다)는 철도차량 개조승인을 받으려면 별지 제45호 서식에 따른 철도차량 개조승인신청서에 다음 각 호의 서류를 첨부하여 국토교통부장관에게 제출하여야 한다.

1. 개조 대상 철도차량 및 수량에 관한 서류
2. 개조의 범위, 사유 및 작업 일정에 관한 서류
3. 개조 전·후 사양 대비표
4. 개조에 필요한 인력, 장비, 시설 및 부품 또는 장치에 관한 서류
5. 개조작업수행 예정자의 조직·인력 및 장비 등에 관한 현황과 개조작업수행에 필요한 부품, 구성품 및 용역의 내용에 관한 서류. 다만, 개조작업수행 예정자를 선정하기 전인 경우에는 개조작업수행 예정자 선정기준에 관한 서류
6. 개조 작업지시서
7. 개조하고자 하는 사항이 철도차량 기술기준에 적합함을 입증하는 기술문서

01. 위 자료를 읽고 철도종사자의 안전교육에 대해 알 수 <u>없는</u> 것은? (1.2점)

① 교육 방법

② 교육 내용

③ 교육 이수 시간

④ 교육 수료 대상

⑤ 교육 위탁기관명

02. 위 자료를 읽고 철도차량 개조 과정을 순서대로 바르게 나열한 것은? (1.2점)

① 개조신청 → 차량개조 → 승인검사 → 개조승인 → 차량운행

② 개조신청 → 승인검사 → 차량개조 → 개조승인 → 차량운행

③ 개조신청 → 승인검사 → 개조승인 → 차량개조 → 차량운행

④ 개조신청 → 개조승인 → 개조신고 → 차량개조 → 차량운행

⑤ 개조신청 → 개조신고 → 차량개조 → 승인검사 → 차량운행

03. 다음 중 상황에 따라 작성해야 하는 문서에 대한 설명으로 가장 적절하지 <u>않은</u> 것은? (1.5점)

> 문서작성능력이란 직업 생활에서 목적과 상황에 따라 적합한 정보와 의견을 전달하기 위해 문서를 작성하는 능력을 의미한다. 문서를 작성해야 하는 상황은 대표적으로 요청이나 확인을 부탁하는 경우, 정보를 제공하는 경우, 명령이나 지시가 필요한 경우, 제안이나 기획을 할 경우, 약속이나 추천을 할 경우로 나뉜다. 문서작성은 원활한 의사소통을 위한 업무이자, 조직 전체에도 영향을 미치는 중요한 업무이다. 따라서 문서의 종류에 대한 이해를 바탕으로 상황과 목적에 따라 올바르게 문서를 작성해야 한다.

① 업무 진행 중 관련 부서에 명령이나 지시를 내려야 하는 경우 지시할 내용과 방식을 명확하게 담아 업무 지시서를 작성한다.

② 어떤 업무를 추진할 경우 종합적인 판단과 지식을 바탕으로 해당 업무의 개선 방안과 추진 방향에 대한 의견을 담아 제안서나 기획서를 작성한다.

③ 신제품을 개발한 경우 해당 제품이나 서비스에 대한 정확한 정보를 알리기 위해 시간과 상관없이 최대한 구체적으로 설명서를 작성한다.

④ 업무 내용에 대한 확인이나 요청을 외부기관이나 단체에 요구할 경우 일정한 양식과 격식을 갖추어 공문서를 작성한다.

⑤ 인사이동을 원하거나 다른 회사로 이직을 하고자 할 경우 개인의 업무 역량과 발전성을 피력하기 위해 관련 전문인이나 제삼자에 의한 추천서를 작성한다.

04. **다음 보도자료의 헤드라인으로 가장 적절하지 않은 것은?** (1.2점)

> 서울지하철 2호선 열차가 재난 상황에 대응하기 위한 안전한국훈련을 시행하여 29일(화) 오후 3시 10분부터 약 10분간 운행을 중단한다.
> 재난대응 훈련은 2호선 신도림역과 인근 현대백화점에서 진행될 예정이다. 훈련의 목적은 전동차 폭발 테러 및 화재로 인한 재난 발생 시 인명피해를 최소화하기 위해 유관기관의 협력체계, 조속한 초기 대응 능력, 사고수습 및 복구체계를 점검하여 시민의 안전을 최우선으로 확보하고 공공시설을 보호하는 것이다.
> 구체적인 훈련 상황은 2호선 신도림역으로 진입 중인 열차에 신원 미상의 테러범이 설치한 폭발물로 인해 열차가 파손되고 화재가 발생한 뒤, 도주한 테러범이 인근 현대백화점에 2차로 방화하는 피해 상황을 가정하여 진행된다.
> 화재가 발생할 경우 승객들은 승무원과 역 직원의 안내에 따라 대피하고, 소방·보건소·경찰·민간 의료진이 도착하여 화재 진압과 인명구조, 승객 통제 및 테러범 검거 등을 수행할 예정이다. 테러범 검거 후에는 시설물 응급 복구 및 열차 운행을 재개하며 훈련이 종료된다.
> 29일에 진행되는 이 훈련은 행정안전부가 매년 특정 기간을 지정하여 실시하는 재난대응 안전한국훈련으로, 공사와 구로구청의 공동 주관으로 실시된다. 또한, 경찰·소방·군·보건소 및 인근 민간 기업을 포함한 총 17개 유관기관과 60여 명의 시민 등이 참여하는 대규모 훈련이다.
> 공사는 이번 훈련 외에도 지하철 안전의식 제고를 위하여 안전한국훈련 기간에 시민이 참여할 수 있는 다양한 체험 프로그램을 마련하였다. 7호선 반포역에 있는 디지털 시민 안전 체험관에서는 승강장과 전동차에서 화재 발생 시 대피 요령을 실제 상황처럼 체험할 수 있는 '안전문화 실천운동'을 시행하고 있다.
> 김○○ 서울교통공사 사장은 "훈련 당일 2호선이 잠시 운행을 중단할 예정이므로 시민 여러분의 양해를 부탁드리며, 신도림역 이용 시 연기와 불꽃에 당황하지 마시고 직원들의 안내에 따라 침착하게 대응해 주시길 바란다"며 시민들의 적극적인 관심과 협조를 당부하였다.

① 서울교통공사, 전동차 테러·화재 대응 훈련…시민 협조 당부
② 29일, 신도림역에서 공사·정부 공동 주관 재난대응 안전한국훈련 실시
③ 서울지하철 2호선, 테러 대응 훈련으로 10분간 운행 중단
④ 지하철 안전 재난 대비를 위한 다양한 시민 참여 프로그램 진행
⑤ 29일 신도림역 '대규모 재난대응 안전훈련'…2호선 10분간 정지

05. **길이가 570m인 다리를 완전히 통과하는 데 기차 A는 50초가 걸리고 A보다 60m 짧은 기차 B는 23초가 걸리며, A와 B는 다리의 양 끝에서 서로 마주 보는 방향으로 동시에 출발하여 A의 출발점으로부터 다리의 $\frac{1}{3}$ 지점에서 서로 마주친다. 두 기차의 속력이 각각 일정할 때, 기차 A의 길이는?** (1.2점)

① 150m ② 180m ③ 210m ④ 240m ⑤ 270m

06. **12%의 설탕물 A 200g, 15%의 설탕물 B 300g, 17%의 설탕물 C 100g이 있다. 설탕물 A와 B를 섞은 후 300g만 남기고 버린 뒤, 남은 설탕물에 설탕물 C를 섞은 후 다시 300g만 남기고 버렸을 때, 남아 있는 설탕의 질량은?** (1.2점)

① 17.7g ② 28.7g ③ 31.4g ④ 43.8g ⑤ 57.3g

[07-08] 다음은 항목별 철도시설의 시설 개량 투자 금액에 대한 자료이다. 각 물음에 답하시오.

[항목별 철도시설 개량 투자 금액]

(단위: 십억 원)

구분		2019년	2020년	2021년	2022년	증감률
노후시설 선제적 개량	노후기반시설	147	180	202	210	42.9
	노후역사	34	37	39	43	26.5
	노후노선	105	145	194	209	99.0
이용자·작업자 안전시설 확충	재해예방시설	123	139	148	136	10.6
	이용자 안전	77	58	60	62	-19.5
	작업자 안전	15	16	17	19	26.7
	위험선로	27	27	28	34	25.9
철도시설 성능 고도화	기반시설	240	258	293	332	38.3
	관제 고도화	1	15	13	15	1,400.0
	시설관리 과학화	21	38	47	61	190.5
철도이용자 환경 개선	역사이용편의	53	45	45	49	-7.5
	선로변 환경 개선	28	31	33	35	25.0
합계		871	989	1,119	1,205	38.3

※ 증감률은 2019년 대비 2022년 철도시설 개량 투자 금액의 증감률을 의미함

07. 다음 중 자료에 대한 설명으로 가장 적절한 것은? (1.2점)

① 2020년 이후 철도시설 성능 고도화를 위한 시설 개량 투자 금액은 모든 항목에서 매년 전년 대비 증가한다.

② 제시된 기간 동안 철도이용자 환경 개선을 위한 시설 개량 총 투자 금액은 2019년에 가장 크다.

③ 2020년 이후 이용자 안전을 위한 시설 개량 투자 금액과 작업자 안전을 위한 시설 개량 투자 금액의 전년 대비 증감 추이는 동일하다.

④ 2022년 노후시설 선제적 개량을 위한 시설 개량 총 투자 금액은 이용자·작업자 안전시설 확충을 위한 시설 개량 총 투자 금액보다 많다.

⑤ 제시된 항목 중 2022년 시설 개량 투자 금액의 3년 전 대비 증가율이 세 번째로 큰 항목은 노후기반시설이다.

08. **다음은 제시된 자료를 바탕으로 2020년 이후 철도시설 성능 고도화를 위한 기반시설 및 시설관리 과학화 시설 개량 투자 금액의 전년 대비 증감률을 나타낸 것이다. 자료를 보고 ㉠, ㉡에 해당하는 값을 예측했을 때 가장 타당한 값을 고르면?** (단, 소수점 첫째 자리에서 반올림하여 계산한다.) (1.5점)

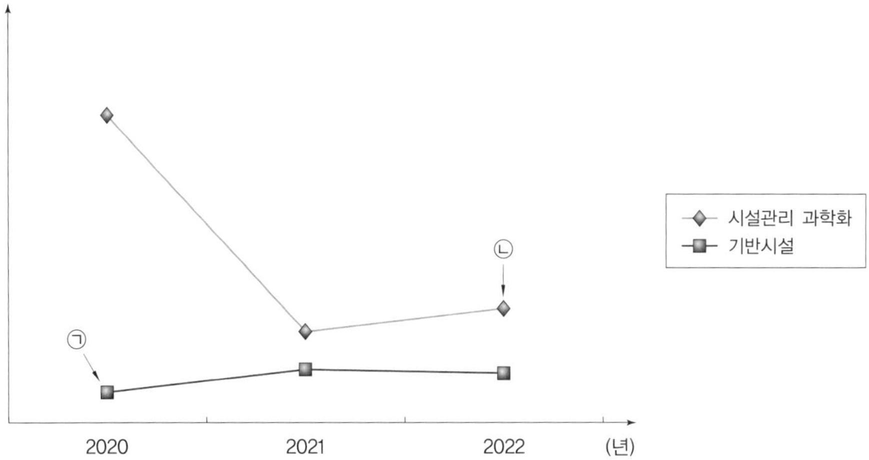

	㉠	㉡
①	7	24
②	7	30
③	8	24
④	8	29
⑤	8	30

[09-10] 다음은 △△제약회사의 S(강점), W(약점), O(기회), T(위협)를 구분 없이 나열한 것이다. 각 물음에 답하시오.

㉠ 고령화로 인한 의료비 지출 증가 ㉡ 세계 경제 불황 ㉢ 신약 기술 독점 ㉣ 제약회사의 신약 개발에 대한 정부 지원 증가 ㉤ 경쟁회사 대비 미미한 수준의 R&D 사업 투자 규모 ㉥ 최근 △△제약회사에 대한 블랙 컨슈머 증가 ㉦ 10년간 매해 흑자 달성 ㉧ 경쟁회사의 20% 수준인 국내 시장 점유율

09. 다음 중 'T(위협)'에 해당하는 것을 모두 고르면? (1.5점)

① ㉠　② ㉥　③ ㉡, ㉥　④ ㉡, ㉧　⑤ ㉡, ㉤, ㉧

10. 다음 중 SWOT를 활용한 전략에 해당하는 것을 모두 고르면? (1.5점)

ㄱ. 공적자금을 기반으로 한 R&D 연구소 확대 추진 ㄴ. 상품 및 서비스 단계별 사전 모니터링 강화를 통한 시장 점유율 변화 시도 ㄷ. 신약 기술 광고를 통한 100세 시대의 미래 고객층 확보

① ㄱ　② ㄴ　③ ㄱ, ㄴ　④ ㄴ, ㄷ　⑤ ㄱ, ㄴ, ㄷ

11. A 동네에 사는 철수는 B 동네에 사는 영희를 만나러 가려고 하는데 전날 폭설로 인해 ㉠~㉪ 교차로가 막혀 지나갈 수 없는 상황이다. 다음 중 옳은 것을 모두 고르면? (1.5점)

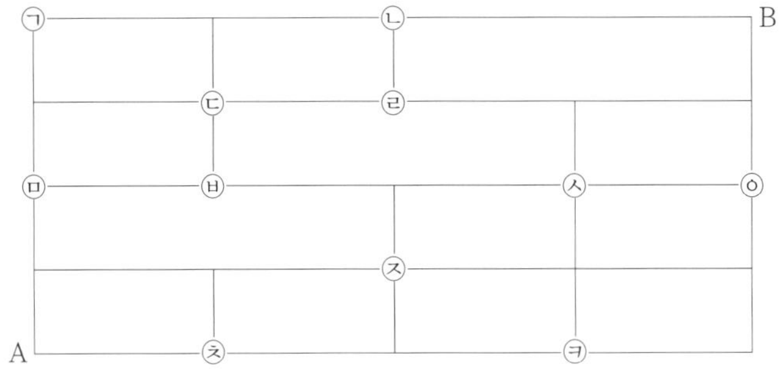

ㄱ. 철수는 통제된 교차로 중 최소 2군데만 뚫으면 영희를 만날 수 있다.
ㄴ. 철수는 통제된 교차로 중 무작위로 8군데를 뚫으면 반드시 영희를 만날 수 있다.
ㄷ. 통제된 교차로가 없다면 철수가 영희에게 최단 거리로 가는 방법은 28가지이다.

① ㄱ ② ㄷ ③ ㄱ, ㄷ ④ ㄴ, ㄷ ⑤ ㄱ, ㄴ, ㄷ

12. 다음 명제가 모두 참일 때, 항상 옳은 것은? (1.2점)

- 고래는 포유류다.
- 단공류는 새끼를 낳지 않는 포유류다.
- 온혈 동물이 아니면 포유류가 아니다.
- 고래는 새끼를 낳는다.

① 포유류가 아니면 새끼를 낳는다.
② 고래는 단공류다.
③ 새끼를 낳지 않는 포유류는 단공류가 아니다.
④ 고래는 온혈 동물이 아니다.
⑤ 단공류는 온혈 동물이다.

13. **다음은 A 자동차와 B 자동차의 광고 집행 비용에 대한 보수행렬표이다. 제시된 조건을 모두 고려하였을 때, 두 기업의 전략에 대한 설명으로 가장 적절한 것은?** (1.5점)

구분		B 자동차	
		전략 B_1	전략 B_2
A 자동차	전략 A_1	각 기업 모두 80%의 이익 증가	A 자동차 10%의 이익 증가, B 자동차 100%의 이익 증가
	전략 A_2	A 자동차 100%의 이익 증가, B 자동차 10%의 이익 증가	각 기업 모두 40%의 이익 증가

• 국내 자동차 생산 분야를 과점하고 있는 A 자동차와 B 자동차의 시장 점유율은 거의 비슷하다.
• A 자동차와 B 자동차가 광고 집행을 위해 취할 수 있는 전략은 광고비를 적게 들이는 전략 A_1, B_1과 광고비를 많이 들이는 전략 A_2, B_2뿐이다.
• A 자동차와 B 자동차는 상대의 전략을 미리 알 수 없으며, 각 기업이 선택하는 전략에 따라 얻을 수 있는 보수가 달라진다.

① A 자동차가 광고비를 적게 들이는 전략 A_1을 선택할 경우 100% 또는 40%의 이익이 증가할 것이다.
② A 자동차와 B 자동차가 광고 집행 전에 협조할 수 있다면 두 기업은 각각 전략 A_2, B_2를 선택할 것이다.
③ A 자동차와 B 자동차의 내시균형은 두 기업 모두 80%의 이익 증가를 얻는 전략을 선택했을 때이다.
④ A 자동차와 B 자동차의 우월 전략은 모두 큰 비용을 들여 광고를 집행하는 것으로 서로 같다.
⑤ B 자동차는 어떤 선택을 해도 A 자동차보다 더 높은 이익 증가를 얻을 수 없다.

14. **다음 글을 읽고 ㉠~㉣에 들어갈 말을 순서대로 바르게 나열한 것은?** (1.2점)

기업의 사회적 책임이란 사회 구성원으로서 기업이 지역사회 및 이해관계자들과 공존할 수 있는 의사결정을 해야 한다는 윤리적 책임의식으로, 기업이 이윤 추구 활동 외에 자발적으로 사회·환경적 관심 문제를 분석하여 경영 활동에 적용하는 과정을 의미한다. 기업의 사회적 책임에 대한 정의는 나라마다 경제적, 사회적 상황이 달라 차이가 있지만, 일반적으로 4단계로 나누어 구분한다. 1단계 (㉠)은 이윤 극대화를 통한 고용 창출의 책임, 2단계 (㉡)은 법규를 준수하여 세금 납부를 성실하게 하고 소비자의 권익을 보호하는 책임, 3단계 (㉢)은 윤리경영, 소수자에 대한 공정한 대우 등 법적 구속력은 없지만 사회적 통념으로 형성된 윤리 기준을 자발적으로 따르는 책임, 마지막 4단계 (㉣)은 기업의 경영 활동과 관계없는 사회공헌 활동, 문화 및 교육 활동에 대한 기업의 지원을 말한다.

① 법적 책임 – 경제적 책임 – 자선적 책임 – 윤리적 책임
② 윤리적 책임 – 자선적 책임 – 법적 책임 – 경제적 책임
③ 경제적 책임 – 법적 책임 – 윤리적 책임 – 자선적 책임
④ 자선적 책임 – 윤리적 책임 – 경제적 책임 – 법적 책임
⑤ 경제적 책임 – 윤리적 책임 – 법적 책임 – 자선적 책임

15. **다음 중 조직문화의 순기능에 대한 설명으로 가장 적절하지 <u>않은</u> 것은?** (1.5점)

> 조직문화란 조직 구성원들의 공유된 생활양식이나 가치로, 한 조직체제의 구성원들이 함께 공유하고 있는 가치관, 신념, 이데올로기, 관습, 규범, 전통 등을 모두 포함한 종합적인 개념이다. 조직문화는 조직 전체 및 구성원들의 행동에 영향을 미치므로 직업인들은 자신이 속한 조직문화의 특징을 이해할 필요가 있다.

① 외부환경의 변화에 대응하여 조직 구성원의 결속력을 강화한다.

② 조직 구성원들에게 일체감과 정체성을 부여한다.

③ 기존의 업무 관습에서 벗어나 새로운 방식을 제시해준다.

④ 조직 구성원의 조직 몰입도가 향상된다.

⑤ 조직의 안정성을 유지하는 기능을 한다.

16. **다음 중 조직목표에 대한 설명으로 가장 적절하지 <u>않은</u> 것은?** (1.5점)

① 조직목표란 조직이 달성하고자 하는 미래의 상태를 말하며, 조직행동의 방향에 큰 영향을 미친다.

② 조직목표는 조직이 존재하는 정당성과 합법성을 부여하고 의사결정의 기준이 된다.

③ 조직은 하나 이상의 목표를 추구할 수 있으며 조직목표 간 위계적인 상호관계가 나타난다.

④ 한 조직 내에서 공식적 목표와 실질적 목표가 반드시 일치하는 것은 아니다.

⑤ 조직목표 수립 시 공식목표는 운영목표보다 단기적이고 구체적인 내용으로 구성한다.

[17-18] 지하철 유실물 센터로 발령난 신입사원 A는 1호선과 2호선 도시철도 유실물 반환 건수를 엑셀 시트로 정리하는 업무를 진행 중이다. 각 물음에 답하시오.

	A	B	C	D	E	F	G
1					(단위: 건)		
2		구분	합계	1호선	2호선		
3		휴대폰	475	210	265		
4		시계	346	157	189		
5		지갑	395	134	261		
6		가방	391	180	211		
7		의류	452	207	245		
8		서류	304	104	200		
9		외국인 유실물	469	253	216		
10							
11		반환 건수가 두 번째로 큰 값					
12							
13		외국인 유실물 총 반환 건수					
14							

17. 1호선과 2호선의 도시철도 유실물 반환 건수에서 '반환 건수가 두 번째로 큰 값'을 찾기 위해 [E11] 셀에 입력할 함수식으로 가장 적절한 것은? (1.2점)

① =MAX(D3:E9, 2)

② =MIN(D3:E9, 2)

③ =LARGE(D3:E9, 2)

④ =SMALL(D3:E9, 2)

⑤ =MID(D3:E9, 2)

18. '외국인 유실물 총 반환 건수'를 찾기 위해 [E13] 셀에 입력할 함수식으로 가장 적절한 것은? (1.2점)

① =HLOOKUP(C2, C2:E9, 1, 0)

② =HLOOKUP(C2, B2:E9, 2, 1)

③ =VLOOKUP(B9, C2:E9, 1, 0)

④ =VLOOKUP(B9, B2:E9, 2, 0)

⑤ =LOOKUP(B9, B3:B9, D3:D9)

19. 다음 정보의 전략적 기획에 활용되는 5W2H의 구성 요소 중 'Why'에 해당하는 내용으로 가장 적절한 것은? (1.2점)

What	Where	When	Why	Who	How	How much

① 정보수집이 가능한 출처를 파악한다.

② 정보의 필요목적을 고려한다.

③ 어떤 정보를 입수할 것인지를 확인한다.

④ 정보수집의 효용성을 염두에 둔다.

⑤ 정보활동의 주체를 결정한다.

20. 다음 글의 빈칸에 들어갈 단어로 가장 적절한 것은? (1.2점)

(　　　)은/는 사람과 컴퓨터(봇)를 구별하기 위해 만든 테스트로, 웹페이지에서 악의적으로 사용되는 프로그램인 봇을 차단하기 위해 만들어졌다. 왜곡된 숫자, 찌그러진 문자 등을 활용하여 사람은 인식할 수 있게 하고 봇은 정확히 인지하지 못하게 해 사람과 봇을 구별하는 방식이다. 이 외에도 고문서 복원 작업, 이미지 인식 도구로 활용되기도 한다.

① 캡차　　② 스팸　　③ 스캔　　④ 튜터　　⑤ 코드

21. 귀하는 다음 주에 예정된 신입사원 면접 담당자로, 인적자원의 중요성과 차별성 및 활용 가치를 중심으로 면접을 진행하고자 한다. 이때 인적자원의 특성으로 가장 적절하지 않은 것은? (1.5점)

① 능동성 ② 반응성 ③ 개발가능성 ④ 전략적 자원 ⑤ 고도의 정밀성

22. 다음 중 검표에 인력을 사용하지 않는 자동 검표 시스템을 구축하는 데 필요한 물적자원관리 방법으로 가장 적절하지 않은 것은? (1.5점)

① 생체인식 ② RFID ③ BAR CODE ④ QR CODE ⑤ NFC

23. ○○공사는 모바일로 기차표 예매가 가능한 애플리케이션을 개발하여 고객 응대에 소요되는 업무 시간을 단축하고자 한다. 다음 중 모바일 예매 애플리케이션 개발로 인해 기대되는 기업의 시간관리 효과로 가장 적절하지 않은 것은? (1.5점)

① 위험 감소 ② 가격 상승 ③ 생산성 향상
④ 스트레스 감소 ⑤ 시장 점유율 증가

24. 다음 ㉠, ㉡에 들어갈 단어를 순서대로 바르게 나열한 것은? (1.5점)

예산의 구성요소는 크게 두 가지로 구분된다. (㉠)비용은 제품 생산 또는 서비스를 창출하기 위해 직접 소비된 것으로 여겨지는 비용이며, (㉡)비용은 제품 생산 또는 서비스 창출에 소비된 비용 중에서 제품 생산에 직접 관련되지 않은 비용이다.

① 창출 – 투자 ② 직접 – 간접 ③ 생산 – 소비 ④ 표준 – 기회 ⑤ 실제 – 책정

25. 다음은 S 공사의 산업재산권 등록 현황을 나타낸 그래프이다. 그래프에 대한 설명으로 옳은 것을 모두 고르면? (1.5점)

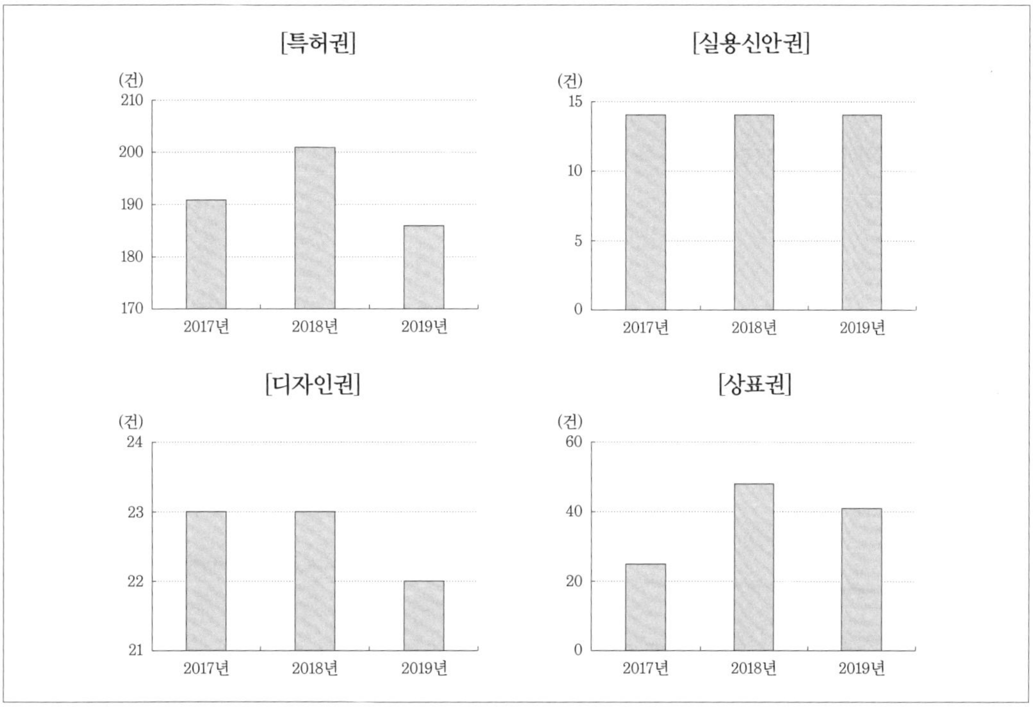

ㄱ. 상품을 제조한 업체에서 그 신용을 유지하고 타사 제품과의 식별을 위해서 해당 제품 등에 표시한 상호를 보호하는 권리에 대한 등록 현황은 2017년에 가장 적었다.

ㄴ. 물품을 개량하거나 실용성을 높일 수 있는 고안을 보호하는 권리에 대한 등록 현황은 2018년에 전년 대비 증가하였으며, 2019년에는 전년 대비 감소하였다.

ㄷ. 물품의 모양이나 색채 등의 외관에 미적인 감각을 일으키는 심미적 고안을 보호하는 권리에 대한 등록 현황은 2017년과 2018년에 동일하다.

① ㄷ ② ㄱ, ㄴ ③ ㄱ, ㄷ ④ ㄴ, ㄷ ⑤ ㄱ, ㄴ, ㄷ

26. 다음 중 기술과 기술능력에 대한 설명으로 가장 적절하지 않은 것은? (1.5점)

① 기술은 물리적인 것뿐만 아니라 사회적인 개념으로서 지적 도구를 알맞은 목적에 사용하는 지식체계이다.

② 기술은 인간이 주변 환경에 대한 통제를 가하기 위해 필요한 지식의 적용으로 정의된다.

③ 기술이란 제품 생산에 필요한 원료, 자본재, 생산공정 등에 관련된 지식의 집합체를 말한다.

④ 기술능력은 기술 관련 종사자와 같은 소수만이 필요로 하는 교양 학문에 해당한다.

⑤ 기술능력을 함양하기 위해서는 전반적인 직업 및 기술 프로그램을 통해 학습할 필요가 있다.

27. 다음 중 기술과 관련된 용어에 대한 설명으로 가장 적절하지 않은 것은? (1.5점)

① 노하우: 특허권을 수반하지 않는 과학자나 엔지니어가 체화한 기술이며, 지식과 경험이 반복되어 생긴다.

② 노와이: 기술이 어떻게 성립하고 작용하는지에 관한 원리적 측면에 중점을 둔 지식이다.

③ OJT: 'On the Job Training'의 약자로 직무수행과 관련된 직장 외 교육 훈련을 의미한다.

④ 벤치마킹: 우수한 기업의 성공한 기술이나 경영방식 등을 익혀 자신의 환경에 맞게 재창조하는 것이다.

⑤ 매뉴얼: 특정 기술에 대한 정보와 활용 방법을 설명한 안내서로, 이해하기 쉽고 정확하게 작성해야 한다.

28. **다음 중 4차 산업혁명의 주요 분야에 대한 설명으로 가장 적절하지 않은 것은?** (1.5점)

① 농·림·축산·수산업에 정보통신 기술(ICT)을 접목한 지능형 농업 시스템으로, 생육 환경을 적절하게 관리할 수 있을 뿐만 아니라 원격관리가 가능하여 생산 효율화 및 품질 향상을 통한 수익 증대와 편리성 증진이 가능하다.

② 잉크젯프린터가 앞뒤, 좌우로 운동하며 종이 표면에 잉크를 분사함으로써 디지털화된 파일을 2D 이미지로 인쇄하는 원리와 비슷하나, 여기에 상하 운동을 추가하여 파우더 또는 플라스틱을 매우 얇게 겹겹이 쌓아 올림으로써 물체를 입체적으로 출력한다.

③ 데이터를 복제하여 중앙 집중형 서버가 아닌 여러 대의 컴퓨터에 저장하는 분산형 데이터 저장 기술로, 모든 거래 참여자가 거래 내역을 볼 수 있고 절반 이상이 동의해야 새 블록을 생성할 수 있어 함부로 거래 내역을 수정할 수 없다.

④ 대규모의 기간 통신망을 구축하여 이와 연결된 컴퓨터 간 자유로운 데이터 송수신 방식의 도입을 통해 신속하게 데이터를 보관, 공유, 분산할 수 있으며, TCP/IP를 공식 프로토콜로 도입하여 데이터 전송 속도 및 안정성을 향상하였다.

⑤ 기존의 유선통신을 기반으로 한 인터넷이나 모바일 인터넷보다 한 단계 진화한 기술로, 가전제품과 전자기기뿐만 아니라 생활 속 사물들을 유·무선 네트워크로 연결하여 사람의 개입 없이 상호 간에 정보를 공유한다.

29. **지식과 정보의 급격한 증가로 신기술이 개발됨에 따라 직업에서 요구하는 능력이 변하고 있으며, 이와 함께 일생에 걸쳐 지속적으로 능력을 개발하는 평생학습사회가 도래하면서 평생학습의 중요성이 더욱 증가하고 있다. 다음 중 안드라고지에 대한 설명으로 가장 적절하지 않은 것은?** (0.8점)

① 성인을 뜻하는 'Andros'와 가르치다를 뜻하는 'Agein'의 합성어로, 성인 교육 이론을 의미한다.

② 학습자는 의존적인 존재이므로 학습에 있어 모든 책임과 결정권은 교육자에게 있다.

③ 즉시 활용할 수 있고 현재의 문제를 해결하기 위한 문제 중심 교육을 지향한다.

④ 유아 및 아동 학습자와는 차별화된 학습이론 개발을 주요 연구과제로 삼는다.

⑤ 외재적 동기보다 직무만족, 자아존중감 증진, 삶의 질 향상 등의 내적 동기가 강력하게 작용한다.

30. 직업인에게 가장 중요한 자기개발은 자신의 직장에서 업무수행 성과를 높이는 것이다. 다음 중 업무수행 성과 향상을 위한 행동 전략에 대해 가장 적절하지 <u>않은</u> 설명을 한 사원은? (0.8점)

> 송 부장: 전략적인 생활 목표를 계획하고 정한 기간 내에 목표를 달성하기 위한 가장 효과적인 방법이 무엇인지 탐색하여 개인 업무수행에서 자기자본이익률을 높여야 합니다.
> 강 차장: 일반적으로 사람은 마감이 가까워질수록 능률이 오르기 때문에 마감 기한이 여유로운 업무는 뒤로 미뤄두었다가 마감 1~2일 전에 빠르게 처리하는 것이 좋습니다.
> 임 과장: 팀에서 일 잘하기로 소문난 사람을 역할 모델로 설정하여 그 사람이 어떤 방식으로 업무를 수행하는지 주의 깊게 관찰하고 따라 하는 과정을 통해 업무 성과를 높일 수 있습니다.
> 이 대리: 환경 변화 속에서 해당 업무의 전문가들에 의해 확립된 회사와 팀의 업무 지침을 따르되, 그 안에서 나만의 업무처리 방식을 개발해야 합니다.
> 염 주임: 속성이 유사한 업무를 묶어서 한꺼번에 진행하면 첫 번째 업무를 할 때 소요된 시간보다 80%가량을 단축할 수 있어 효율적으로 업무를 수행할 수 있습니다.

① 송 부장 ② 강 차장 ③ 임 과장 ④ 이 대리 ⑤ 염 주임

31. 다음은 자아에 대한 글이다. ㉠~㉢에 들어갈 말을 순서대로 바르게 나열한 것은? (0.8점)

> 자아는 자기 존재를 스스로 인식하여 외부와 타인을 판단하고 행동하는 독립체를 의미하며, 크게 세 가지로 구분할 수 있다. 먼저, (㉠)로서의 자아란 타인이 자신을 대하는 태도를 통해 형성되는 자아로, 자신에 대한 타인의 역할 기대가 반영되어 있다. 또한, 타인의 눈에 들어 자신의 가치에 대해 인정받기를 갈구하는 자아이기도 하다. (㉡)로서의 자아는 스스로 생각하는 자아로, 자신의 삶에 대한 목표가 반영되어 있다. 이를 통해 외부의 인정 없이도 자기 존엄을 형성할 수 있고 외부의 피드백을 성장의 기회로 삼는다. 마지막으로 (㉢)로서의 자아는 자신이 되고자 결심한 것에 대하여 스스로 기획하고 창조한 자아로, 성과와 관련된 강요 등에 속박된 자기 강제이기도 하다.

① 주체 – 프로젝트 – 객체
② 주체 – 객체 – 프로젝트
③ 객체 – 주체 – 프로젝트
④ 객체 – 프로젝트 – 주체
⑤ 프로젝트 – 주체 – 객체

32. **다음 글을 읽고 박 사원의 자기개발 계획 수립을 방해하는 요인으로 가장 적절한 것은?** (1.2점)

> ○○공사에서 근무하는 박 사원은 최근 자신이 맡은 직무가 적성과 맞지 않을뿐더러 비전문가도 할 수 있는 업무라고 생각해 경영학도로서 자신의 전공을 살릴 수 있는 전문적인 업무를 맡고 싶다고 느꼈다. 그러나 이직을 하지 않고 현재 있는 직장에서 부서 이동이 가능한지, 부서 이동을 하더라도 정확히 어떤 업무를 하는지에 대해 알지 못해 구체적인 자기개발 계획을 수립하지 못하고 있다.

① 자기정보 부족　② 내부 작업정보 부족　③ 외부 작업정보 부족
④ 의사결정 시 자신감 부족　⑤ 주변상황 제약

33. **다음 중 고객만족조사 계획에 대한 설명으로 가장 적절하지 <u>않은</u> 것은?** (0.8점)

① 조사 대상을 한정 짓기보다는 불특정 다수에게 무작위로 조사하는 것이 더 효율적이다.
② 일회성 조사로 그치는 것이 아니라 최소 2회 이상 연속 조사를 수행하는 것이 좋다.
③ 조사 결과 활용 계획은 조사 목적과 일맥상통하므로 목적에 따라 수립해야 한다.
④ 심층적인 정보를 얻기 위해서는 일대일 대면접촉을 통한 조사 방법이 효과적이다.
⑤ 개선 목적으로 실시하는 경우 고객에게 자유로운 회답이 가능하도록 질문하는 것이 좋다.

34. **다음 중 A 사원이 범한 오류로 가장 적절한 것은?** (1.2점)

> A 사원은 자신이 휴게실 앞을 걸어가는 도중 때마침 휴게실에 모여 이야기를 하던 다른 사람들이 크게 웃자 그들이 자신을 비웃는다고 생각하였다.

① Overgeneralization　② Mental filtering　③ Personalization
④ Mislabeling　⑤ Mind reading

35. **다음 자료에서 설명하는 개념으로 가장 적절한 것은?** (0.8점)

전제	• 직원들의 능력에 대한 확신과 신뢰를 기반으로 이루어진다.
의미	• 리더는 이러한 활동을 통해 조직의 성장을 끌어낼 수 있으며, 질문을 통해 직원의 의견을 경청하여 생산성과 기술 수준을 향상시키고 자기 향상을 이루고자 하는 직원에게 업무 만족감을 높일 수 있다.
특징	• 계약 관계로 맺어지며 개인의 발전을 위해 이끌어주고 긍정적인 영향을 미칠 수 있는 수평적인 파트너십에 중점을 둔다. • 이를 실천하는 조직은 동기 부여된 노동력, 높은 품질의 생산물, 책임감을 갖춘 직원, 업무 효율성과 생산성의 제고 등의 혜택을 얻을 수 있다.
기본 원칙	• 리더는 직원의 창조성과 통찰력을 놓쳐서는 안 되며, 누구나 자유롭게 논의할 수 있는 환경을 제공해야 한다. • 직원들이 자신의 업무에 책임의식과 주인의식을 갖출 수 있도록 결정권에 대한 권한을 위임하는 것이 좋다. • 직원의 장점을 파악하여 서로 다른 능력을 갖춘 직원에게 확실한 목표를 심어주는 것이 중요하며, 경청하는 자세로 직원이 말하고자 하는 바를 이해하고 최선의 피드백을 제공해야 한다.

① 코칭 ② 매니징 ③ 멘토링 ④ 컨설팅 ⑤ 카운슬링

36. **다음 중 협상에 대한 설명으로 가장 적절하지 않은 것은?** (1.2점)

① 지식과 노력 차원의 협상은 서로 간의 입장 차이로 상반되는 이익을 조정하고 공통되는 이익을 증대시키는 과정이다.

② 갈등해결 차원의 협상은 서로 갈등관계에 있는 이해당사자들이 대화를 통해 갈등을 해결하고자 하는 상호작용 과정이다.

③ 의사소통 차원의 협상은 상대방으로부터 자신의 욕구를 충족하기 위한 최선의 것을 얻기 위해 상대를 설득하는 커뮤니케이션 과정이다.

④ 교섭 차원의 협상은 선호하는 것이 서로 다른 이해당사자들이 합의에 도달하기 위해 공동으로 의사를 결정하는 과정이다.

⑤ 의사결정 차원의 협상은 최소 둘 이상의 이해당사자가 여러 가지 대안 중 모두가 수용 가능한 대안을 찾는 과정이다.

37. 다음 대화 중 근면의 의미에 대한 발언으로 가장 적절한 것은? (1.2점)

[P 사원]

교육을 통해 근면의 의미가 무엇인지 정확하게 알게 된 것 같아요. ① 오늘부터 주어진 시간 내에는 업무에 최선을 다하는 자세로 임하되, 일이 많은 경우에는 점심시간을 이용하여 일을 마무리할 수 있도록 해야겠어요.

[K 사원]

근면에는 외부로부터 강요당한 근면과 자진해서 하는 근면 두 종류가 있다는 내용이 가장 기억에 남아요. ② 생계를 유지하기 위해 일을 하는 것은 자신을 위해 하는 것이니, 자진해서 하는 근면에 해당하겠네요.

[H 사원]

근면이란 직장에서 정해 놓은 시간을 준수하며 생활하고, 보다 적극적인 자세로 행동함을 의미한다는 사실을 알게 되었어요. ③ 오늘 회사에서 스케줄러를 받았는데, 근면을 위해서는 시간 관리가 중요함을 의미하는 것이겠죠?

[L 사원]

사치와 향락을 거부하고 이윤을 축적하기 위해 직업윤리를 수행한 과거와 달리, ④ 오늘날의 근면은 비선호의 수용 차원에서 개인의 절제나 금욕을 반영하지 않는다는 점이 흥미로웠어요.

[J 사원]

농업 기반 사회에서의 근면은 미덕이었으며, 남보다 부지런하면 일을 잘하는 것이었던 만큼, ⑤ 이를 본받아 미래 사회에서도 창의력을 발휘하는 것보다는 열심히 오래 일하는 것이 가장 중요한 미덕으로 꼽히고 있어요.

38. **다음 글을 읽고 실제로 처벌이 가능한 직장 내 괴롭힘에 해당하는 사례를 모두 고르면?** (0.8점)

직장 내 괴롭힘이란 사용자 또는 근로자가 직장 내에서 우위를 차지한 지위나 관계를 이용하여 업무상 적정한 범위를 넘어 다른 근로자에게 신체적 혹은 정신적 고통을 주거나 근무 환경을 악화시키는 행위를 말한다. 직장 내 괴롭힘에 대한 판단 기준은 크게 행위자 측면과 행위 측면으로 나뉘며, 당사자 간의 관계, 행위가 행해진 장소나 상황, 피해자 반응의 내용, 지속성 등 여러 구체적인 상황을 참작하여 종합적으로 보아야 한다.

ㄱ. 김 대리는 팀워크를 다지기 위해 부서 내 단체 대화방을 만들어 운영하였으나, 평소 팀원들과 어울리지 않는 임 사원을 제외하였다.
ㄴ. 업무 평가가 좋아 직장 내에서 승승장구하는 이 사원은 매번 승진이 지연되는 박 부장의 업무 지시를 무시하곤 한다.
ㄷ. 최 부장은 최근 입사한 정 사원이 상습적으로 지각하자 정 사원의 한 달 치 출근 시간을 따로 기록하여 지적하였다.
ㄹ. 강 차장은 윤 주임이 보고한 기획서에 추가로 보완하거나 수정해야 할 내용이 많아 명확한 지시 없이 다시 기획서를 보고하라고 반복적으로 요청하였다.
ㅁ. 문 팀장은 협력 업체와의 미팅에서 중요한 서류를 누락하여 큰 실수를 저지른 오 과장을 팀 전체 대화방에서 공개적으로 지적한 적이 한 번 있었다.

① ㄱ, ㄴ ② ㄱ, ㄷ ③ ㄷ, ㄹ ④ ㄱ, ㄹ, ㅁ ⑤ ㄴ, ㄹ, ㅁ

39. **다음 중 윤리에 대해 바르게 이해하지 못한 사람은 총 몇 명인가?** (0.8점)

선우: 윤리적 인간은 도덕적 가치신념과 공동의 이익을 추구한다.
예림: 세상에 자기 자신만 존재할 경우, 윤리는 의미가 없는 개념이다.
지원: 동양사회에서 윤리는 인간이 태어날 때부터 필연적으로 맺는 천륜을 의미한다.
승희: 윤리의 한자어는 '인륜 윤(倫)', '다스릴 리(理)'이다.

① 0명 ② 1명 ③ 2명 ④ 3명 ⑤ 4명

40. **다음 중 윤리에 대해 옳지 않은 설명을 한 사람은 총 몇 명인가?** (1.2점)

> A: 윤리는 협력이 필요한 공동생활에서 형성되는 공동 협력 규칙을 기반으로 구성된다.
> B: 윤리적 인간은 자신의 이익보다 여러 사람의 이익을 중요시하고 도덕적 신념을 중시한다.
> C: 윤리는 시간이 지나도 모든 사람에게 동일하게 적용되는 만고불변의 가치이다.
> D: 윤리는 사회질서 유지 기능만 할 뿐, 개인의 행복과 모든 사람의 행복을 보장하지는 않는다.
> E: 윤리란 인간과 인간 사이에 반드시 지켜야 하는 도리로서 인류에 필요한 올바른 질서를 의미한다.

① 1명 ② 2명 ③ 3명 ④ 4명 ⑤ 5명

약점 보완 해설집 p.30

수험번호	
성명	

실전모의고사 4회

시작과 종료 시각을 정한 후, 실전처럼 모의고사를 풀어보세요.

시 분 ~ 시 분 (총 40문항/권장 풀이시간 50분)

□ **시험 유의사항**

[1] 2023년부터 서울교통공사 필기시험은 전 직종 NCS 40문항(직업기초능력평가 전 영역) + 전공 40문항으로 구성됩니다.

[2] 본 모의고사는 NCS 40문항으로 구성되어 있으므로, 직종에 맞는 전공 문항을 추가로 풀어보는 것이 좋습니다.

[3] 해커스잡 애플리케이션의 모바일 타이머를 이용하여 실전처럼 모의고사를 풀어본 뒤, 해설집의 '바로 채점 및 성적 분석 서비스' QR 코드를 스캔하여 응시 인원 대비 본인의 성적 위치를 확인해보시기 바랍니다.

[01-02] 다음 보도자료를 읽고 각 물음에 답하시오.

20XX년 겨울, 급변하는 철도 부문 기술 동향을 한자리에서 살필 수 있는 세미나가 서울 ○○호텔에서 열렸다. 국내 주요 철도 기관인 한국철도기술연구원, 코레일, 한국철도시설공단이 사상 최초로 공동 주최한 이번 세미나에는 국내외 철도교통전문가 300여 명이 참석하여 4차 산업혁명 도래에 대비해 철도 기술의 현주소와 미래를 조망하였다.

㉠ 철도 분야의 신기술 개발과 기존 철도 기술 혁신을 통한 국민의 삶의 질을 향상할 수 있는 혁신성장동력을 창출한다는 취지로 마련된 이번 행사는 총 2부로 구성되었으며, 1부는 4차 산업혁명 시대를 맞이한 철도 기술이 나아가야 할 방향에 대한 한국과 미국, 프랑스 등의 철도교통전문가 특별강연으로, 2부는 분야별 기술에 대한 주제 발표로 진행되었다.

㉡ 이날 행사에서 가장 큰 주목을 받은 것은 단연 '하이퍼튜브'였다. 약 20여 개의 발표 주제 중 하이퍼튜브 차량군집주행을 위한 수학적 모델링, 하이퍼튜브 주행 장치 개발 등 5개 주제가 하이퍼튜브에 관련한 발표였다. 하이퍼튜브는 진공 상태에 가까운 아진공 튜브를 1,200km/h 수준의 속도로 주행하는 자기부상열차로, 3세대 교통수단인 자동차와 4세대 항공기의 뒤를 이을 5세대 교통수단이 될 것으로 기대를 모으고 있다.

㉢ 현재 하이퍼튜브는 저가형 항공기 속도보다 두 배 빠른 속도를 내는 것을 목표로 개발이 진행되고 있으며, 비행기만큼 빠른 속도를 내기 위해 항공기 기술이 다수 차용되었다는 것이 연구책임자의 설명이다. 속도를 높이는 만큼 안전성 유지를 위한 연구도 계속되고 있다. 연구책임자는 현재까지의 연구에 따르면 하이퍼튜브의 위험성은 비행기보다는 낮고 우주선보다는 조금 높은 것으로 예측된다고 밝혔다.

㉣ 발표자는 휴먼에러로 인한 대형 사고를 예방할 수 있는 스마트 안전 기술의 필요성을 언급하였다. 철도의 특성상 한 번 사고가 나면 대형 사고로 이어지는 만큼 국민들이 신뢰할 수 있는 교통수단으로 거듭나기 위해서는 안전 점검이 필요하다는 것이 주요 메시지였으며, 이어서 구체적인 방법론과 스마트 안전 관리 기술을 활용한 철도의 사고 사전 방지 시스템을 소개하였다.

㉤ 한편 이날은 철도 기술연구원이 개발한 하이퍼튜브 시제품이 공개되어 업계 관계자들로부터 큰 관심을 받았다. 공개된 시제품은 실제 캡슐 차량이 들어갈 수 있을 정도의 규모로, 향후 튜브의 온도변화에 따른 신축 이음부 거동, 콘크리트 및 기타 재료의 연결부 기밀성 시험, 진공 환경에서 재료 특성 시험 등을 이어 나갈 계획임을 설명하였다.

이 밖에도 열차자율주행제어시스템이나 최근 관심이 급증한 안전과 환경에 대한 기술들도 소개되었다. 스마트센서, IoT, 무인수송체 등 4차 산업혁명 기술들을 융·복합한 제품들이 소개되었으며, 그중 다수의 기술이 곧 상용화될 것으로 전해져 기대감을 키웠다.

01. **위 보도자료의 제목으로 가장 적절한 것은?** (1.2점)

① 하이퍼튜브 인프라 건설기술 세미나 열려

② 동아시아철도공동체 포럼 정책 세미나 성료

③ 4차 산업하 철도교통전문가 육성 세미나 성황리 마쳐

④ 4차 산업혁명과 철도기술혁신 국제세미나 개최

⑤ 하이퍼튜브 주행 장치 개발 현황 보고

02. **위 보도자료를 읽고 이해한 내용으로 가장 적절한 것은?** (1.5점)

① 하이퍼튜브는 고급형 항공기보다 두 배 빠른 속도 구현을 목표로 한다.

② 철도 기술연구원이 개발한 하이퍼튜브 시제품의 경우 후속 연구가 예정되어 있다.

③ 하이퍼튜브는 공기부상방식으로 운행하는 교통수단이다.

④ 우리나라의 경우 실제 캡슐이 튜브를 통과하는 시험 운전에 성공하였다.

⑤ 하이퍼튜브의 안전성은 우주선보다 안전한 편이고, 비행기보다 약간 위험한 수준이다.

[03-04] 다음 보도자료를 읽고 각 물음에 답하시오.

국토교통부(이하 국토부)는 지난 2월 11일 철도차량·시설의 영상기록장치 설치, 철도차량 운전업무종사자 교육·기능시험 강화, 철도차량정비기술자 자격 강화 등을 주요 내용으로 하는 철도안전법 시행령 및 시행규칙 개정안을 입법 예고하였다. 국토교통부에 따르면 영상기록장치 설치 의무를 기존 철도차량에서 철도시설로 확대함과 동시에 관련 법률 위반 시 부과되는 과태료 규정을 신설함에 따라 법에서 위임한 영상기록장치 설치 대상과 과태료 수준을 구체적으로 결정하였다고 한다. 또한, 대통령령으로 위임된 노면전차의 철도보호지구로부터 20m 이내의 지역에서 노면전차의 안전 운행을 방해할 우려가 있는 행위를 정하는 한편, 철도차량정비기술자 인정기준에 국가기술자격증 미보유자의 점수 및 학력 점수를 하향 조정하였다. 그뿐만 아니라 철도현장의 작업자 안전사고 예방을 위해 철도운행안전관리자 자격취득 시 교육 및 평가를 면제받는 관제업무종사경력자에 대한 일부 규정을 삭제하고 철도안전 국가전문자격인 철도운행안전관리자의 자격을 비영리법인 또는 학회 등 단체에서 운영 및 관리토록 규정하는 등 이번 철도안전법의 개정으로 운영상 나타난 일부 미비점이 개선·보완될 것으로 기대된다.

입법 예고된 개정 사항은 다음과 같다. 개정안에 따르면 제30조의 경우 감시 필요성 등을 고려하여 영상기록장치를 의무적으로 설치·운영하여야 하는 철도시설을 구체적으로 규정하였다. 개정된 내용에 따라 철도시설에는 역 시설 중 승강장, 대합실 등 안전사고 우려가 있는 시설과 고속철도 차량을 정비하는 기지, 변전소, 무인기능실, 분기기, 국가 중요시설물로 지정된 교량 및 터널 등 관리상 중요도가 높은 시설이 포함된다. 제48조의2는 신설된 조항으로, 노면전차의 안전 운행 저해 행위를 깊이 10m 이상의 굴착, 최대 높이 10m 이상 건설기계 사용, 높이 10m 이상 인공구조물의 설치, 위험물안전관리법에 따른 지정수량 이상 위험물의 제조·저장·전시하는 행위로 규정하였다. 제60조의 경우 제1항 제1호인 관제 업무에 종사한 경력이 2년 이상인 경력자에 대한 자격기준을 삭제하였다. 철도운행안전관리자의 자격은 철도차량 운행선로 또는 그 인근의 작업 또는 공사 수행 시 작업 일정의 조정, 작업에 필요한 안전장비·시설 등의 점검, 열차 운행일정의 조정, 열차 접근 감시인 배치에 관한 사항 등의 업무를 수행하기 위해 일정한 교육 및 실습 평가를 이수한 사람에게 부여하여 작업자의 안전을 확보하여야 한다. 그러나 관제 업무종사자는 철도운행안전관리자로서 필요한 교육을 받지 아니하고 자격을 부여받아 도시철도관제, 로컬관제, 역무 등의 타 분야 종사자를 고려했을 때 형평성 문제를 유발함은 물론 현장 배치 시 작업자의 안전 확보 등 이례적인 상황에 대처하기 어려운 상황이 발생할 수 있어 이를 방지하고자 삭제하게 되었다. 한편으로는 제60조의3 제1항 제1호인 비영리법인 또는 학회(단체)를 제외한 타 법률에서 철도안전과 관련된 업무를 수행하기 위하여 설립된 법인을 안전전문기관 지정기준에서 삭제하여 영리적인 목적으로 설립된 법인이 공익적인 목적보다 영리 추구로 인해 유발할 수 있는 시장의 혼란과 변질을 막고자 하였다. 또한 별표 1의2인 철도차량정비기술자의 인정기준을 개정하였는데, 이 안에 따라 철도차량정비기술자 인정기준에서 자격별 경력점수의 배점 중 철도차량과 관련된 국가기술자격증을 취득하지 않은 사람에 대하여 배점을 조정하고 학력 점수의 배점 역시 전체적으로 조정되며, 결과적으로 전문성과 실무 경험을 갖춘 철도차량정비기술자 확보가 용이해질 것으로 예측된다.

이번 개정과 관련해 강○○ 국토부 철도안전정책관은 "철도안전에 대한 새로운 제도들의 도입으로 한층 더 안전한 철도가 될 것으로 기대한다"며 "입법 예고를 통해 다양한 의견을 합리적인 방향으로 수렴하고, 추후 시행되는 제도를 통해 국민 안전이 지속해서 강화·확보될 수 있도록 노력하겠다"고 밝혔다.

03. **위 보도자료의 내용과 가장 일치하지 <u>않는</u> 것은?** (1.2점)

① 법안에 대한 개정안이 입법 예고되었더라도 제도가 시행되기 전까지 개정안에 여러 의견이 반영될 수 있다.

② 역 내부에 있는 시설 외에 고속철도 차량을 정비하는 기지를 포함한 특정 외부 시설도 철도시설에 포함된다.

③ 철도안전법에 의거하여 철도차량정비기술자로 인정받기 위해서는 철도차량 관련 국가기술자격증을 취득한 상태여야 한다.

④ 철도안전법 개정안에 따라 영상기록장치를 설치할 의무가 있는 철도차량이 이를 이행하지 않았다면 과태료를 납부할 수 있다.

⑤ 철도안전법 개정 이전에는 관제 업무종사 이력이 2년 이상일 경우 필수 교육 없이 철도운행안전관리자가 될 수 있었다.

04. **위 보도자료를 읽고 핵심 내용을 드러낼 수 있는 키워드를 설정하고자 할 때, 가장 적절하지 <u>않은</u> 것은?** (1.5점)

① 철도차량정비기술자의 인정기준 개정

② 철도차량·시설 영상기록장치 설치

③ 안전전문기관 지정기준 일부 삭제

④ 관제 업무종사자 자격 완화

⑤ 노면전차의 안전 운행 저해 행위 설정

[05-06] 다음은 철도 운영기관 소재지별 승차 인원에 대한 자료이다. 각 물음에 답하시오.

[철도 운영기관 소재지별 승차 인원]

(단위: 천 명)

구분	2016년	2017년	2018년	2019년	2020년
서울	1,887,277	1,865,024	1,878,463	1,916,172	1,395,869
부산	330,992	338,850	336,243	342,549	246,495
대구	163,077	163,349	162,837	167,628	110,237
인천	86,460	109,366	112,344	115,815	85,586
광주	18,651	18,709	18,883	19,319	13,583
대전	39,947	39,702	39,719	40,262	26,229
부산-김해	18,381	18,854	18,323	18,480	12,719
의정부	11,231	11,746	12,211	12,953	9,774
용인	6,828	7,306	7,980	8,848	6,403

※ 출처: KOSIS(한국철도공사, 한국철도통계)

05. 다음 중 자료에 대한 설명으로 가장 적절하지 않은 것은? (1.2점)

① 2020년 승차 인원의 전년 대비 감소율은 부산-김해가 서울보다 크다.

② 2018년 승차 인원이 전년 대비 감소한 운영기관 소재지 중 승차 감소 인원이 가장 적은 운영기관 소재지는 대구이다.

③ 2019년 승차 인원은 모든 운영기관 소재지에서 전년 대비 증가하였다.

④ 제시된 기간 중 용인의 승차 인원이 다른 해에 비해 가장 적은 해에 대전의 승차 인원은 용인의 승차 인원의 4배 이상이다.

⑤ 제시된 기간 동안 광주의 연평균 승차 인원은 18,000천 명 이상이다.

06. **다음은 제시된 자료를 바탕으로 2016년과 2020년 철도 운영기관 소재지별 일평균 승차 인원을 나타낸 그래프이다. 자료를 보고 ㉠~㉤에 해당하는 값을 예측했을 때, 가장 타당한 값을 고르면?** (단, 소수점 첫째 자리에서 반올림하여 계산하고, 1년은 365일로 계산한다.) (1.5점)

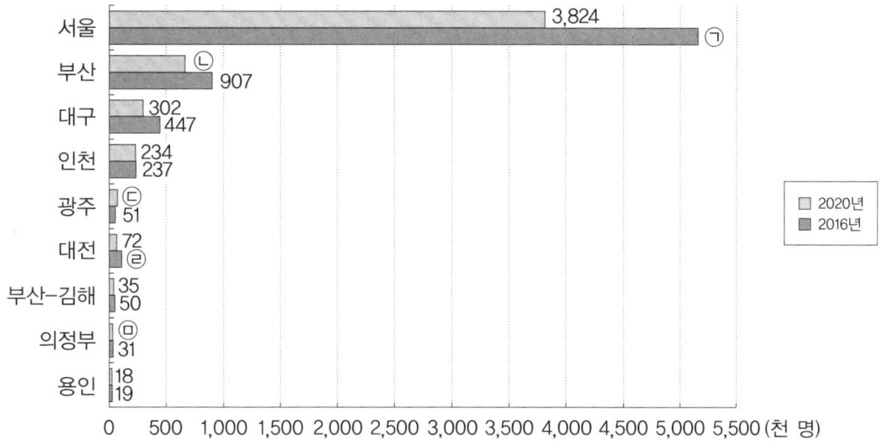

① ㉠: 4,831 ② ㉡: 735 ③ ㉢: 58 ④ ㉣: 109 ⑤ ㉤: 33

[07-08] 다음은 철도 운임 원가 정보를 나타낸 자료이다. 각 물음에 답하시오.

[연도별 철도 운임 원가 정보]

(단위: 억 원, %)

구분	결산					예산	
	2015	2016	2017	2018	2019	2020	비중
Ⅰ. 총괄원가	26,480	29,500	28,440	30,000	28,500	28,920	100.0
1. 적정원가	23,600	25,000	23,700	25,500	25,080	26,200	90.6
① 영업비용	22,450	23,270	22,060	24,200	24,140	25,420	87.9
㉠ 인건비	7,320	7,440	7,830	8,930	9,210	9,970	34.5
㉡ 판매비·일반관리비	330	430	480	520	500	570	2.0
간접부서 경비	300	410	450	460	460	520	1.8
연구관련 경비	4	3	5	7	10	20	0.1
판매촉진비 등	26	17	25	53	30	30	0.1
㉢ 기타 경비	14,800	15,400	13,750	14,750	14,430	14,880	51.4
감가상각비	2,490	2,700	3,190	2,990	2,790	2,580	8.9
동력비	2,530	2,370	2,310	2,640	2,490	2,620	9.1
시설사용료	6,570	6,950	5,910	6,330	6,560	6,890	23.8
수선유지비 등 기타	3,210	3,380	2,340	2,790	2,590	2,790	9.6
② 영업외비용	220	200	170	180	260	-	-
③ 법인세비용	900	1,440	1,430	1,030	630	780	2.7
④ 영업외수익	30	90	40	90	50	-	-
2. 적정투자보수	2,880	4,500	4,740	4,500	3,420	2,720	9.4
① 운임기저	72,000	75,000	79,000	75,000	68,400	68,000	-
② 적정투자보수율(%)	4	6	6	6	5	4	-
Ⅱ. 총수입	25,840	26,850	23,890	25,360	26,420	27,900	-

※ 1) 총괄원가 = 적정원가 + 적정투자보수
2) 적정원가 = 영업비용 + 영업외비용 + 법인세비용 + 영업외수익
3) 영업비용 = 인건비 + 판매비·일반관리비 + 기타 경비
4) 적정투자보수 = 운임기저 × 적정투자보수율

07. 다음 중 자료에 대한 설명으로 가장 적절하지 않은 것은? (1.2점)

① 2016년부터 2019년까지의 영업비용 중 인건비는 매년 전년 대비 증가하였다.

② 2019년 총수입은 3년 전보다 적다.

③ 2018년 기타 경비 중 감가상각비가 동력비보다 350억 원 더 많다.

④ 2015~2019년 중 적정투자보수율이 가장 작은 해는 2015년이다.

⑤ 2015~2019년 중 적정원가가 가장 작은 해에 간접부서 경비는 연구관련 경비의 70배이다.

08. 다음은 제시된 자료를 바탕으로 연도별 총괄원가에서 적정원가 및 적정투자보수가 차지하는 비중을 나타낸 것이다. 자료를 보고 ㉠, ㉡에 해당하는 값을 예측했을 때 가장 타당한 값을 고르면? (1.5점)

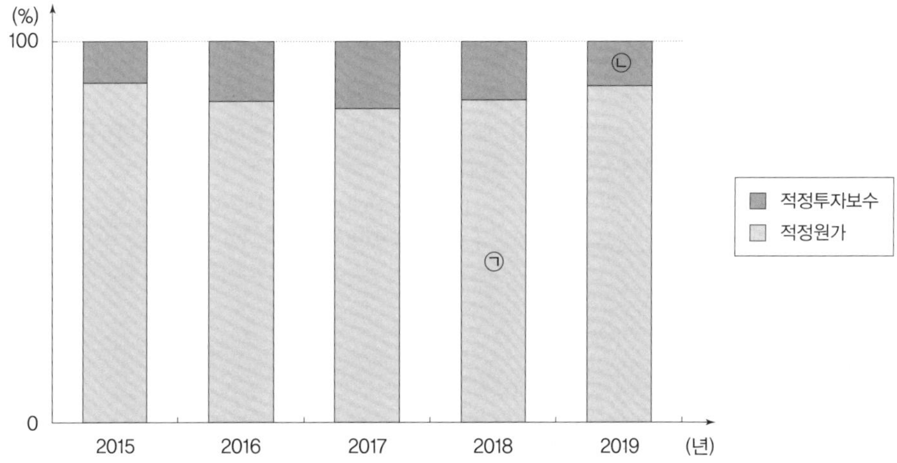

	㉠	㉡
①	85	12
②	85	15
③	85	16
④	88	12
⑤	88	15

[09-10] 다음 자료를 읽고 각 물음에 답하시오.

[국민생명 지키기 3대 프로젝트 계획]

자살예방, 교통안전, 산업안전 3대 분야 사망 줄이기를 목표로 "국민생명 지키기 3대 프로젝트" 추진 발표

1. 자살예방 국가행동 계획
   1) 목표: 자살률 50% 감축
   2) 추진 방안 및 세부 계획
      - 자살예방의 과학적 근거 마련: 5년간 발생한 자살자 7만 명 전수조사, 국가 자살동향 감시체계 구축
      - 자살의 진행 과정에 따른 개입: 고위험군 발굴 → 적극적 개입 및 관리 → 자살시도 사후 관리
      - 대상별 자살예방정책 추진: 노동자 및 실직자 자살예방 대책 추진, 연령대별 자살예방 대책 추진

2. 교통안전 종합대책
   1) 목표: 교통사고 사망자 수 50% 감축
   2) 추진 방안 및 세부 계획
      - 교통안전 책임성 강화: 운전면허 제도 개선, 음주운전 처벌 강화, 화물차 등 사업용 차량 관리 강화
      - 교통안전 문화 확산: 맞춤형·참여형 홍보, 법규위반 단속 강화, 중앙-지방간 협업체계 구축
      - 보행자 우선 교통체계로 개편: 도심 제한속도 하향 조정, 보행자 우선도로 지정, 어린이 및 노인 보호구역 확충

3. 산업재해 사망사고 감소대책
   1) 목표: 산업재해 사망자 수 50% 감축
   2) 추진 방안 및 세부 계획
      - 위험 주체별 역할 재정립 및 책임 실천: (발주자) 공사 단계별 안전장치 의무 신설, (원청) 안전관리 책임 장소 확대, (사업주) 사업자 위험요인 평가 후 자체 개선, (근로자) 긴급 대피 제도 및 작업 중지 요청제도 사용 활성화
      - 고위험 분야 집중관리: (건설) 100대 건설사 산재 감축 목표 관리제 도입, (기계·장비) 인증 및 검사 강화, (조선·화학) 국민 참여 사고위원회 조사에 따른 구조적 개선
      - 현장 관리 체계화 및 안전 인프라 강화: 사업장 안전 시스템 구축 지원, 산업안전 감독관 증원, 체험형 교육 5개소 신설, 자치단체 노사 참여 캠페인 등
      - 혜택 제공 및 책임 부여: 안전 우수기업을 대상으로 산재보험료 인하 제도 확대 및 R&D 등 중소기업 지원 대상 선정 시 우대, 안전부실로 인한 사고 시 법인 벌금형 가중 및 안전관리 부실 입찰 제재

09. 위 자료를 근거로 판단한 내용으로 가장 적절한 것은? (1.2점)

① 안전 우수기업을 대상으로 고용보험료를 낮추는 방안을 수립하여 관련 기업에 혜택을 제공할 방침이다.
② 자살률 감축을 위해 성별 맞춤 예방책을 마련할 계획이다.
③ 산업재해 사망자 수를 1/3 수준으로 떨어트리는 것이 산업재해 사망사고 감소대책의 목표이다.
④ 교통안전 문화 전파를 위해 음주운전 처벌 강화 및 운전면허 제도 개선을 대책으로 내놓고 있다.
⑤ 산업재해 사망자 수 감축을 위해 원청은 안전관리 책임 공간을 늘리고, 발주자는 안전장치를 설치할 예정이다.

10. 위 자료를 토대로 3대 프로젝트 세부 계획을 요약한 내용이 다음과 같을 때, ㉠~㉤ 중 가장 적절하지 않은 것은? (1.2점)

구분	요약 내용
자살예방 국가행동 계획	㉠ 자살자 전수조사, 고위험군 발굴 및 관리, 예방 대책 마련
교통안전 종합대책	㉡ 면허 제도 개선, 음주운전 처벌 강화, 사업용 차량 관리 강화 ㉢ 안전 시스템 구축, 관리 인원 충원, 자치단체-노사 참여 캠페인
산업재해 사망사고 감소대책	㉣ 발주자, 원청, 사업주, 근로자 주체별 역할 정립 및 책임 실천 ㉤ 금전적 혜택 및 우대 기회 제공, 벌금형 가중 및 부실 입찰 제재

① ㉠ ② ㉡ ③ ㉢ ④ ㉣ ⑤ ㉤

[11-12] 다음 입찰공고를 읽고 각 물음에 답하시오.

[○○공단 입찰공고]

1. 입찰에 부치는 사항
   가. 입찰건명: VR 영상제어용 서버 입찰
   나. 전자입찰서 개시 및 마감 일시: 20×1. 06. 17. 09:00~20×1. 06. 22. 18:00
   다. 전자입찰서 개찰 일시 및 장소: 20×1. 06. 23. 15:00, 입찰진행관 PC
   라. 계약기간: 계약체결일로부터 14일 이내
   마. 기초금액: 금 30,000,000원(금 삼천만 원, 부가세 포함)
   바. 입찰방법: 전자입찰, 제한경쟁, 적격심사 낙찰제

2. 입찰 참가 자격: 다음 각 항을 모두 충족해야 함
   가. 중·소기업자 및 소상공인 지원을 위한 특별조치법 제2조에 따른 소상공인으로서 발급되는 중·소기업, 소상공인확인서(전자입찰서 마감일 전일까지 발급된 것으로 유효기간 내에 있어야 함)를 소지한 자
   ※ 중소기업제품 구매촉진 및 판로지원에 관한 법률 제33조(특별법인 등의 중소기업 간주)에 해당하는 경우 중·소기업확인서 소지 여부와 상관없이 중소기업자로 간주함
   나. 조달청 국가종합전자조달(G2B)시스템에서 이용자 등록을 한 자
   ※ 전자입찰서 마감일 전일까지 조달청 국가종합전자조달시스템에 등록을 완료하여야 함
   다. 개인인증서를 보유한 대표자 또는 입찰대리인
   라. 입찰 참가 자격 제한조건
   - ○○공단 직원의 친족이 설립한 업체 또는 임원으로서 재직 중인 업체
   ※ 업체의 설립일 또는 임원으로서 취업일로부터 2년 이내의 범위에서만 적용

3. 입찰서 제출
   가. 본 입찰은 전자입찰로만 집행하므로 조달청 G2B 홈페이지 전자입찰시스템을 이용하여 입찰서 제출
   나. 제출한 입찰서는 조달청 G2B 홈페이지 전자입찰시스템의 보낸 문서함에서 확인 가능

4. 예정가격 및 낙찰자 결정방법
   가. 예정가격: 단일예가
   나. 낙찰자 결정방법: 기준 사양으로 입찰한 자 중 최저가격으로 입찰한 자
   다. 기준 사양을 충족하면서 동일한 최저가격으로 입찰한 자가 2인 이상인 경우 추첨으로 낙찰자 결정

11. **위의 입찰공고를 근거로 판단한 내용으로 가장 적절하지 않은 것은?** (1.2점)

① 전자입찰서 개찰은 전자입찰서 마감일 바로 다음 날 입찰진행관 PC에서 진행된다.

② 입찰에 참가한 업체의 설립자가 ○○공단 직원의 친족이더라도 업체가 설립된 지 2년이 넘었다면 문제가 되지 않는다.

③ 입찰서 제출부터 제출이 완료된 입찰서를 확인하는 전 과정은 조달청 G2B 홈페이지상에서만 가능하다.

④ 입찰 참가 자격을 얻기 위해서는 전자입찰서 개시 전까지 G2B 시스템에 이용자 등록을 완료해야만 한다.

⑤ 기준 사양을 충족하는 업체 중 두 곳 이상에서 같은 금액으로 최저가를 입찰했다면 낙찰자는 추첨을 통해 결정된다.

12. **○○공단에 근무하는 귀하는 상사로부터 다음과 같은 지시를 받은 뒤 5개의 업체 중 1개의 업체를 낙찰자로 결정했다고 할 때, 귀하가 최종 낙찰자로 결정한 업체로 가장 적절한 것은?** (1.5점)

박 대리님, 우리 공단이 필요한 VR 영상제어용 서버의 기준 사양을 전달할 테니, 확인하시고 입찰가가 기초금액을 넘지 않는 곳으로 최종 낙찰 업체를 결정해주세요. CPU는 최소 i5로 맞춰주시고, Ram은 32GB면 충분할 것 같네요. 품질보증의 경우 2년 이상 되는 곳으로 결정하면 좋겠어요. 아! SSD는 고사양일수록 좋겠지만, 512GB여도 괜찮습니다.

구분	갑 업체	을 업체	병 업체	정 업체	무 업체
입찰 참가 자격	O	O	O	O	O
CPU	i7	i3	i5	i5	i7
Ram	48GB	32GB	32GB	32GB	48GB
SSD	256GB	1TB	1TB	512GB	512GB
품질보증	1년	2년	3년	6개월	2년
입찰가	30,000,000원	24,000,000원	26,000,000원	28,000,000원	32,000,000원

① 갑 업체 ② 을 업체 ③ 병 업체 ④ 정 업체 ⑤ 무 업체

[13-14] 다음은 S 공사의 위임 전결 규정 중 일부를 발췌한 자료이다. 각 물음에 답하시오.

제4조(용어의 정의)
① "결재"라 함은 사장이 직접 그 의사를 결정하는 행위를 말한다.
② "전결"이라 함은 사장으로부터 사무의 내용에 따라 결재권을 위임받은 자가 행하는 결재를 말한다.

제5조(권한의 행사)
① 권한의 행사는 법령, 정관 및 규정이 정하는 바에 의하여 적정히 행사하여야 한다.
② 전결 사항 중 다른 부서와 관련이 있는 업무는 사전에 합의하여 처리하여야 하며, 그러하지 못하는 경우에는 차상위 직위자의 결재를 받아야 한다.
③ 이 규정에 의하여 전결 처리한 사항이 중요하거나 이례적이라고 인정되는 경우에는 사장에게 보고하여야 한다.

제7조(전결 사항)
① 위임 전결 사항은 별표와 같다. 다만, 사장이 특히 필요하다고 인정하는 사항에 대하여는 이 위임 규정에도 불구하고 따로 지시하여 처리하게 할 수 있다.
② 직위에 따라 위임하는 사무는 별도의 규정이 없는 한 이에 부수되는 사무가 포함된 것으로 본다.
③ 이 규정에서 전결 사항으로 열거되지 아니한 사항으로 그 전결 사항과 유사한 사항은 당해 전결권자가 전결할 수 있다. 다만 전결권자를 판단하기 어려운 경우 또는 직제상 해당 직위자가 없는 경우에는 차상위 직위자의 결재를 받아야 한다.

제8조(직무권한의 대행)
① 직무권한자(전결권자 포함)가 유고가 있을 경우에는 차하위 직위자 또는 직무를 대리하는 자(이하 "직무대행자"라 한다)가 그 직무를 대행한다. 다만, 특별히 중요하다고 인정되는 사항에 대해서는 차상위 직위자의 결재를 받아야 한다.
② 제1항의 규정에 의하여 처리한 사항에 대한 책임은 당해 직무대행자가 지며, 직무권한자가 복귀하였을 경우에 직무대행자는 지체 없이 그 처리결과를 보고하여야 한다.

[별표] 위임 전결 사항

내용		전결권자		
		팀장	처장	부문장
사장 결재 사항 시행 조치			O	O
사장 결재 사항 외 기본 계획 수립	주요 사항	O	O	O
	경미 사항	O	O	
사장 결재 사항 외 기본 계획 시행·조치	주요 사항			O
	경미 사항	O	O	
처장의 출장 및 휴·복직 등 근태에 관한 사항				O
직원의 출장 및 휴·복직 등 근태에 관한 사항		O	O	
공사, 용역 및 물품구매, 경비지급 시행		O	O	O

13. 위 자료를 근거로 판단한 내용으로 가장 적절하지 않은 것은? (1.5점)

① 사장 결재 사항 시행 조치에 대한 위임 전결 사항은 2명에게 결재를 받아야 한다.

② 전결 사항과 유사하지만 공사 규정에 제시되지 않은 위임 전결 사항은 그 해의 전결권자가 결재한다.

③ 직무권한자가 사고를 당한 경우 차상위 직위자가 모든 직무를 대행해야 한다.

④ 휴직 및 복직 관련한 근태 전결 사항에 대해 처장과 일반 직원은 서로 다른 사람에게 결재를 받는다.

⑤ 타 부서와 연관 있는 전결 사항을 사전에 합의하지 못한 상황에서는 차상위 직위자의 결재를 받아야 한다.

14. 위 자료를 근거로 판단할 때, 다음 사례의 결재라인으로 가장 적절한 것은? (1.5점)

S 공사의 직원인 정 씨는 사장 결재 사항 외의 기본 계획을 수립하는 업무를 맡게 되었다. 주요 사항에 대한 기본 계획을 수립하게 되어 더욱 꼼꼼하게 진행했다. 해당 업무를 모두 마친 정 씨는 위 사항이 전결 사항임을 확인하고, 전결권자에게 결재를 올렸다.

① 소속 팀장 – 담당 부문장

② 소속 처장 – 담당 부문장

③ 소속 팀장 – 소속 처장 – 사장

④ 소속 팀장 – 소속 처장 – 담당 부문장

⑤ 소속 팀장 – 소속 처장 – 담당 부문장 – 사장

[15-16] 다음은 ○○공사의 열차 운영 평가 기준 및 운영팀 관할 열차의 금년 운영 평가 점수에 대한 자료이다. 각 물음에 답하시오.

[열차 운영 평가 기준]

- 열차 운영은 열차 운행 체계 및 유지 관리 체계를 기준으로 평가한다.
- 열차 운행 체계의 평가 항목별 점수는 다음과 같다.

체계 이해	열차 운전	기록 관리
50점	25점	25점

- 유지 관리 체계의 평가 항목별 점수는 다음과 같다.

조직·인력	설비·장비
60점	40점

- 최종 평가 점수의 만점은 100점으로, 열차 운행 체계에 70%, 유지 관리 체계에 30%의 가중치를 부여하여 산출한다.
- 최종 평가 점수를 기준으로 결정되는 평가 등급은 다음과 같다.

100점 이하 90점 이상	90점 미만 80점 이상	80점 미만 70점 이상	70점 미만 60점 이상	60점 미만
S 등급	A 등급	B 등급	C 등급	D 등급

[금년 열차 운영 평가 점수]

구분	열차 운행 체계			유지 관리 체계	
	체계 이해	열차 운전	기록 관리	조직·인력	설비·장비
K-2861	35점	15점	20점	42점	28점
T-2946	44점	25점	21점	50점	40점
S-1576	33점	22점	15점	50점	30점
L-1733	30점	18점	12점	45점	35점
J-2467	42점	25점	23점	36점	34점

15. **위 자료를 근거로 판단할 때, 운영팀 관할 열차 중 금년 평가 등급으로 C 등급을 받은 열차는?** (1.5점)

① K-2861 ② T-2946 ③ S-1576 ④ L-1733 ⑤ J-2467

16. **운영팀 관할 열차의 전년 최종 평가 점수가 다음과 같을 때, 금년 평가 등급이 전년 평가 등급보다 낮은 열차의 대수는?** (단, 전년 평가 등급 기준은 금년과 동일하다.) (1.5점)

K-2861	T-2946	S-1576	L-1733	J-2467
84점	95점	65점	72점	70점

① 1대 ② 2대 ③ 3대 ④ 4대 ⑤ 5대

[17-18] 다음은 시스템 오류 확인 절차에서 사용되는 시스템 오류 세부 사항 및 시스템 상태 판단 기준에 대한 자료이다. 각 물음에 답하시오.

[시스템 오류 세부 사항]

구분	세부 사항
System Code	계산에 고려할 Error Code 지정 • C#: 모든 Error Code를 고려함 • D#: 제시된 Error Code 중 앞쪽값 2개의 Error Code만 고려함 • E#: 제시된 Error Code 중 최댓값 2개의 Error Code만 고려함
System Type	Error Code에 따른 FEV 산출 방법 • 32#: Error Code 중 최댓값과 최솟값의 평균값을 FEV로 지정함 • 64#: 모든 Error Code의 평균값을 FEV로 지정
Error Code	System Code와 System Type에 따라 FEV 산출에 활용 • FEV ##_##_##
Standard Value (SV)	FEV와 대소 비교하여 FV 산출 • SV > FEV인 경우: FV = −1 • SV = FEV인 경우: FV = 0 • SV < FEV인 경우: FV = +1

[시스템 상태 판단 기준]

최종 FV	Input Code
FV < −1	GREEN
FV = −1	YELLOW
FV = 0	ORANGE
FV = 1	RED
FV > 1	BLACK

[시스템 오류 확인 절차]

System Code: E#
System Type: 64#

FEV 10_25_33
FEV 40_20_14
FEV 52_28_19

Standard Value 30

절차 1. FV 산출
첫 번째 Error Code의 FEV는 (33 + 25) / 2 = 29로 SV(30) > FEV(29)이므로 FV = −1, 두 번째 Error Code의 FEV는 (40 + 20) / 2 = 30으로 SV(30) = FEV(30)이므로 FV = 0, 세 번째 Error Code의 FEV는 (52 + 28) / 2 = 40으로 SV(30) < FEV(40)이므로 FV = +1이다.
따라서 최종 FV는 −1 + 0 + 1 = 0이다.

절차 2. 시스템 상태 판단 및 Input Code 입력
최종 FV(0)가 'FV = 0'에 해당하므로
입력할 Input Code는 'ORANGE'이다.

17. 다음 시스템 상태에서 확인할 수 있는 내용으로 가장 적절하지 않은 것은? (1.5점)

```
System Code: D#
System Type: 64#

FEV 38_72_64
FEV 42_28_16
FEV 18_60_18

Standard Value 45

Input Code ____________
```

① 첫 번째 Error Code의 FEV는 50 이상이다.

② 두 번째 Error Code의 FEV는 세 번째 Error Code의 FEV보다 크다.

③ 동일한 조건에서 System Type만 32#으로 변경되어도 입력할 Input Code는 같다.

④ 최종 FV는 0보다 작다.

⑤ 입력할 Input Code는 'YELLOW'이다.

18. 다음 시스템 상태에서 입력할 Input Code로 가장 적절한 것은? (1.2점)

```
System Code: C#
System Type: 64#

FEV 23_30_31
FEV 41_25_24
FEV 35_40_21

Standard Value 30

Input Code ____________
```

① GREEN ② YELLOW ③ ORANGE ④ RED ⑤ BLACK

[19-20] 다음은 여름철 지하철 내부 온·습도 조정 시 사용하는 시스템 관리 세부 사항 및 판단 기준에 대한 자료이다. 각 물음에 답하시오.

[시스템 관리 세부 사항]

구분	세부 사항
TEM ### HUM $$	• 지하철 내부 온도 코드 및 내부 습도 코드로 구성됨 – #: 내부 온도 코드 – $: 내부 습도 코드
Evaluation	• 내부 온도별 코드 (아래 표 참조) • 내부 습도별 코드 (아래 표 참조)
Evaluation Value (EV)	• 온·습도 판단 기준에 따라 산출됨 – 온도와 습도의 판단 기준이 동일한 경우, 기준에 따른 EV가 산출됨 – 온도와 습도의 판단 기준이 상이하고 1 LEVEL 이하로 차이가 나는 경우, 온도의 EV가 산출됨 – 온도와 습도의 판단 기준이 상이하고 2 LEVEL 이상으로 차이가 나는 경우, 온도와 습도 각 EV의 평균값으로 EV가 산출됨

• 내부 온도별 코드

30℃ 초과	30℃ 이하 27℃ 초과	27℃ 이하 24℃ 초과	24℃ 이하 21℃ 초과	21℃ 이하 18℃ 초과	18℃ 이하
tva1	tva2	tva3	tva4	tva5	tva6

• 내부 습도별 코드

20% 미만	20% 이상 30% 미만	30% 이상 40% 미만	40% 이상 50% 미만	50% 이상 60% 미만	60% 이상
D2	B5	E5	S1	T7	A8

[판단 기준]

TEM	HUM	EV
30℃ 초과	20% 미만	LEVEL 5
30℃ 이하 27℃ 초과	20% 이상 30% 미만	LEVEL 3
27℃ 이하 24℃ 초과	30% 이상 40% 미만	LEVEL 1
24℃ 이하 21℃ 초과	40% 이상 50% 미만	LEVEL 2
21℃ 이하 18℃ 초과	50% 이상 60% 미만	LEVEL 3
18℃ 이하	60% 이상	LEVEL 4

19. 다음 시스템 상태에서 확인할 수 있는 내용으로 가장 적절하지 않은 것은? (1.5점)

Subway Checking requests…

TEM tva4
HUM E5

▶ EV ________

① 내부 습도를 기준으로 EV는 LEVEL 1이다.
② 내부 온도가 10℃ 이상 올라가면 TEM은 tva1이 될 것이다.
③ EV로 LEVEL 2가 산출된다.
④ 내부 습도가 50%까지 올라가면 EV가 달라진다.
⑤ 현재 지하철 내부 온도는 24℃를 넘지 않는다.

20. 다음 시스템 상태에서 입력할 EV로 가장 적절한 것은? (1.2점)

Subway Checking requests…

TEM tva3
HUM B5

▶ EV ________

① LEVEL 1 ② LEVEL 2 ③ LEVEL 3 ④ LEVEL 4 ⑤ LEVEL 5

[21-22] 다음은 도시철도 폭염 및 방역 대비 지원 공지사항 및 역사별 신청 사항이다. 각 물음에 답하시오.

> [도시철도 폭염 및 방역 대비 지원 공지]
>
> 1. 배경
> - 여름철 무더위 및 코로나19 상황으로 시민들에게 지원해야 할 물품이 필요함을 파악하였습니다.
>
> 2. 목적
> - 각 역사에 지원 물품을 제공하여 시민들이 시원하고 쾌적하게 이용할 수 있는 도시철도를 만들고자 합니다.
>
> 3. 지원 내용
> - 방역 지원 물품: 마스크, 손 소독제
> - 폭염 지원 물품: 양산, 쿨매트, 선풍기, 쿨스카프, 토시
>
> 4. 요청 사항
> - 각 역사별로 신청하는 지원 물품의 개수를 전달해 주시기 바랍니다.

[역사별 신청 사항]

[A 역 신청 물품]
마스크 50매, 손 소독제 10개, 선풍기 2대, 토시 10개

[B 역 신청 물품]
마스크 80매, 손 소독제 5개, 쿨매트 3개, 쿨스카프 10개

[C 역 신청 물품]
마스크 50매, 양산 3개, 선풍기 3대, 쿨스카프 5개

[D 역 신청 물품]
마스크 100매, 쿨매트 8개, 쿨스카프 10개, 토시 8개

[E 역 신청 물품]
손 소독제 15개, 양산 5개, 선풍기 4대, 토시 5개

21. 역사별 신청 물품을 표로 정리한 자료가 다음과 같을 때, 신청 물품 내역이 잘못 정리된 역사는? (1.2점)

구분	마스크	손 소독제	양산	쿨매트	선풍기	쿨스카프	토시
A 역	50매	10개	-	-	2대	-	10개
B 역	80매	5개	-	3개	-	10개	-
C 역	50매	-	3개	-	3대	-	5개
D 역	100매	-	-	8개	-	10개	8개
E 역	-	15개	5개	-	4대	-	5개

① A 역 ② B 역 ③ C 역 ④ D 역 ⑤ E 역

22. D 역은 여분 마스크 130매를 확보하여 마스크 신청 내역을 취소하고, D 역에 필요한 매수를 제외한 나머지 마스크를 C 역에 전달하였다. 본부에서는 C 역이 전달받은 매수만큼 차감하여 제공하고자 할 때, 본부가 C 역에 제공할 마스크 매수는? (1.5점)

① 0매 ② 20매 ③ 30매 ④ 40매 ⑤ 50매

[23-24] 다음은 신입사원 부서 배치 조건과 신입사원 8명의 부서 정보 및 평가 점수에 대한 자료이다. 각 물음에 답하시오.

[신입사원 부서 배치 조건]

- 부서별 요구 인원은 생산부가 3명, 영업부가 1명, 인사부가 2명, 홍보부가 2명이다.
- 신입사원의 연수 부서와 1지망 부서를 최우선으로 고려하여 배치한다. 따라서 연수 부서와 1지망 부서가 동일한 신입사원을 해당 부서에 우선 배치하고, 부서별 요구 인원보다 연수 부서와 1지망 부서가 동일한 신입사원이 많을 경우 평가 점수가 높은 순서대로 우선 배치한다.
- 연수 부서와 1지망 부서가 다른 신입사원은 1지망 부서를 고려하여 배치한다. 따라서 연수 부서와 1지망 부서가 동일하여 우선 배치된 신입사원을 제외하고, 부서별 요구 인원보다 1지망 부서가 동일한 신입사원이 많을 경우 평가 점수가 높은 순서대로 우선 배치한다.
- 1지망 부서에 배치되지 않은 신입사원은 2지망 부서를 고려하여 배치한다. 연수 부서와 1지망 부서가 동일한 신입사원과 1지망 부서에 따라 배치된 신입사원을 제외한 부서별 요구 인원보다 지원 인원이 많은 경우 평가 점수가 높은 순서대로 우선 배치한다.
- 2지망 지원부서에도 배치되지 않은 신입사원은 요구 인원을 채우지 못한 부서에 배치된다.

[신입사원 부서 정보 및 평가 점수]

구분	가	나	다	라	마	바	사	아
연수 부서	생산부	홍보부	인사부	생산부	홍보부	홍보부	영업부	인사부
1지망 부서	인사부	홍보부	생산부	홍보부	인사부	생산부	홍보부	홍보부
2지망 부서	생산부	영업부	인사부	인사부	생산부	영업부	인사부	영업부
평가 점수	82점	73점	94점	83점	88점	83점	91점	89점

23. 위 신입사원 부서 배치 기준에 따라 신입사원을 배치할 때, 희망하는 부서에 배치되지 못한 신입사원은? (1.5점)

① 가 ② 나 ③ 라 ④ 바 ⑤ 아

24. 연수 부서와 1지망 부서를 최우선으로 고려하여 배치한다는 조건을 제외하고 배치할 때, 홍보부에 배치되는 신입사원을 모두 고르면? (1.5점)

① 나, 라 ② 나, 사 ③ 라, 사 ④ 라, 아 ⑤ 사, 아

[25-26] 다음 설명서를 읽고 각 물음에 답하시오.

[블루투스 헤드폰(모델명: XX-1234) 사용 설명서]

1. 제품 둘러보기

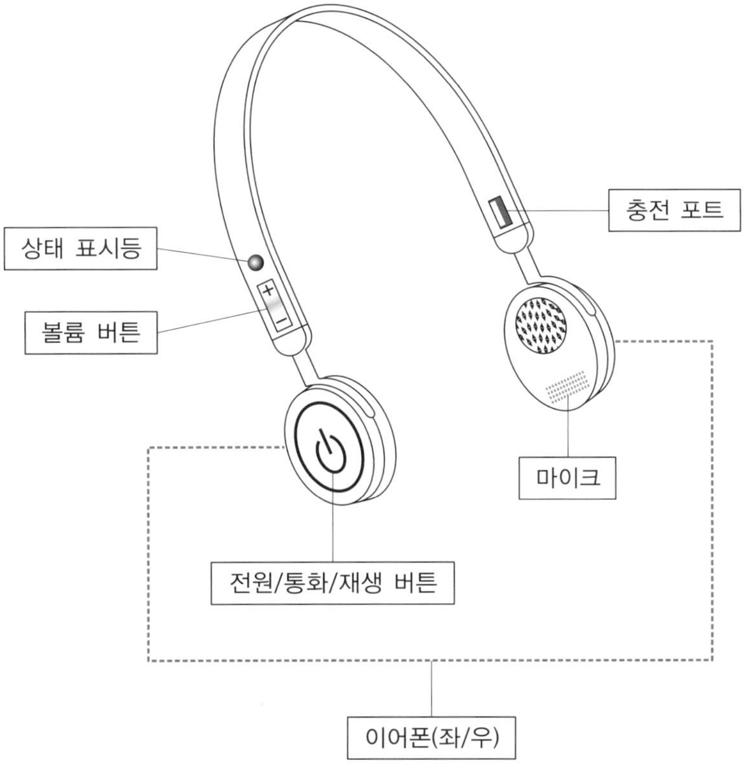

2. 전원 켜짐/꺼짐

1) 전원 켜짐: 전원/통화/재생 버튼을 3초간 누르면 상태 표시등에 파란색이 깜빡이며 전원이 켜집니다.

2) 전원 꺼짐: 전원/통화/재생 버튼을 5초간 누르면 상태 표시등에 파란색이 깜빡이며 전원이 꺼집니다.

3. 장치 등록/연결

1) 연결 장치의 블루투스 기능을 켠 뒤 헤드폰의 전원/통화/재생 버튼을 3초간 눌러 전원을 켭니다.

2) 상태 표시등에 파란색이 켜지면 검색 기능이 활성화된 것이므로 연결 장치에서 XX-1234를 검색하여 연결합니다.

3) 연결 완료 시 음성으로 연결 상태가 안내됩니다.

4. 배터리 충전 및 확인

1) 충전 포트에 충전기를 연결하면 배터리를 충전할 수 있고, 상태 표시등에 따라 배터리 상태를 확인할 수 있습니다.

구분	빨간색이 켜진 경우	보라색이 켜진 경우	파란색이 켜진 경우
배터리	20% 이하	20% 이상 80% 미만	80% 이상

2) 헤드폰 사용 대기 중 볼륨 버튼의 –를 2초간 누르면 나타나는 상태 표시등에 따라 배터리 상태를 확인할 수 있습니다.

구분	빨간색이 깜빡이는 경우	보라색이 깜빡이는 경우	파란색이 깜빡이는 경우
배터리	20% 이하	20% 이상 80% 미만	80% 이상

5. 휴대폰 통화 기능

기능	설명
전화 받기	전원/통화/재생 버튼을 짧게 1회 누르세요.
전화 걸기	휴대폰에서 전화를 걸면 자동으로 연결됩니다.
통화 거부	전원/통화/재생 버튼을 짧게 2회 누르세요.
송화음 차단	통화 중 볼륨 버튼의 +를 2초간 누르세요.
볼륨 증가/감소	볼륨 버튼의 + 또는 –를 누르면 볼륨이 조절됩니다.

6. 음악 재생 기능

기능	설명
재생	전원/통화/재생 버튼을 짧게 1회 누르세요.
일시 정지	전원/통화/재생 버튼을 짧게 1회 누르세요.
다음/이전 곡 재생	다음 곡 재생은 볼륨 버튼의 +를, 이전 곡 재생은 볼륨 버튼의 –를 2초간 누르세요.
볼륨 증가/감소	볼륨 버튼의 + 또는 –를 누르면 볼륨이 조절됩니다.

7. 문제해결

문제	해결 방법
전원이 켜지지 않을 경우	– 헤드폰의 배터리 잔량을 확인한 후 충전해주세요.
헤드폰으로 통화가 되지 않을 경우	– 헤드폰의 배터리 잔량을 확인한 후 충전해주세요. ※ 휴대폰에서 헤드셋/핸즈프리 기능을 지원하지 않을 경우 통화 기능을 사용하실 수 없습니다.
헤드폰과 휴대폰이 연결되지 않을 경우	– 헤드폰의 전원을 확인한 후 켜주세요. – 헤드폰의 검색 기능을 확인한 후 활성화해주세요.

※ 위의 방법으로 문제해결이 되지 않는다면, AS 센터에 방문해주세요.

25. **위의 설명서를 근거로 XX-1234에 대해 판단한 내용으로 가장 적절하지 않은 것은?** (1.2점)

① 헤드폰 사용 중 걸려 온 통화를 받고 싶지 않다면 전원/통화/재생 버튼을 짧게 2회 누른다.

② 헤드폰과 휴대폰의 블루투스 연결이 완료되면 상태 표시등에 파란색이 켜진다.

③ 헤드폰과 연결된 휴대폰에 헤드셋 및 핸즈프리 기능이 없다면 헤드폰으로는 통화할 수 없다.

④ 헤드폰 볼륨 버튼의 −를 2초 동안 누르면 상태 표시등을 통해 배터리 상태를 확인할 수 있다.

⑤ 전원/통화/재생 버튼을 5초 이상 누를 경우 파란색 표시등이 깜빡이며 헤드폰 전원이 종료된다.

26. **○○기업의 고객센터에서 근무하는 귀하는 XX-1234와 관련하여 다음과 같은 문의를 받았다고 할 때, 귀하가 답변할 내용으로 가장 적절한 것은?** (1.5점)

> 고객: XX-1234로 통화를 하면서 필요할 때 제 목소리가 상대방에게 들리지 않도록 하는 기능이 있나요? 만약 이 기능이 있다면 어떻게 이용해야 하는지 알려주실 수 있을까요?
> 귀하: 네, 고객님. XX-1234 블루투스 헤드폰에는 통화 중 송화음을 차단하는 기능이 있으며, 통화 중 (   ) 해당 기능이 활성화됩니다.

① 전원/통화/재생 버튼을 짧게 1회 누르면

② 전원/통화/재생 버튼을 길게 1회 누르면

③ 볼륨 버튼의 + 또는 −를 누르면

④ 볼륨 버튼의 −를 2초 동안 누르면

⑤ 볼륨 버튼의 +를 2초 동안 누르면

[27-28] 다음은 열차 번호 표시 규정에 대한 자료이다. 각 물음에 답하시오.

[열차 번호 표시 규정]

1. 차종별 표시 규정

구분		알파벳	조건
여객열차	일반	H	영업을 위해 기지에서 나오는 첫 번째 출고 열차
		D	영업을 마치고 기지로 들어가는 마지막 입고 열차
	기타	G	근거리 단행열차
		T	임시 특발열차(열차 지연 및 운행 중단에 대응하여 준비된 별도의 열차)
화물열차		L	영업을 위해 기지에서 나오는 첫 번째 출고 열차
		M	영업을 마치고 기지로 들어가는 마지막 입고 열차

※ 조건에 해당하는 열차에 한하여 열차 번호의 첫 번째 자리에 알파벳이 표시됨

2. 여객열차(일반) 노선별 표시 규정

구분	경부선	전라선	경북선	호남선
선범호	101~150번	151~200번	201~250번	251~300번
진달래호	301~350번	351~400번	401~450번	451~500번
STX	501~550번	551~600번	601~650번	651~700번

※ 경부선: 서울~부산, 전라선: 익산~여수, 경북선: 영주~김천, 호남선: 대전~목포

3. 여객열차(기타) 종류별 표시 규정

근거리 단행	선범호 임시 특발	진달래호 임시 특발
801~900번	901~950번	951~1000번

4. 화물열차 종류별 표시 규정

맞춤형 직통	컨테이너 전용	고정화물 전용
2001~3000번	3001~4000번	4001~5000번

5. 참고 규정

1) 열차 번호의 끝자리가 짝수인 경우 상행선 열차, 홀수인 경우 하행선 열차를 의미함

2) 오전 6시부터 30분 간격으로 열차가 운행되며, 출발 순서에 따라 열차 번호가 부여됨

※ 경부선 선범호 열차가 6시에 출발하는 경우 상행선 열차의 번호는 H102번, 하행선 열차의 번호는 H101번임

27. **위 자료를 근거로 판단할 때, 열차 번호 표시 규정에 대해 적절하지 않은 설명을 한 사람은?** (단, 운행 중 지연되거나 중단되는 열차는 없다.) (1.5점)

> **갑:** 마지막으로 입고되는 모든 화물열차의 첫 번째 열차 번호는 M입니다.
> **을:** 영주에서 김천으로 내려가는 두 번째 진달래호의 열차 번호는 403번입니다.
> **병:** 468번 열차는 대전으로 상행 운행하는 진달래호이고, 출발 시간은 오전 7시 30분입니다.
> **정:** 열차 번호가 H152번인 열차는 노선이 전라선인 첫 번째 선범호 상행선 열차입니다.
> **무:** 정오에 호남선 하행 방향으로 운행되는 STX 열차의 번호는 670번대입니다.

① 갑 ② 을 ③ 병 ④ 정 ⑤ 무

28. **출장 일정으로 서울에서 오전 8시에 출발하는 부산행 진달래호 열차에 탑승한 귀하는 부산역에 하차한 후 업무 자료를 열차에 두고 내린 것을 깨달았다. 위 자료를 근거로 판단할 때, 귀하가 두고 내린 업무 자료가 있는 열차의 번호는?** (단, 운행 중 지연되거나 중단되는 열차는 없다.) (1.2점)

① 108번 ② 109번 ③ 309번 ④ 310번 ⑤ 319번

29. **다음은 경력개발 단계를 나타낸 것이다. ㉠ 단계에 대한 설명으로 가장 적절하지 않은 것은?** (0.8점)

직업 선택	▶	조직 입사	▶	경력 초기	▶	㉠	▶	경력 말기

① 생산성을 유지하는 데 어려움을 겪을 수 있다.

② 성인 중기를 일컫는다.

③ 퇴직에 대한 개인적인 고민이 발생하는 시기이다.

④ 승진 가능성이 적으며 경력이 정체되는 시기이다.

⑤ 자신이 업무를 수행한 기간 동안 성취한 것을 재평가하는 단계이다.

30. **다음 글을 읽고 이해한 내용으로 가장 적절하지 않은 것은?** (0.8점)

> 개인의 욕구와 작업 환경의 요구가 일치할수록 개인의 만족은 높아진다. 만약 개인의 욕구와 작업 환경의 요구가 일치하지 않는다면 개인의 만족 역시 낮아질 수밖에 없으므로 개인은 일치 수준을 높이기 위해 적절한 행동을 취하게 된다. 이때의 직업 적응은 크게 능동적 적응과 수동적 적응으로 나뉜다. 능동적 적응은 일치 수준을 높이기 위해 개인이 작업 환경의 체계나 수준을 바꾸려고 어떠한 행동 혹은 영향력을 취하는 것을 말한다. 수동적 적응은 작업 환경의 요구 조건에 들어맞도록 개인의 요구 조건을 변화시키거나 직무 역량을 강화하는 것을 의미한다. 직업 적응 과정에서 개인은 개인과 환경의 부조화를 인내하고 상대의 변화를 도모하거나 자신을 변화시켜 적응하려는 양상을 보이며, 실패를 경험하더라도 적응 행동을 지속해나간다. 이러한 노력의 결과 개인의 만족도와 조직의 만족도가 서로 같아질 경우 상승작용이 일어나 직업을 오랫동안 효과적으로 유지하고 직업적인 성과를 이룰 수 있다.

① 작업 환경과 개인의 요구가 조화롭게 일치할 경우 개인은 만족을 느낄 수 있다.

② 자신의 욕구와 직업 환경 간의 불일치는 개인의 노력만으로는 해결할 수 없다.

③ 인간은 개인과 작업 환경의 요구 수준이 같아질수록 그 직업을 유지하려는 경향을 보인다.

④ 작업 환경에 대한 변화를 꾀하여 개인과 작업 환경 간의 일치 정도를 높이는 것은 능동적 적응이다.

⑤ 직업 적응에 실패하더라도 개인은 끊임없이 개인의 욕구와 작업 환경의 조화를 추구한다.

31. 국내사업팀 팀장인 귀하는 올해 매출이 전년 대비 30% 이상 감소하여 원인을 분석하고 해결책을 도출하고자 한다. 합리적인 의사결정 과정에 따라 문제를 해결하고자 할 때, 귀하가 ㉠ 단계에서 팀원들에게 지시할 내용으로 가장 적절한 것은? (0.8점)

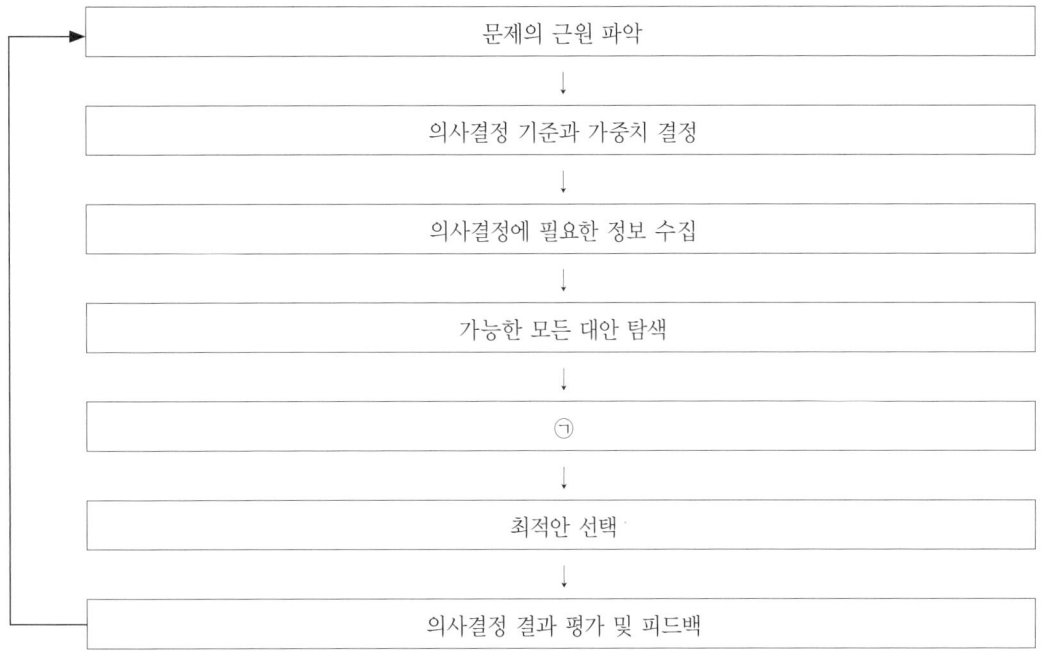

문제의 근원 파악
↓
의사결정 기준과 가중치 결정
↓
의사결정에 필요한 정보 수집
↓
가능한 모든 대안 탐색
↓
㉠
↓
최적안 선택
↓
의사결정 결과 평가 및 피드백 (→ 문제의 근원 파악)

① "해결책을 선정할 때에는 소요 비용, 소요 시간, 기대 효과 등을 고려해 주세요."

② "매출을 다시 끌어올리기 위해 어떤 방법이 효과적일지 자유롭게 제시해 주세요."

③ "매장에 대안을 적용한 결과 어떤 변화가 있었는지 조사한 후 개선 방향에 대해 보고해 주세요."

④ "가격할인 방법을 적용할 때 예상되는 소요 비용과 기대 효과를 분석하여 평가해 주세요."

⑤ "매출이 줄어든 매장들을 조사하여 매출 감소 원인을 종합 분석해 주세요."

32. **다음은 자아 인식에 대한 칼럼 중 일부를 발췌한 내용이다. 다음 중 자아 인식에 대한 설명으로 가장 적절하지 않은 것은?** (0.8점)

> 자신을 안다는 것은 자신의 가치, 신념, 태도 등을 아는 것을 넘어서 이것들이 자신의 행동에 어떻게 영향을 미치는가를 안다는 것이다. 한 사람이 직업인으로서 자신이 원하는 직업을 갖고 그 일을 효과적으로 수행하기 위해서는 자신이 어떤 사람인지 분명하게 인식하는 것이 선행되어야 한다. 자아 인식 노력은 한 사람의 자아 존중감을 확인시켜 주는 것은 물론, 자기개발의 기반이 되기도 한다. 결국 직업인으로서 자아 인식이란 다양한 방법을 활용하여 자신이 어떤 분야에 흥미가 있고, 어떤 능력을 보유하고 있으며, 어떤 행동을 좋아하는지를 종합적으로 분석하고 이해하는 과정이다. 따라서 직업인으로서 자신의 직업이 자신의 적성과 잘 맞지 않는다고 여겨지거나 흥미가 부족하다고 여겨지는 사람은 자아 인식이 아직 완전하게 이루어지지 않은 사람일 가능성이 높다.

① 올바른 자아 인식은 개인과 팀 차원의 성과 향상으로 이어진다.

② 자아 인식은 자기개발 방법을 결정하는 데 도움을 준다.

③ 직업적성검사 등 표준화된 검사 도구를 활용하여 자신의 특성을 파악할 수 있다.

④ 자아 존중감은 크게 능력 차원과 통제감 차원으로 구분할 수 있다.

⑤ 자신을 객관적으로 평가할 수 없는 타인의 의견은 배제하는 것이 좋다.

33. 다음은 주방장과 홀 담당 직원 사이에서 일어난 갈등 내용이다. 윈-윈 전략에 따라 (가)~(마)에 들어갈 내용으로 가장 적절하지 않은 것은? (1.2점)

한 중국 음식점에서 주방장으로 일하고 있는 S 씨는 최근 함께 일하고 있는 홀 담당 직원 K 씨와 계속해서 의견 충돌이 생겼다. 한 테이블에 간격을 두고 음식이 나가야 한다는 S 씨와 달리 K 씨는 한 테이블에 음식이 연달아서 나가야 한다고 주장하는 것이다. S 씨는 K 씨와 좀처럼 의견차가 좁혀지지 않자, 윈-윈 전략을 이용하여 상황을 해결하기로 하였다.

1단계	S 씨는 자신의 입장과 K 씨의 입장이 무엇인지 확인하였다.
▼	
2단계	(가)
▼	
3단계	S 씨는 K 씨가 지금까지 다른 식당에서 근무하여 서로 다른 부분이 있음을 인정하였다.
▼	
4단계	(나)
▼	
5단계	(다)
▼	
6단계	(라)
▼	
7단계	(마)

① (가): S 씨는 K 씨에게 해결책을 찾기 위해 자신과 함께 노력할 의사가 있는지 물었다.
② (나): S 씨는 K 씨에게 이 과정이 서로가 원하는 바를 얻기 위해 해결책을 찾는 것임을 전달하였다.
③ (다): S 씨는 K 씨와 합의점을 찾기 위해 함께 브레인스토밍을 하며 해결책을 제시하였다.
④ (라): S 씨는 K 씨와 서로가 제시한 해결책을 평가하며 장단점에 대해 이야기를 나누었다.
⑤ (마): S 씨는 K 씨와 코스 요리를 주문한 손님에게 음식이 나갈 때만 간격을 두고 나가기로 합의하였다.

34. ○○공단의 직원들은 협상 능력 개발 교육에 참석한 후 서로 의견을 공유하는 시간을 가졌다. 다음 중 협상에서 나타나는 실수와 그에 대한 효과적인 대처방안에 대한 설명이 적절하지 않은 직원을 모두 고르면? (0.8점)

A: 저는 상대가 재촉하여 준비가 완료되지 않은 채로 협상을 시작한 적이 있었는데요. 이제는 협상 준비가 완료되지 않았으면 아직 준비가 덜 되었다고 솔직하게 말해야겠어요.
B: 평소에 걱정이 많아 상대가 원하는 것을 얻었는지 과도하게 걱정할 때가 있어요. 앞으로는 협상 타결 전에 저와 상대가 모두 만족할만한 결과를 얻었는지, 현실적으로 효력이 있는 협상 결과가 도출되었는지 확인하는 데 중점을 두어야겠어요.
C: 잘못된 상대와 협상하는 것도 큰 실수에 해당하므로 어떤 상대와 협상하는지 미리 파악해 두어야 해요. 협상의 세부 사항까지 정확하게 알고 있는 최고책임자와 협상하는 것이 가장 좋은 선택이겠네요.
D: 협상이란 특정 목적을 위해 하는 것이기 때문에 모든 단계에서 협상의 종결에 초점을 맞추어야 해요. 협상 타결에 중점을 두지 못하면 목표가 가까이 왔을 때 쟁취하지 못할 수 있으니 이를 명심해야겠어요.
E: 협상을 하다 보면 종종 정해 놓은 목표와 한계의 범주에서 벗어날 때가 있어 한계와 목표를 잃지 않도록 꼭 기록해 두어야 해요. 이때 더 많은 것을 얻기 위해 목표와 한계를 바꾸는 행동은 삼가야 한다는 것을 기억해야겠어요.

① A, B ② A, C ③ C, D ④ C, E ⑤ D, E

35. 다음 A~C에 들어갈 대인관계 유형을 순서대로 바르게 나열한 것은? (0.8점)

구분	특징	보완점
A	• 타인의 요구를 잘 거절하지 못하고 타인의 필요를 자신의 것보다 앞세우는 경향이 있음 • 따뜻하고 인정이 많으며 대인관계에서 타인을 잘 배려하고 도와주는 모습을 보임	• 타인의 이익만큼 자신의 이익이 중요함을 인식해야 함 • 타인과의 정서적 거리를 유지하려는 노력이 필요함
B	• 자기중심적이고 경쟁적이며 자신의 이익을 우선적으로 생각함 • 타인을 신뢰하지 못하고 불공평한 대우에 예민한 모습을 보임	• 타인의 이익을 배려하는 노력이 필요함 • 타인과의 신뢰를 형성하는 일에 깊은 관심을 갖는 것이 바람직함
C	• 타인의 감정에 무관심하여 상처를 주기 쉬움 • 긍정적인 감정 표현이 어렵고 타인을 오랜 기간 깊게 사귀지 못함	• 타인의 감정 상태에 깊은 관심을 가지고 긍정적인 감정을 부드럽게 표현하는 기술을 습득하는 노력이 필요함

① 사교형 – 지배형 – 고립형
② 사교형 – 실리형 – 냉담형
③ 친화형 – 지배형 – 고립형
④ 친화형 – 실리형 – 냉담형
⑤ 친화형 – 논쟁형 – 냉담형

36. **고객서비스본부에서 근무하는 이 사원은 소비자중심경영 사례를 다룬 기사문을 제시하고 고객 중심 기업과 관련된 내용을 보강하여 고객서비스 교육 자료를 구성하고자 한다. 다음 중 고객 중심 기업의 특징에 대한 설명으로 가장 적절하지 <u>않은</u> 것은?** (1.2점)

> H 기업은 공정거래위원회에서 주관하고 한국소비자원이 평가하는 '소비자중심경영(CCM)' 인증에 성공했다고 밝혔다. CCM 인증제도는 기업이 시행하는 모든 경영활동을 소비자 관점에서 구성하고 계속해서 개선하고 있는지 평가하는 제도로, 2007년에 처음으로 도입되어 2년마다 인증 기업을 재평가한다. H 기업은 소비자 보호와 고객 불만 사전 예방을 위한 노력 등에서 좋은 평가를 받아 8년 동안 소비자중심경영 우수기업으로 선정되었다. H 기업 관계자는 "자사는 고객 중심 경영과 고객 중심 맞춤형 제품 개발을 가장 중요하게 생각하고 있으며 앞으로도 고객의 관점에서 생각하며 가치 있는 서비스와 제품을 제공하겠다."고 밝혔다.

① 외부 고객뿐만 아니라 내부 고객 모두를 중요하게 여긴다.

② 정보, 제품, 서비스 등에 대한 고객의 접근성을 높인다.

③ 더 나은 서비스를 제공할 수 있는 기업 정책을 수립한다.

④ 기업이 실행한 서비스에 대한 평가는 최소한으로 실시한다.

⑤ 기업의 전사적 관리시스템을 통해 고객서비스 업무를 지원한다.

37. **다음 공고문을 읽고 알 수 있는 자원봉사자의 직업 속성에 대한 설명으로 가장 적절한 것은?** (1.2점)

> [유기견 자원봉사자 모집 공고]
>
> ○○재단에서는 여름 방학 동안 유기견 자원봉사를 하실 분들을 모집합니다.
> - 모집 기간: 7월 21일~7월 30일
> - 모집 인원: 20명
> - 자격 요건: 봉사활동에 참여하고 싶은 만 19세 이상 대한민국 국민 누구나
> - 활동 기간: 8월 1일~8월 21일(3주)
> - 활동 장소: ○○재단 소속의 돌봄센터
> - 참고 사항: 활동 기간 중 후원자가 생길 시 각 봉사자에게 후원금의 1%를 전달함
>
> ※ 활동 기간 중 90% 이상 출석한 자에 한하여 후원금이 지급되며, 중도 포기자에게는 전달되지 않음

① 자원봉사 기간 중 그만두는 것이 가능하므로 자발성을 지닌다.

② 활동 기간이 3주로 정해져 있으므로 계속성을 지니지 않는다.

③ 특정 재단 소속의 단체에서 봉사 활동을 하므로 사회성을 지닌다.

④ 후원자가 생길 때 봉사자에게 후원금을 전달하므로 경제성을 지닌다.

⑤ 후원금으로 운영비가 충당될 수 있으므로 윤리성을 지니지 않는다.

38. 다음 글의 빈칸에 공통적으로 들어갈 단어의 설명으로 가장 적절하지 않은 것은? (0.8점)

> 표준국어대사전 정의에 따르면 (　　　)은/는 '부지런히 일하며 힘씀'이라는 뜻이다. 이에 확장하여 사회 과학적 연구에서는 이것의 개념적 특성을 크게 세 가지로 구분한다. 첫째, (　　　)은/는 행위자가 환경과의 대립을 극복해 나가는 과정에서 발현된다는 점에서 고난의 극복이라는 의미를 갖는다. 둘째, 비선호의 수용 차원에서 개인의 절제나 금욕을 반영한다. 이것은 고난 극복을 위해 금전과 시간, 에너지를 사용할 수 있도록 준비하는 것이기 때문이다. 셋째, 끊임없이 달성이 유예되는 가치 지향적인 목표 속에서 재생산된다고 볼 수 있으므로 (　　　)은/는 장기적이고 지속적인 행위 과정으로 인내를 요구한다.

① 개인의 성장과 자아의 확립을 위해 구현될 필요가 있다.

② 성공을 이루게 하는 기본 조건이다.

③ 신뢰를 형성하고 유지하기 위해 필수적이다.

④ 한국인의 대표적인 생활양식 이미지로 나타난다.

⑤ 외부 조건에 의해 발생하는 경우가 있다.

39. 다음 중 봉사와 책임 의식에 대한 설명으로 적절한 것을 모두 고르면? (1.2점)

> ㉠ 자원봉사라는 의미에 국한되어 있던 봉사는 상대방을 위해 도움이나 물건을 제공하는 일을 통틀어 부르는 말로 의미의 범위가 넓어지고 있다.
> ㉡ 직업인은 조직의 번영뿐만 아니라 자기 자신의 생계를 위해서 책임 의식과 봉사 정신을 갖춰야 한다.
> ㉢ 현대 사회에서의 직업인에게 봉사란 일 경험을 통해 공동체에 대하여 봉사 정신을 갖추고 실천하는 태도이다.
> ㉣ 모든 직업인은 사회의 기능을 일부 나누어 맡아 수행하기 때문에 자신이 속한 조직과 전체 사회 속에서 자신의 직분에 대한 책임 의식을 가져야 한다.

① ㉠, ㉡　　② ㉡, ㉢　　③ ㉢, ㉣　　④ ㉠, ㉡, ㉢　　⑤ ㉡, ㉢, ㉣

40. **다음 중 직업윤리에 대한 설명으로 가장 적절하지 <u>않은</u> 것은?** (1.2점)

① 모든 사람은 자신이 종사하는 직업의 성격에 따라 각각 다른 직업윤리를 갖는다.

② 직업윤리란 개인윤리와 별개로 직업이라는 전문화된 분업체계로서 요구되는 특수한 윤리 규범이다.

③ 직장이라는 공간에서 갖는 집단적 인간관계는 가족관계 또는 친분관계와는 다른 측면의 배려가 필요하다.

④ 특수한 직무 상황에서는 일반적인 상식과 기준으로 규제할 수 없는 경우가 발생하기도 한다.

⑤ 업무를 수행하면서 직업윤리와 개인윤리가 충돌하는 경우의 행동 기준에서는 직업윤리가 우선시된다.

약점 보완 해설집 p.39

수험번호	
성명	

실전모의고사 5회

시작과 종료 시각을 정한 후, 실전처럼 모의고사를 풀어보세요.

시 분 ~ 시 분 (총 40문항/권장 풀이시간 50분)

□ 시험 유의사항

[1] 2023년부터 서울교통공사 필기시험은 전 직종 NCS 40문항(직업기초능력평가 전 영역) + 전공 40문항으로 구성됩니다.

[2] 본 모의고사는 NCS 40문항으로 구성되어 있으므로, 직종에 맞는 전공 문항을 추가로 풀어보는 것이 좋습니다.

[3] 본 모의고사는 모듈형 문제의 비중이 높습니다. 시간 관리에 참고하시기 바랍니다.

[4] 해커스잡 애플리케이션의 모바일 타이머를 이용하여 실전처럼 모의고사를 풀어본 뒤, 해설집의 '바로 채점 및 성적 분석 서비스' QR 코드를 스캔하여 응시 인원 대비 본인의 성적 위치를 확인해보시기 바랍니다.

[01-02] 다음 글을 읽고 각 물음에 답하시오.

흡유폐수, 유조선 사고 등 기름 유출로 인한 해양오염은 해양 생태계에 치명적인 피해를 줄 뿐만 아니라 수산업과 양식업 등 관련 산업에 큰 타격을 줄 수 있다. 이와 같은 피해를 줄이기 위해서는 기름을 포함한 폐수가 바다로 유입되지 않도록 처리하여 기름 유출을 방지하는 것이 중요하다. 해양오염 방지 기술 중 하나인 유수분리장치는 물과 기름을 분리하는 기름 여과 장치로, 흡유폐수를 처리하는 데 효과적이다. 유수분리장치의 종류에는 API식, PPI식, CPI식 등이 있다. 먼저 API식은 여러 개의 수평판이 설치된 구조로, 기름과 물의 밀도 차이에 의한 부력을 이용하여 기름을 분리하는 방식이다. 그러나 이는 개방형 구조로 인해 악취를 유발할 수 있다는 단점이 있다. API식을 개량한 PPI식은 45도로 기울인 평행형 경사판이 10cm 간격으로 설치된 구조로, 장치 내 경사판이 기름의 집적면으로 작용하여 기름을 흡착해 물과 분리한다. 이때 PPI식의 경사판은 API식의 수평판보다 유효분리면적이 넓어 분리 성능을 향상시킨다. 마지막으로 PPI식을 개량한 CPI식은 45도로 기울인 파형 경사판이 20mm 또는 40mm 간격으로 설치된 구조로, 유입된 폐수 중 볼록한 부분의 수류에서는 기름이 떠오르고 오목한 부분의 수류에서는 부유물이 가라앉아 기름을 분리하는 방식이다. CPI식의 설치 면적은 PPI식의 3분의 2 정도로, 대기에 개방된 면적이 작아 악취가 적다. 이렇듯 유수분리장치는 종류마다 차이가 있지만 모두 물과 기름을 분리하는 동일한 원리로 흡유폐수의 해양 유출을 방지한다. 그러나 유수분리장치만으로는 모든 기름 유출을 막는 데 한계가 있다. 선박 충돌이나 해난사고로 인한 기름 유출은 예측과 방지가 어렵고 한 번에 많은 양의 기름이 유출되기 때문이다. 따라서 기름 유출로 인한 해양오염을 방지하기 위해서는 흡유폐수 처리를 위한 기름 여과 장치뿐만 아니라 이미 유출된 기름을 효과적으로 제거할 수 있는 기술도 필요하다. 최근에는 나노코팅 기술을 접목한 뜰채, 무인로봇 등 유출된 기름을 제거하는 다양한 형태의 신기술이 개발되어 주목받고 있다.

01. 윗글의 제목으로 가장 적절한 것은? (1.2점)

① 해양 기름 유출 재난이 유발하는 해양 생태계 교란과 위협

② 기존 유수분리장치의 단점을 보완한 무인로봇 유수분리장치의 발전 과정

③ 기름 유출로 인한 해양오염을 방지하는 기름 여과 장치와 기름 제거 기술의 필요성

④ 공장폐수를 고의로 방류하는 산업시설물의 인식 개선을 위한 방안

⑤ 4차 산업 관련 기술을 활용한 유수분리장치의 개발 가능성과 한계

02. 윗글의 내용과 가장 일치하지 <u>않는</u> 것은? (1.2점)

① 유조선 사고 등으로 유출된 기름을 제거하는 기술은 신기술 접목으로 나날이 발전하고 있다.

② API식 유수분리장치는 기름과 물의 밀도 차이에 의한 부력을 활용하여 기름을 여과한다.

③ 폐수의 오목한 수류에서 가라앉은 기름을 여과하는 것은 CPI식 유수분리장치이다.

④ 평행형 경사판은 수평판보다 유효분리면적이 넓어 기름을 분리하는 데 효과적이다.

⑤ PPI식과 CPI식 유수분리장치에 설치된 경사판 기울기는 모두 45도이다.

03. 다음은 철도차량 운전면허 취소·효력정지 처분 통지서이다. 밑줄 친 ㉠~㉤ 중 공문서 작성법에 따른 표기로 가장 적절한 것은? (1.5점)

제1234-56호

철도차량 운전면허 취소·효력정지 처분 통지서

<table>
<tr><td>성명</td><td colspan="4">㉠ <u>남 수민</u></td></tr>
<tr><td>주소</td><td colspan="4">서울특별시 강남구 서초대로 XX길 X</td></tr>
<tr><td rowspan="3">행정처분</td><td>처분면허</td><td>○○○○</td><td>면허번호</td><td>123-4567</td></tr>
<tr><td>처분내용</td><td colspan="3">통지일로부터 3개월간 효력 정지</td></tr>
<tr><td>처분사유</td><td colspan="3">철도차량을 운전 중 중과실로 철도사고를 일으켜 부상자가 발생함</td></tr>
</table>

「철도안전법」 제20조 제2항에 따라 ㉡ <u>상기</u> 철도차량 운전면허 행정처분이 결정되어, 같은 법 시행규칙 제34조 제1항에 따라 통지하오니 같은 법 제20조 제3항에 따라 운전면허의 취소나 효력 정지 처분 통지를 받은 날부터 ㉢ <u>십오일</u> 이내에 한국교통안전공단에 면허증을 반납 ㉣ <u>바람.</u>

㉤ <u>2020. 07. 02.</u>

국토교통부장관

유의사항

1. 운전면허가 취소 또는 정지된 사람이 취소 또는 정지처분 통지를 받은 날부터 15일 이내에 면허증을 반납하지 않은 경우에는 「철도안전법」 제81조에 따라 1천만 원 이하의 과태료 처분을 받게 됩니다.
2. 운전면허증을 반납하지 않더라도 위 행정처분란의 결정내용에 따라 취소 또는 정지처분이 집행됩니다.
3. 운전면허 취소 또는 효력정지 처분에 대하여 이의가 있는 사람은 「행정심판법」 또는 「행정소송법」에 따라 기한 내에 행정심판 또는 행정소송을 제기할 수 있습니다.

① ㉠ ② ㉡ ③ ㉢ ④ ㉣ ⑤ ㉤

04. 다음 철도안전법을 읽고 이해한 내용으로 가장 적절하지 않은 것은? (1.5점)

제2조(정의)
이 법에서 사용하는 용어의 뜻은 다음과 같다.
8. "철도운영자"란 철도운영에 관한 업무를 수행하는 자를 말한다.
9. "철도시설관리자"란 철도시설의 건설 또는 관리에 관한 업무를 수행하는 자를 말한다.
10. "철도종사자"란 다음 각 목의 어느 하나에 해당하는 사람을 말한다.
가. 철도차량의 운전업무에 종사하는 사람(이하 "운전업무종사자"라 한다)
나. 철도차량의 운행을 집중 제어·통제·감시하는 업무(이하 "관제업무"라 한다)에 종사하는 사람
다. 여객에게 승무(乘務) 서비스를 제공하는 사람(이하 "여객승무원"이라 한다)
라. 여객에게 역무(驛務) 서비스를 제공하는 사람(이하 "여객역무원"이라 한다)
마. 철도차량의 운행선로 또는 그 인근에서 철도시설의 건설 또는 관리와 관련한 작업의 협의·지휘·감독·안전관리 등의 업무에 종사하도록 철도운영자 또는 철도시설관리자가 지정한 사람(이하 "작업책임자"라 한다)
바. 철도차량의 운행선로 또는 그 인근에서 철도시설의 건설 또는 관리와 관련한 작업의 일정을 조정하고 해당 선로를 운행하는 열차의 운행일정을 조정하는 사람(이하 "철도운행안전관리자"라 한다)
사. 그 밖에 철도운영 및 철도시설관리와 관련하여 철도차량의 안전운행 및 질서유지와 철도차량 및 철도시설의 점검·정비 등에 관한 업무에 종사하는 사람으로서 대통령령으로 정하는 사람
11. "철도사고"란 철도운영 또는 철도시설관리와 관련하여 사람이 죽거나 다치거나 물건이 파손되는 사고를 말한다.
12. "운행장애"란 철도차량의 운행에 지장을 주는 것으로서 철도사고에 해당되지 아니하는 것을 말한다.

제40조의2(철도종사자의 준수사항)
⑤ 철도사고 등이 발생하는 경우 해당 철도차량의 운전업무종사자와 여객승무원은 철도사고 등의 현장을 이탈하여서는 아니 되며, 철도차량 내 안전 및 질서유지를 위하여 승객 구호조치 등 국토교통부령으로 정하는 후속조치를 이행하여야 한다. 다만, 의료기관으로의 이송이 필요한 경우 등 국토교통부령으로 정하는 경우에는 그러하지 아니하다.

제60조(철도사고 등의 발생 시 조치)
① 철도운영자 등은 철도사고 등이 발생하였을 때는 사상자 구호, 유류품(遺留品) 관리, 여객 수송 및 철도시설 복구 등 인명피해 및 재산피해를 최소화하고 열차를 정상적으로 운행할 수 있도록 필요한 조치를 하여야 한다.
② 철도사고 등이 발생하였을 때의 사상자 구호, 여객 수송 및 철도시설 복구 등에 필요한 사항은 대통령령으로 정한다.
③ 국토교통부장관은 제61조에 따라 사고 보고를 받은 후 필요하다고 인정하는 경우에는 철도운영자 등에게 사고 수습 등에 관하여 필요한 지시를 할 수 있다. 이 경우 지시를 받은 철도운영자 등은 특별한 사유가 없으면 지시에 따라야 한다.

제61조(철도사고 등 보고)
① 철도운영자 등은 사상자가 많은 사고 등 대통령령으로 정하는 철도사고 등이 발생하였을 때는 국토교통부령으로 정하는 바에 따라 즉시 국토교통부장관에게 보고하여야 한다.
② 철도운영자 등은 제1항에 따른 철도사고 등을 제외한 철도사고 등이 발생하였을 때는 국토교통부령으로 정하는 바에 따라 사고 내용을 조사하여 그 결과를 국토교통부장관에게 보고하여야 한다.

① 철도운영자는 정당한 사유가 있지 않은 이상 사고 수습에 관한 국토교통부장관의 지시를 수행해야 한다.

② 철도사고 발생 시 해당 차량의 운전업무종사자는 현장에 남아 차량 내 안전 및 질서유지를 위한 구호 조치를 취하는 것이 원칙이지만, 필요한 경우 현장 이탈을 허용한다.

③ 철도운영자는 철도사고 발생 시 인명피해와 재산피해를 최소화하기 위해 여객 구호 활동 및 사상자 유류품 관리 등의 조치를 취해야 한다.

④ 철도운영자는 철도사고가 발생하였을 때 대통령령으로 정한 철도사고에 해당하지 않는 경우 국토교통부장관에게 별도의 보고를 하지 않아도 된다.

⑤ 단순히 철도차량의 정상 운행을 방해하는 정도의 장애는 철도사고에 포함하지 않는다.

05. A4 용지를 A5 용지로 축소하여 인쇄하려고 한다. A4 용지의 가로와 세로 길이를 동일한 비율로 축소할 때, 가로 길이의 축소비율은 약 얼마인가? (단, $\sqrt{2} \fallingdotseq 1.414$이며, A5 용지 넓이는 A4 용지 넓이의 절반이다.) (1.5점)

① 67% ② 69% ③ 71% ④ 73% ⑤ 75%

06. 다음은 안 부장 가족의 2020년 나이 관계를 나타낸 것이다. 안 부장의 2021년 나이는? (1.5점)

- 안 부장은 어머니, 아내, 아들, 딸과 살고 있다.
- 아내와 아들, 딸의 나이를 모두 곱하면 2,450이다.
- 아내의 나이를 2배 하면 어머니와 딸의 나이 차와 같다.
- 어머니와 안 부장의 나이 차는 아내의 나이와 같다.
- 아들이 딸보다 나이가 더 많으며, 나이 차이는 2살 이상 5살 이하이다.
- 어머니의 환갑잔치는 2000~2009년에 진행됐다.

① 39세 ② 40세 ③ 41세 ④ 42세 ⑤ 43세

07. 다음은 문화체육관광부에서 19세 이상 인구를 대상으로 2019년 6월에 조사한 삶의 만족도 조사 결과를 나타낸 자료이다. 각 연령별 응답자 수가 같을 때, 자료에 대한 설명으로 가장 적절한 것은? (1.5점)

[연령별 삶의 만족도]

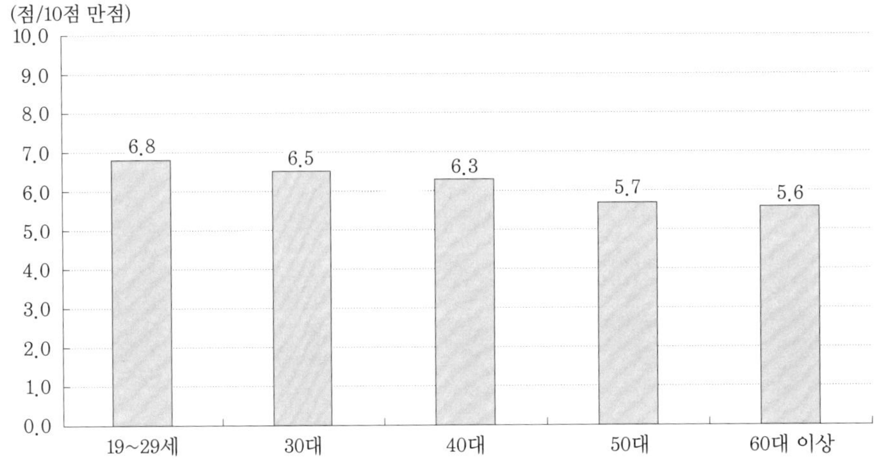

[항목별 30대 삶의 만족도]

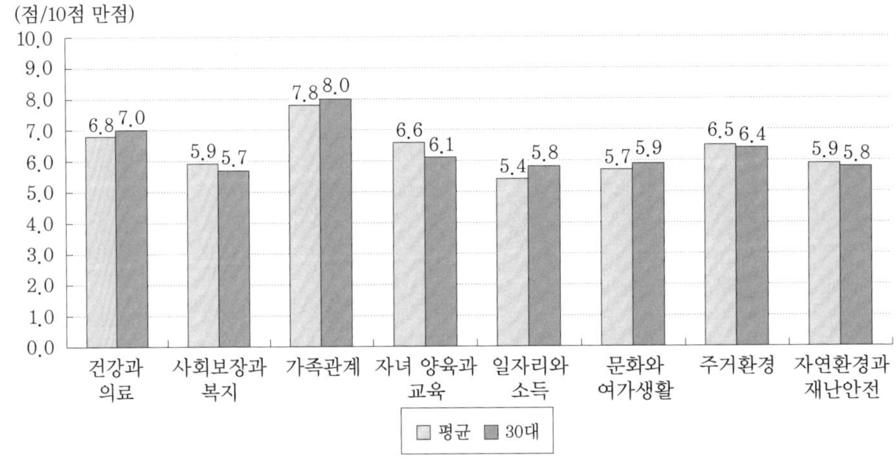

① 최우선으로 30대의 삶을 개선할 정책이 시행되어야 한다.

② 19세 이상 인구의 삶의 평균 만족도는 약 6.4점이다.

③ 30대에게 가장 필요한 것은 일자리와 소득이다.

④ 19~29세의 삶의 만족도는 60대 이상의 삶의 만족도의 약 1.2배이다.

⑤ 자살률은 30대가 가장 높다.

08. 다음은 서비스별 지하철 이용 만족도를 나타낸 자료이다. 제시된 자료의 모든 내용을 한눈에 알아보기 쉽게 만든 자료로 가장 적절한 것은? (1.2점)

[서비스별 지하철 이용 만족도]

(단위: 점)

서비스	갑	을	병	정	무
A	4.5	3.5	4.1	2.8	3.1
B	2.6	4.1	3.4	4.9	3.8
C	5.0	4.3	2.4	3.9	1.5
D	1.3	3.2	4.6	2.4	4.7
E	4.9	3.9	2.7	1.5	2.6

※ 만족도 점수는 5점 만점임

①
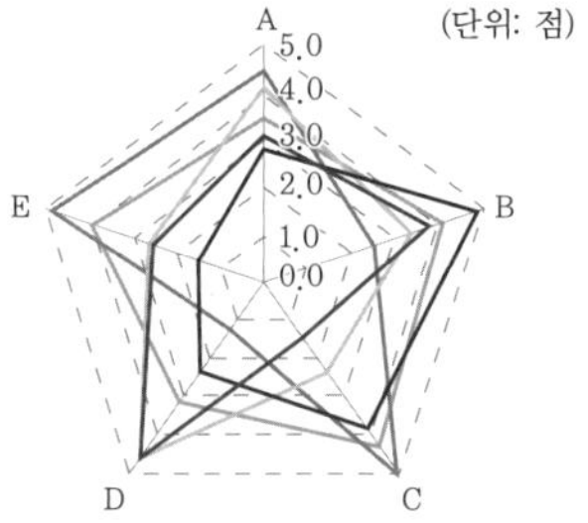

②
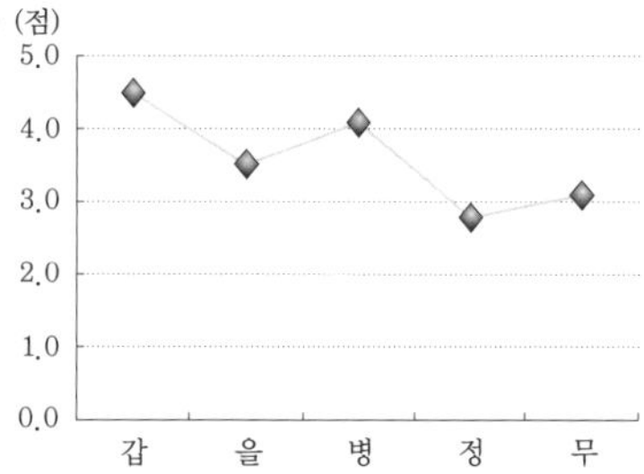

③
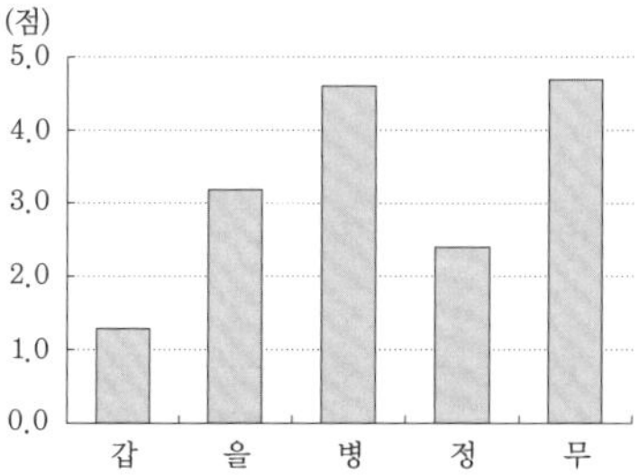

④
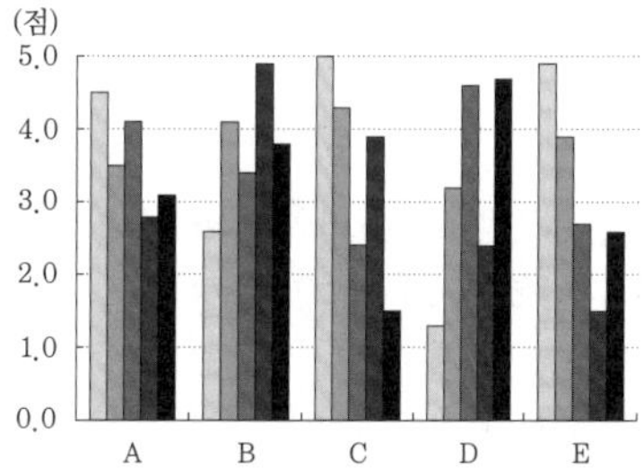

⑤
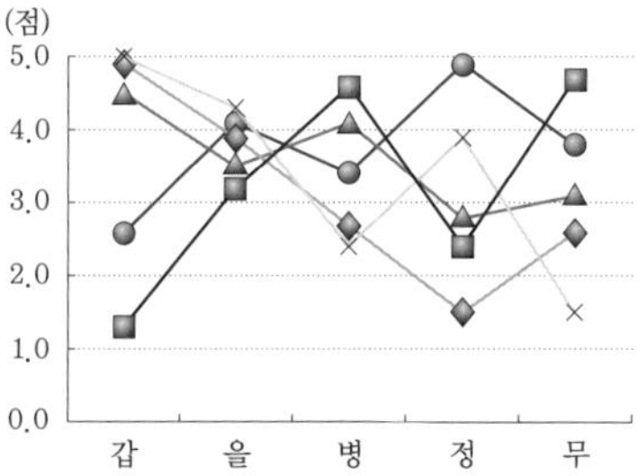

09. A, B, C, D 4명 중 최소 1명 이상은 산악회원이다. 다음 조건을 모두 고려하였을 때, 항상 옳은 것은? (1.2점)

> • C가 회원이면 D도 회원이다.
> • A가 회원이면 D는 회원이 아니다.
> • D가 회원이 아니면 B는 회원이거나 C는 회원이 아니다.
> • D가 회원이면 B는 회원이고 C는 회원이 아니다.

① A는 회원이다.

② B는 회원이 아니다.

③ C는 회원이 아니다.

④ B와 D의 회원 여부는 서로 다르다.

⑤ A, B, C, D 중 산악회원은 총 2명이다.

10. 다음은 A~E 5명이 모여 서로의 키에 대해 말한 내용이다. 5명 중 1명만 거짓을 말한다고 할 때, 반드시 진실을 말하는 사람은? (1.2점)

> A: 나는 D보다 키가 작아.
> B: 나는 A보다 키가 작아.
> C: 나는 A보다 키가 작아.
> D: 나는 E보다 키가 작아.
> E: 나는 C보다 키가 커.

① A ② B ③ C ④ D ⑤ E

[11-12] H 회사는 소매업체 A, B, C, D, E, F에 물품을 배송하게 될 물류센터를 지으려고 한다. 물류센터에서 여섯 개 소매업체까지의 배송은 경로를 따라서 각각 독립적으로 진행된다. 각 물음에 답하시오. (단, 한 칸당 거리는 1이다.)

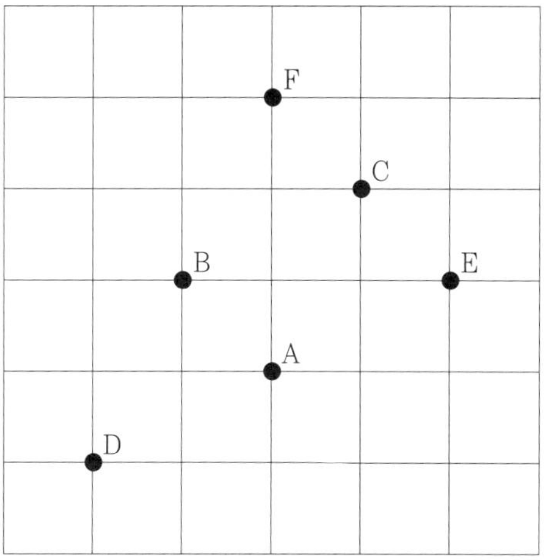

11. 다음 조건을 모두 고려하였을 때, 물류센터에서 소매업체 A~F까지의 각 배송비의 합은? (1.5점)

- 물류센터는 경로가 만나는 곳에 짓는다.
- 물류센터는 총배송비가 최소인 곳에 짓는다.
- 모든 소매업체까지의 배송비는 거리 1당 1이다.

① 10 ② 11 ③ 12 ④ 13 ⑤ 14

12. 다음 조건을 모두 고려하였을 때, 물류센터에서 소매업체 A~F까지의 각 배송비의 합은? (1.5점)

- 물류센터는 경로가 만나는 곳에 짓는다.
- 물류센터는 총배송비가 최소인 곳에 짓는다.
- 소매업체 A, B, C까지의 배송비는 거리 1당 1이고, 소매업체 D, E, F까지의 배송비는 거리 1당 2이다.

① 20 ② 21 ③ 22 ④ 23 ⑤ 24

13. 다음 중 n분기에서 n+1분기로 넘어갈 때 조직구성원이 현재 직무를 이탈하는지를 예측할 수 있는 분석 방법으로 가장 적절한 것은? (1.5점)

① 델파이 기법
② 다중 회귀 분석
③ 명목 집단 기법
④ 추세 분석
⑤ 마르코프 체인 분석

14. 다음 글의 빈칸에 들어갈 용어로 가장 적절한 것은? (1.5점)

> 최근 기업의 재무적 성과뿐만 아니라 사회적 성과를 고려하여 투자하는 사회책임투자가 떠오르고 있다. 대표적으로 (   )은/는 기업의 비재무적 요소에 대한 지표로, 투자자들뿐만 아니라 기업과 소비자 사이에서도 중요성이 강조되고 있다. 이는 기업의 재무적 성과만을 판단하던 과거와 달리 환경 문제 개선, 사회 불평등 해소, 투명한 지배구조가 장기적으로 기업의 가치를 제고시킬 수 있는 요소로 작용하여 기업과 투자자, 그리고 소비자 모두가 상생할 수 있는 긍정적인 성장 전략으로 활용된다.

① CSV
② CRM
③ ERP
④ ESG
⑤ PER

15. 다음 글을 읽고 네트워크 조직에 대한 설명으로 가장 적절하지 <u>않은</u> 것은? (1.5점)

> 네트워크 조직은 독립된 각 부서가 각자의 전문 분야를 추구하며 제품 생산이나 프로젝트 수행을 위해 상호 협력하는 관계를 의미한다. 네트워크 조직은 조직 내 사업부서뿐 아니라 외부 공급업체의 네트워크를 활용하여 장비나 유통시설 등에 대한 투자 없이도 사업이 가능하다는 장점이 있지만, 동시에 조직 구성원에 대한 직접적인 관리가 어려워 조직 구성원의 충성심과 기업문화가 약하다는 단점이 있다.

① 조직 간 업무적 상호 의존성이 크면서도 서로 독립성을 유지한다.
② 상호 수직적·수평적 신뢰관계로 연결되어 있다.
③ 변화하는 욕구에 유연하고 신속하게 대응할 수 있다.
④ 한 명의 조직 구성원이 두 개의 보고 라인을 지닌다.
⑤ 협력업체와의 갈등 해결에 많은 시간이 소요된다.

16. 다음 중 카츠와 칸의 조직 유형 분류에서 '지방자치단체'가 해당하는 유형으로 가장 적절한 것은? (1.5점)

① 호혜 조직 ② 적응 조직 ③ 형상 유지 조직
④ 경제적·생산적 조직 ⑤ 정치적·관리적 조직

17. 영업부 소속 김 대리는 A 제품에 대한 장단기 매출 추이를 한눈에 파악하기 위해 엑셀 프로그램에서 차트를 삽입하여 꺾은선그래프로 나타내고자 한다. 다음 중 김 대리가 사용할 단축키로 가장 적절한 것은? (1.2점)

① Alt + F1 ② Alt + F2 ③ Alt + F4 ④ Alt + D ⑤ Alt + I

18. 다음은 해킹 용어와 정의가 올바르게 연결되어 있는지를 묻는 IT 상식 테스트에 대해 강 사원이 제출한 답안지다. 강 사원이 획득한 점수는? (1.5점)

문번	용어	정의	배점	답안
1	파밍	특정 사이트가 공식적으로 운영하고 있던 도메인 자체를 중간에서 탈취하여, 사용자들로 하여금 진짜 사이트로 오인하여 접속하도록 유도한 뒤 개인정보를 훔치는 사기 수법	30점	O
2	스미싱	문자메시지(SMS)와 피싱(Phishing)의 합성어로, 문자메시지에 포함된 인터넷주소를 클릭하면 악성코드가 스마트폰에 설치되어 피해자가 모르는 사이에 소액결제 피해를 발생시키거나 개인·금융정보를 탈취하는 해킹 기법	40점	O
3	랜섬웨어	인터넷상에서 연결된 여러 대의 컴퓨터 시스템으로 하나의 표적 시스템에 동시에 다량 공격함으로써 시스템이 더 이상 정상 서비스를 제공할 수 없도록 만드는 사이버 공격의 일종	20점	X

① 40점 ② 50점 ③ 60점 ④ 70점 ⑤ 90점

19. 인터넷 커뮤니티의 관리자 K 씨는 원활한 커뮤니티 운영을 위해 이용 수칙을 만들었으나, 신규 회원들이 이용 수칙을 잘 지키지 않아 곤란을 겪고 있다. 다음 글을 읽고 귀하가 K 씨에게 할 조언으로 가장 적절한 것은? (1.2점)

> 미국 플로리다대의 버지니아 셰어 교수는 가상공간에서 갖추어야 할 네티켓 10대 원칙을 제시했다. 그는 자신이 접속해 있는 공간의 문화에 어울리게 행동하고 자신만의 전문 지식을 공유함으로써 온라인상에서의 자신을 근사하게 만들라고 권유하였다. 또한, 자신의 권력을 남용하지 말고 논쟁에 참여하게 되었을 때 감정을 절제해야 한다고 충고하였다. 특히, 타인과 커뮤니케이션할 때 각자의 시간과 사생활을 존중하는 태도를 가지고 온라인상에서 만나는 상대방 또한 인간임을 기억해야 한다고 말했다. 마지막으로 그는 실제 생활에서와 동일한 기준으로 타인을 대하고 커뮤니티 초보자의 사소한 실수는 관대하게 용서하라고 독려하였다.

① 이용 수칙을 어기는 회원들은 커뮤니티 등급에 제한을 두는 것이 좋을 것 같습니다.
② 관리자임을 강조하여 이용 수칙에 대해 상기시키는 것이 좋을 것 같습니다.
③ 신규 회원인 것을 고려하여 이용 수칙을 지키지 않은 것을 이해해주는 것이 좋을 것 같습니다.
④ 고충을 호소하며 이용 수칙에 따라줄 것을 부탁하는 것이 좋을 것 같습니다.
⑤ 신규 회원을 존중하는 마음으로 이용 수칙에 대한 의견을 요청하는 것이 좋을 것 같습니다.

20. A 회사의 인사팀 소속인 갑 사원은 연말 정산 업무를 위해 연구소 직원들의 추가 서류 제출 여부를 확인하려고 한다. 을 대리로부터 전 직원의 인적사항을 엑셀 파일로 전달받았으며, 해당 파일은 전 직원 이름을 기준으로 오름차순으로 정리되어 있다. 연구소 직원 인적사항만 확인하고자 할 때, 갑 사원이 사용할 단축키로 가장 적절한 것은? (1.2점)

① [Ctrl]+[F2] ② [Ctrl]+[T] ③ [Ctrl]+[X]
④ [Ctrl]+[Shift]+[L] ⑤ [Ctrl]+[Shift]+[T]

21. 다음 중 4차 산업혁명에 따라 예측되는 인적자원관리의 변화로 가장 적절하지 않은 것은? (1.2점)

① 인간을 모방한 재능과 인지 기능을 갖춘 로봇이 다양한 수작업을 수행함에 따라 근로의 유형은 변경될 것이다.

② 기존 산업 간의 융합과 신기술 출현으로 인해 새로운 산업 생태계가 만들어질 것이다.

③ 일자리 양극화가 심화되어 우수인력 유지 및 영입을 위한 데이터 중심의 인적자원관리가 강화될 것이다.

④ 공유 플랫폼은 근로자의 고용 안정성을 향상시킬 것이다.

⑤ 기술혁신에 따른 고용 형태의 변화를 고려하여 고용 정책의 방향 또한 변경되어야 할 것이다.

22. 세 살짜리 딸이 있는 김 사원은 체계적인 업무 처리와 효율적인 시간관리로 육아와 직장 생활을 병행한다. 이때 개인이 시간관리를 통해 얻을 수 있는 효과로 가장 적절하지 않은 것은? (1.5점)

① 목표 성취 ② 생산성 향상 ③ 스트레스 관리 ④ 시간 통제 ⑤ 균형적인 삶

23. 업무 효율을 지속적으로 향상시키기 위해 Plan – Do – (　　　) – Act의 4단계를 반복하여 생산 및 품질을 관리할 때, 빈칸에 들어갈 단어로 가장 적절한 것은? (1.2점)

① Cycle ② Check ③ Control ④ Create ⑤ Compete

24. 다음 중 예산관리에 해당하는 활동으로 가장 적절하지 않은 것은? (0.8점)

① 예산편성 ② 예산통합 ③ 예산통제 ④ 비용산정 ⑤ 예산집행

25. 다음은 △△공사 고객의 소리로 인입된 건의 사항이다. △△공사의 승강기 관리단에 근무하는 귀하는 해당 건의 사항을 반영하여 휠체어 리프트 이용과 관련된 불편 사항을 개선하고자 한다. 귀하가 고객의 건의 사항을 실현하기 위해 작성해야 하는 문서로 가장 적절한 것은? (1.5점)

제 목	휠체어 리프트 이용 관련 건의 사항		
작 성 자	김○○		
작 성 일	20XX-XX-XX	조 회	17
처리단계	접수대기	접수부서	승강기 관리단
내 용			
안녕하세요. 저는 휠체어를 타고 △△공사가 운영하는 수도권 전철을 이용하는 시민입니다. 얼마 전 휠체어 리프트를 이용하면서 불편한 상황을 겪어 개선을 요청하고자 건의드립니다. 제가 주로 다니는 역에는 승강기가 있어 휠체어 리프트를 사용할 일이 별로 없었지만, 얼마 전에 ☆☆역을 방문하며 오랜만에 휠체어 리프트를 이용하게 되었습니다. 그런데 리프트 앞에 작동 버튼과 호출 버튼만 있고 구체적인 사용 방법이나 주의사항이 없어서 리프트를 이용하는 데 애를 먹었습니다. 다행히 직원의 도움을 받아 휠체어 리프트를 이용할 수 있었지만 내려가는 도중에 리프트가 멈춰 결국 약속에 늦고 말았습니다. 저처럼 휠체어 리프트를 처음 이용하는 사람들이 관리자 없이도 휠체어 리프트를 쉽게 이용할 수 있고, 고장이 났을 경우 당황하지 않고 대처할 수 있도록 휠체어 리프트 앞에 관련 정보를 제공하면 좋을 것 같습니다.			

① 매뉴얼　② 계약서　③ 견적서　④ 작업지시서　⑤ 체크리스트

26. 다음 중 기술 이해와 기술 시스템에 대한 설명으로 가장 적절하지 않은 것은? (1.5점)

① 기술 이해는 기본적인 업무 수행에 필요한 기술 원리와 절차를 이해하는 능력이다.
② 기술 공고화는 경쟁에서 승리한 기술 시스템이 관성화되는 단계이다.
③ 기술 경쟁은 기술 시스템이 탄생하고 성장하는 과정이다.
④ 기술 이전은 성공적인 기술이 다른 지역으로 이동하는 것을 의미한다.
⑤ 기술 시스템은 인공물과 자연물을 모두 포함하는 집합체이다.

27. 다음 글을 읽고 6시그마 경영혁신기법에 대한 설명으로 가장 적절하지 않은 것은? (0.8점)

> 한국철도공사는 1994년 이후부터 시행한 CS 경영(고객만족경영, Customer Satisfaction)과 TPM(전사적 생산보전, Total Productive Maintenance)을 통해 이미지가 크게 향상되었다. 그러나 철도청의 공사화와 같은 경영 환경의 변화에 대응하고 수익성 개선과 경영 효율화를 이룩하기 위해 더욱더 구체적이고 성과 지향적인 경영 기법의 필요성이 대두되었다. 이에 한국철도공사는 2000년 경영 적자를 해소하고 글로벌 선진 일류 철도를 향한 성장 기반을 마련하기 위해 6시그마 경영혁신기법을 도입하였다. 한국철도공사는 임직원의 의식, 관행, 제도 시설 등을 총체적으로 고객 중심으로 바꾸기 위해 6시그마의 3P 전략을 이용하여 지식 관리 시스템을 바탕으로 기존의 CS 경영 및 TPM 활동을 전개했다. 그 결과 고객 만족도 및 생산성 향상, 공사 서비스 및 이미지 개선, 매출액 증가 등 여러 분야에서 커다란 경영 개선 효과를 거둘 수 있었다.

① 제조뿐만 아니라 제품 개발, 영업 등 모든 프로세스에 적용 가능한 21세기형 품질경영혁신 운동이다.
② 정의, 측정, 분석, 개선, 관리를 거쳐 기준에 최종적으로 도달하는 DMAIC 해결기법을 활용한다.
③ 시그마 벨트로 표현되는 조직 내 전문 인력을 양성하여 경영에 투입함으로써 혁신 활동을 추진한다.
④ 필요한 때 필요한 만큼 제품을 생산하여 공급하므로 다품종 소량 생산 방식에 적합하다.
⑤ 제품 100만 개당 평균 3.4개의 불량품이 발생하는 3.4ppm의 품질 수준을 목표로 한다.

28. 다음 중 기술 적용 시 고려사항에 대해 옳지 않은 설명을 한 사람을 모두 고르면? (1.5점)

> A: 이번에 기술을 적용하고 나면 더는 새로운 기술을 연구하고 개발하는 데 시간과 비용을 들이지 않아도 되겠군.
> B: 업무 효율성을 높여 성과를 올릴 수 있는 기술이라면 기술 도입에 따른 비용이 성과보다 비합리적이더라도 장기적으로 보았을 때 투자할 가치가 있지.
> C: 신기술 도입을 검토할 때는 회사의 비전과 전략에 맞춰 다양하게 응용하고 발전시킬 수 있는 기술인지 고려하는 것이 좋겠어.
> D: 기술 적용 시점으로부터 이른 시일 내에 변화하거나 발전할 것으로 예상되는 기술을 적용한다면 기술 경쟁력을 확보할 수 있어.
> E: 환경의 변화나 경영혁신을 이루기 위해 신기술을 적용하는 경우라면 회사의 전략과 조화롭게 운영할 수 있는 기술인지 검토해야 해.

① A, C ② C, D ③ A, B, D ④ B, C, E ⑤ C, D, E

29. 다음 중 긍정심리학의 PERMA 모델이 제시하는 행복의 5가지 조건에서 'E'에 해당하는 용어로 가장 적절한 것은? (0.8점)

① Emotion ② Expectation ③ Engagement ④ Experience ⑤ Encouragement

30. 다음 중 개인 차원과 조직 차원의 경력개발 활동이 가장 올바르게 짝지어진 것은? (0.8점)

ㄱ. 경력 계획 인식
ㄴ. 경력개발 세미나 운영
ㄷ. 인사평가 실시
ㄹ. 경력자원센터 활동
ㅁ. 개인 역량 분석
ㅂ. 인적자원계획 수립
ㅅ. 직무공시제도

	개인 차원	조직 차원
①	ㄱ, ㄹ, ㅁ	ㄴ, ㄷ, ㅂ, ㅅ
②	ㄴ, ㄷ, ㅅ	ㄱ, ㄹ, ㅁ, ㅂ
③	ㄱ, ㄹ, ㅁ, ㅂ	ㄴ, ㄷ, ㅅ
④	ㄴ, ㄹ, ㅁ, ㅂ	ㄱ, ㄷ, ㅅ
⑤	ㄷ, ㄹ, ㅂ, ㅅ	ㄱ, ㄴ, ㅁ

31. 다음 중 진로적응성에 대한 설명으로 가장 적절하지 않은 것은? (0.8점)

① 평생에 한 번뿐인 진로 선택의 중요성을 인지하고 신중히 결정하는 책임과 관련이 있다.
② 미래의 장애물을 극복하고 자신의 진로에 대해 확신하는 자신감과 관련이 있다.
③ 자신의 미래 직업에 대해 주도적으로 진로를 만들어가는 통제와 관련이 있다.
④ 직업 세계와 자신이 서로 적합한지 정보를 수집하고 탐색하는 호기심과 관련이 있다.
⑤ 미래 직업에 대해 긍정적으로 바라보며 진로를 계획하는 관심과 관련이 있다.

32. **다음 중 K 씨의 업무수행 성과 향상을 위해 할 수 있는 조언으로 가장 적절한 것은?** (0.8점)

> 보험 회사에 다니는 K 씨가 내년 초에 예정된 인사 평가를 잘 받기 위해서는 정체된 영업 실적을 올려야 한다. 업무수행 성과 향상을 위한 행동 전략을 수립하기로 한 K 씨는 이동 중에도 업무를 수행하기 위해 태블릿 PC를 구매하였다. 또한, 비슷한 업무들은 묶어서 한 번에 처리하였으며, 자신만의 장점과 능력을 파악하여 이를 최대한 활용할 수 있는 업무를 맡아 다른 사람과는 차별된 방식으로 수행하였다. 한편 K 씨의 입사 동기이자 승진 대상자인 P 씨는 K 씨를 견제하기 위해 K 씨가 업무 수행을 할 때 필요한 정보를 공유하지 않았고, 이로 인해 K 씨는 자신의 직속 상사로부터 긍정적인 인사 평가를 받지 못했다.

① "회사와 관련된 업무는 최대한 회사 내에서 수행하여 업무 집중도를 높여야 해."
② "자신이 잘하는 업무만 집중적으로 맡기보다는 다양한 업무를 통해 부족한 부분을 채워야지."
③ "자신과 경쟁하는 동료에게 먼저 정보를 공유하는 적극적인 태도로 인적 방해를 줄여야 해."
④ "자신만의 방법을 개척하기보다는 다른 사람들과 같은 방식으로 업무를 수행하는 것이 중요해."
⑤ "한 번에 비슷한 일을 처리하면 헷갈릴 수 있으므로 겹치지 않는 업무끼리 묶어서 처리하는 것이 좋아."

33. **다음 중 고객서비스 능력에 대한 설명으로 가장 적절하지 않은 것은?** (1.2점)

① 고객 중심적 사고와 생각이 필요하다.
② 불만고객의 경우, 불만이 신속하게 해결되면 단골고객으로의 형성이 가능하다.
③ 고객만족조사를 시행할 경우, 고객의 서비스 이용 욕구가 점차 저하된다.
④ 고객의 주요 요구를 파악하기 위한 고객만족조사가 필요하다.
⑤ 서비스가 불만족스러운 경우, 고객 이탈이 발생할 가능성이 있다.

34. 다음은 상품 오배송으로 인한 고객의 불만에 대해 귀하가 응대한 내역이다. 고객 불만 처리 프로세스에 따라 (가)~(다)에 들어갈 말로 가장 적절한 것은? (1.2점)

[고객 불만 처리 프로세스]

1단계	"네, 고객님. 그러셨군요."
↓	
2단계	(가)
↓	
3단계	"주문하신 상품과 다른 상품이 배송된 점 죄송합니다."
↓	
4단계	"상품 번호 재확인하여 주문하신 상품 금일 중으로 발송하도록 하겠습니다."
↓	
5단계	(나)
↓	
6단계	"금일 13:30에 주문하신 상품 정상 발송하였습니다."
↓	
7단계	(다)
↓	
8단계	"주문 상품과 다른 상품이 오배송되지 않도록 출고 전 상품 번호 꼼꼼히 확인합시다."

① (가): "죄송합니다. 상품 번호 확인 과정에서 오배송이 발생한 것 같습니다."

② (나): "네, 그런 일이 있으셨군요. 어떤 어려움이 있으셨는지 잘 알겠습니다."

③ (나): "오배송 상품 수령을 위해 택배기사님께서 금일 14~16시 사이에 방문하실 예정입니다."

④ (다): "상품 배송을 원하지 않으실 경우 주문 취소 진행해드려도 괜찮을까요?"

⑤ (다): "배송 드린 주문 상품 잘 수령하셨는지 확인하기 위해 연락드립니다."

35. 다음 글을 읽고 판단할 때, '왕홍 마케팅'과 관련 있는 설득 방법으로 가장 적절한 것은? (1.2점)

> 최근 중국에서는 모바일 마케팅이 급속도로 확대됨에 따라 주요 소비층인 20~30대를 공략하기 위한 왕홍 마케팅이 활발하게 전개되고 있다. 왕홍이란 '왕뤄훙런(網絡紅人)'의 줄임말로, 연예인은 아니지만 중국 자체 소셜 미디어 플랫폼을 기반으로 활동하며 많은 팬을 보유하고 엄청난 영향력과 파급력을 지닌 사람을 일컫는다. 왕홍 마케팅은 이들의 영향력을 활용한 바이럴 마케팅으로, 왕홍이 사용하거나 소개하는 제품, 음식, 의류 등은 입소문을 타고 제품 구매로 직결되어 중국 경제를 좌우하고 있다. 이러한 점을 활용하여 최근 국내 한 도시의 지역 특산물 박물관에서는 중국 역직구 시장을 공략하기 위해 왕홍 마케팅을 전개하였다. 초청된 왕홍들은 생방송에 들어가기에 앞서 사전 촬영한 인터뷰 및 홍보 영상을 SNS에 업로드 한 후, 실시간 방송으로 중국 팔로워들에게 지역 농특산물의 효능, 제조과정 등을 소개하여 약 3천만 원가량의 직접 판매고를 달성하였다.

① 제품을 판매하는 왕홍과 소비자를 직접 연결하여 소비자를 설득하는 연결 전략을 취하였다.

② 전문성을 갖춘 왕홍의 공신력과 외모 등 권위에 기대어 소비자를 설득하는 권위 전략을 취하였다.

③ 영향력 있는 왕홍의 말과 행동을 통해 소비자를 설득하는 사회적 입증 전략을 취하였다.

④ 왕홍과 팬 사이에 서로 이익을 주고받는 관계를 형성하는 호혜관계 형성 전략을 취하였다.

⑤ 팬들이 왕홍을 통해 제품을 간접 체험함으로써 구매를 유도하는 See – feel – change 전략을 취하였다.

36. 다음 글을 읽고 팀의 발달 단계에 따라 (가)~(라)를 순서대로 바르게 나열한 것은? (1.2점)

조직심리학자 브루스 터크만(Bruce Tuckman)은 팀의 발달 단계를 4단계로 제시하였다. 1단계 형성기는 팀원의 관심사가 팀의 일원으로 인정받고 다른 팀원과의 불필요한 갈등을 피하는 것에 있어 도전적이거나 갈등을 야기할 수 있는 심각한 주제에 대한 논의는 회피한다. 2단계 격동기는 팀원 대부분이 팀에 적응하기 시작하는 단계로, 팀원 간 경쟁이 심화되어 갈등이 생기거나 리더의 리더십 또는 팀 운영 방식에 불만을 갖는 팀원들이 발생하여 의사결정이 지연되고 팀의 생산성이 매우 낮다. 격동기를 극복한 팀은 3단계 규범기에 진입하는데, 이 단계는 팀원 간 신뢰관계와 공동의 목표가 형성되어 결속력이 강화된다. 또한, 규범기의 팀원은 서로의 의견 차이를 존중하고 지속적으로 생산적인 업무 수행 방법 등을 탐색하며, 리더는 팀원들이 자발적으로 성과를 높일 수 있도록 기회를 제공하여 본격적인 팀의 성과가 나타날 수 있다. 4단계 성취기는 리더의 특별한 관리감독이 없어도 모든 구성원이 동기부여 되고 업무에 대한 지식과 노하우를 갖춤으로써 높은 성과를 이루는 시기이다. 이들은 기존의 성과에 만족하지 않고 더 큰 성과를 창출하는 것을 목표로 하며, 상호 신뢰가 높고 개방적으로 소통한다. 다만, 모든 팀이 성취기에 도달하는 것이 아니며, 팀 발전 단계 또한 순차적으로 진행되지 않는다.

(가) 팀원들은 서로 공손한 태도를 유지하며, 리스크가 적은 평범한 업무를 선호한다.
(나) 누군가 지시하지 않더라도 팀원들이 각자 자신이 해야 할 일을 찾아 업무를 수행한다.
(다) 리더는 팀원들이 자발적으로 업무 생산성을 높일 수 있도록 적절히 개입한다.
(라) 팀원 중 일부는 리더의 능력 또는 인내의 한계를 시험하는 행동을 취하기도 한다.

	형성기	격동기	규범기	성취기
①	(가)	(나)	(라)	(다)
②	(가)	(다)	(라)	(나)
③	(가)	(라)	(다)	(나)
④	(나)	(다)	(가)	(라)
⑤	(나)	(라)	(다)	(가)

37. **다음 글에서 A 씨가 비윤리적 행위를 한 원인으로 가장 적절한 것은?** (0.8점)

> 20○○년 1월, 출근길 지하철 열차에서 술에 취한 남성이 다른 승객들에게 욕설을 하며 난동을 부리고 창문을 파손하는 사건이 발생하였다. 경찰은 이날 오전 A 씨를 기물 파손 혐의로 입건했다고 밝혔다. A 씨는 경찰 조사에서 "만취한 상태로 대중교통을 이용하면 승객들에게 피해가 갈 수도 있음을 인지하고 있었으나 그렇게 크게 일이 벌어지리라고는 생각하지 못했다"라고 진술한 것으로 알려졌다.

① 무지 ② 무관심 ③ 무감각 ④ 무의미 ⑤ 무절제

38. **다음은 제러미 벤담의 윤리에 대한 글이다. ㉠~㉢에 들어갈 단어를 순서대로 바르게 나열한 것은?** (1.2점)

> (㉠)은/는 가치 판단의 기준에 있어서 효용과 행복 등의 쾌락을 최우선 가치로 두는 철학적 경향으로, 최대 다수의 최대 행복을 윤리적 행위의 목적으로 본다. 이때 쾌락의 양적 수량화가 가능하다고 본 제러미 벤담에 따르면 인간의 모든 행동은 즐거움이라는 객관적 특성으로 측정할 수 있으며, 제도의 효과는 각 개인에게 최대 만족을 달성할 수 있느냐에 따라 평가된다. 그러나 벤담의 사회 효용 계산에는 어떠한 일을 행하거나 타인에 대하여 마땅히 요구할 수 있는 힘이나 자격을 의미하는 (㉡)와/과 같이 추상적인 개인의 욕구는 고려하지 않는다. 서로 다른 개인의 욕구에 대해서는 질적으로 구분할 수 없기 때문에 어떠한 개인도 자신의 욕구가 우선적으로 충족되어야 한다는 당위성을 부여받을 수 없다. 즉, 벤담은 개인의 욕구가 모두 동등한 범주에 해당하는 (㉢)의 요소를 갖추고 있다고 보았다. 이에 따라 벤담의 주장은 질적인 차이가 존재하는 개인의 쾌락을 양적으로만 수량화할 수 없으며, 사회 구성원에게 돌아갈 행복의 총량만을 우선시하여 다수의 이익을 위해 소수의 희생이 강요될 수 있다는 한계를 지닌다.

① 공리주의 – 공평성 – 권리
② 공리주의 – 권리 – 공평성
③ 공평성 – 공리주의 – 권리
④ 공평성 – 권리 – 공리주의
⑤ 권리 – 공리주의 – 공평성

39. 다음은 윤리적 의사를 결정하거나 행동하는 데 활용할 수 있는 윤리적 사고 단계를 4단계로 나타낸 것이다. 각 단계에 들어갈 말을 순서대로 바르게 나열한 것은? (1.2점)

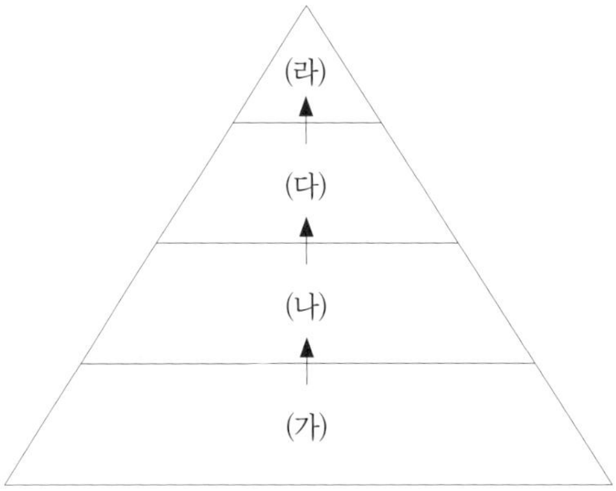

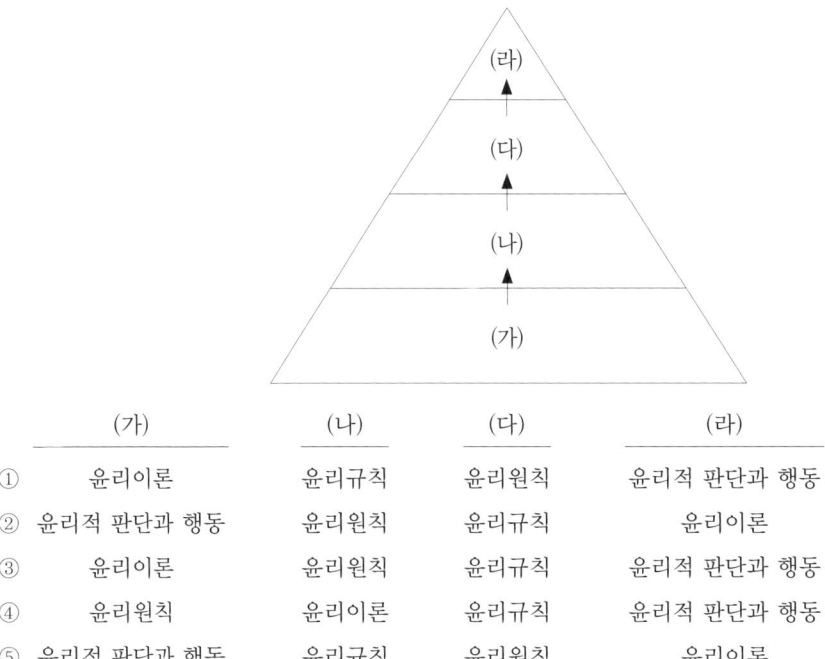

	(가)	(나)	(다)	(라)
①	윤리이론	윤리규칙	윤리원칙	윤리적 판단과 행동
②	윤리적 판단과 행동	윤리원칙	윤리규칙	윤리이론
③	윤리이론	윤리원칙	윤리규칙	윤리적 판단과 행동
④	윤리원칙	윤리이론	윤리규칙	윤리적 판단과 행동
⑤	윤리적 판단과 행동	윤리규칙	윤리원칙	윤리이론

40. **다음 중 인사 예절에 대한 설명으로 옳은 것을 모두 고르면?** (1.2점)

㉠ 고객과 동료를 서로에게 소개할 때에는 고객을 동료에게 먼저 소개해야 한다. ㉡ 비즈니스 미팅에서 자신이 속해 있는 회사의 관계자를 타 회사의 관계자에게 먼저 소개해야 한다. ㉢ 상대방과 악수할 때에는 오른손을 이용하여 상대의 손을 가볍게 잡고 상대를 바라보며 미소를 짓는 것이 좋다. ㉣ 명함을 건넬 때에는 왼손으로 건네고 오른손으로 받쳐야 하며, 자신의 이름이 상대방을 향하도록 해야 한다.

① ㉠, ㉡ ② ㉠, ㉢ ③ ㉡, ㉢ ④ ㉡, ㉣ ⑤ ㉢, ㉣

약점 보완 해설집 p.48

수험번호	
성명	

실전모의고사 6회

시작과 종료 시각을 정한 후, 실전처럼 모의고사를 풀어보세요.

시 분 ~ 시 분 (총 40문항/권장 풀이시간 50분)

□ **시험 유의사항**

[1] 2023년부터 서울교통공사 필기시험은 전 직종 NCS 40문항(직업기초능력평가 전 영역) + 전공 40문항으로 구성됩니다.

[2] 본 모의고사는 NCS 40문항으로 구성되어 있으므로, 직종에 맞는 전공 문항을 추가로 풀어보는 것이 좋습니다.

[3] 해커스잡 애플리케이션의 모바일 타이머를 이용하여 실전처럼 모의고사를 풀어본 뒤, 해설집의 '바로 채점 및 성적 분석 서비스' QR 코드를 스캔하여 응시 인원 대비 본인의 성적 위치를 확인해보시기 바랍니다.

[01-02] 귀하는 □□교통공사에서 발행한 감정노동 피해 지원 제도에 관한 보도자료를 읽고 있다. 다음 보도자료를 읽고 각 물음에 답하시오.

□□교통공사가 지난 1년간 서울 지하철역 직원에게 발생한 감정노동 피해사례는 총 176건이며, 월평균 14건이었다고 밝혔다. □□교통공사는 감정노동 보호 전담 TF(이하 TF) 신설 1년을 맞아 '감정노동 피해 현황 관련 지원 내용'을 발표했다. 취객을 안내할 때 발생한 폭언 및 폭행이 서울 지하철역 직원 피해사례 중 가장 많은 유형을 차지했다. 술에 취한 승객이 역사나 전동차 내에서 소리를 지르거나 기물을 파손하는 난폭한 모습을 보이자 직원이 이를 제지하였고, 이 과정에서 욕설 등 모욕적 언행과 물리적 폭력을 가하는 경우가 많았다. 또한 부정 승차로 적발되어 부과금을 내야 하는 상황에 앙심을 품은 승객이 폭언을 내뱉고 도주하려 하는 상황에서 직원이 이를 붙잡자 성추행으로 맞고소하겠다며 협박하여 직원을 괴롭히는 사례도 있었다. 코로나19가 기승을 부렸던 만큼 마스크 미착용 신고를 받고 현장으로 출동해 전동차에서 마스크 착용을 요청하는 직원에게 폭언을 내뱉거나 폭행을 가하는 사례도 많았다. 이 외에도 개인 방송을 중계하기 위해 상습적으로 역사 내에서 시위를 진행하여 다른 지하철 이용객에게 불편을 주는 사람들을 제지하다 오히려 이들에게 폭언이나 폭행을 당하는 등의 피해사례도 있었다.

감정노동의 중요성은 2010년대 이후 크게 부각되었다. 이로 인해 감정노동 종사자에 대한 보호가 사회적인 공감대를 얻기 시작하면서 다양한 사회적 안전망이 마련되기 시작했다. 그 대표적인 결과가 감정노동자보호법이라 불리는 산업안전보건법 개정안의 새로운 시행이다. □□교통공사도 이러한 사회적인 흐름에 발맞춰 □□교통공사 노동조합과 함께 논의한 끝에 도시철도 업계 최초로 업무를 수행하는 직원을 전문적으로 보호하기 위한 TF를 신설하여 활동을 개시했다. 이 활동을 통해 심리상담을 받은 직원은 73명, 치료비 지원을 받은 사례는 28건이었으며, 감정노동 전임 직원이 경찰서 동행 및 전화 상담 등으로 피해 직원을 지원한 사례는 총 338건이었다. 감정노동 피해 발생 시 □□교통공사는 우선 피해 직원을 업무에서 곧바로 분리시켜 심신의 안정을 우선 취할 수 있도록 휴식을 부여한다. 이후 고소를 진행할 시 3일간의 심리 안정 휴가를 부여하고, 진단서 발급비용, 치료비 등 금전적인 지원도 병행한다. 더불어 가해자 처벌에 대한 지원도 아끼지 않는다. 피해 직원이 고소에 대해 경찰 진술이 필요한 경우 감정노동 지원 업무 전담 직원이 이들과 함께 동행하여 진술을 도우며, 필요할 경우 동의를 받아 법률적 검토 후 공사 명의로 가해자를 고발한다. □□교통공사는 고객이 역에 전화할 때 직원을 존중해달라는 안내 문구가 첫 번째로 나오도록 하고, 감정노동 종사 직원에 대한 존중이 필요하다는 홍보 스티커 1,000매를 역에 부착하는 등의 홍보 활동에서 나아가 감정노동 매뉴얼을 제작하여 교육을 실시하는 등 피해를 사전에 방지하기 위한 노력도 이어갔다.

□□교통공사 보건 환경처장 최○○은 "하루 수백만 명이 이용하는 거대한 공간인 서울 지하철은 고객과의 접점이 많아 감정노동의 빈도와 강도가 매우 높은 편으로, 직원 보호를 위한 제도를 마련하였으나 여전히 다양한 감정노동 피해사례가 발생 중이다."라며 "공사는 앞으로도 감정노동 피해 직원들을 위한 제도를 보완하기 위해 최선을 다할 것이며, 나아가 시민 고객들께서도 마주하는 직원들을 인간적으로 존중해주시길 바란다."고 전했다.

01. **위 보도자료의 내용과 가장 일치하지 <u>않는</u> 것은?** (1.2점)

① □□교통공사에서는 감정노동 매뉴얼 및 직원 존중 스티커 등 다양한 피해 예방책을 마련하고 있다.

② 전동차 내·외부 모두 승객 보호를 위해 관련자들을 제지하는 과정에서 폭행을 당한 직원의 사례가 있다.

③ 감정노동의 중요성이 대두됨에 따라 산업안전보건법 개정에 대한 필요성이 제시되었다.

④ 사전에 마련된 임직원의 감정노동 빈도와 강도를 줄일 수 있는 제도는 지속해서 개선시킬 예정이다.

⑤ TF를 통해 전화 상담 및 경찰서 동행 등의 지원을 받은 사례는 총 176건이다.

02. **□□교통공사의 보건 환경처에서 근무하는 귀하는 감정노동 피해 지원 제도 관련 인터뷰를 하던 중 기자로부터 다음과 같은 질문을 받았다고 할 때, 귀하가 답변할 내용으로 가장 적절한 것은?** (1.2점)

> 기자: 지금까지 □□교통공사의 감정노동 피해 지원 제도에 관해 상세하게 설명해주셔서 감사드립니다. 끝으로 □□교통공사의 직원들에게 감정노동에 관한 실질적인 피해가 발생하였을 때 그들에게 어떠한 지원을 보장하고 있는지 설명해주실 수 있나요?
>
> 귀하: 네, 공사 측에서 감정노동 관련하여 실질적인 피해가 발생되었다고 판단하는 경우 피해 직원의 업무를 즉시 중단시킵니다. 이후 직원이 피해에 대한 고소를 진행하기를 원한다면 3일 동안의 심리 안정 휴가와 함께 (   )을 지원합니다.

① 변호사 선임 비용　② 치료 비용　③ 정신과 상담 비용

④ 자기개발 비용　⑤ 유급 휴가 비용

[03-04] 다음 글을 읽고 각 물음에 답하시오.

(가) 철도안전 분야에 4차 산업혁명 기술을 도입하여 스마트한 철도안전관리체계가 구축될 예정이다. 관련 부처는 현재 철도사고 감소율이 정체된 상황에서 기존 방식으로는 개선이 어려우며, 첨단 기술을 활용하여 철도안전을 강화할 중장기 계획을 수립했다고 전했다. 이로써 철도안전 관련 각 분야에 IoT, 인공지능 등 각종 정보통신 기술과 디지털 기술이 도입되어 철도안전 수준을 향상할 수 있게 되었다.

(나) 철도운행관리에서는 긴급한 상황이 발생했을 때 IoT 기술이 활약할 예정이다. 예를 들어 IoT 센서를 철도나 차량 등에 설치하면 지진 발생, 선로나 신호 장치 등의 발열과 같은 문제 상황을 관제로 실시간 전송하여 열차운행관리를 빠르게 처리할 수 있다. 또한, LTE 무선통신 서비스 등 정보통신 기술을 구축하여 위급 상황 시 신속한 의사소통이 가능한 재난방송시스템 운영을 확대해나갈 계획이다.

(다) 시설관리 분야에서는 현재 드론을 활용한 시설물 점검이 시범 운영 중이며 점진적으로 확대 운영될 계획이다. 선로 보수의 경우 열차가 운행되는 중에도 시설물 관리자가 직접 선로에 투입되어 추돌 사고 등 각종 위험에 노출되어 있었다. 그러나 드론을 활용하여 점차 소형 보수 장비를 도입한다면 인적 사고를 줄여나갈 수 있다.

(라) 인공지능과 디지털 기술은 인적 관리에 접목되어 철도종사자들의 안전과 역량을 보다 과학적으로 관리할 수 있게 되었다. 예를 들어 인공지능 센서는 철도 운전자의 졸음이나 피로도를 감지하여 졸음운전으로 인한 사고에 대한 예방책이 될 수 있다. 또한, VR 기술과 AR 기술을 활용한 비상 대응 훈련이나 교육 인프라를 개설하여 철도종사자들의 재난 대응 역량을 강화할 전망이다.

(마) 최근 안전에 대한 관심이 급증하면서 철도보안의 중요성도 대두되고 있다. 더욱 철저한 철도보안체계를 확립하기 위해 지능형 소프트웨어를 탑재한 CCTV 기술을 도입하여 위험인물로 추정되거나 이상행동을 하는 사람들을 파악하고 추적할 수 있게 되었다. 또한, 폭발물과 같은 위협적인 물건을 자동으로 검색하는 AI 기반의 자동 판독시스템을 도입하여 스마트 철도보안체계를 구축할 계획이다.

03. **윗글을 읽고 각 문단 내용을 요약한 것으로 가장 적절하지 <u>않은</u> 것은?** (1.2점)

① (가): 사고 감축을 위한 철도안전 분야의 스마트 기술 도입

② (나): 스마트 기술을 통해 신속한 의사결정이 가능해진 열차 운행

③ (다): 시설관리 시 발생하는 안전사고의 증가 원인

④ (라): 인적 관리 강화에 활용되는 4차 산업혁명 기술

⑤ (마): 지능형 CCTV의 도입으로 강화된 철도보안체계

04. **윗글의 제목으로 가장 적절한 것은?** (1.2점)

① 각종 철도안전사고에 노출된 철도종사자들

② 철도 과학 기술의 개발 한계와 해결방안

③ 테러 방지를 위한 새로운 보안 기술 도입의 필요성

④ 철도안전 분야의 IoT 기술 활용 방법과 전망

⑤ 스마트 기술을 활용한 철도안전관리 시스템 구축

[05-06] 다음은 운영기관별 승차 인원 및 무임비용에 대한 자료이다. 각 물음에 답하시오.

[운영기관별 승차 인원]

(단위: 천 명)

구분		2016년	2017년	2018년	2019년	2020년
한국철도공사	연간승차	789,746	1,159,548	1,160,894	1,183,157	858,726
	무임승차	189,284	199,344	201,364	208,617	150,503
신분당선㈜	연간승차	62,616	69,072	73,153	77,620	57,854
	무임승차	10,288	11,526	11,846	12,599	8,153
경기철도㈜	연간승차	20,043	26,627	36,774	44,846	34,698
	무임승차	3,969	4,779	6,647	8,303	5,421
공항철도㈜	연간승차	35,936	35,550	39,308	43,817	27,748
	무임승차	2,983	2,926	3,253	3,246	1,722

[운영기관별 무임비용]

(단위: 억 원)

구분	2016년	2017년	2018년	2019년	2020년
한국철도공사	2,135	2,264	2,283	2,345	1,699
신분당선㈜	221	248	255	283	183
경기철도㈜	60	73	112	123	97
공항철도㈜	128	136	70	68	32

※ 출처: KOSIS(한국철도공사, 한국철도통계)

05. **다음 중 자료에 대한 설명으로 가장 적절하지 <u>않은</u> 것은?** (1.2점)

① 2020년 운영기관별 연간승차 인원에서 무임승차 인원이 차지하는 비중은 신분당선㈜가 경기철도㈜보다 작다.

② 2016년 전체 무임승차 인원은 206,524천 명이다.

③ 2018년 공항철도㈜ 승차 인원의 전년 대비 증가율은 연간승차 인원보다 무임승차 인원이 더 크다.

④ 2017년부터 2019년까지 한국철도공사 무임비용의 연평균은 2,300억 원 이하이다.

⑤ 제시된 기간 중 공항철도㈜의 무임승차 인원이 다른 해에 비해 가장 많은 해에 무임비용도 다른 해에 비해 가장 많다.

06. **다음은 제시된 자료를 바탕으로 2020년 운영기관별 무임승차 인원 1명당 무임비용을 나타낸 그래프이다. 자료를 보고 ㉠, ㉡에 해당하는 값을 예측했을 때, ㉡－㉠의 값은?** (단, 소수점 첫째 자리에서 반올림하여 계산한다.) (1.5점)

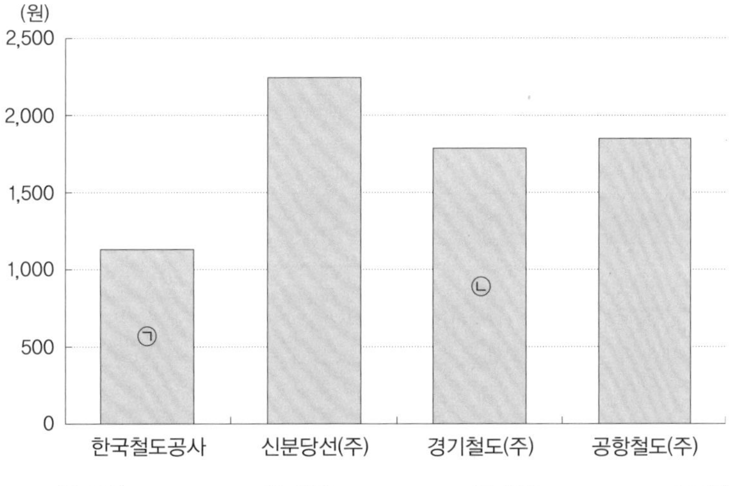

① 542 ② 585 ③ 625 ④ 660 ⑤ 692

[07-08] 다음은 연도별 철도 시설 수를 나타낸 자료이다. 각 물음에 답하시오.

[연도별 전체 철도 시설 수]

(단위: 개)

구분	2015년	2016년	2017년	2018년	2019년
시설 수	1,149	1,126	1,221	1,238	1,264
노선 수	258	203	193	185	186
역 수	891	923	1,028	1,053	1,078

[종류별 철도 시설 수]

(단위: 개)

구분		2015년	2016년	2017년	2018년	2019년
일반철도	시설 수	536	526	522	525	530
	노선 수	148	121	106	111	112
	역 수	388	405	416	414	418
도시철도	시설 수	508	519	612	628	632
	노선 수	60	48	49	40	39
	역 수	448	471	563	588	593
고속철도	시설 수	98	79	85	77	79
	노선 수	47	33	37	30	30
	역 수	51	46	48	47	49
광역철도	시설 수	7	2	2	8	23
	노선 수	3	1	1	4	5
	역 수	4	1	1	4	18

※ 1) 시설 수 = 노선 수 + 역 수
2) 철도는 일반철도, 도시철도, 고속철도, 광역철도로 구분됨
※ 출처: KOSIS(한국토지주택공사, 도시계획현황)

07. 다음 중 자료에 대한 설명으로 가장 적절한 것은? (1.2점)

① 2016년 이후 전체 철도 노선 수는 매년 전년 대비 감소하였다.

② 2019년 도시철도의 역 수는 같은 해 일반철도의 역 수보다 125개 더 많다.

③ 2017년 철도 종류 중 시설 수에서 노선 수가 차지하는 비중이 과반수인 철도는 광역철도뿐이다.

④ 제시된 기간 동안 전체 철도 노선 수에서 매년 가장 큰 비중을 차지하는 철도는 일반철도이다.

⑤ 제시된 기간 동안 광역철도의 시설 수가 서로 같은 두 해에 광역철도의 역 수는 서로 다르다.

08. 다음 중 제시된 자료를 바탕으로 만든 그래프로 가장 적절하지 <u>않은</u> 것은? (1.5점)

① [연도별 전체 철도역 수]

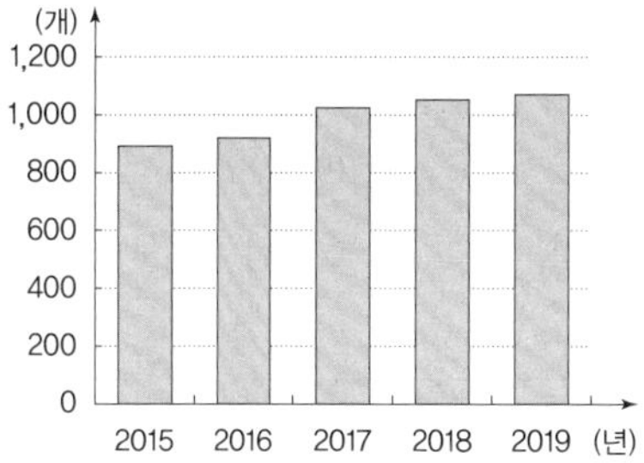

② [종류별 철도 노선 수]

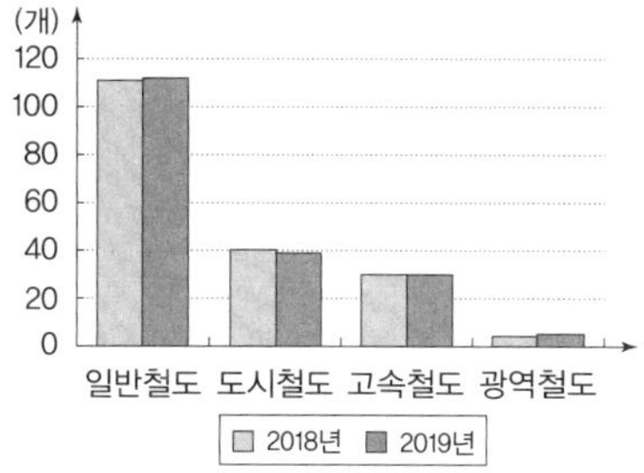

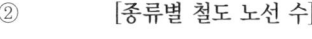

③ [연도별 고속철도 시설 수]

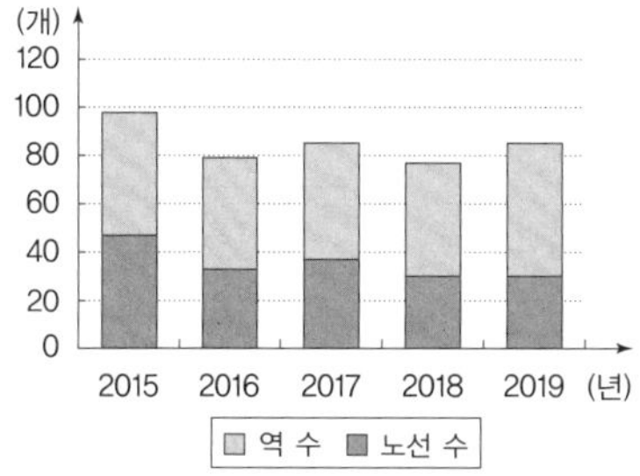

④ [종류별 철도역 수]

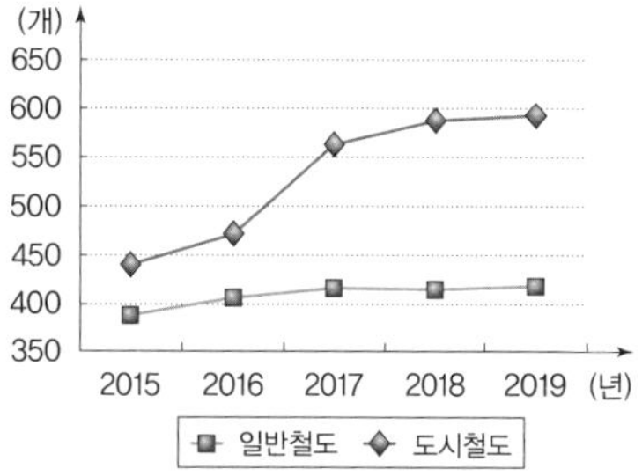

⑤ [연도별 광역철도 시설 수의 비중]

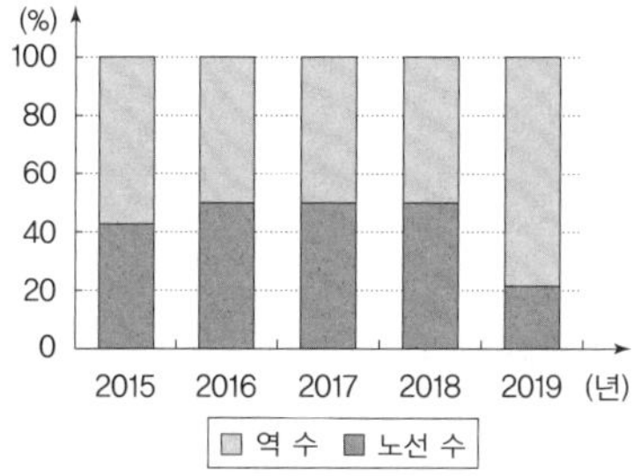

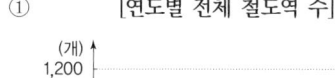

[09-10] 다음 자료를 읽고 각 물음에 답하시오.

[기관별 반부패 청렴정책추진 지침에 따른 협조사항]

구분	협조사항	일정	대상 기관
컨트롤 타워로서 공정사회 반부패 정책협의회 기능 강화	부패방지 공정성 향상 과제 적극 발굴	연 2회 (6월/12월)	해당 기관
	5개년 반부패 종합계획 이행 실적 제출	분기별 1회	해당 기관
부정 청탁 근절을 위한 청탁금지법 규범력 강화	법령 취약 분야 발굴 및 개선대책 마련	연중 1회	해당 기관
	청탁방지담당관 워크숍·간담회 참석 ※ 추후 공유되는 워크숍·간담회 일정에 따라 참석	연 9회	전 공공기관
	제도 운영 현황 서면조사 자료 제출 및 현지 점검 협조	연 2회 (4월/11월)	전 공공기관
생활 속 반칙과 특권 해소를 위한 대응체계 운영	지자체 생활 적폐 개선과제 발굴 및 대책안 추진	연 2회 (4월/6월)	광역 지자체
	생활 적폐 과제 개선대책 추진 및 홍보안 제출	월 1회	해당 기관
국민 생활 속 불공정 과제 개선 추진	소관 업무 관련 생활 속 불공정 과제 발굴 및 권익위 제출	연 1회 (~6월)	중앙행정기관
	우수 부패방지 시책평가 반영 및 유공자에 대한 포상 협조	연 1회 (~12월)	해당 기관
행동강령 내재화 및 이행점검 강화	기관별 자체 행동강령 제·개정안 제출	제·개정안 초안 마련 후	공직유관단체
		제·개정안 완료 후	전 공공기관
	신규 공직유관단체 행동강령 제정 지원회 참석	연 2회 (4월/11월)	해당 기관
	소속 공직자 대상 행동강령 자체 교육 실시	연 1회 (5~6월)	전 공공기관
평가·환류를 통한 자율적 개선 노력 지원 확대	청렴도 측정 및 부패방지 시책평가 기본계획 통보에 따른 자료 의견 제출	연 1회 (~3월)	측정·평가대상 공공기관
	국가청렴정보시스템(청렴e시스템)에 부패방지 우수 시책 등록	연 1회 (~3월)	전년도 시책평가 우수기관
	청렴도 측정 실시계획 통보에 따른 자료 제출	연 1회 (7~8월)	측정·평가대상 공공기관
	현지점검 대상기관 선정 통보에 따른 점검사항 협조 (청렴도 측정: 상·하반기, 부패방지 시책평가: 하반기)	상·하반기 각 1회	측정·평가대상 공공기관

09. 위 자료를 근거로 판단한 내용으로 가장 적절하지 않은 것은? (1.2점)

① 지난해 시책평가 우수기관으로 선정된 기관은 3월 내로 청렴e시스템에 부패방지 우수시책을 1회만 등록하면 된다.

② 중앙행정기관은 6월 이내로 소관하는 업무와 관련한 생활 속 불공정 과제를 1개 이상 발굴하고 이를 권익위에 제출해야 한다.

③ 공직유관단체에서는 자체 행동강령에 대한 제·개정안을 관련 안이 완료되는 시점에 한 번만 제출하면 된다.

④ 광역 지자체는 4월과 6월에 지자체 내의 생활 적폐 개선과제를 발굴하고 대책안을 추진해야 한다.

⑤ 청탁방지 업무를 진행하지 않는 공공기관도 1년간 청탁방지담당관 워크숍이나 간담회를 9번 참석해야 한다.

10. 산업부 산하 ○○공공기관에서 근무하는 귀하에게 상사가 다음과 같은 지시를 하였을 때, 귀하의 공공기관이 상반기에 협조해야 하는 사항의 건수는? (1.2점)

김△△ 주무관님, 이번에 기관별 반부패 청렴정책추진 지침이 내려온 것은 알고 계시죠? 우리 기관이 올 상반기에 협조해야 하는 사항을 미리 파악해두면 좋을 것 같아서요. 우선 우리 기관은 생활 속 반칙과 특권 해소를 위한 대응체계를 운영하고 있고, 컨트롤 타워로서 공정사회 반부패 정책협의회 기능을 강화하는 기관에 해당해요. 또한, 측정·평가대상인 공공기관으로서 평가·환류를 통해 자율적 개선 노력 지원이 확대될 예정입니다. 아! 전년도 시책평가 우수기관에는 해당되지 않으니 그 점도 함께 고려해주세요.

① 11건　② 12건　③ 13건　④ 14건　⑤ 15건

[11-12] 다음 자료를 읽고 각 물음에 답하시오.

[지하철 역명병기(부역명) 대상 기관 선정기준]

1. 공통사항
   1) 기본요건: 도시철도 이용 승객의 이용 편의를 증진시킬 수 있으며 인지도가 높은 병기 역명을 사용·신청한 기관
   2) 거리제한
      - 서울시계 내: 역에서 반경 500m 이내 소재 기관, 지명 등
      - 서울시계 외: 역에서 반경 1km 이내 소재 기관, 지명 등
        ※ 1km를 초과하는 경우 별도의 안내 표지판을 설치하는 조건으로 2km 이내까지 인정함
   3) 선정기준: 기본요건 및 거리제한 기준에 부합하는 기관이 두 곳 이상인 경우 우선순위가 더 높은 기관을 우선 선정하고, 우선순위가 동일한 기관이 두 곳 이상인 경우 응찰 금액이 더 높은 기관을 우선 선정함

2. 기관별 요건

구분		표기 대상	우선순위
공익기관	지명 등	지명, 거리명, 국유재산법·공유재산 및 물품관리법상 일반 공공용으로 지정한 국유재산 및 공유재산(도로, 공원, 광장, 하천, 터널, 유적지 등) 또는 문화재 관리법에 의거하여 국가가 지정한 문화재(사찰 등)	1
	관공서	정부조직법상 중앙행정기관 및 지방자치기관과 그 하부기관, 행정기관의 부속 기관	
	공익시설	국민 생활 복지증진을 위하여 설치한 공원, 운동장, 터미널, 도서관, 체육관, 박물관(국공립), 미술관(국공립) 등	
	공공기관	공공기관의 운영에 관한 법률 제4조(공공기관)에 해당하는 기관	
학교		고등교육법 제2조에서 정한 학교 또는 고등교육법 제29조 및 제30조에서 정한 대학원	2
의료기관		의료법 제3조 제2항 제3호에서 정한 병원급 의료기관 중 제3조의3(종합병원), 제3조의4(상급종합병원), 제3조의5(전문병원)에 해당하는 기관	3
기업체		중견기업 성장 촉진 및 경쟁력 강화에 관한 특별법 제2조에 의거하여 중견기업 또는 그 이상에 해당하는 기관 ※ 중견기업 이상의 기관이 다수인 경우 1개만 표기 가능	4
다중 이용시설		호텔(특 2등급 이상), 백화점, 대형 쇼핑센터, 1,000세대 이상의 아파트 등 인지도가 높고 지하철 승객이 자주 이용하는 다중 이용시설	5

11. 위 자료를 읽고 이해한 내용으로 가장 적절하지 않은 것은? (1.2점)

① 다중 이용시설의 경우 등급이나 거주 세대 등에 따라 부역명 표기 여부가 결정된다.
② 역에서 반경 2km 떨어진 경기 소재의 기관은 추가 안내 표지판 없이는 역명병기를 할 수 없다.
③ 본점과 지점을 포함하여 2개 이상의 중견기업이 위치하는 경우 한 곳만 역명에 병기할 수 있다.
④ 공익기관 중 문화재 관리법에 따라 지방자치단체가 지정한 문화재는 모두 부역명 표기가 가능하다.
⑤ 고등교육법 제2조에 부합하는 특수학교는 부역명 대상 기관에 해당한다.

12. 다음은 지하철 역명병기를 희망하는 기관이다. 위 자료를 근거로 판단하여 한 곳의 기관이 선정될 때, 최종 낙찰기관으로 선정되는 기관은? (1.5점)

①

G 정부청사
• 소재지: 세종 • 역 내 반경 거리: 400m • 응찰 금액: 4,800만 원

②

N 종합병원
• 소재지: 서울 • 역 내 반경 거리: 250m • 응찰 금액: 1.2억 원

③

Y 대학원
• 소재지: 서울 • 역 내 반경 거리: 1.4km • 응찰 금액: 5,300만 원

④

L 백화점
• 소재지: 대구 • 역 내 반경 거리: 2.1km • 응찰 금액: 7,000만 원 • 비고: 안내 표지판 설치 예정

⑤

A 국공립 미술관
• 소재지: 과천 • 역 내 반경 거리: 500m • 응찰 금액: 4,500만 원

[13-14] 다음은 K 자동차의 평가 등급 기준 및 팀별 전기차 판매량에 대한 자료이다. 각 물음에 답하시오.

[평가 등급 기준]

1. 판매량 증가율 기준

20% 이상	20% 미만 15% 이상	15% 미만 10% 이상	10% 미만
S 등급	A 등급	B 등급	C 등급

※ 1) 증가율(%) = {(기준 판매량 − 비교 판매량) / 비교 판매량} × 100
2) 소수점 둘째 자리에서 반올림하여 산정함

2. 목표 판매량 달성률 기준

120% 이상	120% 미만 110% 이상	110% 미만 100% 이상	100% 미만
S 등급	A 등급	B 등급	C 등급

※ 1) 달성률(%) = (실제 판매량 / 목표 판매량) × 100
2) 소수점 둘째 자리에서 반올림하여 산정함

[팀별 전기차 판매량]

구분	3분기	4분기	
	실제 판매량	목표 판매량	실제 판매량
TD1팀	30,400대	40,000대	38,200대
TD2팀	32,600대	32,000대	34,000대
UJ1팀	30,100대	29,500대	33,000대
UJ2팀	41,000대	46,000대	48,000대
KE팀	31,500대	36,300대	35,000대

13. 위 자료를 근거로 판단할 때, 제시된 팀 중 3분기 대비 4분기 실제 판매량의 증가율을 기준으로 B 등급을 받은 팀은? (1.5점)

① TD1팀 ② TD2팀 ③ UJ1팀 ④ UJ2팀 ⑤ KE팀

14. 다음은 K 자동차의 성과급 지급 기준이다. 제시된 팀 중 3분기 대비 4분기 실제 판매량의 증가율 및 4분기 실제 판매량의 목표 판매량 달성률에 따라 가장 많은 성과급을 받은 팀은? (단, C 등급을 받은 팀은 성과급을 받지 못한다.) (1.5점)

[성과급 지급 기준]

구분	판매량 증가율 기준			목표 판매량 달성률 기준		
	S 등급	A 등급	B 등급	S 등급	A 등급	B 등급
성과급	500,000원	400,000원	300,000원	700,000원	500,000원	300,000원

① TD1팀 ② TD2팀 ③ UJ1팀 ④ UJ2팀 ⑤ KE팀

[15-16] 다음은 L 증권의 탄력 근로제 규정 및 TFT 근무 일지이다. 각 물음에 답하시오.

[탄력 근로제 규정]

자사는 TFT 업무 효율화를 위해 취업 규칙을 작성·변경하여 2주간 출퇴근 의무가 없는 재량 근무형 탄력 근로제를 시범 운영합니다.

1. 탄력 근로 시간제란 근로기준법 제51조에 따라 단위 기간 내 특정주 또는 특정일의 근로 시간을 연장하는 대신 다른 근로일의 근로 시간을 단축하는 방식으로 단위 기간을 평균하여 1주에 40시간을 근무하는 제도입니다.
2. 근로 시간 책정 시 점심시간 1시간(12시~13시) 및 저녁시간 1시간(19시~20시)은 근무 시간에 포함되지 않습니다.
3. 2주 이내로 탄력 근로제를 운영하는 경우 근로자는 1주에 주말을 제외하고 48시간까지 근무할 수 있고, 12시간의 연장 근로 시간을 합산하여 최대 60시간까지 근무할 수 있습니다. 단, 근로자의 1일 최대 근로 시간은 12시간을 넘길 수 없습니다.
4. 2주간의 총 근로 시간이 80시간을 초과하거나 특정주의 근로 시간이 48시간을 초과한 근로자에게는 초과된 근로 시간에 대해 시간당 15,000원의 연장 근로 수당을 지급합니다.
5. 2주간의 총 근로 시간이 80시간을 초과하면서 특정주의 근로 시간이 48시간을 초과한 근로자에게는 초과 근로 시간이 더 긴 경우에서 더 짧은 경우를 차감한 만큼의 근로 시간에 대해서만 초과 근로 시간을 인정합니다.
   ※ 2주간의 총 근로 시간이 85시간이면서 1주 차 근로 시간이 49시간인 근로자는 초과 근로 시간으로 5 - 1 = 4시간만을 인정받음
6. 야간 시간에 해당하는 22시~06시에 근무하는 근로자에게는 시간당 15,000원의 야간 근로 수당을 지급합니다.
   ※ 시간당 야간 근로 수당 = 시간당 임금(10,000원) + 시간당 야간 수당(5,000원)

[1주 차 TFT 근무 일지]

구분	월		화		수		목		금	
	출근	퇴근	출근	퇴근	출근	퇴근	출근	퇴근	출근	퇴근
김재민	13:00	23:00	10:00	18:00	13:00	24:00	10:00	19:00	10:00	18:00
이은지	9:00	16:00	7:00	19:00	10:00	19:00	11:00	25:00	11:00	22:00
심재은	10:00	24:00	11:00	22:00	9:00	21:00	8:00	17:00	8:00	16:00
홍기태	5:00	17:00	11:00	25:00	9:30	21:30	14:00	24:00	9:00	19:00

15. **다음은 TFT 직원의 2주 차 총 근무 시간이다. 2주 간의 근무로 연장 근로 수당을 받을 수 있는 직원들이 받은 연장 근로 수당의 총액은?** (단, 2주 차에 1일 최대 근로 시간 이상으로 근무한 사람은 없으며, 야간 시간 중 근무한 사람은 없다.) (1.5점)

구분	김재민	이은지	심재은	홍기태
총 근무 시간	41시간	30시간	32시간	36시간

① 50,000원 ② 75,000원 ③ 90,000원 ④ 105,000원 ⑤ 120,000원

16. **L 증권은 프로젝트 기간이 더 필요한 상황을 고려하여 탄력 근로제를 1주일 연장하기로 하였다. 이은지가 3주 차에 월요일부터 목요일까지 총 50시간을 근무하고, 금요일에 오전 5시부터 근무를 시작하여 최대 근로 시간까지 근무하였을 때, 이은지의 3주 차 금요일의 퇴근 시간은?** (1.2점)

① 오후 2시 ② 오후 3시 ③ 오후 4시 ④ 오후 5시 ⑤ 오후 6시

[17-18] 다음은 안드로이드 Error 발생 세부 사항 및 시스템 모드별 조치를 위한 Input Value에 대한 자료이다. 각 물음에 답하시오.

[안드로이드 Error 발생 세부 사항]

구분	세부 사항
Error Signal _ _ _	Error Signal 각 자리에 따른 구성 요소 1) 첫 번째 자리: 오류 위치 - HTTP 오류: H(3) - API 오류: A(2) - 기타 오류: E(1) 2) 두 번째 자리: 오류 발생 원인 - HTTP 오류 ① HTTP 메서드 문제: M(4) ② 클라이언트 아이디를 미지정된 HTTP 요청 헤더로 전송: F(3) ③ HTTP 서버가 허용하지 않는 호출: S(2.5) - API 오류 ① API 서버 유지 보수 오류: J(3) ② 검색 API 초당 호출량 초과: R(2.5) ③ 오픈 API 하루 호출량 초과: D(2) ④ API 인증 실패: T(1) - 기타 오류: E(1) ① 필요 요청 변수 미입력: B(3.5) ② 클라이언트 아이디 미입력: C(1.5) 3) 세 번째 자리: 오류 가중치 - 오류 심각도에 따라 가중치 결정
Result Value	Return Type에 따른 Result Value 산출 방법 1) XML Type 발생 시: {오류 위치 + (오류 발생 원인 × 오류 가중치)} × 2 2) JSON Type 발생 시: 오류 위치 + (오류 발생 원인 × 오류 가중치)

[시스템 모드별 조치를 위한 Input Value]

Result Value	시스템 모드	Input Value
25 초과~30 이하의 값	관리자 모드	MA9
20 초과~25 이하의 값	복구 모드	RE0
15 초과~20 이하의 값	검사 모드	CH8
10 초과~15 이하의 값	일반 모드	NO1
10 이하의 값	안전 모드	SA3

[Error 확인 절차]

Checking error on system...
Error Found!

Return Type: XML Type
"Error Signal HM2"

Input Value ▶ RE0

절차 1. Result Value 산출
Return Type이 XML Type이므로
Result Value = {H(3) + (M(4) × 2)} × 2 = 11 × 2 = 22이다.

절차 2. 모드별 조치를 위한 Input Value 입력
Result Value(22)는 20 초과~25 이하의 값에 해당하여 시스템 모드는 복구 모드이므로 입력할 Input Value는 'RE0'이다.

17. 다음 시스템 상태에서 입력할 Input Value로 가장 적절한 것은? (1.2점)

Checking error on system···
Error Found!

Return Type: JSON Type
"Error Signal AJ4"

Input Value ▶

① MA9 ② RE0 ③ CH8 ④ NO1 ⑤ SA3

18. 다음 시스템 상태에서 입력할 Input Value로 가장 적절한 것은? (1.5점)

Checking error on system···
Error Found!

Return Type: XML Type
"Error Signal EB3"

Input Value ▶

① MA9 ② RE0 ③ CH8 ④ NO1 ⑤ SA3

[19-20] 다음은 시스템 오류 확인 절차에서 사용되는 시스템 오류 세부 사항 및 시스템 상태 판단 기준을 설명하는 자료이다. 각 물음에 답하시오.

[시스템 오류 세부 사항]

항목	세부 사항
Error Alert @○ □	Error Alert는 Error Code, Hazard, Weight로 구성됨 - @: Error Code(에러 코드) - ○: Hazard(에러 심각도) - □: Weight(에러 가중치)
Result Value	Error Alert에 따른 Result Value 산출 방법 - Error Code가 대문자인 경우: Hazard × Weight × 2 - Error Code가 소문자인 경우: Hazard × Weight

[시스템 상태 판단 기준]

최종 Result Value	시스템 상태	Input Code
50 이하의 값	안전	Norm0
50 초과~60 이하의 값	주의	Caut1
60 초과~70 이하의 값	경고	Warn2
70 초과~80 이하의 값	위험	Crtc3
80 초과의 값	정지	Halt4

[시스템 오류 확인 절차]

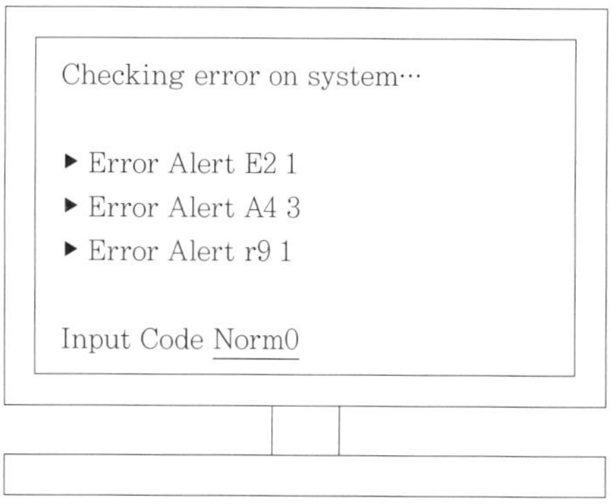
Checking error on system…
▸ Error Alert E2 1
▸ Error Alert A4 3
▸ Error Alert r9 1
Input Code Norm0

절차 1. Result Value 산출
Error Code가 대문자(E), Hazard(2) × Weight(1) × 2 = 4
Error Code가 대문자(A), Hazard(4) × Weight(3) × 2 = 24
Error Code가 소문자(r), Hazard(9) × Weight(1) = 9이므로 최종 Result Value는 4 + 24 + 9 = 37이다.

절차 2. 시스템 상태 판단 및 Input Code 입력
최종 Result Value(37)가 50 이하의 값에 해당하여 시스템 상태는 '안전'이므로 입력할 Input Code는 'Norm0'이다.

19. 다음 시스템 상태에서 입력할 Input Code로 가장 적절한 것은? (1.2점)

Checking error on system…
▸ Error Alert R6 5
▸ Error Alert c4 3
▸ Error Alert f7 1

Input Code ______________

① Norm0 ② Caut1 ③ Warn2 ④ Crtc3 ⑤ Halt4

20. 다음 시스템 상태에서 입력할 Input Code로 가장 적절한 것은? (1.5점)

Checking error on system…
▸ Error Alert N1 6
▸ Error Alert H1 3
▸ Error Alert u7 4
▸ Error Alert d2 3

Input Code ______________

① Norm0 ② Caut1 ③ Warn2 ④ Crtc3 ⑤ Halt4

[21－22] 다음은 공기청정기의 제품별 가격 및 기본사양과 이에 대한 선호 점수 및 가중치를 나타낸 것이다. 각 물음에 답하시오.

[공기청정기 제품별 가격 및 기본사양]

구분	가격(만 원)	사용 면적(m^2)	필터(등급)	에너지효율(등급)	무게(kg)
A 제품	32	76	H11	2	14
B 제품	19	40	H12	3	9
C 제품	27	60	H13	3	12
D 제품	41	86	H12	1	9
E 제품	63	89	H14	5	16
F 제품	(　　)	76	H13	4	12

[공기청정기 가격 및 기본사양별 선호 점수]

구분	1점	2점	3점	4점	5점
가격	55만 원 이상 65만 원 미만	45만 원 이상 55만 원 미만	35만 원 이상 45만 원 미만	25만 원 이상 35만 원 미만	15만 원 이상 25만 원 미만
사용 면적	40m^2 이상 50m^2 미만	50m^2 이상 60m^2 미만	60m^2 이상 70m^2 미만	70m^2 이상 80m^2 미만	80m^2 이상 90m^2 미만
필터	H10등급	H11등급	H12등급	H13등급	H14등급
에너지효율	5등급	4등급	3등급	2등급	1등급
무게	16kg 이상 18kg 미만	14kg 이상 16kg 미만	12kg 이상 14kg 미만	10kg 이상 12kg 미만	8kg 이상 10kg 미만

[공기청정기 가격 및 기본사양별 가중치]

가격	사용 면적	필터	에너지효율	무게
0.2	0.2	0.4	0.1	0.1

※ 1) 구매 희망 점수 = (가격 및 기본사양별 선호 점수 × 가중치)의 총합
2) 기본사양은 사용 면적, 필터, 에너지효율, 무게로 구성됨

21. 공기청정기 A~E 제품 중 에너지효율 선호 점수가 가장 높은 제품의 구매 희망 점수는? (1.2점)

① 3.0점 ② 3.2점 ③ 3.4점 ④ 3.6점 ⑤ 3.8점

22. 제품의 기본사양만 고려하기 위해 가중치를 아래와 같이 조정하여 구매 희망 점수를 산출할 때, A~E 제품 중 구매 희망 점수가 가장 높은 제품은? (1.5점)

사용 면적	필터	에너지효율	무게
0.2	0.4	0.2	0.2

① A 제품 ② B 제품 ③ C 제품 ④ D 제품 ⑤ E 제품

[23-24] 다음은 ◇◇타일 도장 업체의 4월 스케줄 및 시공 종류별 비용에 대한 자료이다. 각 물음에 답하시오.

[4월 스케줄]

구분	시공 내용
04. 01. ~ 04. 07.	갑 공사 바닥 면적 $40m^2$ 타일 철거 후 시공
04. 08. ~ 04. 12.	을 복지관 바닥 면적 $22m^2$ 타일 덧방 시공
04. 13. ~ 04. 16.	병 문화회관 바닥 면적 $20m^2$ 타일 덧방 시공
04. 17. ~ 04. 26.	정 빌딩 바닥 면적 $60m^2$ 타일 신규 시공
04. 27. ~ 04. 30.	무 식당 바닥 면적 $18m^2$ 타일 철거 후 시공

[시공 종류별 작업 비용]

구분	타일 철거 후 시공	타일 덧방 시공	타일 신규 시공
$1m^2$당 작업 비용	8만 원	7만 원	10만 원

23. ◇◇타일 도장 업체가 4월에 시공한 바닥의 총면적은? (1.2점)

① $145m^2$ ② $150m^2$ ③ $152m^2$ ④ $158m^2$ ⑤ $160m^2$

24. ◇◇타일 도장 업체가 4월에 진행한 작업의 총 작업 비용은? (1.5점)

① 1,120만 원 ② 1,280만 원 ③ 1,312만 원 ④ 1,358만 원 ⑤ 1,367만 원

[25-26] 다음 설명서를 읽고 각 물음에 답하시오.

[△△전자 식기세척기 사용 설명서]

1. 제품 기능

버튼	설명
전원	- 제품의 전원을 켜거나 끌 수 있습니다. - 선택한 세척 코스가 완료되면 자동으로 전원이 종료됩니다.
세척 코스	- 표준: 가장 기본적인 세척을 할 때 사용하는 코스입니다. ※ 초기 기본 코스는 표준 세척 코스에 따라 70분간 약 15L의 물을 사용하여 세척하며, 세척 온도 60℃, 헹굼 온도 65℃로 자동 설정되어 있습니다. - AI: 자동으로 오염 정도를 감지하여 세척 시간 및 온도를 설정하는 코스입니다. - 간편: 오염 정도가 적은 식기를 빠르게 세척할 때 사용하는 코스입니다. - 강력: 오염 정도가 높은 식기를 세척할 때 사용하는 코스입니다. - 민감: 온도에 민감한 플라스틱 그릇, 깨지기 쉬운 유리그릇 등 외부 자극에 민감한 식기를 세척할 때 사용하는 코스입니다. - 내부: 식기세척기 내부를 청소할 때 사용하는 코스입니다.
옵션	- 스팀: 고온의 세척수와 스팀을 통한 음식물 불림 기능입니다. 1회 선택 시 세척 시간에 15분이 추가됩니다. - 살균: 80℃ 이상의 세척 및 헹굼 온도를 통한 강력 살균 기능입니다. 1회 선택 시 세척 시간에 25분이 추가됩니다. ※ 대장균, 살모넬라, 리스테리아에 대한 99.99% 살균 인증을 받았습니다. - 건조: 80℃ 이상의 헹굼 온도를 통한 강력 건조 기능입니다. 1회 선택 시 세척 시간에 15분이 추가됩니다. - 헹굼: 헹굼 기능이 1회 추가 적용되는 기능입니다. 1회 선택 시 세척 시간에 10분이 추가됩니다.
	- 선택한 세척 코스와 옵션에 따른 예상 세척 시간 및 남은 세척 시간을 확인할 수 있습니다. - 제품에 발생한 오류를 확인할 수 있습니다.
시작	- 선택한 세척 코스와 옵션을 통한 세척을 시작할 수 있습니다. - 세척 코스와 옵션을 선택한 다음 식기세척기 문을 닫고 [시작] 버튼을 터치하면 세척이 시작됩니다. ※ 세척 코스와 옵션을 선택한 다음 3분 동안 [시작] 버튼을 터치하지 않으면 자동으로 전원이 종료됩니다.

예약	– 한 시간 간격으로 세척 코스를 예약할 수 있습니다. – 예약 가능 시간은 최대 20시간이며, 원하는 예약 시간만큼 [예약] 버튼을 누르면 됩니다. ※ 1) 세척 전 디스플레이에 2:00로 표시될 경우 2시간 후 세척이 시작됩니다. 2) 세척 중 디스플레이에 1:00로 표시될 경우 1시간 후 세척이 완료됩니다.
취소	– 작동 중인 세척 코스를 취소할 수 있습니다. – 작동 중에 세척 코스를 변경하는 경우 [취소] 버튼을 2초 이상 누르면 세척이 취소되고 제품 안의 물이 배수되며, 배수가 완료된 뒤에 코스를 재선택할 수 있습니다.

2. 세척 코스별 세부 사항

구분	표준	AI	간편	강력	민감	내부
오염 정도	보통	적음~많음	적음	많음	적음	없음
물 소비량(L)	15.0	14.0~20.0	12.0~13.0	18.0	13.5	14.0~16.0
코스 시간(분)	70	65~100	40	90	75	120
세척 온도(℃)	60	60~65	55	65	50	70
헹굼 온도(℃)	65	65~70	65	70	55	80
선택 가능 옵션	스팀, 살균, 건조, 헹굼	스팀, 살균, 건조, 헹굼	스팀, 건조, 헹굼	스팀, 살균, 건조	헹굼	살균

※ 표의 값은 실내 온도 21℃, 수압 0.2MPa, 전압 220V, 60Hz 기준이므로 실내 온도, 수압, 전압 등에 따라 예상 세척 시간과 실제 세척 시간이 상이할 수 있습니다.

3. 오류 표시에 따른 문제해결 방안

구분	오류 증상
C0	본체 내 세척이 필요하므로 내부 세척을 진행하세요.
B1	급수 이상이므로 다음 내용을 확인하세요. 1) 중간 밸브가 열려 있는지 확인하세요. 2) 급수 호스가 꺾여 있는지 확인하세요. 3) 단수 여부를 확인하세요.
U2	배수 이상이므로 다음 내용을 확인하세요. 1) 배수 호스나 배수구가 막혀 있는지 확인하세요. 2) 배수 호스가 꺾여 있는지 확인하세요. 3) 배수 경로의 이상 여부를 확인하세요.
E3	온도 감지 이상이므로 전원을 끄고 고객상담센터에 문의하세요.

25. **위의 설명서를 근거로 판단한 내용으로 가장 적절하지 않은 것은?** (1.2점)

① 강력 세척 코스 선택 시 헹굼 옵션은 추가로 선택할 수 없다.

② 한 시간 내로 식기를 세척하는 코스는 세척 온도가 가장 낮다.

③ 기본으로 설정되어 있는 표준 세척 코스는 세척 시 약 15L의 물을 사용한다.

④ 오류 발생 구간에 C0가 표시되면 내부 세척 코스를 진행해야 한다.

⑤ 세척 코스와 옵션을 결정하고 3분 내로 시작 버튼을 누르지 않으면 식기세척기의 전원이 꺼진다.

26. **△△전자의 영업 사원인 A~E가 위의 자료를 읽고 나눈 대화가 다음과 같을 때, 가장 적절하지 않은 내용을 말한 사원은?** (1.5점)

> A: 최근 표준 코스 선택 시 기름때가 잘 지워지지 않는다는 불만 사항이 인입되었으니 오염 정도가 높은 식기를 세척할 때는 강력 세척 코스를 선택하고, 이 코스에는 약 1시간 30분이 소요된다는 점을 전달해야겠어요.
>
> B: 자사 제품의 살균 세척 코스는 대장균, 살모넬라 등 각종 유해 세균의 멸균 가능성을 입증받았으므로, 이를 제품의 홍보 포인트로 삼는 것도 좋겠습니다.
>
> C: 좋은 생각입니다. 민감 세척 코스를 이용하면 유리잔을 세척할 때 깨질 위험이 적으니 식당에서 이용할 식기세척기를 찾는 고객에게 관련 내용을 설명하며 추천하면 적합할 것 같네요.
>
> D: 맞아요. 게다가 민감 세척 코스는 플라스틱 용기 손상도 방지할 수 있어서 소비자가 매력적으로 느낄 것 같아요.
>
> E: 특히 최대 24시간까지 세척 코스를 예약할 수 있다는 점도 덧붙여 설명하면 더욱 좋을 것 같네요.

① A　　② B　　③ C　　④ D　　⑤ E

[27-28] 다음은 □□전자에서 판매하는 P 로봇청소기 설명서의 일부이다. 각 물음에 답하시오.

[P 로봇청소기 조작 안내]

구분	조작 버튼	기능
전원	시작/정지 ▶‖	• 청소를 시작 또는 정지할 때 사용하는 기능 • 시작/정지 버튼을 3초간 누르면 청소기의 전원이 켜집니다. • 청소 모드를 선택한 후 시작/정지 버튼을 누르면 청소가 시작되며, 청소가 완료되면 자동으로 충전대로 이동한 뒤 전원이 꺼집니다. ※ 청소 모드를 선택하지 않고 바로 시작/정지 버튼을 누를 경우 기본 청소 모드가 자동으로 설정되어 청소가 시작됩니다.
청소 모드	기본 청소 모드 ⇔	• 집 안 전체를 청소할 때 사용하는 기능 • 로봇청소기가 집안을 3m × 3m 크기의 사각형으로 나눈 뒤 외곽을 먼저 청소한 후 내부를 주행하며 깨끗하게 청소합니다.
	파워 청소 모드 ∽	• 청소 세기를 높여 청소할 때 사용하는 기능 • 기본 청소 모드와 동일한 방식으로 청소를 하되, 강력한 흡입력으로 꼼꼼하게 집 안을 청소합니다.
	집중 청소 모드 ¤	• 오염이 심한 특정 공간을 청소할 때 사용하는 기능 • 로봇청소기가 직경 1.5m 이내의 공간을 집중적으로 청소합니다. ※ 로봇청소기가 충전대와 연결되어 있을 경우 사용이 불가합니다.
충전	충전대 탐색 ≈	• 로봇청소기에 충전이 필요할 때 사용하는 기능 • 로봇청소기가 자동으로 충전대를 탐색한 후 충전대로 복귀해 충전을 시작합니다.

[고장 신고 전 확인 사항]

증상	확인 사항
전원이 켜지지 않음	• 전원이 꺼져있는지 확인한다. • 청소기가 방전되지 않았는지 확인한다.
청소 중 로봇청소기가 멈춤	• 청소기가 방전되었다면 충전대로 직접 옮겨 충전한다. • 전선이나 문턱 등의 장애물에 걸려있는지 확인한다.
충전대를 탐색하지 못함	• 충전대의 전원 플러그가 제대로 꽂혀있는지 확인한다. • 충전대 주변에 장애물이 있는지 확인한다.
흡입력이 약해짐	• 먼지 통이 가득 차 있다면 비워낸 뒤 세척한다. • 청소 브러시가 이물질로 막혀있는 것은 아닌지 확인한다.
소음이 심함	• 먼지 통과 청소 브러시가 제대로 장착되어 있는지 확인한다. • 청소 브러시가 이물질로 막혀있는 것은 아닌지 확인한다.
청소 중 제자리에서 회전함	• 먼지 통과 청소 브러시에 이물질이 걸려있는 것은 아닌지 확인한다.
대각선 방향으로만 청소함	• 충전대가 바닥의 나뭇결이나 타일 방향으로 설치된 것은 아닌지 확인한다. ※ 충전대에 비스듬하게 연결되어 충전되었거나 바닥재 또는 타일에 따라 대각선으로 청소할 수 있습니다.
특정 구역을 청소하지 않음	• 로봇청소기가 충분히 지나갈 수 있는지 확인한다.

제품에서 냄새가 남	• 먼지 통이 가득 찬 것은 아닌지 확인한다. • 청소 브러시에 오염 물질이 묻어 있는 것은 아닌지 확인한다. • 필터를 교체하거나 청소할 필요가 없는지 확인한다. • 필터가 젖어있지 않은지 확인한다. ※ 젖은 필터 사용은 오작동의 원인이 될 수 있습니다. • 제품 구입 시점이 1개월 이내인지 확인한다. ※ 제품 구입 초기 1개월까지 고무류 냄새가 날 수 있습니다.

27. 정상적으로 작동하고 있던 P 로봇청소기가 갑자기 제자리에서 회전할 때 확인할 사항으로 가장 적절한 것은? (1.2점)

① 충전대가 비스듬하게 설치되어 있는 것은 아닌지 확인한다.

② 먼지 통이 가득 차 세척할 필요는 없는지 확인한다.

③ 충전대의 전원 플러그가 제대로 연결되어 있는지 확인한다.

④ 청소 브러시나 먼지 통에 이물질이 걸려있는지 확인한다.

⑤ 로봇청소기가 지나갈 수 있을 만큼의 공간이 확보되었는지 확인한다.

28. □□전자의 고객센터에서 근무하는 박 사원이 P 로봇청소기와 관련하여 다음과 같은 문의를 받았다고 할 때, 박 사원의 답변 내용으로 가장 적절하지 않은 것은? (1.5점)

> 고　객: 작년에 P 로봇청소기를 구입해 1년가량 사용했는데, 그동안에는 아무런 문제가 없다가 갑자기 청소기에서 악취가 나기 시작했어요. 어떻게 하면 해결할 수 있나요?
> **박 사원:** 네, 고객님. 우선 (　　　　　　　　　　　　　　　　　　　)

① 청소 브러시를 점검해주시고, 혹시 악취가 나는 오염 물질이 묻어 있지 않은지 확인해주시기 바랍니다.

② 필터 상태를 확인해주시고, 필터가 오염된 상태라면 교체 또는 청소를 해주시기 바랍니다.

③ 청소기의 먼지 통을 확인하시어 먼지가 가득 찬 것은 아닌지 확인해주시기 바랍니다.

④ 청소기에서 고무 냄새가 나는 것이라면, 냄새 발생 시점부터 1개월 뒤에 다시 확인해주시기 바랍니다.

⑤ 필터가 젖어있지는 않은지 확인해주시고, 젖어있다면 완전히 말린 후에 다시 사용해주시기 바랍니다.

29. **다음 보도자료를 읽고 ◇◇공사에 근무하는 사원끼리 나눈 대화의 내용 중 가장 적절하지 않은 것은?** (1.2점)

> 고용노동부는 일자리 기회 확대와 일터문화 혁신이라는 2대 핵심 목표를 제시하였다. 대상별 일자리 지원을 강화하고 국민 고용안전망을 완성하겠다고 밝히며 초과 근로는 줄이고 생산성은 높여 나가는 '스마트 일터'와 직장 내 갑질을 근절하는 '안전한 일터'를 구축할 것으로 전했다. 지역·민간 중심의 워라밸 문화를 확산함으로써 근본적이고 확실한 변화를 만들어가겠다고 강조하며 워라밸 지역추진단 등을 통해 지역·민간 중심의 워라밸 문화를 확산하겠다는 것이 노동부의 방침이다. 또한 연차휴가 사용 활성화 캠페인과 장기 연속휴가 제고 방안 등을 마련해 연차휴가 사용률을 높여나가고, 블라인드 채용 성과 확산 및 적용 기준을 명확히 하며 민간 부분은 분야·규모별로 공정 채용 확산을 유도할 계획이다. 직무·능력 중심 임금체계 확산을 위해 공공부문은 개선방안을 지속적으로 모색하며, 민간부문은 인프라 및 컨설팅 확대 등을 통해 직무·능력 중심의 임금체계 확산을 지원하고 사회적 대화를 통한 공감대를 넓혀나갈 방침이다. 비정규직에 대한 불합리한 차별 해소를 위해서는 공공부문의 정규직 전환 계획을 차질없이 이행하고, 전환자 처우개선 및 인사·노무 관리를 지원할 예정이다. 더불어 민간 부문은 개정 파견지침 현장 안착과 기간제·사내하도급 가이드라인 개정 등 비정규직 활용의 공정한 질서를 마련한다.

① A 사원: 연차휴가 사용 활성화 캠페인이 도입된다면 작년처럼 제대로 쉬지도 못하고 일하는 일은 없겠어.
② B 사원: 초과 근로가 줄면 전체 근로 시간도 줄어드니 생산성이 그만큼 감소되는 것은 피할 수 없겠군.
③ C 사원: 직무·능력 임금체계가 확산되면 능력대로 일한 만큼 급여가 책정되니 일할 의욕이 높아지겠네.
④ D 사원: 직장 내 갑질이 없어지면 회사 상사가 개인적인 심부름을 시키는 일은 생기지 않을 거야.
⑤ E 사원: 블라인드 채용이 확산되면 불합리한 차별은 사라지고 채용의 공정성이 강화되겠어.

30. **다음 중 자기개발 설계 전략으로 적절한 것의 개수는?** (0.8점)

> ㉠ 가족, 친구, 직장동료, 고객 등 다양한 인간관계를 고려하여 수립한다.
> ㉡ 자신을 다른 사람과 차별화시키는 특징을 강조하는 PR 활동을 통해 자신을 브랜드화한다.
> ㉢ 미래의 직무를 고려하여 이에 필요한 능력과 자신의 수준 및 개발해야 할 능력이 무엇인지 파악한다.
> ㉣ 자신의 욕구, 가치, 흥미 등을 고려하여 단기 목표를 수립하고, 직무 관련 경험 등을 고려하여 장기 목표를 수립한다.
> ㉤ 효율성을 높일 수 있도록 자신이 수행해야 할 자기개발 방법을 세부적으로 수립한다.

① 0개 ② 1개 ③ 2개 ④ 3개 ⑤ 4개

31. 매슬로는 인간의 욕구를 5단계로 구분하여 하위의 욕구가 충족되어야 상위 욕구를 충족하려는 욕구가 나타난다는 욕구 단계 이론을 제시했다. 다음 ㉠, ㉡이 자아실현의 욕구보다 다른 욕구가 더 강하여 자기개발에 실패한 사례라고 하였을 때 ㉠, ㉡에 나타난 욕구를 순서대로 바르게 나열한 것은? (1.2점)

[매슬로의 욕구 단계 이론]

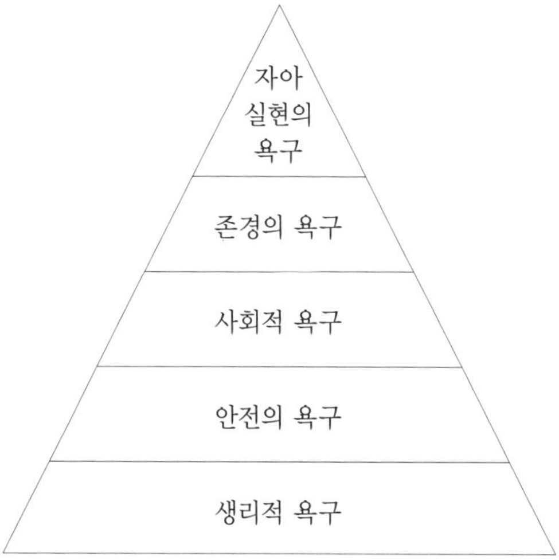

㉠ A 씨는 자기관리와 체력 증진을 위해 운동을 하기로 결심했지만 급여가 적어 생활하기에 빠듯하고 그나마 남은 돈을 적금과 보험으로 쓰는 탓에 스포츠 센터 등록을 몇 개월째 미루고 있다. ㉡ B 씨는 인근 주민센터에서 진행하는 영어 회화 강의를 신청하였지만 팀 회식, 친구와의 약속, 연인과의 데이트 등으로 결석이 빈번한 상태이다.

① 생리적 욕구 – 안전의 욕구

② 생리적 욕구 – 사회적 욕구

③ 안전의 욕구 – 생리적 욕구

④ 안전의 욕구 – 사회적 욕구

⑤ 사회적 욕구 – 존경의 욕구

32. **다음 A, B에 들어갈 자기개발 방해 요인을 순서대로 바르게 나열한 것은?** (0.8점)

A	연령, 금전, 시간 등의 문제가 발생함
의사결정 시 자신감 부족	자기개발과 관련된 결정을 내릴 때 자신감이 부족함
B	자신의 흥미, 장점, 라이프스타일 등을 충분히 이해하지 못함
외부 작업정보 부족	다른 직업이나 회사 밖의 기회에 대해 충분히 알지 못함

	A	B
①	주변 상황의 제약	자기정보 부족
②	주변 상황의 제약	내부 작업정보 부족
③	주변 상황의 제약	정보 비대칭성
④	일상생활의 요구사항	자기정보 부족
⑤	일상생활의 요구사항	내부 작업정보 부족

33. **다음 글을 읽고 빈칸에 들어갈 내용으로 가장 적절한 것은?** (1.2점)

> 금전적인 보상, 편익, 승진과 같은 외적인 동기유발은 일시적으로 좋은 결과를 가져오거나 조직원들의 사기를 끌어올릴 수 있다. 그러나 조직원들은 재미, 성취감, 인정 등 자신의 욕망을 실현하고자 업무에 최선을 다하는 것이기 때문에 리더는 외적인 동기유발이 항상 조직원들의 동기를 유발할 수 있다는 단순한 생각으로 그들을 대해서는 안 된다. 즉, 지속적으로 조직원들이 잠재력을 발휘할 수 있도록 그 이상을 제공해야 한다. 따라서 리더는 (   ) 조직원들의 내적 동기를 유발시켜야 한다. 이는 조직원들이 자신의 실수나 잘못에 대해 스스로 책임지도록 동기를 부여하는 방법으로, 리더는 지도와 개입은 줄이되 조직원 스스로 실질적인 해결책을 찾을 수 있는 분위기를 조성해 주는 것이 좋다.

① 새로운 도전의 기회를 부여하여

② 지속적인 교육을 통해

③ 코칭을 함으로써

④ 긍정적인 강화법을 활용하여

⑤ 창의적인 문제 해결법을 찾아서

34. **다음 중 팔로워십 유형과 그 특징이 가장 올바르게 짝지어진 것은?** (1.2점)

㉠ 조직의 운영 방침에 민감함	㉡ 팀플레이를 함	㉢ 일부러 반대 의견을 제시함
㉣ 지시가 있어야 행동함	㉤ 규정과 규칙에 따라 행동함	㉥ 판단, 사고를 리더에게 의존함
㉦ 리더나 조직을 믿고 헌신함	㉧ 사건을 균형 잡힌 시각으로 봄	㉨ 기쁜 마음으로 과업을 수행함

	수동형	순응형	실무형	소외형
①	㉣, ㉤	㉠, ㉨	㉡, ㉧	㉢, ㉥, ㉦
②	㉥	㉡, ㉣	㉠, ㉦, ㉧	㉢, ㉤, ㉨
③	㉣, ㉦	㉡, ㉨	㉤, ㉥, ㉧	㉠, ㉢
④	㉣, ㉥	㉡, ㉦, ㉨	㉠, ㉤, ㉧	㉢
⑤	㉣, ㉥, ㉦	㉨	㉠, ㉤	㉡, ㉢, ㉧

35. **다음 글을 읽고 A 사원이 갈등을 해결하는 방법의 유형으로 가장 적절한 것은?** (1.2점)

> 마케팅팀에 근무하는 A 사원과 B 사원은 제품 후기 조사 방법에 대해 큰 의견 차이를 보이고 있다. A 사원은 모든 제품의 고객 후기를 정리하여 각 제품의 선호도를 조사한 후 제품별 마케팅 전략을 수립하자고 제안하였으나, B 사원은 평점을 기준으로 제품을 리스트업하여 평점이 높은 제품과 낮은 제품을 확인한 다음 평점이 높은 제품을 위주로 마케팅 전략을 세우자고 주장하였다. A 사원은 서로의 의견에 대한 중간 지점에서 해결점을 찾을 수 있도록 제품별로 고객 후기를 정리하되 평점이 높은 제품을 중심으로 마케팅 전략을 수립할 것을 제안하였다.

① 타협형　② 회피형　③ 통합형　④ 경쟁형　⑤ 수용형

36. 다음 중 팀워크 촉진 방법에 대한 설명으로 가장 적절하지 <u>않은</u> 것은? (0.8점)

① 성공적으로 팀워크를 구축하기 위해서는 팀원 간 협력이 필수 요소임을 명심한다.

② 팀 목표를 달성하기 위해서는 동료의 긍정적인 피드백과 부정적인 피드백을 모두 받아들여야 한다.

③ 의사결정의 질과 구성원 동참 두 가지 측면을 고려하여 의사결정을 내려야 한다.

④ 팀원 각자에게 책임과 권한을 부여하여 참여적인 의사결정 기회를 제공해야 한다.

⑤ 팀원 사이의 갈등 발생 시 빠르게 개입하여 중재하고 공개적인 미팅을 진행해야 한다.

37. 다음 중 윤리와 도덕의 의미에 대한 설명으로 가장 적절하지 <u>않은</u> 것은? (1.2점)

① 도덕이란 도를 실천해야 할 주체적 태도를 뜻한다.

② 윤리의 '윤'은 인간관계에 필요한 길이나 도리, 질서를 의미한다.

③ 윤리의 '리'는 원리, 이치, 판단 등 다양한 뜻을 내포하고 있다.

④ 윤리와 도덕은 일상생활에서 구별하지 않고 사용하지만 어원이 서로 다른 말이다.

⑤ 동양적 사고에서 윤리는 인륜과 같은 의미로 사용된다.

38. 인사팀 최현준 과장은 면접에서 정직과 신용을 구축하기 위한 지침에 대해 질문했다. 다음 네 명의 지원자 중 질문에 대해 바르게 답변한 사람은 총 몇 명인가? (1.2점)

> **지원자 1:** 부정직한 행위를 타협하거나 눈감아 주는 행동을 해서는 안 됩니다.
> **지원자 2:** 기업 이미지에 손해를 끼칠 수 있는 제품의 단점은 언급을 지양하는 것이 좋습니다.
> **지원자 3:** 정직과 신뢰는 자신의 자산이라는 생각으로 매일 조금씩 축적해 나가야 합니다.
> **지원자 4:** 모든 동료가 따르는 관행일지라도 정직하지 않은 것이라면 인정해서는 안 됩니다.

① 0명　② 1명　③ 2명　④ 3명　⑤ 4명

39. **○○공사의 청렴 감찰처에서 근무하고 있는 귀하는 윤리경영 관련 업무에 참고하기 위하여 윤리경영에 대한 글을 읽었다. 다음 중 대외적 적극적 기업윤리에 대한 설명으로 가장 적절한 것은?** (0.8점)

> 윤리경영이란 기업 활동이나 경영에서 기업윤리를 최우선 가치로 두어 투명하고 공정한 업무를 수행하는 경영 정신으로, 기업의 사회적 책임까지 아우르는 넓은 개념이다. 기업의 윤리경영은 4가지 유형으로 나뉘는데, 크게 윤리를 행하는 주체적 측면과 윤리적 행위의 성격적 측면으로 구분된다. 먼저 윤리를 행하는 주체적 측면은 기업 내부의 통제나 도덕적 경영, 조직 구성원의 윤리의식 등 개인에 초점을 두는 대내적 윤리와 기업의 사회적 책임이나 이해관계자 집단, 대외 이미지 등 조직에 초점을 두는 대외적 윤리로 나뉜다. 윤리적 행위의 성격적 측면은 바람직하지 못한 문제를 다루는 소극적 윤리, 바람직한 문제를 강화하는 적극적 윤리로 나뉜다. 이러한 기준으로 윤리경영은 대내적 소극적 기업윤리, 대외적 소극적 기업윤리, 대내적 적극적 기업윤리, 대외적 적극적 기업윤리로 유형화할 수 있다.

① 조직 경영자는 기업 노조에 대한 권위적인 태도나 남녀 성차별, 최저 임금에 미달하는 급여 지급 등을 지양해야 한다.

② 다른 기업과 경쟁 상황에서 과장 광고, 정경유착 등의 불법적 행위를 금하고 법의 허용 범위 안에서 공정하게 경쟁한다.

③ 조직 구성원은 회사 공금을 불법적인 목적이나 불필요한 지출에 사용하지 않고, 조직 경영자는 자신의 권한을 남용하지 않는다.

④ 조직 구성원의 인격을 존중하고 개인의 역량 개발의 기회를 부여하며 청렴한 기업 문화를 형성하는 데 노력한다.

⑤ 문화나 의료 사업 등 기업에서 창출한 이익을 사회에 환원하고, 낙후 지역에 산업시설을 유치하는 등 지역사회에 공헌한다.

40. **다음 글에서 설명하고 있는 직업윤리의 일반적인 덕목으로 가장 적절하지 <u>않은</u> 것은?** (1.2점)

> 조선 시대가 배경임에도 중국풍 음식과 인테리어 등을 포함시켜 역사를 왜곡했다는 지적이 빗발치던 한국 드라마가 한 때 논란의 중심이었다. 드라마 제작진이 직접 사과했음에도 불구하고 시청자들의 거센 항의는 줄어들 기미가 보이지 않았고, 결국 2회 만에 막을 내리게 되었다. 사극이나 시대극은 항상 방영될 때마다 역사 고증의 문제가 뒤따라온다. 역사 드라마 관계자들은 내용이 허구로 구성되어 있을지라도 그 안에 담긴 역사적 사실이 시청자들에게 왜곡되지 않고 온전히 전달될 수 있도록 하는 중요한 역할을 맡고 있다. 또한, 해당 분야에 대해 보유하고 있는 지식을 밑바탕으로 제작에 대한 책무를 수행하는 직업인으로서 역사 드라마 관계자들은 시청자의 목소리에 귀를 기울이면서 자신이 만드는 창작물에 더욱 신경을 써야 하며, 자신의 일이 본인의 능력과 적성에 맞는다고 여기고 열성을 다해 성실히 임하는 태도를 갖춰야 한다.

① 전문가 의식　② 직분 의식　③ 책임 의식　④ 천직 의식　⑤ 봉사 의식

약점 보완 해설집 p.56

PART 2

전공 실전모의고사

행정학 실전모의고사

총 40문항 / 권장 풀이시간 50분

01. 귤릭(Gulick)과 어윅(Urwick)이 행정관리논총에서 최고관리층의 7대 기능으로 제창한 POSDCoRB에 포함되지 않는 것은? (0.8점)

① P: Planning(기획)　② O: Organizing(조직)　③ S: Staffing(충원)
④ C: Cooperation(협력)　⑤ B: Budgeting(예산)

02. 행정학자와 그 이론을 연결한 것으로 옳지 않은 것은? (0.8점)

① 굿노(Goodnow) – 정치행정이원론
② 윌슨(Wilson) – 정치행정이원론
③ 애플비(Appleby) – 정치행정이원론
④ 디목(Dimock) – 정치행정일원론
⑤ 세이어(Sayer) – 정치행정일원론

03. 공행정과 사행정의 공통점으로 옳은 것은? (0.8점)

① 평등성의 정도　② 관료제적 성격　③ 법적 규제의 정도
④ 정치적 성격　⑤ 독점성의 정도

04. 시장실패의 원인인 외부효과의 문제를 해결함에 있어서 반드시 정부가 개입하지 않더라도 이해당사자 사이의 권리관계가 명확하게 설정될 수 있다면 당사자 사이의 협상과 계약을 통하여 문제가 해결될 수 있다고 주장하는 이론은? (0.8점)

① 코즈의 정리(Coase's theorem)

② 바그너의 법칙(Wagner's law)

③ 무어의 법칙(Moore's law)

④ 하몬의 행위이론(Harmon's action theory)

⑤ 대기행렬이론(Queuing Theory)

05. 조직에서 효율적인 자원할당은 되지만 관료들이 최선으로 일을 하지 않아 업무성과가 극대화되지 못하는 현상을 설명하는 개념은? (1.2점)

① 사회적 비효율성　② X-비효율성　③ 도덕적 해이

④ 죄수의 딜레마　⑤ 역선택

06. 다음 설명에 해당하는 재화의 종류는? (1.2점)

• 비경합성과 비배제성으로 인한 정부의 개입 가능성이 크다.
• 타인이 생산한 재화에 무임승차 하는 문제가 발생하기 쉽다.
• 대표적인 사례로 국가가 공동체 유지를 위해 수행하는 치안서비스가 있다.

① 공공재　② 공유재　③ 민간재　④ 요금재　⑤ 열등재

07. **다음 중 전통적 관료제 대비 신공공관리론의 특징으로 옳은 것을 모두 고르면?** (1.2점)

ㄱ. 중앙 정부는 기능을 축소하여 정책 관련 기획 및 집행 기능을 주로 담당한다.
ㄴ. 투입, 절차 등의 과정보다 산출과 결과를 중시하는 성과 중심의 행정을 지향한다.
ㄷ. 행정국가 시대의 시장 실패를 극복하기 위한 정부 개혁에 해당한다.

① ㄱ ② ㄴ ③ ㄱ, ㄷ ④ ㄴ, ㄷ ⑤ ㄱ, ㄴ, ㄷ

08. **다음 각 설명에 해당하는 정책결정 모형을 순서대로 나열한 것은?** (1.5점)

ㄱ. 정책결정 시 경제적 합리성뿐만 아니라 직관이나 판단력과 같은 초합리적 요소까지도 고려하는 정책결정 모형으로, 드로어(Dror)가 제시하였다.
ㄴ. 기존 정책을 약간씩 개선해 나가야 그 정책의 성과가 극대화될 수 있다는 정책결정 모형으로, 안정된 상황에는 적합하나 위기 상황에 대처할 혁신적인 정책이 필요한 경우에는 한계가 있다.
ㄷ. 무질서한 상황에 있는 조직에 적용할 목적으로 개발된 정책결정 모형이며, 불확실한 환경에서 이루어지는 의사결정 양상을 이해하는 데 도움이 된다.
ㄹ. 인간의 이성적 판단과 완전한 정보 환경을 전제로 하여, 정책결정자가 문제 해결을 위한 정책 대안을 포괄적으로 분석하고 최선의 대안을 선택할 수 있다고 보는 정책결정 모형이다.

	ㄱ	ㄴ	ㄷ	ㄹ
①	합리 모형	최적 모형	점증 모형	쓰레기통 모형
②	최적 모형	점증 모형	쓰레기통 모형	합리 모형
③	합리 모형	쓰레기통 모형	점증 모형	최적 모형
④	최적 모형	합리 모형	쓰레기통 모형	점증 모형
⑤	쓰레기통 모형	합리 모형	점증 모형	최적 모형

09. 다음 중 애드호크라시(Adhocracy)에 대한 설명으로 가장 적절하지 않은 것은? (1.2점)

① 높은 창의성이 요구되는 조직에 적용하기 적합하다.

② 구성원의 지위는 수평적으로 분화되어 있으며, 조직 구조가 복잡하지 않다.

③ 민주적이고 자율적인 의사결정이 가능하여 조직 내 갈등 발생 가능성이 낮다.

④ 다양한 전문 기술을 가진 전문가들로 구성되어 문제해결이 용이하다.

⑤ 복잡하고 급격한 환경의 변화에 민첩하게 적응할 수 있다.

10. 다음 중 관료제 병리현상에 대한 설명으로 가장 적절하지 않은 것은? (1.5점)

① 형식주의(形式主義)가 지나치면 관계 법령 규정의 준수에만 의존하는 책임 회피적 행태가 만연해진다.

② 관료제의 구조적 특성으로 인해 자신이 소속된 기관이나 부서만 중요하게 생각하고 편협한 태도를 취하는 할거주의(割據主義)가 나타난다.

③ 법규와 절차 준수를 강조하는 것은 관료제 조직 내 구성원들의 비정의성(非情誼性)을 저해하는 요인으로 작용한다.

④ 업무 수행 과정에서 목표를 달성하는 수단인 규칙이나 절차에 집착하여 목표가 수단으로 대치되는 현상이 발생할 수 있다.

⑤ 보수적이며 현실유지적인 특징을 보여 변동에 대한 적응력이 떨어질 수 있다.

11. 다음 중 변혁적 리더십에 대한 설명으로 가장 적절하지 않은 것은? (1.5점)

① 탈관료제 조직에서 주로 사용하는 리더십이다.

② 리더와 부하의 합리적 교환을 중요시한다.

③ 변화에 대해 적극적이고 미래 지향적인 태도를 보인다.

④ 리더는 부하의 다양성과 창의성을 존중하고 지원한다.

⑤ 카리스마적 리더십을 발휘해 부하에게 자긍심과 신념을 심어 준다.

12. 다음 중 총체적 품질관리(TQM) 대비 목표관리제(MBO)의 특징에 해당하지 않는 것은? (1.2점)

① 단기적 목표 ② 결과 지향 관리 ③ 사전적 관리 중심
④ 개별적 보상 ⑤ 폐쇄적

13. 다음 중 계급제와 직위분류제에 대한 설명으로 가장 적절하지 않은 것은? (1.5점)

① 직위분류제는 전문행정가 양성에 유리하다.
② 계급제는 강한 신분보장을 전제로 하는 제도이다.
③ 직위분류제는 계급제보다 권한과 책임의 한계가 불명확하다.
④ 직업공무원제 확립에 더 유리한 것은 계급제이다.
⑤ 직위분류제에서는 인사이동이 제한적이다.

14. 다음 중 모든 수입은 국고에 편입되어, 지출은 국고에서부터 이루어져야 한다는 예산 원칙은? (1.2점)

① 완전성의 원칙 ② 통일성의 원칙 ③ 한정성의 원칙
④ 단일성의 원칙 ⑤ 공개성의 원칙

15. 다음 중 특별회계의 장단점으로 가장 적절하지 않은 것은? (1.2점)

① 예산 구조가 복잡하여 재정 운영이 곤란하다.
② 행정부의 재량범위가 축소되고, 행정기능의 전문성이 향상된다.
③ 사업에 대한 세입 및 세출이 명확하다.
④ 입법부의 예산통제와 국민의 행정통제가 어렵다.
⑤ 국가재정의 전체적인 관련성을 파악하기 어렵다.

16. **다음 중 규제수단에 따른 규제 유형이 다른 하나는 무엇인가?** (1.2점)

① 하명, 허가, 인가, 특허 등 행정처분에 의한 규제

② 행정지도와 행정계획에 의한 규제

③ 보조금 및 금융지원, 세제감면 및 중과세 등 재정적 유인책

④ 공해배출권 제도

⑤ 가공식품 성분 표시와 같은 시장의 선택에 의한 방식

17. **다음 중 정책평가의 외적 타당성을 저해하는 요인으로 적절한 것을 모두 고르면?** (1.2점)

ㄱ. 상실요인: 조사기간 중 대상집단의 일부가 탈락하거나 상실됨으로써 처음의 집단과 지금의 집단이 다른 특징을 갖게 되는 경우 ㄴ. 호손효과: 실험 집단의 구성원들이 실험 대상이라는 사실을 인식하여 심리적 긴장감으로 인해 평소와 다른 행동을 보이는 경우 ㄷ. 크리밍 효과: 효과가 크게 나타날 대상만 실험 집단에 배정한 경우 ㄹ. 측정수단요인: 정책이나 프로그램 진행 전과 후에 측정하는 절차나 도구가 달라지는 경우

① ㄱ, ㄴ ② ㄱ, ㄹ ③ ㄴ, ㄷ ④ ㄴ, ㄹ ⑤ ㄷ, ㄹ

18. **다음 중 민영화의 장점으로 거리가 먼 것은?** (1.2점)

① 행정서비스의 효율성 제고

② 민간 경제의 활성화

③ 행정서비스의 질 향상

④ 행정의 안정성과 계속성 확보

⑤ 작은 정부의 구현

19. 다음 중 파킨슨(Parkinson)의 법칙에 대한 설명으로 가장 거리가 먼 것은? (1.2점)

① 상승하는 피라미드의 법칙, 관료제의 제국주의 등으로도 불린다.

② 관료제에서 무능한 사람들이 상부를 차지하게 되어 조직의 능률이 떨어진다는 주장이다.

③ 업무량과는 무관하게 공무원의 수가 증가한다는 주장이다.

④ 부하배증의 법칙과 업무배증의 법칙을 핵심내용으로 한다.

⑤ 조직을 구성하는 구성원의 심리적 요인을 고려한 이론이다.

20. 다음 중 정책의 유형과 그에 따른 사례 연결이 가장 적절하지 않은 것은? (1.2점)

① 분배정책 – 신공항 건설

② 재분배정책 – 누진세 제도

③ 상징정책 – 정부조직 개편

④ 추출정책 – 징병 제도

⑤ 규제정책 – 최저임금제도

21. 다음 중 정책네트워크 모형에 대한 설명으로 가장 적절하지 않은 것은? (1.2점)

① 국가와 사회의 이분법을 극복하고, 정책환경의 복잡성을 해결하기 위해 대두된 개념이다.

② 하위정부모형은 소수의 행위자로 구성된 안정적인 정책망에 해당된다.

③ 정책공동체에서 참여자들은 기본가치를 공유하며 참여자들 사이의 접촉 빈도가 높다.

④ 이슈네트워크에서 참여자들은 쟁점만 공유하는 관계이다.

⑤ 이슈네트워크는 비교적 폐쇄적이고 안정적인 반면 정책공동체는 개방적이고 유동적이다.

22. **다음 중 민츠버그(Mintzberg)의 조직분류에 대한 설명으로 가장 적절하지 <u>않은</u> 것은?** (1.5점)

① 단순구조: 최고관리층에 권력이 집중된 유기적 구조로, 동태적인 환경에 적응하기 쉽다.

② 기계적 관료제: 단순하고 안정적인 환경에 적합한 구조로, 베버가 언급한 관료제 구조와 유사하다.

③ 전문적 관료제: 전문성이 높은 작업계층이 가장 중요하고 많은 조직으로, 작업과정의 표준화를 중시한다.

④ 사업부제 구조: 산출물의 표준화를 중시하여 성과관리에 적합한 조직이다.

⑤ 애드호크라시: 복잡하고 동태적인 환경에 적합한 혁신조직이나, 책임소재가 불분명하여 갈등발생소지가 있다.

23. **다음 중 매트릭스 구조에 대한 설명으로 가장 적절하지 <u>않은</u> 것은?** (1.5점)

① 기능구조와 사업구조의 결합을 시도한 조직구조이다.

② 이원적 권한체제를 특징으로 한다.

③ 불안정하고 급변하는 조직환경에 효과적이다.

④ 책임한계가 모호하다는 단점을 지니고 있다.

⑤ 핵심역량 외 기능은 외부 기관들과 계약을 통해 수행한다.

24. **다음 동기부여이론 중 성격이 다른 하나는?** (1.2점)

① 앨더퍼 – ERG 이론

② 허즈버그 – 욕구충족요인 이원론

③ 맥그리거 – X, Y 이론

④ 브룸 – 기대이론

⑤ 매슬로 – 욕구5단계론

25. 다음 중 동기부여이론에 대한 설명으로 가장 적절하지 않은 것은? (1.5점)

① 매슬로는 상위 차원의 욕구가 충족되지 못할 경우 하위 욕구를 충족시키려는 동기가 더 강해진다고 보았다.

② 허즈버그는 불만을 일으키는 요인과 만족을 주는 요인이 독립적으로 작용한다고 보았다.

③ 맥클리랜드는 매슬로와 달리 개인마다 욕구의 계층에 차이가 있다고 보았다.

④ 아담스는 개인은 준거인과 자신을 비교하여 노력과 보상 간에 불일치를 깨달으면 이를 제거하는 방향으로 동기를 부여한다고 보았다.

⑤ 페리는 금전적·물질적 보상보단 지역공동체나 국가와 인류를 위해 봉사하려는 이타심을 동기유발요인으로 주목하였다.

26. 다음 중 선진국의 행정문화로 적절한 것을 모두 고르면? (1.2점)

ㄱ. 합리주의	ㄴ. 형식주의	ㄷ. 성취주의
ㄹ. 세속주의	ㅁ. 가족주의	ㅂ. 일반주의

① ㄱ, ㄴ, ㅂ
② ㄱ, ㄷ, ㄹ
③ ㄴ, ㄷ, ㅂ
④ ㄴ, ㄹ, ㅁ
⑤ ㄷ, ㄹ, ㅂ

27. 다음 중 우리나라의 「공직자윤리법」에서 다루고 있지 않은 내용은? (1.5점)

① 고위공직자의 재산등록 및 공개

② 이해충돌방지 의무

③ 퇴직공무원의 취업제한

④ 비위면직자의 취업제한

⑤ 주식백지신탁의무

28. **다음 중 대표관료제에 대한 설명으로 가장 적절하지 않은 것은?** (1.2점)

① 관료제의 민주화를 촉진한다는 측면이 있다.

② 우리나라에서도 대표성 확보를 위해 각종 균형인사제도를 시행하고 있다.

③ 사회적 형평성을 제고할 수 있으나 역차별 문제가 발생할 수 있다.

④ 정치적 중립성을 충분히 확보할 수 있다는 것이 장점 중 하나이다.

⑤ 실적주의의 폐단에 대한 비판에서 시작된 개념이다.

29. **다음 중 행정통제의 원칙에 해당하지 않는 것은?** (1.2점)

① 예외성 ② 적량성 ③ 즉시성

④ 일회성 ⑤ 비교성

30. **다음 중 옴부즈만 제도에 대한 설명으로 가장 적절하지 않은 것은?** (1.5점)

① 우리나라에서는 국민권익위원회가 옴부즈만의 기능을 한다.

② 합법성과 합목적성을 심사한다.

③ 우리나라의 옴부즈만은 외부통제이다.

④ 법원의 재판보다 신속하고 저렴한 방식으로 처리할 수 있다.

⑤ 직접적인 시정이나 개선 조치를 할 수 없다는 한계가 있다.

31. **다음 중 추가경정예산에 대한 설명으로 가장 적절하지 않은 것은?** (1.2점)

① 재정의 건전성 확보 차원에서 확정된 예산에 대한 변경이 필요할 경우 편성한다.

② 우리나라의 경우 중앙정부와 지방정부 모두 추가경정예산 편성 횟수에 대한 제한이 있다.

③ 정부는 국회에서 추가경정예산안이 확정되어야 이를 배정하거나 집행할 수 있다.

④ 예산이 확정된 이후에 생긴 사유로 인하여 추가·변경된 예산을 의미한다.

⑤ 추가경정예산은 본예산과는 별도로 성립되지만 성립 후에는 본예산에 흡수되어 통합 운용된다.

32. 다음 중 주민자치에 대한 설명으로 적절한 것을 모두 고르면? (1.2점)

> ㄱ. 정치적 의미의 자치이다.
> ㄴ. 자치권을 실정법상 국가에 의해 주어진 권리로 인식한다.
> ㄷ. 자치사무와 국가위임사무를 구분하지 않는다.
> ㄹ. 포괄적 위임주의의 권한배분 방식을 따른다.

① ㄱ, ㄴ ② ㄱ, ㄷ ③ ㄴ, ㄷ ④ ㄴ, ㄹ ⑤ ㄷ, ㄹ

33. 다음 중 주민소환제도에 대한 설명으로 가장 적절하지 <u>않은</u> 것은? (1.2점)

① 지방자치에 대한 주민의 직접 참여를 확대하는 것을 목적으로 한다.
② 교육감은 당해 지방자치단체의 주민소환투표청구권자 총수의 100분 10 이상의 동의가 있어야 주민소환투표에 붙일 수 있다.
③ 비례대표의원을 포함한 지방의회의원도 소환대상자가 될 수 있다.
④ 주민소환투표권자 총수의 1/3 이상의 투표와 유효투표 총수 과반수의 찬성으로 확정된다.
⑤ 선출직 지방공직자의 임기만료일부터 1년 미만일 때는 주민소환투표의 실시를 청구할 수 없다.

34. 다음 중 정책델파이 기법에 대한 설명으로 가장 적절하지 <u>않은</u> 것은? (1.2점)

① 델파이 기법의 기본논리를 적용해 정책 대안을 개발하고 그 결과를 예측하는 기법이다.
② 반복적 조사, 통제된 환류를 특징으로 한다는 점은 델파이 기법과 유사한 점이다.
③ 철저한 격리성과 익명성을 특징으로 하는 델파이 기법과 달리 선택적 익명성 보장을 특징으로 한다.
④ 델파이 기법과 달리 갈등 조성보다는 의견을 종합하여 합리적인 아이디어를 얻는 데 중점을 둔다.
⑤ 정책전문가, 이해관계자 등 응답 대상자가 비교적 다양하다.

35. **다음 중 정책결정모형과 그에 대한 설명이 가장 적절하지 않은 것은?** (1.5점)

① 합리모형 – 경제적 합리성보다는 이해관계의 원만한 타협과 조정을 통한 정치적 합리성을 중시한다.

② 최적모형 – 경제적 합리성과 더불어 직관·판단력·통찰력과 같은 초합리성이 중요하다는 것을 강조한다.

③ 혼합탐사모형 – 근본적인 결성은 합리모형을, 세부적 결정은 점증모형을 따르고자 한다.

④ 쓰레기통모형 – 현실의 정책결정은 일정한 규칙이 없으며, 조직화된 무질서 상태에 있다가 우연한 계기로 의사결정의 네 요소가 만나면 의사결정이 이루어진다고 보았다.

⑤ 사이버네틱스모형 – 고차원의 목표가 반드시 사전에 존재하는 것으로 전제하지 않으며, 일정한 중요변수의 유지를 위한 끊임없는 적응에 초점을 둔다.

36. **다음 중 예산의 신축성 유지를 위한 수단에 해당하지 않는 것은?** (1.2점)

① 예산의 재배정
② 예산의 이체
③ 예산의 이월
④ 계속비
⑤ 국고채무부담행위

37. **다음 중 정보화의 역기능 사례와 가장 거리가 먼 것은?** (1.2점)

① 팬옵티콘
② 모자이크 민주주의
③ 인포데믹스
④ 선택적 정보접촉
⑤ 정보격차

38. 다음 중 엽관주의에 대한 설명으로 가장 적절하지 <u>않은</u> 것은? (1.5점)

① 공무원의 인사관리나 공직임용에 있어 그 기준을 정당에 대한 충성심·공헌도에 두는 제도이다.

② 우리나라에서도 정무직공무원과 별정직 일부를 엽관주의로 임용하고 있다.

③ 강력한 정책 추진력을 얻을 수 있다는 장점이 있다.

④ 행정의 계속성과 전문성을 확보할 수 있다는 장점이 있다.

⑤ 신분보장이 미흡해 부정부패에 대한 유인을 제공한다는 단점이 있다.

39. 다음 중 사회적 자본에 대한 설명으로 가장 적절하지 <u>않은</u> 것은? (1.5점)

① 사회적 관계 속에서 형성되고 축적되는 친사회적 성질을 지니고 있다.

② 능률성 측면에서 경제주체들 사이의 경제운영비용이나 정보획득비용 등 거래비용을 증가시킨다.

③ 사회적 자본의 다양성은 갈등이 아닌 창의력과 학습을 촉진시키는 작용을 한다.

④ 집단규범 준수를 강조하여 합리적인 기회 추구의 자유를 박탈할 수 있다.

⑤ 사회적 자본은 사용할수록 축적되며, 반대로 사용하지 않으면 감소한다.

40. **다음 중 베버(Weber)의 관료제이론에 대한 설명으로 가장 적절하지 않은 것은?** (1.2점)

① 베버는 관료제를 가장 합리적인 조직이라고 보았다.

② 법규 위주의 지나친 몰인간성은 조직 내의 인간적 관계를 저해할 수 있다.

③ 관료제는 합법성을 토대로 한 합리적 조직으로서 행정의 예측가능성과 객관성을 높여준다.

④ 관료는 목표달성을 위한 수단인 규칙·절차에 지나치게 동조하는 경향을 보여 목표전환현상을 초래할 수 있다.

⑤ 관료제 모형은 전문화로 인한 무능 현상을 완화할 수 있다.

약점 보완 해설집 p.64

법학 실전모의고사

총 40문항 / 권장 풀이시간 50분

01. 다음 중 법의 개념에 대한 설명으로 옳지 않은 것은? (1.2점)

① 사회규범으로서 사회의 유지를 위해 사회구성원 모두가 지켜야 할 기본적인 원칙과 질서이다.

② 강제성을 본질적 요소로 하는 규범으로 법을 준수하지 않는 자에 대한 제재의 형태로 나타난다.

③ 사회구성원이 지켜야 할 행위준칙을 정하는 당위규범의 특징을 가진다.

④ 법은 다양한 의미로 정의될 수 없다.

⑤ 법은 필연적인 법칙성을 가지는 자연법칙은 아니다.

02. 다음 중 라드부르흐가 주장하는 가치관의 종류별 특징을 바르게 연결한 것은? (1.5점)

ㄱ. 국가나 단체보다 개인을 우선시하여 개인의 자유와 행복을 중시함
ㄴ. 문화주의라고도 함
ㄷ. 민족이나 국가와 같은 단체를 최우선시함
ㄹ. 문화가 가장 우선되며 개인이나 국가는 문화의 창조에 이바지하는 부차원적인 존재로 인식함
ㅁ. 평균적 정의를 강조함
ㅂ. 개인은 단체의 가치를 실현하기 위한 구성원으로서 의미를 가짐

	개인주의	초개인주의	초인격주의
①	ㄱ, ㅁ	ㄷ, ㅂ	ㄴ, ㄹ
②	ㄱ, ㅁ	ㄴ, ㄹ	ㄷ, ㅂ
③	ㄷ, ㅂ	ㄱ, ㅁ	ㄴ, ㄹ
④	ㄷ, ㅂ	ㄴ, ㄹ	ㄱ, ㅁ
⑤	ㄴ, ㄹ	ㄷ, ㅂ	ㄱ, ㅁ

03. 다음 중 관습법의 성립요건으로 옳지 않은 것은? (1.2점)

① 오랫동안 반복하여 계속되는 일관된 관행이 존재해야 한다.
② 관행이 권리 및 의무라는 법적 확신이 있어야 한다.
③ 법적 확신에 대한 분쟁이 발생하지 않아야 한다.
④ 관습은 선량한 풍속 및 기타 사회질서에 반하지 않아야 한다.
⑤ 관습은 헌법을 비롯한 강행법규에 위반되지 않아야 한다.

04. 다음 중 공법에 해당하지 않는 것은? (0.8점)

① 형법 ② 헌법 ③ 행정법 ④ 민사소송법 ⑤ 상법

05. 다음 중 법의 형식적 효력에 대한 설명으로 옳지 않은 것은? (1.2점)

① 원칙적으로 법의 효력은 시행 이후인 시행기간 중에 발생한 사항에 대하여 적용된다.
② 원칙적으로 법의 효력은 시행 이전에 발생한 사항에도 소급하여 적용한다.
③ 법은 원칙적으로 그 국가의 주권이 절대적으로 미치는 전체 영역에 걸쳐 적용된다.
④ 원칙적으로 자국의 영역 내에 있는 모든 사람에 대하여 외국인을 불문하고 자국법을 적용할 수 있다.
⑤ 원칙적으로 그 나라의 국적을 가진 자는 거주지에 상관없이 국적국의 법을 적용한다.

06. 다음 중 어떤 특정한 사항에 관하여 법의 규정이 없는 경우, 그와 유사한 사항을 규정한 법규를 적용할 수 있도록 해석하는 논리해석 방법으로 옳은 것은? (1.2점)

① 확장해석 ② 축소해석 ③ 반대해석 ④ 물론해석 ⑤ 유추해석

07. 다음 중 용익물권에 해당하는 것의 개수는? (1.2점)

ㄱ. 점유권	ㄴ. 소유권	ㄷ. 지상권	ㄹ. 지역권
ㅁ. 전세권	ㅂ. 유치권	ㅅ. 질권	ㅇ. 저당권

① 1개 ② 2개 ③ 3개 ④ 4개 ⑤ 5개

08. 다음 중 헌법의 기본원리에 해당하지 않는 것은? (1.2점)

① 법치국가원리 ② 평화국가원리 ③ 사회국가원리
④ 권력융합주의 ⑤ 자유민주주의

09. 다음 중 정치적 기본권에 해당하지 않는 것은? (1.2점)

① 참정권 ② 선거권 ③ 공무담임권 ④ 청원권 ⑤ 국민투표권

10. 다음 중 대통령제에 대한 특징으로 옳지 않은 것은? (1.5점)

① 민주적 정당성의 일원화
② 집행부의 일원적 구조
③ 의원과 장관 겸직 금지
④ 입법권과 집행권의 상호견제, 균형, 독립
⑤ 탄핵 소추권

11. **다음 중 행정의 목적 및 정의에 대한 설명으로 옳지 <u>않은</u> 것은?** (1.5점)

① 행정기본법은 행정 및 입법, 사법에 관한 기본법이다.
② 행정기본법은 국민의 권익 보호에 이바지함을 목적으로 한다.
③ 실질적 의미의 행정은 어떤 성질을 가지는 국가작용인가를 기준으로 입법 및 사법과 비교하여 정의내린 것이다.
④ 형식적 의미의 행정은 행정기관이 하는 모든 활동을 의미한다.
⑤ 조직적 의미의 행정은 국가행정조직을 말한다.

12. **다음 설명에 해당하는 행정기본법의 일반 원칙은?** (1.5점)

> 행정기본법 제9조에서 "행정청은 합리적 이유 없이 국민을 차별하여서는 아니 된다."고 규정한다. 이는 행정작용에 있어 특별한 사정이 없는 한 행정객체인 국민에게 공평한 처우를 해야 한다는 것이며, 이 원칙은 침익적 행정, 수익적 행정, 질서 행정, 급부 행정 등 모든 행정에 적용되고, 이 원칙에 반하는 행정작용은 사법적 통제의 대상이 될 수 있다.

① 비례의 원칙 ② 신뢰보호의 원칙 ③ 평등의 원칙
④ 법치행정의 원칙 ⑤ 부당결부금지의 원칙

13. **다음 행정주체 중 공공조합에 해당하지 <u>않는</u> 것은?** (1.2점)

① 농지개량조합 ② 상공회의소 ③ 재개발조합
④ 한국연구재단 ⑤ 토지구획정리조합

14. **다음 중 행정입법에 대한 설명으로 옳지 않은 것은?** (1.5점)

① 법규명령은 행정권이 정립하는 일반적이고, 구체적인 규정으로 법규로서의 성질을 가지는 것을 의미한다.

② 법률과의 관계에 따라 법규명령은 계엄조치, 긴급명령, 경제명령, 종속명령 등으로 분류된다.

③ 제정권자에 따라 대통령령, 총리령, 부령 등으로 분류된다.

④ 행정규칙이란 행정조직 내부에서 행정의 사무처리기준으로 제정하는 일반적이고 추상적인 규범을 의미한다.

⑤ 판례는 원칙적으로 행정규칙의 법규성은 물론 대외적 구속력을 부인하는 입장을 취한다.

15. **다음 설명에 해당하는 행정상 강제집행의 수단은?** (1.2점)

> 행정상 의무 중 금전급부의무를 이행하지 않는 의무자에게 행정청이 의무자의 재산에 실력을 행사하여 그 행정상 의무가 실현된 것과 같은 상태를 실현하는 조치

① 행정대집행 ② 이행강제금의 부과 ③ 직접강제

④ 강제징수 ⑤ 즉시강제

16. **다음 중 행정상 손해전보에 대한 설명으로 옳은 것은?** (1.2점)

① 손해배상은 적법한 공권력 행사로 인하여 국민이 직접 특별한 손실을 입은 경우에 국가 등이 그 손실을 보상해주는 것을 의미한다.

② 손해배상은 사전적 권리구제제도이다.

③ 손실보상은 행정권의 행사로 우연히 발생한 손해에 대한 국가 등의 배상 책임을 말한다.

④ 공무원이 직무 수행 중에 경과실로 개인에게 손해를 입힌 경우 공무원 개인은 손해배상책임을 부담하지 않는다.

⑤ 손해배상은 재산상의 특별한 손해에 대해서만 보상하지만, 손실보상은 생명, 신체, 재산의 침해 모두를 대상으로 보상한다.

17. **다음 중 헌법에서 보장하는 과잉금지의 원칙에 해당하는 것으로 적절하지 않은 것은?** (0.8점)

① 목적의 정당성 ② 방법의 적정성 ③ 절차의 합리성
④ 침해의 최소성 ⑤ 법익의 균형성

18. **다음 중 행정소송법상 행정소송의 종류와 그에 대한 설명이 바르게 연결된 것은?** (0.8점)

ㄱ. 행정청에 의한 공권력의 행사·불행사의 결과로 생긴 법률관계를 포함하여, 그 밖의 공법상의 법률관계에 관한 대등한 당사자 사이의 법률상의 분쟁을 해결하기 위한 소송
ㄴ. 행정 관청의 위법한 처분이나 부작위로 인하여 권리를 침해당하였다고 하는 당사자가 재심사를 요구하기 위하여 제기하는 소송
ㄷ. 국가나 공공 단체의 기관이 법률에 위반되는 행위를 한 경우에, 국민이 직접 자기의 법률적 이익과 관계없이 그 시정을 요구하기 위하여 제기하는 소송
ㄷ. 국가나 공공 단체의 기관 상호 간에 있어서 어떤 권한의 행사에 관한 분쟁이 있을 때 제기하는 소송

	ㄱ	ㄴ	ㄷ	ㄹ
①	당사자소송	항고소송	기관소송	민중소송
②	항고소송	당사자소송	민중소송	기관소송
③	당사자소송	민중소송	항고소송	기관소송
④	항고소송	민중소송	기관소송	당사자소송
⑤	당사자소송	항고소송	민중소송	기관소송

19. **다음 중 권리능력 및 행위능력에 대한 설명으로 적절하지 않은 것은?** (1.2점)

① 원칙적으로 태아의 권리능력은 인정된다.
② 법인은 상속권, 친권 등 자연인의 특성을 전제로 하는 권리능력은 가질 수 없다.
③ 혼인한 미성년자는 미성년자 단독으로 유효한 법률행위가 가능하다.
④ 피한정후견인은 원칙적으로 그 행위능력을 유지하므로, 단독으로 유효한 법률행위를 할 수 있다.
⑤ 제한능력자의 법률행위에 대한 취소권은 제한능력자 측만 가진다.

20. **다음 중 의사표시에 대한 설명으로 적절하지 않은 것은?** (1.2점)

① 통정허위표시 요건에는 통정허위표시를 하게 된 동기나 목적도 포함된다.

② 상대방의 기망이나 강박에 의한 의사표시는 의사표시를 한 자가 취소할 수 있다.

③ 법률행위 내용의 중요 부분에 착오가 있더라도 표의자에게 중대한 과실이 있을 경우 취소할 수 없다.

④ 진의 아닌 의사표시는 원칙적으로 유효하며 표시된 그대로 효과가 발생한다.

⑤ 상대방이 있는 의사표시의 경우 의사표시 발송 후 상대방에게 도달하기 전에는 의사표시를 철회할 수 있다.

21. **다음 중 무효가 아닌 것을 고르면?** (1.2점)

① 상대방이 표의자의 의사표시가 진의가 아님을 알았을 경우

② 상대방과 통정하여 허위의 의사표시를 한 경우

③ 표의자가 표시행위의 의미를 잘못 이해한 상태로 표시행위를 한 경우

④ 선량한 풍속 기타 사회질서에 위반한 사항을 내용으로 하는 법률행위를 한 경우

⑤ 민법에서 정한 방식에 의하지 않은 유언을 한 경우

22. **다음 중 민법상 대리에 대한 설명으로 적절하지 않은 것은?** (1.5점)

① 대리권은 본인의 사망, 대리인의 사망, 성년후견의 개시 또는 파산에 해당하는 사유가 있으면 소멸한다.

② 무권대리는 원칙적으로 대리의 효과가 발생하지 않는다.

③ 대리인이 수인인 경우 각자 대리가 원칙이다.

④ 제한능력자인 대리인이 대리행위를 한 경우 그 행위를 취소할 수 있다.

⑤ 복대리인은 본인에 대하여 대리인과 동일한 권리의무가 있다.

23. **다음 중 민법상 소멸시효에 대한 설명으로 적절하지 <u>않은</u> 것은?** (1.2점)

① 원칙적으로 일반채권은 10년간 행사하지 아니하면 소멸시효가 완성된다.

② 소멸시효의 이익은 시효기간이 완성되기 전에 미리 포기할 수 없다.

③ 주된 권리와 종속된 권리의 소멸시효는 서로 독립적이다.

④ 채권 및 소유권 이외의 재산권은 20년간 행사하지 아니하면 소멸시효가 완성된다.

⑤ 소멸시효는 압류 또는 가압류, 가처분의 사유로 인하여 중단될 수 있다.

24. **다음 중 점유권 및 소유권에 대한 설명으로 적절하지 <u>않은</u> 것은?** (1.2점)

① 타인의 물건을 일정기간 계속하여 점유하면 소유권을 취득할 수 있다.

② 법률의 범위 내에서 소유물을 사용·수익·처분할 수 있는 권리를 소유권이라고 한다.

③ 10년간 소유의 의사로 평온, 공연하게 부동산을 점유한 자는 등기함으로써 그 소유권을 취득할 수 있다.

④ 점유자가 목적물에 비용을 지출하여 목적물이 보존되거나 그 가격이 증가된 이후에 점유물을 반환하는 경우에는 회복자에 대하여 지출된 비용의 상환을 청구할 수 있다.

⑤ 점유권은 상속인에 이전할 수 있다.

25. **다음 밑줄 그은 사례와 사례가 해당하는 채무불이행 종류를 바르게 연결한 것은?** (1.2점)

> 꽃집을 운영하며 꽃다발이나 화분을 전문적으로 배달하는 A 씨는 고달픈 하루를 보냈다. ㉠ <u>오전에 인테리어용 화분 10개를 배달하였는데 나중에 주문자로부터 화분 하나가 깨진 상태로 배달되었다고 항의 전화를 받았고</u>, ㉡ <u>오후에는 대형 화분 주문이 들어와 기쁜 마음으로 배달을 갔지만, 수령하기로 한 곳에 주문자가 나타나지 않고 연락도 받지 않아 결국 다시 가지고 돌아와야 했다.</u>

	㉠	㉡
①	이행불능	이행지체
②	이행지체	채권자지체
③	불완전이행	채권자지체
④	이행지체	불완전이행
⑤	불완전이행	이행불능

26. **다음 중 민법상 불법행위에 대한 설명으로 적절하지 <u>않은</u> 것은?** (1.5점)

① 손해배상은 금전배상이 원칙이다.

② 타인의 불법행위에 대하여 자기 또는 제삼자의 이익을 방위하기 위하여 부득이 타인에게 손해를 가한 자는 배상할 책임이 있다.

③ 수인이 공동의 불법행위로 타인에게 손해를 가한 때에는 각자 그 손해를 배상할 책임이 있다.

④ 불법행위로 인한 손해배상의 청구권은 피해자나 그 법정대리인이 그 손해 및 가해자를 안 날로부터 3년간 이를 행사하지 아니하면 시효로 인하여 소멸한다.

⑤ 불법행위가 성립하면 피해자는 가해자에 대하여 손해배상청구권을 취득하게 된다.

27. **다음 중 민법상 약혼해제 사유에 대한 설명으로 가장 적절하지 <u>않은</u> 것은?** (1.2점)

① 약혼 당사자 중 한쪽이 약혼 후에 자격정지 이상의 형을 선고받은 경우 약혼을 해제할 수 있다.

② 약혼 당사자 중 한쪽이 약혼 후 다른 사람과 약혼이나 혼인을 했다면 약혼을 해제할 수 있다.

③ 약혼 당사자 중 한쪽이 불치의 병질(病疾)이 있는 경우 약혼을 해제할 수 있다.

④ 약혼 당사자 중 한쪽이 정당한 이유 없이 혼인을 거절하거나 그 시기를 늦추면 약혼을 해제할 수 있다.

⑤ 약혼 당사자 중 한쪽이 약혼 후 3년 이상 생사(生死)가 불분명할 때 약혼을 해제할 수 있다.

28. **다음 중 상속의 순위 및 효과에 대한 설명으로 적절하지 <u>않은</u> 것은?** (1.2점)

① 피상속인의 사망으로 배우자와 직계비속이 1순위 상속인이 된다.

② 동순위 상속인이 수인인 경우에는 그 상속분은 균등분배한다.

③ 배우자는 직계비속 또는 직계존속과 공동으로 상속하는 때에는 직계비속 또는 직계존속의 상속분의 5할을 가산한다.

④ 상속인이 될 자가 피상속인의 사망 전에 사망하였을 때, 그의 직계비속이나 배우자가 있으면 그 직계비속이나 배우자가 사망하거나 결격된 자의 순위에 갈음하여 상속할 수 있다.

⑤ 상속회복청구권은 상속권의 침해를 안 날로부터 5년, 상속권의 침해행위가 있은 날로부터 15년을 경과하면 소멸된다.

29. 다음 중 일정한 자본금을 중심으로 하고, 자본금이 주식으로 세분화되어 있으며, 주식인수가액을 한도로 출자의무를 이행할 뿐 회사채권자에 대해 직접적으로 책임을 지지 않는 사원으로 구성된 회사를 이르는 말은? (0.8점)

① 유한회사 ② 주식회사 ③ 유한책임회사
④ 합명회사 ⑤ 합자회사

30. 다음은 주주총회 소집에 대한 설명이다. 빈칸에 들어갈 숫자를 모두 합한 값은? (1.5점)

> 주주총회를 소집할 때에는 주주총회일의 (   )주 전에 각 주주에게 회의의 목적사항을 적은 통지서를 서면으로 발송하거나 각 주주의 동의를 받아 전자문서로 통지를 발송해야 한다. 다만, 그 통지가 주주명부상 주주의 주소에 (   )년간 계속 도달하지 않는다면 회사는 해당 주주에게 총회의 소집을 통지하지 아니할 수 있다. 총회는 정관에 다른 정함이 없으면 본점 소재지 또는 이에 인접한 지에 소집하여야 하고, 매년 (   )회 일정한 시기에 정기주주총회를 소집해야 한다.

① 5 ② 6 ③ 7 ④ 8 ⑤ 10

31. 다음 중 죄형법정주의의 파생원칙과 그에 대한 설명이 적절하지 않은 것은? (1.2점)

① 법률주의 – 범죄와 형벌은 성문의 법률에 규정되어 있어야 한다는 원칙이다.
② 소급효금지의 원칙 – 형벌법규는 시행된 이후의 행위에 대해서만 적용되고, 시행 이전의 행위에까지 적용할 수 없다는 원칙으로, 어떠한 경우에도 소급입법은 허용되지 않는다.
③ 명확성의 원칙 – 형법은 법관의 자의적인 해석이 허용되지 않도록 범죄의 구성요건과 형사제재를 명확하고 구체적으로 규정해야 한다는 원칙이다.
④ 유추해석 금지의 원칙 – 법률의 규정에 없는 사항에 대하여 그것과 유사한 성질을 가지는 사항에 관한 법률을 적용하는 것을 금지하는 것으로, 피고인에게 유리한 유추해석은 가능하다.
⑤ 적정성의 원칙 – 법률에 의해 범죄와 형벌이 규정되었다고 하더라도 그 형벌이 인간의 존엄과 가치를 실질적으로 보장할 수 있어야 한다는 원칙이다.

32. **다음 중 형법상 위법성조각 사유에 해당하지 <u>않는</u> 것은?** (1.2점)

① 업무로 인한 정당행위
② 긴급피난
③ 자구행위
④ 피해자의 사후승낙
⑤ 정당방위

33. **다음 중 형법상 책임조각 사유에 해당하지 <u>않는</u> 것을 모두 고르면?** (1.2점)

ㄱ. 14세 미만 형사미성년자
ㄴ. 원인에 있어 자유로운 행위
ㄷ. 사물 변별 능력이 미약한 심신장애자의 행위
ㄹ. 강요된 행위
ㅁ. 심신상실자의 행위

① ㄱ, ㄴ
② ㄱ, ㅁ
③ ㄴ, ㄷ
④ ㄷ, ㄹ
⑤ ㄷ, ㅁ

34. **다음 사례의 A는 형법상 어디에 해당하는가?** (1.5점)

보람 마을에 사는 A 씨는 평소 B 씨와 사이가 좋지 않아 자주 다퉜다. 오늘도 사소한 일로 B 씨와 다툰 A 씨는 홧김에 같은 마을에 사는 심신상실자 C 씨를 조종하여 B 씨의 집에 불을 내도록 하였다.

① 공동정범
② 교사범
③ 합동범
④ 간접정범
⑤ 동시범

35. **다음 중 형법에서 규정하고 있는 형벌의 종류에 해당하지 않는 것은?** (1.2점)

① 벌금 ② 추징금 ③ 몰수 ④ 구류 ⑤ 자격정지

36. **다음 중 사회적 법익에 관한 죄에 해당하는 것을 모두 고르면?** (1.5점)

ㄱ. 방화죄	ㄴ. 횡령죄	ㄷ. 상해죄	ㄹ. 내란죄
ㅁ. 무고죄	ㅂ. 교통방해죄	ㅅ. 문서위조죄	ㅇ. 위증죄

① ㄱ, ㄴ, ㅁ ② ㄱ, ㅂ, ㅅ ③ ㄴ, ㄷ, ㅁ

④ ㄹ, ㅁ, ㅇ ⑤ ㄹ, ㅂ, ㅅ

37. **다음 중 민사소송법상 상고에 관한 설명으로 옳지 않은 것은?** (1.2점)

① 원판결의 당부를 법률적인 측면에서만 심사하는 사후심이다.

② 상고장은 판결이 송달된 날부터 2주 이내에 원심법원에 제출해야 한다.

③ 상고는 상고이유가 있는 경우에만 제기할 수 있다.

④ 고등법원이 항소심으로서 한 판결과 지방법원 항소부가 한 판결이 상고의 대상이 된다.

⑤ 법원의 결정·명령에 대하여 상급법원에 하는 독립한 상소이다.

38. 다음 중 형사소송법상 피고인의 구속에 대한 설명으로 적절하지 않은 것은? (1.2점)

① 피의자가 죄를 범하였다고 의심할 만한 상당한 이유가 있고, 유죄를 받을 만한 고도의 개연성이 있어야 한다.

② 피고인에 대한 구속기간은 2개월이고, 구속을 계속 해야 할 경우 갱신할 수 있다.

③ 일정한 주거가 없거나, 도망 및 증거인멸의 염려가 있어야 한다.

④ 피해자 및 중요 참고인 등에 대한 위해 우려도 고려하여 구속 여부를 결정해야 한다.

⑤ 중대한 범죄혐의가 있고 법관의 체포영장을 발부받을 여유가 없는 경우에는 영장 없이 구속할 수 있다.

39. 다음 중 고소와 고발에 대한 설명으로 적절하지 않은 것은? (1.5점)

① 친고죄에 대해서는 범인을 알게 된 날부터 6월이 지나면 고소할 수 없다.

② 일반범죄에 대해서는 고소 기간에 제한이 없다.

③ 고발을 취소하였다면 다시 고발할 수 없다.

④ 고소는 대리가 가능하지만, 고발은 불가하다.

⑤ 고발은 범인이나 피해자 이외의 자도 할 수 있다.

40. **다음은 근로기준법상 해고에 대한 설명이다. 빈칸에 들어갈 숫자를 모두 합한 값은?** (1.5점)

- 사용자는 근로자를 해고(경영상 이유에 의한 해고를 포함한다)하려면 적어도 (　　)일 전에 예고를 하여야 한다.
- 부당해고의 구제신청은 부당해고 등이 있었던 날부터 (　　)개월 이내에 하여야 한다.
- 근로자는 구제명령을 받은 사용자가 이행기한까지 구제명령을 이행하지 아니하면 이행기한이 지난 때부터 (　　)일 이내에 그 사실을 노동위원회에 알려줄 수 있다.

① 47　② 48　③ 51　④ 63　⑤ 68

약점 보완 해설집 p.69

경영학 실전모의고사

총 40문항 / 권장 풀이시간 50분

01. 경영의사결정에 대한 다음 설명 중 가장 옳지 않은 것은? (1.2점)

① 경영의사결정은 미래의 상황을 예견하여 방안을 선택 또는 결정하는 행위이다.

② 전략적 의사결정은 전사적, 비반복적, 비구조적, 비정형적, 집권적인 특징을 가진다.

③ 일반적으로 위험한 상황하의 의사결정은 통계학적인 방법을 이용하여 해결한다.

④ 불확실한 상황에서 의사결정을 할 때도 미래 상황에서의 객관적 확률을 알 수 있다.

⑤ 상충상황이란 한 의사결정자의 의사결정이 다른 의사결정자의 의사결정성과에 영향을 미치는 상황이다.

02. 상황적합이론에 대한 다음 설명 중 가장 옳지 않은 것은? (1.5점)

① 상황적합이론에서 조직특성변수에는 조직규모, 환경, 기술, 조직전략 등이 있다.

② 톰슨(Thompson)이 제시한 상호의존성에서 의사소통이 요구되는 정도가 가장 낮은 것은 집합적 상호의존성이다.

③ 상황적합이론은 중범위이론을 지향한다.

④ 페로우(Perrow)는 과업 다양성과 문제의 분석 가능성을 기준으로 기술을 4가지로 유형화하였다.

⑤ 상황적합이론은 조직을 분석단위로 한다.

03. 기업의 사회적 책임에 대한 다음 설명 중 가장 옳지 않은 것은? (1.2점)

① 사회적 책임에 대한 기업의 대응 전략은 방해전략, 방어전략, 행동전략, 적응전략 등이 있다.

② 외부경제효과 때문에 기업의 사회적 책임이 요구되었다.

③ 기업의 사회적 책임에 대한 고전적 견해의 주장은 기업의 사회적 책임에 대해 부정적인 입장을 보이고 있다.

④ 캐럴(Carroll)에 의하면 기업의 사회적 책임의 영역 중 가장 기본적이고 일차적인 책임은 경제적 책임이다.

⑤ 기업의 사회적 책임에는 자선적 책임도 포함된다.

04. **마이클 포터(M. Porter)의 전략에 대한 다음 설명 중 가장 옳은 것은?** (1.5점)

① 가치사슬분석에서 직접적으로 이윤을 창출하는 활동을 지원적 활동이라고 한다.

② 차별화전략을 추구하는 기업은 구조화된 조직과 책임을 강조하며, 업무의 효율성을 중시한다.

③ 산업구조분석에서 산업 내의 대체재가 많으면 많을수록 기업들은 자신의 제품에 대해 높은 가격을 받을 수 있는 가능성이 줄어들기 때문에 산업의 수익률은 낮아진다.

④ 산업구조분석은 산업군 내 기존 산업 간의 경쟁을 고려한다.

⑤ 원자재 또는 부품을 독점하거나 특수한 기술을 지니고 있는 공급업체와 거래를 하여야 하는 상황이라면 매력도는 높아진다.

05. **경영혁신기법에 대한 다음 설명 중 옳은 것끼리 짝지어진 것은?** (1.2점)

ㄱ. 균형성과표에서는 주주와 고객을 위한 외부적 측정치와 내부프로세스인 학습과 성장의 균형이 필요하다. ㄴ. 노나카 이쿠지로(Nonaka Ikuziro)의 지식경영에서는 지식을 형식지와 암묵지로 구분했으며, 암묵지는 지식 전파속도가 늦은 반면에 형식지는 지식 전파속도가 빠르다. ㄷ. 블루오션 전략은 경쟁이 무의미하고, 차별화와 저비용을 동시에 추구하는 전략이다. ㄹ. 균형성과표는 궁극으로는 조직의 대표적 성과인 회계 및 재무적 성과목표를 달성하는 데 초점을 두고 있는 성과관리체계이다. ㅁ. 정보(Information)는 지식(Knowledge)을 체계화하여 장래사용에 대해 보편성을 갖도록 한 것이다.

① ㄱ, ㄴ, ㄷ ② ㄱ, ㄹ, ㅁ ③ ㄴ, ㄷ, ㄹ ④ ㄴ, ㄷ, ㅁ ⑤ ㄷ, ㄹ, ㅁ

06. **지각에 대한 다음 설명 중 가장 옳지 <u>않은</u> 것은?** (1.5점)

① 지각의 정보처리 과정은 선택, 조직화, 해석의 3가지 과정으로 이루어진다.

② 조직화(Organization)에는 집단화(Grouping), 폐쇄화(Closure), 단순화(Simplification) 등의 방법이 있다.

③ 켈리(Kelly)의 입방체 이론은 외적귀인을 일관성(Consistency)이 낮고, 일치성(Consensus), 특이성(Distinctiveness)이 높은 경우로 설명했다.

④ 어떤 대상(개인)으로부터 얻은 일부 정보가 다른 부분의 여러 정보를 해석할 때 영향을 미치는 것을 상동적 태도(Stereotyping)라고 한다.

⑤ 인상형성이론에서 평균원리는 모든 지각정보가 동시에 들어오는 경우에만 적용이 가능하다.

07. **허츠버그(Herzberg)의 2요인 이론에 대한 설명으로 가장 옳지 않은 것은?** (1.2점)

① 만족에 영향을 미치는 요인과 불만족에 영향을 미치는 요인은 별도로 존재한다.

② 위생요인은 만족증가 여부에 영향을 미치며, 불만족해소 여부에는 영향을 미치지 못한다.

③ 작업조건, 고용안정, 회사정책은 위생요인이다.

④ 종업원의 임금 인상은 만족요인으로 작용할 수 없다.

⑤ 구성원의 만족도를 높이기 위해서는 위생요인보다 동기요인을 사용해야 한다.

08. **집단의사결정기법에 대한 다음 설명 중 가장 옳지 않은 것은?** (1.5점)

① 휴리스틱(Heuristic)은 제한된 정보와 시간상 제약 등으로 인해 즉각적이고 바로 실현 가능한 의사결정을 위해 대충 어림짐작하는 것을 말한다.

② 명목집단법(Nominal group techniques)이란 의사결정에 참여한 구성원 집단을 둘로 나누어서 한 집단이 제시한 의견에 대하여 반론 집단의 비판을 들으면서 본래의 의사결정대안을 수정하고 보완하는 방법이다.

③ 델파이법(Delphi method)은 전문가들로부터 개진된 의견을 취합하여 다시 모든 구성원과 공유한다.

④ 고든법(Gordon method)은 브레인스토밍(Brainstorming)에 비해 상대적으로 아이디어의 질을 중시한다.

⑤ 프리모텀법(Premortem)은 사전에 최악의 상황을 가정하고 문제점을 도출하는 편향극복기법이다.

09. **다음 권력수준의 결정요인 중 권력수준에 미치는 영향이 다른 하나는?** (1.2점)

① 불확실성의 대처능력

② 자원의 조달 및 통제능력

③ 핵심적 위치

④ 희소성

⑤ 대체 가능성

10. **학습조직에 대한 다음 설명 중 가장 옳지 <u>않은</u> 것은?** (1.2점)

① 다른 기업을 모방하는 것도 학습조직 구축의 한 방법이다.

② 과거의 경험에 대한 성찰이 학습조직 구축에 매우 중요하다.

③ 학습조직은 폐기학습(Unlearning)을 필요로 한다.

④ 학습조직은 지식경영이 확대된 개념이다.

⑤ 학습조직은 문제해결 활동을 통해 구축될 수 있다.

11. **국내 4대 시중은행에서 근무하고 있는 강 대리는 4차 산업혁명에 대응하는 기업의 경영전략을 수립하기 위해 마이클 포터의 산업구조 분석 모델(5 Forces model)을 통해 은행 산업 분석 보고서를 작성하고자 한다. 다음 분석 자료 중 국내 시중은행에 위협이 될 수 있는 요소로 가장 적절하지 <u>않은</u> 것은?** (1.5점)

> ㉠ 금융시장에 진출한 핀테크 기업과 인터넷 전문은행이 기존 시중은행과 유사한 금융서비스를 제공함으로써 제공자 간의 차별성이 낮다.
> ㉡ 그동안 4대 시중은행이 축적해온 거대한 자본조달능력과 지적재산은 신규 진입자들이 짧은 기간 동안 확보 불가능할 정도로 차이가 크다.
> ㉢ 기존 국내 4대 시중은행은 산업 내에서 차지하는 비중이 높지만 각각 비슷한 마켓쉐어를 보이며 강하게 경쟁하고 있다.
> ㉣ 은행은 자금 수급에 있어 중앙은행과 금융당국의 정책에 크게 영향을 받으며, 공급자인 중앙은행은 금융시스템 전반에 막대한 영향을 미치는 독점적인 공급력을 가진다.
> ㉤ 온라인 금리 비교 서비스를 통해 손쉽게 금융상품을 비교하여 한 곳과 거래하지 않고 금리에 따라 여러 은행에서 거래하는 사람들이 늘어나고 있다.

① ㉠ ② ㉡ ③ ㉢ ④ ㉣ ⑤ ㉤

12. 다음 글을 읽고 마이클 포터(M. Porter)의 산업구조 분석 모델 5가지 요인 중 주유소를 위협하는 요인으로 가장 적절한 것은? (1.5점)

> 국내 4대 정유사가 그동안 주유소와의 불공정 계약을 통해 시장 지배력을 유지해왔다는 주장이 제기되며 주유 업계에서 만행하고 있었던 전량구매계약이 주목받게 되었다. 전량구매계약이란 주유소가 판매하는 모든 석유 제품을 특정 정유사에서만 구매하도록 의무화한 계약이다. 이와 반대되는 개념인 물량구매계약의 경우 주유소가 필요로 하는 물량 중 사전에 약정된 물량만을 계열 정유사로부터 구매하고, 나머지 물량은 타 정유사에서 구매할 수 있다. 따라서 계열 정유사 제품보다 저렴한 타 정유사의 제품을 구매함으로써 가격경쟁이 치열한 주유 업계에서 경쟁력을 확보할 수 있다. 그러나 대부분의 폴사인 주유소는 소속 계열 정유사와 전량구매계약을 맺고 있어, 타 정유사의 저렴한 석유 제품이 시중에 나오더라도 구매할 수 없는 상황이다. 문제는 계약서에 계약 기간 중 해지를 막기 위한 독소조항이 포함되어 있어 주유소가 전량구매계약을 쉽게 해지하거나 정유소를 전환하기가 어렵다는 것이다. 보통 정유사와 주유소는 1년 단위로 유류 공급계약을 체결하고 추가로 5년 단위의 시설물 지원 계약을 체결한다. 계약서에 따르면 계약 기간 중 주유소의 귀책 사유로 계약을 해지할 경우 상당한 위약금을 배상해야 하는데, 이때 유효기간은 가장 장기로 맺은 계약을 우선하므로 유류 공급계약 기간이 해지되더라도 시설물 지원 계약 기간이 남은 경우 해당 계약 기간이 유효기간으로 적용된다. 또한, 주유소는 계약 해지 시 지원 시설물에 대해 잔존가액이 아닌 취득가액을 기준으로 배상해야 하며, 위약금으로 시설물 가액의 30%를 추가로 배상해야 한다. 이처럼 주유소에 일방적으로 불리한 내용을 담은 계약으로 인해 주유소는 위약금 부담이 가중되어 전량구매계약을 유지할 수밖에 없고 쉽게 정유소를 교체할 수 없는 것이다.

① 신규 진입자의 위협
② 기존 경쟁자 간의 경쟁
③ 공급자의 교섭력
④ 수요자의 교섭력
⑤ 대체재의 위협

13. 다음 글에서 설명하는 기업의 수출 방식으로 가장 적절한 것은? (1.2점)

> 조립할 수 있는 설비와 능력이 있는 거래처에 상품을 부품 또는 반제품으로 수출하여 실수요지에서 제품을 완성하는 현지 조립 수출을 의미한다. 이 방식은 완제품의 수입 제한이나 고율의 관세가 부과되는 것을 피하여 상대방의 시장에 침투하는 것이 가능하다.

① 위탁판매 수출
② 플랜트 수출
③ 녹다운 수출
④ 연불 수출
⑤ 원상태 수출

14. 다음은 경영관리론의 역사를 정리한 자료이다. 가장 적절하지 않은 것은? (1.2점)

20XX. 01. 22.

주제: 경영관리론의 역사

1. 전통적 관리론

테일러 시스템	• ㉠ 근로자의 생산성과 효율을 극대화 시키기 위해 과학적 관리법을 도입함 • 표준과업량을 측정하여 과업 달성 여부에 따라 임금을 다르게 주는 차별성과급제도를 시행함 • ㉡ 불필요한 노동량을 최소로 줄이는 컨베이어벨트 시스템을 개발하여 생산 효율성을 극대화함
포드 시스템	• 규격의 표준화, 제품·작업의 단순화, 제조공정의 전문화를 기반으로 표준제품의 대량생산을 통한 원가절감을 이룸 • 포드가 고안한 대량생산 방식으로는 제품을 차별화할 수 없다는 한계가 있음 • ㉢ 인간을 기계의 부속품으로 전락시켜 사기 저하를 불러일으킨다는 비판을 받음
페욜의 관리과정론	• 단순 작업관리뿐 아니라 기업조직 전체에 대한 관리(경영활동)가 중요하다고 여김 • 경영활동에는 기술적, 상업적, 재무적, 보전적, 회계적, 관리적 활동이 있다고 여겼으며, 이 중 관리적 활동이 가장 중요하다고 주장함
베버의 관료제	• 관료제를 통해 조직의 효율성을 극대화할 수 있다고 여김 • 관료제의 특징 : 법규에 의한 지배, 분업과 전문화, 합리성 등

2. 인간관계론

- ㉣ 테일러와 포드의 이론이 지니는 한계점을 보완하기 위해 대두됨
- 생산성 향상에는 사람의 감정, 태도, 배경, 사회적 관계 등과 같은 심리·사회적 조건도 중요하다고 주장함(하버드대학 메이오 교수가 호손실험을 통해 증명함)
- ㉤ 전통적 관리론에서 다루지 않았던 조직의 비공식적 집단의 존재와 기능을 밝힘

…(이하 생략)…

① ㉠　　② ㉡　　③ ㉢　　④ ㉣　　⑤ ㉤

15. **다음 중 마케팅 믹스(Marketing mix)에 대한 설명으로 적절하지 않은 것은?** (1.2점)

① 기업이 계획한 마케팅 목표를 이루고자 여러 가지 전략, 전술을 종합적으로 시행하는 것이다.

② 광고·판촉과 같은 전략을 의미하는 Promotion에는 인적 판매, PR, 이벤트 등이 포함된다.

③ 제품 전략을 의미하는 Product는 포장이나 서비스 등을 제외한 제품 자체만을 말한다.

④ 유통 전략을 의미하는 Place는 마케팅 믹스 중 가장 비탄력적인 전략에 해당한다.

⑤ 가격 전략을 의미하는 Price는 수익성 외에 경쟁사나 후발주자 등을 종합적으로 고려하여 결정해야 한다.

16. **다음 중 제품의 가격을 품질 지표로 여기는 잠재 고객들을 대상으로 제품에 고급 이미지를 부여하고 수익을 많이 창출하기 위해 높은 가격을 매기는 방법을 활용하는 가격전략은?** (1.2점)

① 단수가격전략　② 침투가격전략　③ 관습가격전략
④ 명성가격전략　⑤ 스키밍가격전략

17. **다음 중 조직구조 유형에 대한 설명으로 적절하지 않은 것은?** (0.8점)

① 기능 조직은 의사결정이 최고 경영층에 집중되어 있어 안정적인 환경이나 일상적인 기술 활용 시 효과적이다.

② 사업부 조직은 생산, 마케팅, 재무 등에 사업부 단위로 독자적인 권한을 부여하는 분권적 조직이다.

③ 매트릭스 조직 하의 구성원은 이중보고체계로 인해 효율성과 유연성이 떨어져 변화하는 환경에 대응하기 어렵다.

④ 프로젝트 조직은 특정 프로젝트의 목적 달성을 위해 구성된 조직으로, 시간적 유한성이 있는 프로젝트의 특성상 프로젝트 조직도 임시적이고 한정적이다.

⑤ 네트워크 조직은 여러 기업이 상호 협력하여 각자의 장점을 유기적으로 연결함으로써 업무의 효율성과 이윤의 극대화를 추구한다.

18. **다음 중 수요에 대한 설명으로 적절하지 <u>않은</u> 것은?** (1.2점)

① 필수품 가격에 대한 수요의 탄력성은 작으나 기호품 가격에 대한 수요의 탄력성은 크다.

② 수요는 소비자가 원하는 가격에 해당 상품을 실제로 구매한 양을 의미한다.

③ 시장에서 인플레이션이 발생할 경우 물가가 상승하게 되고, 수요는 줄어들 수 있다.

④ 특정 상품의 가격이 하락하면 해당 상품의 보완재에 대한 수요는 증가한다.

⑤ 특정 상품의 가격이 하락하면 해당 상품의 대체재에 대한 수요는 감소한다.

19. **다음 설명에 해당하는 광고 기법으로 적절한 것은?** (1.2점)

> 세일즈 프로모션의 한 요소로, 판매점 내 또는 그 주변에서 이루어지는 광고 및 디스플레이류 광고를 총칭하는 말로도 사용된다. 특히 이 광고 기법을 활용하면 상품 브랜드를 소비자에게 각인시켜 상품에 주목하게 함으로써 구매가 이루어지기 때문에 소비자의 충동적 동기를 자극하여 상품 구매를 유발한다고 여겨지기도 한다. 다시 말해 시각적인 효과를 통해 다른 상품과의 차별성을 전달하여 구매 의사 결정에 도움을 주는 광고 기법이라 할 수 있다.

① PPL 광고 ② 레트로 광고 ③ 옥외 광고 ④ POP 광고 ⑤ 티저 광고

20. **다음 중 시장 유형에 대한 설명으로 옳은 것을 모두 고르면?** (1.2점)

> ㉠ 블루오션은 치열한 경쟁 시장을 의미한다는 점에서 레드오션과 유사하다.
> ㉡ 블루오션은 부가가치 창출 및 비용 절감을 함께 이룩할 수 있다는 장점이 있다.
> ㉢ 레드오션은 산업의 경계가 이미 결정되어 있을 뿐만 아니라 경쟁자도 많은 시장이다.
> ㉣ 레드오션은 높은 수익이 보장되어 있고, 빠른 성장도 가능한 시장이다.
> ㉤ 퍼플오션은 발상의 전환을 통해 새로 개척된 시장으로, 레드오션과 블루오션이 조합된 말이다.

① ㉠, ㉡ ② ㉡, ㉢ ③ ㉢, ㉤

④ ㉡, ㉢, ㉤ ⑤ ㉢, ㉣, ㉤

21. **다음 밑줄 친 제도에 대한 설명으로 옳은 것을 모두 고르면?** (1.2점)

> 재화의 균형 가격은 시장의 수요와 공급에 의해 형성되지만, 이렇게 형성된 균형 가격에 대해 모두가 만족스러워하는 것은 아니다. 비정상적으로 높거나 낮은 가격이 출현하는 경우가 있기 때문이다. 이 경우 정부는 시장 가격을 조정하고자 가격통제 정책을 시행할 수 있다. 여기에는 균형 가격보다 높게 가격을 설정하여 일정 수준 이하로 가격이 내려가지 않게 하는 제도와 <u>균형 가격보다 낮게 가격을 설정하여 일정 수준 이상으로 가격이 오르지 않게 하는 제도</u>가 모두 포함된다.

> ㉠ 일반적으로 생산자보다는 소비자를 보호하려는 목적으로 시행된다.
> ㉡ 조정된 시장 가격이 균형 가격 수준과 일치하지 않으므로 초과 공급이 발생하게 된다.
> ㉢ 대표적 사례로 주택 임대료 규제, 최고 이자율제 등이 있다.
> ㉣ 해당 제도로 발생하는 재화 분배 문제는 추첨, 선착순 배분 등과 같은 방식으로 해결될 수 있다.

① ㉠, ㉢ ② ㉡, ㉢ ③ ㉢, ㉣ ④ ㉠, ㉡, ㉣ ⑤ ㉠, ㉢, ㉣

22. **다음 각 사례와 관련 있는 본원적 경쟁전략을 차례대로 연결한 것은?** (1.5점)

> • △△카페는 음료를 구매한 고객에게 쿠폰을 제공하고, 20장의 쿠폰을 모은 고객에게 다이어리를 무료로 제공하는 마케팅을 시행하여 대중의 폭발적인 반응을 얻고 있다.
> • 최근 귀농한 농부 박 씨는 특용작물을 키우고, 재배한 작물로 유·아동 부모를 겨냥한 유기농 과자를 만들어 판매하고 있다.

① 원가우위 전략 – 집중화 전략
② 원가우위 전략 – 차별화 전략
③ 차별화 전략 – 집중화 전략
④ 차별화 전략 – 원가우위 전략
⑤ 차별화 전략 – 차별화 전략

23. **다음 중 임금에 대한 설명으로 적절하지 않은 것은?** (1.5점)

① 기업의 지불능력은 임금 수준 결정 시 상한선이 되고, 종업원의 생계비 수준은 임금 수준 결정 시 하한선이 된다.

② 임금피크제는 능력이 감퇴한 고령의 종업원을 해고하지 않고 낮은 임금에 고용을 보장해 주기 위한 방안으로 도입되었다.

③ 최저임금제의 도입목적 및 필요성은 계약자유의 한계, 저임금노동자의 보호, 임금 인하 경쟁의 방지, 유효수요의 창출 등에 있다.

④ 임프로쉐어는 단위당 소요되는 표준 노동시간과 실제 노동시간을 비교했을 때 절약된 노동시간을 노사가 각각 50:50의 비율로 분배하는 제도이다.

⑤ 베이스 업은 근속연수에 따라 기본급이 증대되는 임금곡선상 상향이동을 의미하여 동태적인 임금 수준 조정이 이루어진다.

24. **상황적합이론에 대한 다음 설명 중 옳은 것은 몇 개인가?** (1.2점)

ㄱ. 우드워드(Woodward)는 기술을 상호 의존성에 따라 단위소량생산기술, 대량생산기술, 연속생산기술로 구분하였다.

ㄴ. 톰슨(Thompson)은 기술을 복잡성의 정도에 따라 중개형 기술, 장치형 기술, 집약형 기술로 구분하였다.

ㄷ. 페로우(Perrow)는 과업 다양성이 높고 분석 가능성이 높은 기술을 장인기술이라고 하였다.

ㄹ. 로렌스(Lawrence)와 로쉬(Lorsch)는 상황변수를 환경의 동태성으로 규정하여 환경을 정태적인 환경과 동태적인 환경으로 구분하였다.

① 0개 ② 1개 ③ 2개 ④ 3개 ⑤ 4개

25. **경영전략과 관련된 다음 설명 중 옳지 않은 것은 몇 개인가?** (1.2점)

ㄱ. 기업은 SWOT 분석을 통해 경쟁기업과 비교하여 해당 기업의 특별한 강점인 핵심역량(Core competencies)을 발견하고자 한다. ㄴ. 기업은 원가우위를 달성하기 위해 다차원척도법(Multi-dimensional scaling)이나 컨조인트 분석(Conjoint analysis)을 이용하게 된다. ㄷ. 축소전략의 방법으로는 다운사이징(Downsizing), 구조조정(Restructuring), 분사(Divestiture) 및 청산(Liquidation) 등의 방법이 있다. ㄹ. VRIO 분석은 기업이 소유한 자원의 속성을 정의하고 전략적으로 유용한 내부자원을 판별하기 위한 방법론으로서 자주 활용된다.

① 0개 ② 1개 ③ 2개 ④ 3개 ⑤ 4개

26. **전략적 인적자원관리에 대한 다음 설명 중 가장 옳지 않은 것은?** (1.5점)

① 인적자원관리가 경영전략의 목적을 반영해 경영전략과 잘 연계되고, 인적자원관리 방식 간에도 조화를 이루어 경영전략의 목적을 효율적으로 달성시키는 과정이다.

② 인적자원을 전략적 자산으로 간주하는 자원기반이론과 깊이 관련되어 있다.

③ 경영전략과 인적자원관리는 행정적 연결관계, 일방적 연결관계, 쌍방적 연결관계, 통합적 연결관계로 발전되어 왔다.

④ 전략적 인적자원관리는 인적자원관리가 조직의 전략과 외적 적합성을 확보할 때 조직의 경영성과가 높아진다고 가정하고 있다.

⑤ 인사부서의 역할은 울리히(Ulrich) 모형에 의하면 근로자의 대변인, 행정전문가, 변화담당자, 전략적 파트너의 순서로 변화되어 왔다.

27. **다음 중 인력 부족에 대한 대응 전략으로 가장 옳지 <u>않은</u> 것은?** (1.2점)

① 초과근무 확대

② 다른 직무의 수행이 가능하도록 교육훈련 제공

③ 훈련을 통한 능력개발

④ 외국인 근로자 채용

⑤ 적은 인원이 필요한 직무 재설계

28. **선발도구의 평가에 대한 다음 설명 중 가장 옳은 것은?** (1.2점)

① 타당도가 높으면 신뢰도가 높지만, 신뢰도가 높다고 해서 타당도가 높은 것은 아니다.

② 어떤 선발도구로 한 사람을 반복하여 측정하였을 때 결과가 항상 일정하다면 그 선발도구는 타당도가 높은 것이다.

③ 동일한 유형의 난이도가 유사한 시험을 재실시하여 신뢰성을 검증하는 방법을 시험-재시험법이라고 한다.

④ 기준 관련 타당도 중 현직 종업원을 대상으로 측정되는 것은 예측 타당도이다.

⑤ 내용 타당도는 해당 선발도구가 측정도구로서의 적격성을 갖고 있는지를 나타낸다.

29. **인사평가의 오류 중 평가자의 심리적 원인에 의한 오류에 해당하는 것으로 가장 옳지 <u>않은</u> 것은?** (1.2점)

① 상동적 태도 ② 대비 오류 ③ 중심화 경향

④ 논리적 오류 ⑤ 근접 오류

30. 노동조합과 숍(Shop) 제도에 대한 다음 설명 중 가장 옳지 않은 것은? (1.5점)

① 노동조합의 목적은 근로조건을 유지·개선하고 나아가 근로자들의 경제적·사회적 지위 향상을 도모하는 데 있다.

② 오픈 숍은 노동조합의 안정도 측면에서는 가장 취약한 제도이며, 사용자에 의한 노동조합 약화 수단으로서의 역할도 가능할 수 있다.

③ 우선 숍은 조합원에 대한 특혜인 만큼 현실적 적용에는 많은 논란의 여지가 있다.

④ 산업별 노동조합은 주로 숙련공들의 기술이 필수적으로 요구되던 종래의 생산 방식하에서 숙련노동자가 조직을 통해 노동시장을 배타적으로 독점하여 교섭력을 높이는 것을 주목적으로 하였다.

⑤ 노동조합의 성격은 근로자의 타율적이 아닌 자주적인 조직으로서 일시적이 아닌 계속적·항구적 조직이다.

31. 경쟁우선순위와 생산전략에 대한 다음 설명 중 가장 옳지 않은 것은? (1.5점)

① 유연성은 수량유연성과 고객화로 구분할 수 있다.

② 재화는 일관된 품질이 강조되고, 서비스는 고성능설계가 강조된다.

③ 경쟁우선순위의 상충모형에서 품질(Quality)은 원가(Cost)와 상충한다.

④ 라인흐름전략은 저원가의 경쟁우선순위를 강조한다.

⑤ 유연흐름전략은 인도시간이 짧다.

32. 생산능력(Capacity)에 대한 다음 설명 중 가장 옳은 것은? (1.2점)

① 재화를 생산하는 생산시스템은 투입척도로 생산능력을 측정하고, 서비스를 생산하는 생산시스템은 산출척도로 생산능력을 측정한다.

② 생산능력 이용률(Capacity utilization)은 설계생산능력(Design capacity)이 커지면 함께 증가한다.

③ 병목(Bottleneck)은 생산활동 중 유효생산능력이 가장 낮아 전체 생산시스템의 산출률을 제한하는 부분을 말한다.

④ 설계생산능력(Design capacity)은 생산시스템이 정상적인 조건하에서 달성할 수 있는 최대 산출량을 말한다.

⑤ 수요의 변동이 심한 경우, 미래의 수요가 불확실한 경우, 자원의 유연성이 높은 경우에 기업은 큰 초과 생산능력을 가져가는 것이 바람직하다.

33. **전통적 경제적 주문량 모형(EOQ)에 대한 다음 설명 중 가장 옳지 않은 것은?** (1.2점)

① 수량 할인이나 가격 할인이 존재하지 않는다고 가정하기 때문에 구입비용을 고려할 필요가 없다.

② 한계비용이 0이 되는 점에서 재고 관련 비용이 최소가 된다.

③ 재고는 점진적으로 보충된다.

④ 재고유지비용과 주문비용은 일치한다.

⑤ 연간 재고유지비용은 경제적 주문량(EOQ)에 비례하여 증가한다.

34. **품질경영에 대한 다음 설명 중 가장 옳지 않은 것은?** (1.2점)

① R-관리도와 $\overline{X}$-관리도는 계수형 관리도에 해당한다.

② 서비스 갭(Gap) 분석은 기대품질과 지각품질의 차이를 측정하고 분석하는 작업이다.

③ 역 품질요소는 충족이 되면 오히려 불만을 일으키고 충족이 되지 않으면 만족하는 품질요소로서 일원적 품질요소에 반대되는 품질요소를 말한다.

④ 통상 3.4ppm 정도의 품질 수준을 식스 시그마의 수준으로 간주한다.

⑤ 시그마값이 작아지면 시그마 수준은 높아지고 규격 한계를 벗어난 불량품이 나올 확률은 줄어든다.

35. **적시생산시스템(JIT)과 공급사슬관리(SCM)에 대한 다음 설명 중 가장 옳지 않은 것은?** (1.5점)

① JIT(Just-In Time) 생산시스템은 과다한 재고를 보유하는 것을 경영성과를 저해하는 요인으로 간주하기 때문에 재고를 최소로 유지한다.

② 크로스 도킹(Cross docking)은 판매자가 수송된 상품을 입고시키지 않고 물류센터에서 팔레트 단위로 바꾸어 소매업자에게 배송하는 것이다.

③ 적시생산시스템은 매우 작은 수준의 재고로 운영되기 때문에 공급업체와의 긴밀한 관계 유지가 필수적이다.

④ 지연 차별화(Delayed differentiation)의 개념은 제품의 차별화가 지연되면 고객의 불만족을 유발시키기 때문에 초기에 차별화된 제품을 개발 및 제공하자는 것이다.

⑤ 공급사슬에서의 시간 지체(Time lag)는 수요와 재고의 변동을 초래하기 때문에 전체 리드 타임을 줄이고 모든 개체가 실제 수요정보를 피드백하는 것이 공급사슬의 효율을 증가시키는 가장 좋은 방법이다.

36. 관여도(Involvement)에 대한 다음 설명 중 가장 옳지 않은 것은? (1.2점)

① 소비자는 관여도가 높을수록 포괄적 문제해결의 행동을 보이며, 관여도가 낮을수록 일상적 문제해결의 행동을 보이게 된다.

② 소비자가 고관여 상황인 경우에는 불일치하는 정보에 저항하고 반박 주장을 펼친다.

③ 고관여하에서의 의사결정은 확장된 문제해결 과정으로 의사결정의 모든 단계가 포함된다.

④ 소비자들이 제품의 구매에 있어서 높은 관여를 보이고 각 상표 간 뚜렷한 차이점이 있는 제품을 구매하는 경우에는 복잡한 구매행동을 보인다.

⑤ 조직구매에서 일반적으로 나타나는 수정 재구매는 일상적 문제해결에 해당한다.

37. STP 전략에 대한 다음 설명 중 가장 옳은 것은? (0.8점)

① 경쟁자의 분석방법 중 표준산업분류, 기술적인 대체 가능성 등을 이용하는 방법은 고객 중심적인 방법에 해당한다.

② 경쟁의 범위는 제품범주, 제품형태, 본원적 효익, 예산으로 갈수록 넓어진다.

③ 시장세분화기준 중 사회계층, 라이프스타일, 개성 등은 구매행동적 기준에 해당한다.

④ 제품의 특성이 차이가 나거나 시장이 이질적인 경우에는 비차별적 마케팅이 유리하다.

⑤ 다차원척도법에서는 소비자로 하여금 제품을 총체적으로 비교하게 하고, 컨조인트 분석에서는 마케팅 관리자가 직접 관리할 수 있는 구체적인 속성을 비교하게 된다.

38. 마케팅믹스 중 제품(Product)에 대한 다음 설명 중 가장 옳은 것은? (0.8점)

① 편의품, 선매품, 전문품 중 구매 빈도가 가장 높은 것은 전문품이다.

② 제품은 소비 목적에 따라 기능적 제품, 감각적 제품, 상징적 제품으로 구분할 수 있다.

③ 신제품 수용 과정은 인지, 관심, 시용 구매, 평가, 수용의 순서로 이루어진다.

④ 제품범주 내에서 새로운 형태, 색상, 크기, 원료, 향 등의 신제품에 기존 상표를 함께 사용하는 상표개발전략은 상표 확장이다.

⑤ 강력한 브랜드는 소비자의 브랜드 충성도를 높이고 그 결과 소비자의 자사 브랜드에 대한 가격민감도를 낮게 한다.

39. 유통업자가 자체적으로 제품을 기획하고 제삼자에게 위탁하여 생산한 제품을 자신의 상표로 부착하여 판매하는 상표를 유통업자 상표 또는 중간상 상표라고 한다. 이러한 유통업자 상표가 효과적인 상황으로 가장 옳지 않은 것은? (0.8점)

① 제조업자상표가 다수 존재하지만, 그 중 어느 것도 강력한 고객충성을 형성하지 못하고 있을 때

② 수요가 매우 비탄력적이어서 높은 가격이 매출액을 크게 증대시킬 수 있을 때

③ 적절한 품질과 가격으로 상품의 공급을 신뢰할 수 있을 때

④ 상표촉진의 비용을 부담하고도 저렴한 판매가 가능하도록 다른 제조업자 상표들의 가격이 비쌀 때

⑤ 이미 본원적 수요가 충분히 개발되어 있으며 잠재고객들이 감각적 검토와 시용을 통해 상품품질을 쉽게 판단할 수 있을 때

40. 소매상은 점포소매상과 무점포 소매상으로 구분할 수 있다. 다음에서 제시된 점포소매상 중 특정 상품 범주를 깊게 취급하고 그 상품들에 대해 할인점보다 더 낮은 가격으로 판매하는 업태에 해당하는 것으로 가장 옳은 것은? (1.2점)

① 백화점 ② 슈퍼마켓 ③ 회원제 창고점

④ 카테고리 킬러 ⑤ 편의점

약점 보완 해설집 p.74

경제학 실전모의고사

총 40문항 / 권장 풀이시간 50분

01. (주)서울은 최근 한 개의 기계장치를 취득하였다. 이 자산에 대한 정보가 다음과 같을 때, 정액법과 정률법에 따른 감가상각비가 바르게 연결된 것은? (1.2점)

구분	취득원가	내용연수	잔존가치	정률법 상각률
기계장치	₩1,000,000	3년	취득원가의 10%	0.357

	정액법	정률법
①	₩300,000	₩119,000
②	₩300,000	₩300,000
③	₩300,000	₩357,000
④	₩357,000	₩119,000
⑤	₩357,000	₩357,000

02. 다음 가격정책 중 성격이 나머지와 다른 하나는? (1.5점)

① 만 65세 이상 관람객을 대상으로 경로 우대 혜택을 제공하는 영화관
② 동일한 승용차를 한국과 미국에서 상이한 가격으로 판매하는 자동차 제조업체
③ 수능이 끝난 수험생에 한해 특별 할인 이벤트를 여는 미용실
④ 낱개 상품의 합보다 저렴한 가격으로 묶음 상품을 판매하는 대형 마트
⑤ 비수기에는 할인 요금, 성수기에는 할증 요금을 적용하는 숙박업체

03. **다음 중 밑줄 친 '이 효과'의 사례로 적절하지 않은 것은?** (1.2점)

> 이 효과는 어떤 사람의 경제활동이 의도치 않게 다른 사람에게 이익을 주거나 피해를 입히는 것을 말한다.

① 미국의 광우병 파동 소식이 알려지면서 국내의 축산물 소비가 위축되었다.
② 우리 동네 뒷산의 그린벨트가 해제되었다는 발표가 난 이후로 주변 땅값이 상승하였다.
③ 국민들이 독감에 걸리지 않기 위해 개별적으로 예방접종을 함으로써 지난해 독감 전염의 위험성을 낮출 수 있었다.
④ 인기 드라마의 촬영지가 관광명소가 되어 주변 가게들의 매출이 상승하게 되었다.
⑤ 전봇대에 설치된 CCTV 덕분에 뺑소니 범인을 잡아서 피해보상을 요구할 수 있었다.

04. **다음 밑줄 친 내용을 뒷받침하는 사례로 적절하지 않은 것은?** (1.5점)

> 불완전경쟁, 공공재, 외부효과 등으로 인해 시장이 제 역할을 제대로 수행하지 못하고 비효율적인 모습을 보이면, 이를 시정하기 위해 정부가 시장에 개입해야 한다는 주장이 제기된다. 하지만 시장의 실패가 나타났다고 해서 정부의 개입을 정당화할 수는 없다. 정부의 시장 개입은 정부 관료의 불완전한 지식과 정보에 의한 판단 오류, 수단의 불완전성, 정치 과정에서의 제약, 부정부패 등으로 인해 의도치 않은 결과를 불러와 시장의 상태를 더욱 악화시킬 수 있기 때문이다.

① 사회보장제도로 인해 근로 능력이 있음에도 일하지 않는 사람들이 있다.
② 저임금근로자인 경비원에 대한 최저임금제를 시행하자 경비원의 실업이 증가하였다.
③ 정부가 공공 부문인 철도를 민영화하자 안전사고가 급증하고 철도 요금이 인상되었다.
④ 생필품 가격 안정을 위해 가격상한제를 실시한 이후 공급이 감소해 품귀 현상이 나타났다.
⑤ 사교육비 절감을 위한 과외 금지 법안 때문에 고액 비밀과외가 성행하게 되었다.

05. **다음 그래프에 대한 설명으로 옳지 <u>않은</u> 것은?** (1.2점)

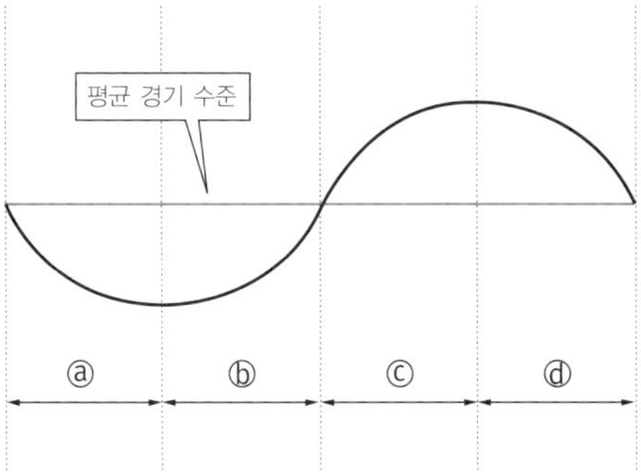

① 이 그래프는 장기적으로 반복하여 되풀이된다.

② ⓐ 시기에는 소매 판매가 급감하고 도산하는 기업이 증가한다.

③ ⓑ는 경기의 최저점을 찍고 반등하는 시기로 소비와 투자가 활성화되기 시작한다.

④ 실업률이 최고 수준에 도달하는 시기는 ⓒ이다.

⑤ ⓓ 시기에는 생산설비 과잉으로 재고가 증가하고 물가는 하락한다.

06. **다음은 A 국과 B 국의 노동자가 하루 동안 생산할 수 있는 청바지와 구두의 양을 나타낸 표이다. 이에 대한 설명으로 옳은 것을 모두 고르면?** (단, 노동 외 생산요소는 고려하지 않으며, 두 국가에서 투입 가능한 노동의 양은 동일하다.) (1.5점)

구분	A 국	B 국
청바지	12단위	5단위
구두	4단위	10단위

㉠ 각국이 비교우위에 있는 상품을 특화하여 교역한다면 청바지의 수출국은 A 국이 된다.
㉡ B 국은 구두 1단위의 국제 가격이 청바지 1/2단위보다 클 때 A 국과 무역을 할 것이다.
㉢ B 국은 A 국에 대하여 구두 생산의 절대우위와 비교우위를 모두 갖는다.
㉣ 청바지와 구두의 교환 비율이 1:1.5일 경우에는 교역이 성립할 수 없다.

① ㉠, ㉡　② ㉢, ㉣　③ ㉠, ㉡, ㉢
④ ㉡, ㉢, ㉣　⑤ ㉠, ㉡, ㉢, ㉣

07. **다음 재화들의 공통적인 관계에 대한 설명으로 옳지 않은 것은?** (1.2점)

• 돼지고기 – 닭고기	• 커피 – 홍차

① 둘 중 어느 재화를 소비하더라도 유사한 효용을 얻는다.
② 두 재화는 경쟁관계에 있으므로 '경쟁재'라고도 부른다.
③ 두 재화는 수요의 교차탄력성이 음(−)의 값을 가진다.
④ 돼지고기의 가격 하락은 닭고기의 수요 감소로 이어진다.
⑤ 홍차의 수요가 감소하면 커피의 수요 곡선은 우측으로 이동한다.

08. **다음은 시대별 한국 경제 상황에 대한 설명이다. ㉠~㉣을 시간 순서대로 바르게 나열한 것은?** (1.5점)

㉠ 기업과 금융 기관의 부실이 누적되면서 외환 위기를 맞고, 마이너스 성장을 기록하였다.
㉡ 3저 호황으로 상품 수지 흑자를 기록하고, 반도체를 비롯한 기술 집약적 첨단 산업이 크게 발전하였다.
㉢ 노동 집약적인 경공업 중심에서 자본 집약적인 중화학 공업 집중 육성 정책으로 전환하면서 경제가 고도로 성장하였다.
㉣ 일본, 미국, 프랑스, 이탈리아, 독일, 영국에 이어 세계 7번째로 20-50클럽에 가입하게 되었다.

① ㉢ – ㉠ – ㉡ – ㉣
② ㉢ – ㉡ – ㉠ – ㉣
③ ㉢ – ㉡ – ㉣ – ㉠
④ ㉢ – ㉣ – ㉠ – ㉡
⑤ ㉢ – ㉣ – ㉡ – ㉠

09. **다음 각 설명에 해당하는 용어가 바르게 연결된 것은?** (1.2점)

㉠ 화폐 가치가 하락하고 전반적인 물가 수준이 지속적으로 상승하는 현상
㉡ 통화량의 축소로 물가가 하락하고 경제활동이 침체되는 현상
㉢ 물가가 계속 상승하여 경기 침체와 물가 상승이 동시에 일어나고 있는 현상

	㉠	㉡	㉢
①	인플레이션	리플레이션	스태그네이션
②	인플레이션	디플레이션	스태그플레이션
③	디플레이션	리플레이션	디스인플레이션
④	디플레이션	스태그네이션	스태그플레이션
⑤	리플레이션	디스인플레이션	스태그플레이션

10. 다음 지문에 대한 설명으로 옳지 않은 것은? (1.2점)

주말을 맞아 집에서 쉬고 있던 A는 야구장에 가서 야구 경기를 보자는 여자친구의 전화를 받고 무엇을 할지 고민 중이다. 집에서 쉴 때의 만족감을 돈으로 환산하면 3만 원이며, 야구 경기를 볼 때의 만족감을 돈으로 환산하면 4만 원이다. 단, 야구 경기를 보러 가면 입장료 2만 원을 지불해야 한다.

① A가 집에서 쉬는 경우 기회비용은 암묵적 비용 2만 원이 전부이다.

② A가 야구 경기를 보러 갈 때의 기회비용은 5만 원이다.

③ A가 집에서 쉬는 것을 선택할 경우 순편익은 1만 원이다.

④ A가 집에서 쉬는 경우의 편익이 야구 경기를 보러 가는 경우의 편익보다 크다.

⑤ A가 야구 경기를 보러 가지 않고 집에서 쉬는 것이 합리적인 선택이다.

11. 다른 조건은 일정한 상황에서, 한국은행이 기준금리를 인하했을 때 예상되는 영향으로 적절하지 않은 것은? (1.5점)

① 한국에서 수출하는 제품의 가격경쟁력이 높아진다.

② 금융비용의 감소로 기업의 투자가 증가한다.

③ 주식, 채권, 부동산 등의 자산 가격이 상승한다.

④ 시중 통화량의 감소로 물가가 안정된다.

⑤ 가계의 저축이 줄어들고 소비가 늘어난다.

12. A 기업은 B 기업이 독점하고 있는 시장에 진입할지를 고려하고 있으며, B 기업은 마케팅 비용을 늘리거나 유지하는 전략을 선택할 수 있다. 전략에 따라 각 기업이 얻는 이익을 나타낸 보수행렬이 다음과 같을 때, 이에 대한 설명으로 옳은 것을 모두 고르면? (1.2점)

구분		B 기업	
		마케팅 비용 확대	마케팅 비용 유지
A 기업	시장 진입	(60, 50)	(80, 60)
	시장 진입 포기	(70, 90)	(70, 100)

ㄱ 내시균형은 2개가 된다.
ㄴ A 기업은 우월전략이 존재하지 않는다.
ㄷ B 기업은 마케팅 비용을 유지하는 것이 우월전략이다.
ㄹ A 기업이 시장에 진입한다면 B 기업은 마케팅 비용을 유지할 것이다.

① ㄱ, ㄴ, ㄷ ② ㄱ, ㄴ, ㄹ ③ ㄱ, ㄷ, ㄹ ④ ㄴ, ㄷ, ㄹ ⑤ ㄱ, ㄴ, ㄷ, ㄹ

13. 다음 지문에 대한 설명으로 옳지 <u>않은</u> 것은? (1.2점)

예금자들은 예금자보호제도에 의해 최고 5천만 원까지 원리금 상환이 보장된다는 것 때문에 이율이 높다면 경영이 부실하고 재정상태가 안정적이지 않은 은행에도 돈을 맡긴다. 경영이 부실한 은행은 높은 이율을 제시해 고객들로부터 자금을 모으고, 그 돈을 회수하지 못할 가능성이 높은 대출자에게 고금리로 융자를 해준다.

① 도덕적 해이가 발생한 경우이다.
② 가게 주인이 부재중일 때 종업원이 일을 대충대충 하는 사례와 관련 있다.
③ 레몬시장에서 발생하는 문제라고 할 수 있다.
④ 보험 가입자가 위험에 소홀히 대처해 사고가 날 가능성이 높아지는 것과 유사하다.
⑤ 거래당사자 간에 갖고 있는 정보의 차이 때문에 발생하는 현상이다.

14. **다음 지문과 관련 있는 실업의 종류로 적절한 것은?** (1.2점)

> 4차 산업혁명의 도래로 기존의 산업과 서비스가 인공지능 및 사물인터넷, 빅데이터 등 정보통신기술과의 융합으로 생산성이 급격히 향상되고 있다. 제품과 서비스가 지능화되면서 경제·사회 전반적으로 혁신적인 변화가 나타나는 한편, 4차 산업혁명에 따른 기술 발전과 신산업의 등장으로 사양 산업이 발생하면서 대규모의 실업을 우려하는 목소리가 나오고 있다.

① 자발적 실업　　② 경기적 실업　　③ 계절적 실업
④ 구조적 실업　　⑤ 마찰적 실업

15. **다음 중 코즈의 정리에 대한 설명으로 옳지 않은 것은?** (1.5점)

① 시장실패를 교정하기 위한 정부의 개입을 지지한다.
② 명확한 재산권 확립을 전제로 한다.
③ 부정적인 외부효과뿐만 아니라 긍정적인 외부효과에 대해서도 작동한다.
④ 거래 비용이 없다면 재산권이 누구에게 있는지에 관계없이 효율적인 결과에 도달한다.
⑤ 실현 가능성이 매우 낮다는 약점이 존재한다.

16. **다음 중 재정정책과 통화정책에 대한 설명으로 옳지 않은 것은?** (1.5점)

① 내부 시차는 통화정책에 비해 재정정책이 더 짧다.
② 케인시언(Keynesians)은 재정정책의 유효성을 지지하였다.
③ 유동성 함정에 빠진 경우 재정정책이 더 효과적일 수 있다.
④ 재정정책은 통화정책에 비해 직접적인 경기 부양 효과를 기대할 수 있다.
⑤ 이론적으로 변동환율제도에서 재정정책의 효과는 없고, 통화정책의 효과만 있다.

17. 다음 중 디플레이션이 경제에 미치는 영향으로 적절한 것을 모두 고르면? (1.2점)

> ㉠ 환물심리(換物心理)가 고조된다.
> ㉡ 채권자가 유리해지고, 채무자가 불리해진다.
> ㉢ 실질 임금이 상승하여 고용 및 생산이 감소한다.
> ㉣ 실물 자산을 보유한 사람이 유리해진다.
> ㉤ 사람들이 소비 지출을 줄여 경제활동이 위축된다.

① ㉠, ㉡, ㉢ ② ㉠, ㉣, ㉤ ③ ㉡, ㉢, ㉣ ④ ㉡, ㉢, ㉤ ⑤ ㉢, ㉣, ㉤

18. 다음 중 보호무역주의에 대해 잘못 이야기한 사람은? (1.2점)

① A: 국제 경제 질서로 자리 잡은 자유무역주의에 반하는 것으로 국가 간의 무역 분쟁을 야기할 수 있어.
② B: 자유무역으로 국내 생산과 고용이 감소할 수 있다는 점에서 실업 방지를 위해 보호무역이 필요하다는 주장도 있어.
③ C: 개발도상국의 경우 외국 자본을 국내로 유치하기 위해 보호무역을 강화하기도 해.
④ D: 세계적인 불황으로 보호무역주의를 강화하는 국가들이 많아지는데, 이는 오히려 경제 상황을 악화시킬 수 있어.
⑤ E: 미국 정부의 바이 아메리칸(Buy American) 조항은 대표적인 보호주의적 조치에 해당하지.

19. 다음 중 지문을 잘못 이해한 사람을 모두 고르면? (1.2점)

> 엥겔지수는 독일의 통계학자 엥겔이 발견한 것으로, 가계의 총소비지출액에서 식료품비가 차지하는 비율이다. 식료품은 가계의 소득수준과 관계없이 반드시 일정한 소비를 유지하기 때문에 이를 통해 가계의 생활 수준을 판단할 수 있다. 국내에서는 한국은행과 통계청에서 각각 전체 가구 및 도시 근로자가구를 대상으로 설문조사를 하여 산출한다.

> - **서윤:** 소득이 높은 가계일수록 식료품비가 가계의 총지출에서 차지하는 비율도 높아.
> - **진실:** 총소비지출액이 200만 원, 식료품비 지출액이 50만 원인 가계의 엥겔지수는 25%야.
> - **은지:** 엥겔은 엥겔지수가 25% 이하면 소득 최상위, 70% 이상이면 극빈층이라고 정의했어.
> - **혜인:** 전통적인 엥겔지수는 외식비, 식료품 가격 인상 등을 고려하지 않았다는 점에서 한계가 있어.

① 서윤 ② 은지 ③ 서윤, 혜인
④ 진실, 은지 ⑤ 서윤, 진실, 혜인

20. **다음 중 채권 가격에 대한 설명으로 옳지 않은 것의 개수는?** (1.5점)

> ㉠ 채권 매입 이후 채권에 대한 시장 이자율이 상승하면 채권 가격은 매입 가격 이하로 떨어진다.
> ㉡ 채권에 대한 시장 이자율이 표면이율과 일치하는 경우 해당 채권은 액면가에 거래된다.
> ㉢ 채권 가격은 이자율에 비례하며, 채권 가격과 수익률 사이도 비례 관계가 성립한다.
> ㉣ 채권의 표면이율이 높을수록 채권 가격의 변동폭이 작다.
> ㉤ 채권의 잔존 기간이 짧을수록 채권 가격의 변동률은 커진다.

① 1개 ② 2개 ③ 3개 ④ 4개 ⑤ 5개

21. **다음 중 본원통화에 대한 설명으로 옳지 않은 것은?** (1.2점)

① 중앙은행이 가진 화폐의 독점적 발행권을 통해 공급되는 통화를 의미한다.
② 본원통화는 민간보유현금과 금융기관의 지급준비금을 합한 것이다.
③ 본원통화에 통화승수를 곱하면 통화량을 산출할 수 있다.
④ 국제수지 흑자 규모가 늘어나면 본원통화가 증가한다.
⑤ 중앙은행이 금융기관에 대출을 실시하면 본원통화가 감소하게 된다.

22. **다음 글에서 밑줄 친 부분에 해당하는 것으로 가장 적절하지 않은 것은?** (0.8점)

> 신용경제가 발달하기 시작하면서 재산상 권리 변동을 편리하게 처리하기 위해 유가증권이 생성되었다. 유가증권이란 일정 재산에 대한 권리를 담은 증서로, 유동화된 재산권 형태로 유통되고 있다. 유가증권은 경제적 성질에 따라 상품증권, 화폐증권, 자본증권으로 나뉘며, 증권시장 내에서 장기 자금 수요자인 기업 측의 자금 고정화 요구와 이와 상반된 공급자 측의 유동성 요구를 서로 조화시키는 역할을 수행하고 있다.

① 채권 ② 수표 ③ 차용증서 ④ 물품 교환권 ⑤ 주식

23. **다음 지문과 관련 있는 것은?** (0.8점)

> 수출국이 특정 상품을 지나치게 낮은 가격으로 수출하여 수입국이 자국의 관련 산업에 피해를 입었을 때, 수입국이 해당 품목에 대해 부당 가격만큼의 관세를 부과하는 제도이다. 그러나 본래 목적과 달리 선진국들이 개발도상국의 수입을 규제하기 위한 수단으로 이용되면서 문제가 되고 있다.

① 상계 관세 ② 반덤핑 관세 ③ 조정 관세 ④ 편익 관세 ⑤ 양허 관세

24. **판매자와 구매자가 서로 정보를 원활히 교환하여 가격에 비해 품질이 좋은 재화나 서비스가 거래되는 시장은?** (0.8점)

① 레몬마켓 ② 베어마켓 ③ 피치마켓 ④ 불마켓 ⑤ 오픈마켓

25. **해외 단기 투기성 자본으로부터 자국 경제를 보호하기 위한 방안의 하나로, 단기성 외환거래에 대해 세금을 부과하는 제도는?** (1.2점)

① 로빈후드세 ② 스텔스세 ③ 토빈세 ④ 버핏세 ⑤ 저커버그세

26. **다음 중 리디노미네이션에 대한 설명으로 가장 적절하지 <u>않은</u> 것은?** (1.5점)

① 자국 통화의 대외적 위상을 제고하는 데에 이용되기도 한다.
② 경제 규모가 확대됨에 따라 발생하는 회계 및 계산상의 불편을 해소할 수 있다.
③ 물가가 급등하거나 경기가 침체되어 있는 경제 불안기에 시행하면 경제적 안정을 꾀할 수 있다.
④ 새 화폐를 제조하는 비용과 시중에 화폐를 유통하기 위한 막대한 부수적 비용이 발생한다.
⑤ 화폐의 실질가치를 유지하면서 화폐 단위를 하향 조정하여 액면가를 낮추는 조치이다.

27. 다음은 한 무역회사의 중국 수출입 담당 팀의 팀원이 최근의 원/위안 환율 변동 추이를 분석하고, 그에 대해 보고하는 내용의 일부이다. 원/위안 환율에 대한 분석 내용 중 가장 적절하지 않은 것은? (1.2점)

E-mail	
받는 사람	K 팀장님
보내는 사람	◇◇◇
일시	20XX년 4월 3일 AM 11:22
제목	원/위안 환율 분석 보고
내용	안녕하세요? K 팀장님. ◇◇◇입니다. 팀장님께서 요청하신 원/위안화 분석에 관하여 서면 보고서 제출 전에 간략하게 메일로 주요 사항 전달 드립니다. 지난해 말부터 상승 추이를 보이던 위안화가 1월 말에 1위안당 171.23원을 기록한 뒤로 점차 하락세를 타 3월 말에는 최저인 1위안당 161.89원을 기록한 것으로 조사되었습니다. 시장에서는 한동안 이러한 기조가 유지되리라 전망하고 있으며, 제가 판단하기에도 특별한 돌발 변수가 생기지 않는 이상 위안화 가치는 한동안 현재 수준에 머물러 있을 것 같습니다. 다만, 위안화 평가절상 압력이 없지는 않아서 지금보다 더 떨어지는 것을 기대하기는 어려워 보입니다. ㉠ 우리 회사의 경우 여력이 된다면 작년에 중국 거래처에 지급하지 못한 위안 부채를 지금 갚는 것이 좋을 것 같습니다. 지금과 같은 기조가 유지된다면 ㉡ 한동안 대(對)중국 수출보다는 수입에 주력하는 것이 좋겠습니다. 또한, ㉢ 작년부터 논의되었던 중국 현지의 유통 창고 건설 건은 진행한다면 지금이 적기라고 생각합니다. ㉣ 국외 시장에서 우리나라 제품보다 중국 제품의 가격 경쟁력이 올라갈 것으로 전망되니, 다른 팀에게도 이러한 상황을 공유하여 대응방안을 마련할 수 있도록 해주십시오. 추가로 ㉤ 지난해 말부터 진행해오던 중국 현지 협력업체들에 대한 투자금은 지금 회수하는 것이 낫겠습니다.

① ㉠ ② ㉡ ③ ㉢ ④ ㉣ ⑤ ㉤

28. **한국의 자동차 회사가 독일에 있는 생산 공장에 한국인을 고용했다고 할 때, 한국과 독일의 국민소득 변화에 대한 설명으로 옳은 것은?** (1.5점)

① 한국의 GDP는 증가하고, 독일의 GDP는 변동이 없다.

② 한국의 GNP는 증가하고, 독일의 GDP도 증가한다.

③ 한국의 GDP는 변동이 없고, 독일의 GNP는 증가한다.

④ 한국의 GNP는 변동이 없고, 독일의 GNP도 변동이 없다.

⑤ 한국의 GDP는 변동이 없고, 독일의 GDP도 변동이 없다.

29. **다음과 같은 상황에서 예상되는 배 시장의 균형가격과 균형거래량의 변화로 가장 적절한 것은?** (1.2점)

- 최근 배를 하루에 300g씩 먹으면 피부가 좋아지고 지능이 높아진다는 연구결과가 발표되어, 남녀노소 모두 배를 간식으로 찾게 되었다.
- 올해는 태풍과 가뭄에도 불구하고 예년보다 열매가 많이 달려 배 풍년을 맞이하였다.

① 균형가격: 상승, 균형거래량: 증가

② 균형가격: 불분명, 균형거래량: 증가

③ 균형가격: 불분명, 균형거래량: 감소

④ 균형가격: 하락, 균형거래량: 감소

⑤ 균형가격: 불분명, 균형거래량: 불분명

30. **경찰은 공범으로 의심되는 갑과 을의 자백을 받기 위해 두 사람을 따로 불러 다음과 같은 제안을 했다. 아래 보수 행렬과 관련 있는 설명으로 옳지 않은 것은?** (1.2점)

구분		을	
		부인	자백
갑	부인	각각 1년 복역	갑: 10년 복역, 을: 석방
	자백	갑: 석방, 을: 10년 복역	각각 5년 복역

① 갑과 을이 모두 자백할 경우 내쉬 균형을 이루게 된다.

② 갑, 을 각각이 선택할 수 있는 우월전략은 부인하는 것이다.

③ 카르텔이 오래 지속되기 어려운 이유를 설명할 수 있다.

④ 반복게임의 성격을 갖게 되면 갑과 을이 서로 협력하게 된다.

⑤ 애덤 스미스의 시장논리를 반박하는 근거가 된다.

31. **다음은 국내 외환 시장에서의 균형 환율과 외환 거래량의 변동을 나타낸 그래프이다. 각각의 변화를 가져오는 원인이 바르게 짝지어진 것을 모두 고르면?** (단, 외환의 수요는 일정하다.) (1.5점)

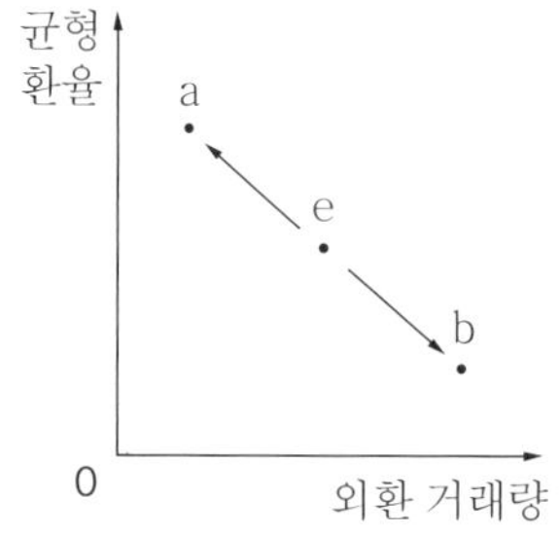

> ㉠ e → a: 우리나라 금융 기관에서 외화 차입 규모를 대폭 감축하였다.
> ㉡ e → a: 우리나라의 이자율이 크게 상승하여 외국 자본의 유입이 확대되었다.
> ㉢ e → b: 우리나라 제품에 대한 긍정적인 인식 확산으로 수출이 크게 증가하였다.
> ㉣ e → b: 우리나라의 치안이 좋지 않다는 근거 없는 소문으로 외국인 관광객 수가 감소하였다.

① ㉠, ㉢　② ㉡, ㉣　③ ㉢, ㉣　④ ㉠, ㉡, ㉢　⑤ ㉡, ㉢, ㉣

32. **다음 빈칸에 들어갈 말을 알맞게 짝지은 것은?** (0.8점)

> 규모의 경제란 생산의 규모가 커질수록 단위당 생산비가 (　A　)하는 현상으로, 생산 기술의 성격상 (　B　)이 비용 측면에서 유리한 산업에 존재한다. 규모의 경제가 존재하는 산업은 노동, 자본 등 모든 생산 요소의 투입을 2배 늘릴 경우 산출량이 2배 (　C　)로/으로 늘어나게 된다. 한편 각 상품을 여러 기업이 생산하는 것보다 한 기업이 여러 상품을 동시에 생산하는 것이 비용 측면에서 유리할 경우에는 (　D　)가 있다고 한다.

	A	B	C	D
①	감소	대량생산	이하	규모의 불경제
②	증가	소량생산	이상	규모의 불경제
③	감소	대량생산	이상	범위의 경제
④	감소	소량생산	이하	범위의 경제
⑤	증가	대량생산	이상	범위의 경제

33. **다음 지문에 등장하는 시장의 종류에 대한 설명으로 옳지 <u>않은</u> 것은?** (1.2점)

> 한국전력공사는 우리나라의 전기 송전·배전과 판매를 총괄하고 있다. 한국전력공사와 같은 전력 공급 업체가 가정과 산업체에 전기를 공급하기 위한 시설을 갖추는 데에는 막대한 고정비용이 발생하지만, 대량생산을 할수록 생산 단가는 낮아져 고정비용에 대한 부담은 줄어들게 된다.

① 수요의 가격탄력성이 서로 다른 소비자 집단들에 대해 가격차별 정책을 시행할 수 있다.

② 국민의 경제적 후생을 위해 정부가 이 시장에서 거래되는 상품의 생산 및 거래에 직접 개입하기도 한다.

③ 상품의 차별화, 서비스, 광고 등의 비가격경쟁이 자주 발생한다.

④ 규모의 경제, 특허권, 정부의 인허가 등에 따른 높은 진입장벽이 존재한다.

⑤ 생산되는 상품의 질적 차이가 없다.

34. **다음 지문에 대한 설명으로 옳은 것을 모두 고르면?** (단, 지문에 제시된 사항만을 고려한다.) (1.2점)

> 연봉이 5천만 원인 A 씨는 직장을 그만두고 식당을 개업하는 것은 어떨지 고민하고 있다. A 씨가 식당을 개업하여 운영할 경우에 필요한 비용을 알아본 결과, 1년에 임대료 2천만 원, 재료비 3천만 원, 인건비 3천만 원, 대출 이자 4백만 원, 기타 비용 6백만 원이 드는 것으로 나타났다.

> (가) A 씨가 직장을 그만두고 식당을 운영할 경우 발생하는 회계적 비용은 연 9천만 원이다.
> (나) 식당 개업으로 예상되는 연간 수입이 1억 원이라면 A 씨는 직장을 그만두는 것이 합리적인 선택이다.
> (다) A 씨가 식당 개업을 통해 얻을 수 있는 예상 연간 수입이 2억 원이라면 A 씨의 경제적 이윤은 6천만 원이다.

① (가) ② (나) ③ (가), (다) ④ (나), (다) ⑤ (가), (나), (다)

35. **다음은 사과와 배를 생산하는 두 나라의 생산 가능 곡선이다. 이에 대한 설명으로 옳지 <u>않은</u> 것은?** (1.5점)

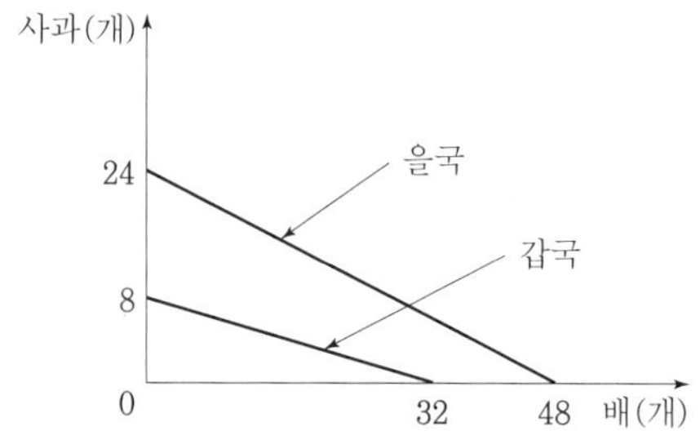

① 을국은 사과 생산과 배 생산 모두에 절대우위를 가진다.

② 사과 1개 생산의 기회비용은 을국이 갑국보다 더 작다.

③ 갑국은 배, 을국은 사과를 특화하여 생산해야 교역이 성사될 수 있다.

④ 사과와 배의 교역 조건이 1:2일 때 갑국과 을국 모두 교역을 통해 이득을 얻을 수 있다.

⑤ 두 나라가 사과와 배를 1:2.5로 교환할 경우, 교역 후 갑국은 사과 4개와 배 22개를 동시에 소비할 수 있다.

36. **다음 중 동일한 경제 개념을 설명하는 사례로 짝지어진 것은?** (1.2점)

ⓐ 중동지역에서 한국 드라마가 유행하면서 한국을 찾는 외국인 관광객이 늘고, 주요 관광지의 수입도 증가하였다.
ⓑ 보험회사가 평균적인 질병 발생 확률에 근거하여 보험비를 책정하면, 건강이 나쁜 고객들만 몰려 재정이 악화된다.
ⓒ 공무원들이 서류를 위조해 사적으로 경조사에 다닌 것까지 출장비로 처리하여 국가 예산이 낭비되었다.
ⓓ 뷔페식당 주인은 적게 먹거나 보통의 식성을 가진 손님이 방문할 것을 기대하지만, 실제로 뷔페식당을 찾는 사람은 식성이 좋은 사람들이 더 많다.

① ⓐ - ⓑ　　② ⓐ - ⓒ　　③ ⓑ - ⓒ　　④ ⓑ - ⓓ　　⑤ ⓒ - ⓓ

37. **다음 중 유동성함정에 대한 설명으로 적절하지 않은 것은?** (1.2점)

① 실질이자율이 마이너스에 가까워진다.

② 통화량을 늘리면 이자율이 하락한다.

③ 극심한 경기 침체 상황에서 나타나기 쉬운 현상이다.

④ 채권보유에 대한 기대이익이 낮아져 채권 대신 화폐를 보유하려는 사람이 늘어난다.

⑤ 유동성함정에 빠진 경제에서는 재정정책의 효과가 더 클 수 있다.

38. **다음 중 장기 총공급곡선을 이동시키는 요인에 해당하지 않는 것은?** (1.2점)

① 예상물가 수준의 상승

② 인구 증가

③ 기술의 진보

④ 자연자원의 변동

⑤ 자연실업률 상승

39. **다음 중 솔로우의 경제성장모형에 대한 설명으로 적절하지 않은 것은?** (1.2점)

① 경제 성장은 인구 증가, 저축률 증가, 기술진보에 의해 결정된다고 보았다.

② 결국 1인당 산출량이 수렴하게 된다는 절대적 수렴가설을 주장하였다.

③ 인구 증가만으로 지속적인 경제 성장을 달성할 수 있다고 여겼다.

④ 1인당 소비가 극대화되는 상태에 이르면 자본축적의 황금률을 달성한 것이라 보았다.

⑤ 해로드-도마 모형의 한계를 보완하며 등장한 이론이다.

40. **다음은 의자를 생산하는 A 기업의 근로자 수와 그에 따른 생산량을 정리한 표이다. 의자의 시장가격이 15만 원이고, 근로자 1명의 임금이 40만 원일 때, A 기업이 이윤을 극대화하기 위해 고용할 근로자 수는?** (단, 의자와 노동시장은 완전경쟁적이며, 임금 외 다른 비용은 고려하지 않는다.) (1.2점)

근로자 수(명)	1	2	3	4	5	6
의자(대)	4	10	15	19	22	24

① 2명 ② 3명 ③ 4명 ④ 5명 ⑤ 6명

약점 보완 해설집 p.80

전기 · 전자일반 실전모의고사

총 40문항 / 권장 풀이시간 50분

01. 반지름이 각각 $a_1 = 3[cm]$, $a_2 = 4[cm]$, $a_3 = 5[cm]$인 3개의 도체구의 전위가 각각 $V_1 = 1{,}800[V]$, $V_2 = 900[V]$, $V_3 = 300[V]$로 대전되어 있다. 이 3개의 도체구를 가는 선으로 연결할 때, 공통 전위$[V]$는? (1.5점)

① 650　② 725　③ 770　④ 845　⑤ 875

02. 극판 간격이 $d[m]$, 면적이 $S[m^2]$, 유전율이 $\epsilon[F/m]$인 평행판 콘덴서에 $V[V]$의 전압이 가해졌을 때, 축적되는 전하 $Q[C]$는? (1.2점)

① $\frac{\epsilon_0 S}{d}V$　② $\frac{\epsilon_s S}{d}V$　③ $\frac{\epsilon S}{d}V$　④ $\frac{dS}{\epsilon}V$　⑤ $\frac{dS}{\epsilon_s}V$

03. 전계가 E, 전속밀도가 D, 유전율이 ϵ일 때, 분극의 세기$[C/m^2]$는? (1.5점)

① $P = D + \epsilon_0 E$　② $P = D - \epsilon_0 E$　③ $\epsilon_0 P = D + E$　④ $\epsilon_0 P = D - E$　⑤ $P = \epsilon_0(D + E)$

04. 250$[mm]$ 현수애자 한 개의 건조섬락전압은 100$[kV]$이다. 현수애자 10개를 직렬로 접속한 애자련의 건조섬락전압이 800$[kV]$일 때, 현수애자의 연효율$[\%]$은? (1.5점)

① 60　② 75　③ 80　④ 85　⑤ 90

05. 비유전율 $\epsilon_s=5$인 등방 유전체의 한 점에서 전계의 세기가 $E=10^4[V/m]$일 때, 이 점의 분극률 χ는? (1.5점)

① $\frac{10^{-9}}{\pi}[F/m]$ ② $\frac{10^{-9}}{9\pi}[F/m]$ ③ $\frac{10^{-9}}{18\pi}[F/m]$ ④ $\frac{10^{-9}}{27\pi}[F/m]$ ⑤ $\frac{10^{-9}}{36\pi}[F/m]$

06. 단자 전압이 100[V], 전기자 전류가 10[A], 전기자 회로의 저항이 1[Ω], 정격 속도가 1,800[rpm]으로 전부하에서 운전하고 있는 직류 분권전동기가 있다. 이 직류 분권전동기의 토크[$N\cdot m$]는 약 얼마인가? (단, 소수점 둘째 자리에서 반올림하여 계산한다.) (1.5점)

① 4.0 ② 4.2 ③ 4.4 ④ 4.6 ⑤ 4.8

07. Y−△ 결선의 3상 변압기군 A와 B를 병렬로 사용했다. 변압기군 A의 권수비가 40일 때, 변압기군 B의 권수비는? (0.8점)

① 40 ② 50 ③ 60 ④ 90 ⑤ 120

08. 주파수가 60[Hz], 극수가 4극인 동기발전기가 있다. 이 동기발전기 회전자 지름이 2[m]일 때, 자극면의 주변 속도[m/s]는? (단, π는 3.14로 계산한다.) (1.5점)

① 158.4 ② 167.2 ③ 172.5 ④ 188.4 ⑤ 195.6

09. 정격 용량이 10[kVA]이고, 1차 전압이 2,000[V], 2차 전압이 100[V]인 변압기의 1차에 환산한 등가 임피던스가 $6.2+j7$[Ω]일 때, 이 변압기의 %리액턴스 강하[%]는? (1.5점)

① 1.50 ② 1.58 ③ 1.65 ④ 1.72 ⑤ 1.75

10. 다음 회로의 a, b 단자 사이에 걸리는 전압[V]은? (1.5점)

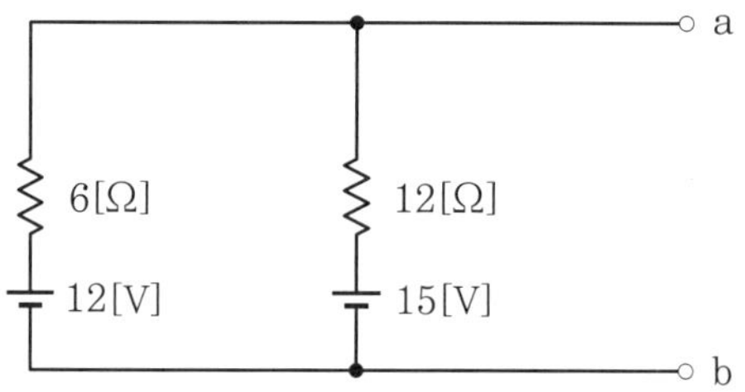

① 8 ② 10 ③ 12 ④ 13 ⑤ 15

11. 기본파의 40[%]인 제3고조파와 기본파의 30[%]인 제5고조파를 포함하는 전압파의 왜형률[%]은? (1.5점)

① 36 ② 45 ③ 50 ④ 60 ⑤ 65

12. 다음 중 직류전차에서 쓰지 않는 전압[V]은? (1.2점)

① 300 ② 600 ③ 750 ④ 1,500 ⑤ 3,000

13. **변위전류가 I_d, 전위의 최댓값이 V_m, 전속밀도가 D, 각속도가 ω일 때, 정전용량[A]은?** (단, 전계의 세기 $E = E_m cos\omega t[V/m]$이다.) (1.5점)

① $-\omega I_d V_m sin\omega t$　② $-\frac{I_d}{\omega Vmsin\omega t}$　③ $\omega I_d V_m sin\omega t$

④ $\frac{I_d}{\omega Vmsin\omega t}$　⑤ $I_d V_m sin\omega t$

14. **3상 회로에 사용되는 변압기의 영상, 정상, 역상 임피던스를 각각 Z_0, Z_1, Z_2라고 할 때, 성립하는 관계는?** (1.5점)

① $Z_0 = Z_1 \leqq Z_2$　② $Z_0 > Z_1 > Z_2$　③ $Z_0 > Z_1 = Z_2$

④ $Z_0 = Z_1 = Z_2$　⑤ $Z_0 \leqq Z_1 \leqq Z_2$

15. **전압이 154[kV]인 송전선로에 사용되는 현수애자 1련의 애자 수는?** (0.8점)

① 2~3개　② 4~6개　③ 9~11개　④ 19~23개　⑤ 39~43개

16. **다음 중 연가의 효과로 적절하지 않은 것은?** (0.8점)

① 작용 정전용량의 감소
② 통신선의 유도 장해 감소
③ 각 상의 임피던스 평형
④ 직렬 공진의 방지
⑤ 선로 정수 평형

17. **다음 중 송전선로의 안정도 향상 대책으로 적절하지 않은 것은?** (0.8점)

① 직렬콘덴서를 설치하여 리액턴스를 줄인다.
② 전압변동률을 늘려 단락비를 감소시킨다.
③ 동기조상기를 설치하여 중간 조상방식을 채용한다.
④ 고속도차단기를 사용하여 재폐로 차단방식을 채용한다.
⑤ 고속도 AVR을 채용하여 속응여자방식을 채용한다.

18. **변압기의 고압 측 1선 지락 전류가 60[A]라 할 때, 제2종 접지의 최대 저항값[Ω]은?** (단, 2초 내에 자동적으로 고압 전로를 차단하는 장치는 없다.) (1.2점)

① 1.5 ② 2.5 ③ 5 ④ 7.5 ⑤ 10

19. **다음 설명에 해당하는 장치는?** (0.8점)

역간 열차의 출발, 가속, 주행, 감속, 출입문 제어 등의 열차 자동 방호 장치의 조건하에서 자동 운행기능을 수행하는 장치로, 열차 자동 운전 장치라고 부른다.

① ATC ② ATO ③ ATP ④ ATS ⑤ CBTC

20. **다음 중 열차상용폐색으로 적절하지 <u>않은</u> 것은?** (0.8점)

① 대용폐색 ② 통표폐색 ③ 자동폐색 ④ 연동폐색 ⑤ 차내신호폐색

21. **다음 그림과 같이 두 전달함수가 종속으로 접속됐을 때, 두 전달함수의 종합 전달함수는?** (1.2점)

① G_1+G_2 ② $G_1 \times G_2$ ③ $\frac{1}{G_1}+\frac{1}{G_2}$ ④ $\frac{1}{G_1} \times \frac{1}{G_2}$ ⑤ $\frac{G_1}{G_2}$

22. 직류 분권 전동기에서 운전 중 계자 권선의 저항을 증가시킬 경우, 회전 속도의 변화로 적절한 것은? (1.5점)

① 감소한다.

② 증가한다.

③ 일정하다.

④ 관계없다.

⑤ 별로 변하지 않는다.

23. 다음 중 1차 지연 요소의 전달함수는? (1.2점)

① $G(s) = K$

② $G(s) = T_s$

③ $G(s) = \frac{1}{T_s}$

④ $G(s) = \frac{1}{1 + T_s}$

⑤ $G(s) = \frac{\omega_n^2}{s^2 + 2\zeta\omega_n s + \omega_n^2}$

24. 환상의 철심에 권선이 감겨진 환상 솔레노이드의 자기 인덕턴스가 환상 솔레노이드의 단면적을 2배, 권수 N을 10배 했을 때의 자기 인덕턴스와 동일하다고 했을 때, 자로 길이는 몇 배인가? (0.8점)

① 5배 ② 10배 ③ 20배 ④ 100배 ⑤ 200배

25. 다음 중 인견 공업에 쓰여지는 포트 전동기의 속도 제어로 적절한 것은? (1.5점)

① 주파수 변화에 의한 제어

② 극수 변환에 의한 제어

③ 1차 회전에 의한 제어

④ 저항에 의한 제어

⑤ 전압에 의한 제어

26. 대기 중의 두 전극 사이의 어떤 점에서 전계의 세기가 5[V/m]이고, 지면의 도전율이 10^{-4}[℧/m]일 때, 이 점의 전류밀도[A/m^2]는? (1.2점)

① 5×10^{-3} ② 5×10^{-4} ③ 5×10^{-5} ④ 5×10^{-6} ⑤ 5×10^{-7}

27. 다음 중 대칭 좌표법의 불평형률이 가장 낮은 것은? (1.2점)

① 정상 전압: 200[V], 역상 전압: 20[V]
② 정상 전압: 200[V], 역상 전압: 50[V]
③ 정상 전압: 150[V], 역상 전압: 50[V]
④ 정상 전압: 150[V], 역상 전압: 70[V]
⑤ 정상 전압: 100[V], 역상 전압: 70[V]

28. 다음 중 단위 계단 함수의 라플라스 변환과 z변환 함수로 옳은 것은? (1.5점)

① $\frac{1}{s}$, $\frac{z-1}{z}$ ② s, $\frac{z}{z-1}$ ③ $\frac{1}{s}$, $\frac{z}{z-1}$ ④ s, $\frac{z-1}{z}$ ⑤ $\frac{1}{s}$, $\frac{z}{(z-1)^2}$

29. 다음 중 MKS, CGS 단위계에 대한 식으로 적절하지 않은 것은? (1.2점)

① 힘 $1[N] = 10^5[dyn]$

② 에너지 $1[J] = 10^7[erg]$

③ 자계 $1[oersted] = \frac{10^3}{4\pi}[A/m]$

④ 자속밀도 $1[G] = 10^{-4}[T]$

⑤ 유전율 $1[\epsilon] = 8.85 \times 10^{-13}[C^2/Jm]$

30. 다음 중 돌극형 발전기의 특징으로 적절하지 않은 것은? (1.2점)

① 극수가 많다.

② 터빈 발전기이다.

③ 철기계이다.

④ 저속기이다.

⑤ 공극이 불균일하다.

31. 다음 중 강자성체의 특징으로 적절하지 않은 것은? (1.5점)

① 자구를 가지는 자성체이다.

② 비투자율이 매우 크다.

③ 자화율이 매우 크다.

④ 히스테리시스 현상을 갖는다.

⑤ 와전류 특성을 갖는다.

32. 정격 전압이 200[V], 정격 출력이 10[kW]인 직류 분권 발전기가 있다. 이 발전기의 전기자 권선의 저항이 0.1[Ω], 분권 계자의 저항이 100[Ω]일 때, 전압 변동률[%]은? (단, 제시되지 않은 내용은 고려하지 않는다.) (1.5점)

① 2 ② 2.4 ③ 2.6 ④ 3 ⑤ 3.4

33. 22.9[kV]의 3상 4선식 중성선 다중 접지식 가공 전선로에서 각 접지선을 중성선으로부터 분리하였을 때, 매 1[km]마다 중성선 대지 사이의 합성 전기 저항[Ω]의 최댓값은? (1.5점)

① 10 ② 15 ③ 20 ④ 25 ⑤ 30

34. 다음 중 $Nyquist$ 판별법에 대한 설명으로 적절하지 않은 것은? (1.5점)

① 상태 안정도를 알 수 있다.

② $Nyquist$ 선도에서 절대 안정도를 알 수 있다.

③ 계의 안정도 개선 방법을 알 수 있다.

④ 매개 변수 변화에 따른 폐루프 극점을 표현한 것이다.

⑤ 계의 안정 여부를 직접 판정할 수 있다.

35. 전선의 평균 높이가 15[m]이고, 전선의 이도가 3[m]일 때, 전선의 지지점 높이[m]는? (1.5점)

① 14 ② 15 ③ 16 ④ 17 ⑤ 18

36. 전로에 사용하는 대지전압이 200[V]일 때, 전로와 대지 사이 절연저항[$M\Omega$]의 최솟값은? (0.8점)

① 0.05 ② 0.10 ③ 0.15 ④ 0.20 ⑤ 0.30

37. 다음 중 변전소의 부지 시설 조건으로 적절하지 않은 것은? (1.2점)

① 산지의 평균 경사도가 30° 이하여야 한다.

② 산지 전용면적 중 산지 전용으로 발생되는 절·성토 경사면의 면적이 100분의 50을 초과해서는 안 된다.

③ 345kV급 미만 변전소의 절·성토면의 수직 높이는 15m 이하로 한다.

④ 일반적으로 산지 전용 후 발생하는 절토면 최하단부에서 변전설비까지의 최소 이격거리는 보안 울타리 등을 포함하여 6m 이상이 되어야 한다.

⑤ 345kV급 이상 변전소가 절·성토면 수직 높이가 15m를 초과할 경우 안정성에 대한 전문용역기관의 검토 결과에 따라 안전대책을 수립한 후 시행해야 한다.

38. 정전용량이 C인 콘덴서 3개가 모두 병렬로 연결되어 있고, 각 콘덴서의 양단에 걸리는 전압은 V일 때, 콘덴서 3개의 총 에너지는? (0.8점)

① $\frac{1}{2}CV^2$ ② CV^2 ③ $\frac{3}{2}CV^2$ ④ $2CV^2$ ⑤ $\frac{5}{2}CV^2$

39. $R-L$ 직렬 회로에 $v=10+100\sqrt{2}\sin\omega t+50\sqrt{2}\sin(3\omega t+60°)+60\sqrt{2}\sin(5\omega t+30°)[V]$인 전압을 가할 때, 제3고조파 전류$[A]$의 실횻값은? (단, $R=8[\Omega]$, $\omega L=2[\Omega]$이다.) (1.5점)

① 1 ② 2 ③ 4 ④ 5 ⑤ 7

40. 자유공간에서 한 변의 길이가 $2[m]$인 정육각형의 꼭짓점에 $Q[C]$의 점전하가 각각 놓여있을 때, 정육각형 중심에서의 전계의 세기$[V/m]$는? (0.8점)

① $\frac{Q}{16\pi\epsilon_0}$ ② $\frac{3Q}{16\pi\epsilon_0}$ ③ $\frac{3Q}{8\pi\epsilon_0}$ ④ $\frac{3Q}{4\pi\epsilon_0}$ ⑤ 0

약점 보완 해설집 p.88

기계일반 실전모의고사

총 40문항 / 권장 풀이시간 50분

01. 다음 선반가공에 대한 설명 중 ㉠~㉣에 알맞은 단어는? (1.2점)

> 주축의 끝에 설치되는 (㉠)은 공작물의 (㉡)지름에 맞게 사용되며 (㉢)은 구멍이 있는 공작물의 측면이나 (㉣)지름을 가공할 때 사용된다.

	㉠	㉡	㉢	㉣
①	척	안	심압대	바깥
②	척	안	심압대	안
③	척	바깥	맨드릴	바깥
④	돌리개	바깥	맨드릴	안
⑤	돌리개	안	왕복대	바깥

02. 다음 중 기어의 형상에 대한 설명으로 옳지 않은 것은? (0.8점)

① 이끝원(Addendum circle)은 이끝을 연결한 원이다.
② 이뿌리높이(Dedendum)는 이뿌리원에서 피치원까지의 거리를 말한다.
③ 원주피치(Circular pitch)는 기어가 맞물리는 지점을 기초로 한 원이다.
④ 뒤틈(Back lash)은 이홈에서 이두께를 뺀 틈새이다.
⑤ 이끝틈새(Clearance)는 총 이높이에서 유효높이를 뺀 이뿌리부분의 간격이다.

03. 다음 중 커플링의 종류에 대한 설명으로 옳지 않은 것은? (0.8점)

① 플렉시블 커플링: 2개의 회전축이 정확한 일직선상에 있지 않고 가죽 또는 고무를 이용한다.
② 유니버설 커플링: 플렉시블 커플링에 비하여 두 축이 이루는 각도가 크고 수시로 변할 때 사용한다.
③ 유체 커플링: 유체를 케이싱에 가득 채우고 두 임펠러를 반대쪽에 설치하여 동력을 전달할 때 사용한다.
④ 셀러 커플링: 2개의 축이 평행하거나 2개의 축이 거리가 가까울 때 사용한다.
⑤ 머프 커플링: 간단한 분할구조로 키를 끼어서 큰 토크를 전달할 때 사용한다.

04. 지름이 20[cm]이고 길이가 2[m]인 원형 봉이 있다. 이 원형 봉의 길이가 5[cm] 늘어나고, 지름이 0.05[cm] 줄어들 때의 프와송 수는? (1.5점)

① 5 ② 10 ③ 15 ④ 20 ⑤ 40

05. 모듈이 5이고, 원동 측 기어의 잇수는 100, 중심거리는 1,000[m]일 때, 종동 측 기어의 잇수는 얼마인가? (1.5점)

① 60 ② 80 ③ 100 ④ 300 ⑤ 400

06. 다음과 같은 외팔보에서 끝단 처짐의 비는? (1.5점)

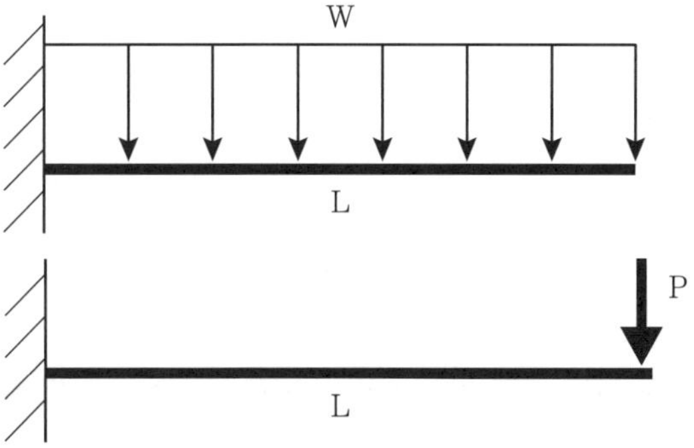

① $\frac{3}{192}$ ② $\frac{1}{3}$ ③ $\frac{2}{3}$ ④ $\frac{2}{5}$ ⑤ $\frac{3}{8}$

07. **다음 중 응력과 변형률이 비례하지 않고 변형률만 급격히 증가하는 점은?** (0.8점)

① 비례한도 ② 극한강도 ③ 파괴점 ④ 항복점 ⑤ 소성점

08. **길이 3$[m]$, 단면적 200$[m^2]$, 최소단면 2차 모멘트는 1800$[m^4]$일 때, 이 봉의 세장비는?** (1.5점)

① 0.5 ② 1 ③ 1.5 ④ 2 ⑤ 4

09. **압력이 2$[MPa]$, 직경이 1.2$[m]$, 두께가 20$[mm]$인 실린더 용기의 원주방향 응력은?** (1.2점)

① $3MPa$ ② $4MPa$ ③ $5MPa$ ④ $6MPa$ ⑤ $8MPa$

10. **길이 L, 단면 A인 원형 단면 봉에 하중 P를 가했을 때 봉의 변형량은?** (단, 횡탄성계수는 G, 종탄성계수는 E, 포와송비는 v이다.) (1.2점)

① $\frac{PL}{GA}$ ② $\frac{PL}{2G(1+v)A}$ ③ $\frac{PL}{G(1+v)A}$ ④ $\frac{2PLG}{(1+v)A}$ ⑤ $\frac{PL(1+v)}{GA}$

11. 다음과 같은 보에서 최대 처짐량의 비는? (0.8점)

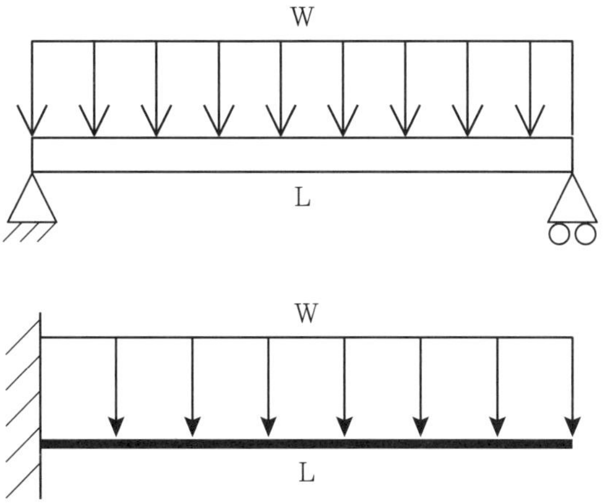

① $\frac{3}{8}$　　② $\frac{5}{8}$　　③ $\frac{1}{30}$　　④ $\frac{5}{48}$　　⑤ $\frac{11}{120}$

12. 다음 중 AB 단면의 수직응력과 수평응력의 위치로 올바른 것은? (1.2점)

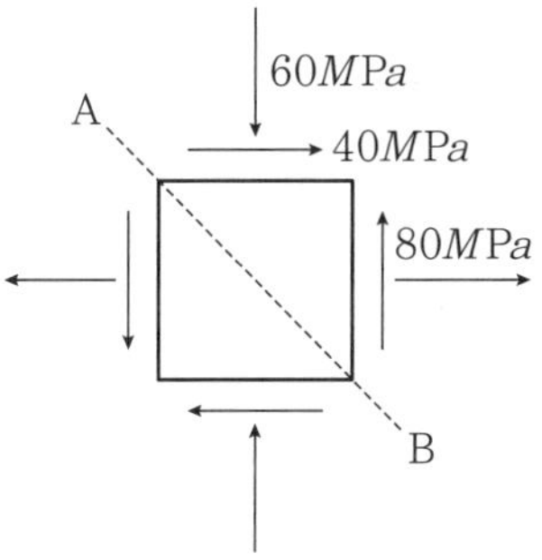

①
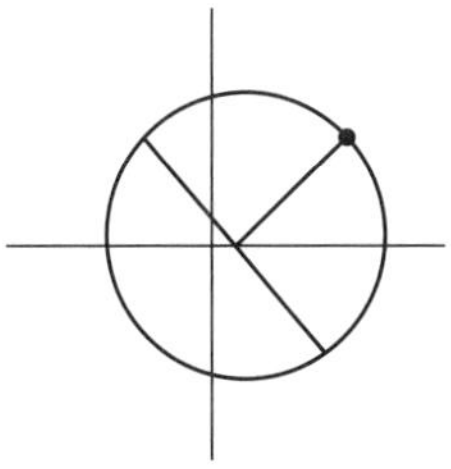

②
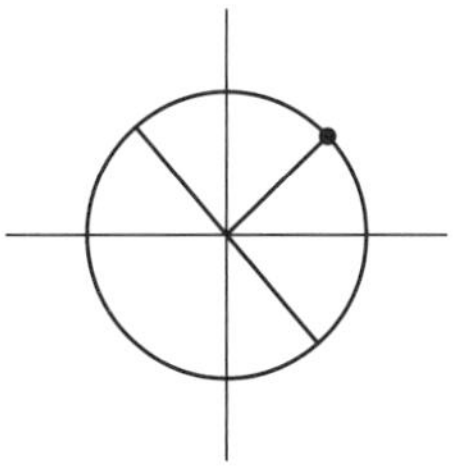

③
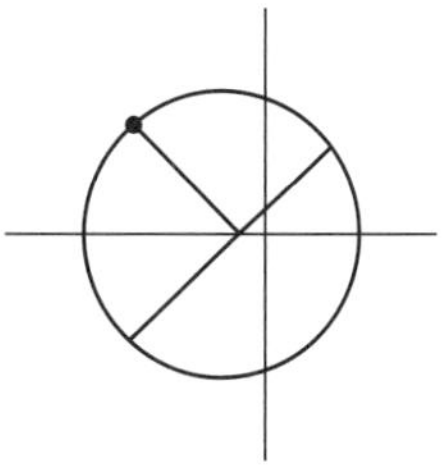

④
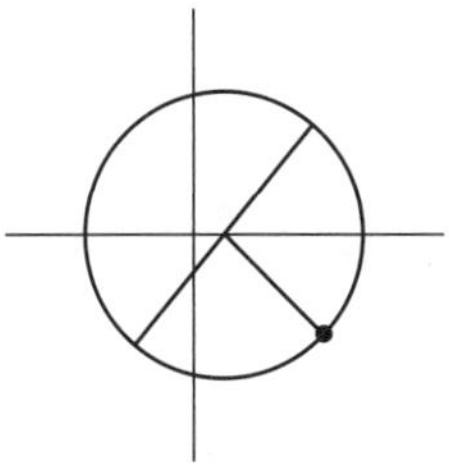

⑤
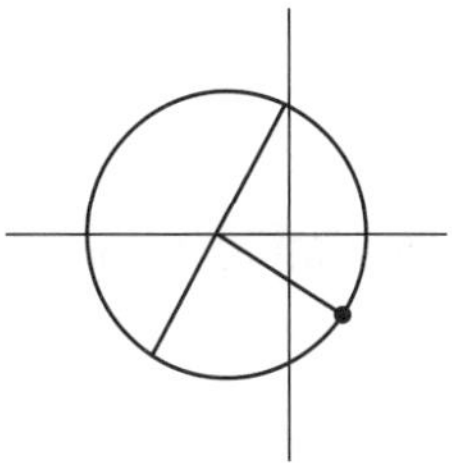

13. 다음 중 진 응력의 식으로 가장 올바른 것은? (단, 공칭응력은 σ_n, 공칭변형률은 ϵ_n이라고 가정한다.) (1.5점)

① $\sigma_n\epsilon_n$ ② $\frac{\sigma_n}{\epsilon_n}$ ③ $\sigma_n(1+\epsilon_n)$ ④ $\frac{\sigma_n}{2(1+\epsilon_n)}$ ⑤ $2\sigma_n(1+\frac{1}{\epsilon_n})$

14. 다음 중 겹치기이음일 때 바하의 경험식에 의한 리벳의 지름[mm]은? (단, 판재의 두께는 50[mm]이다.) (1.2점)

① 42 ② 43 ③ 44 ④ 45 ⑤ 46

15. 다음 중 아래 설명에 해당하는 열처리 방법은? (1.5점)

- 인성 증가, 조직의 안정화, 응력을 제거하기 위한 열처리 방법이다.
- 저온에서는 알파 마르텐사이트에서 베타 마르텐사이트가 된다.
- 400[℃]에서는 트루스타이트, 600[℃]에서는 소르바이트 조직이 된다.

① 담금질 ② 풀림 ③ 뜨임 ④ 불림 ⑤ 오스템퍼링

16. 지름 10[cm]의 공작물을 100[rpm]의 선반에서 절삭할 때 절삭 속도[m/min]는? (단, π=3.14로 계산한다.) (1.5점)

① 31.4 ② 41.0 ③ 47.1 ④ 62.8 ⑤ 78.0

17. 연삭 작업을 계속해 숫돌이 무뎌져 더 이상 연삭 작업을 진행할 수 없을 때, 새로운 연삭숫돌 입자를 생기게 하는 작업은? (1.5점)

① 드레싱 ② 눈메움 ③ 트루잉 ④ 폴리싱 ⑤ 호빙

18. 다음 중 재료의 소성변형에 대한 설명으로 옳지 않은 것은? (1.5점)

① 재료의 소성변형 기구로는 슬립과 쌍정이 있다.
② 쌍정은 외력을 가할 때 결정이 미끄러져 움직이는 현상이다.
③ 슬립선은 변형이 진행됨에 따라 수가 많아진다.
④ 슬립계가 많을수록 금속의 전단변형이 쉽다.
⑤ 육방정계에 해당하는 금속이 가장 가공이 어렵다.

19. 다음 신소재에 대한 설명으로 옳지 않은 것은? (1.2점)

① 수소저장합금: 금속과 수소가 반응하여 수소와 결합하여 있다가 필요할 때 수소를 방출하며, 대표적인 수소저장합금으로는 FeNi, TiMg 등이 있다.
② 금속초미립자: 작은 콜로이드 입자 형태의 초미립자로, 적외선 흡수재료로 쓰인다.
③ 초전도체: 일정온도에서 전기저항이 0이 되는 금속으로, 자기부상열차에 쓰인다.
④ 압전소자: 피에조 소자라고도 하며 압력을 전기적 신호로, 또는 반대로 변환한다.
⑤ 반도체재료: 실리콘, 게르마늄 등으로 기억저장 장치 및 디스플레이 장치에 사용한다.

20. **다음 중 SM45C에 대한 설명으로 옳지 <u>않은</u> 것은?** (0.8점)

① 기계구조용 탄소강의 한 종류이다.

② S는 'Steel'의 약자이다.

③ M은 기계구조용이라는 뜻이다.

④ 45C는 탄소 함유량 4.5%의 의미이다.

⑤ 한국공업규격 KS 규격 표기법이다.

21. **비열비가 1.4이고 압축비가 7일 때, 오토사이클의 이론적인 효율은?** (0.8점)

① 52% ② 54% ③ 55% ④ 60% ⑤ 62%

22. **100[℃]인 0.1[kg]의 금속 구를 20[℃]인 1[kg]의 물에 담갔다. 평형온도 30℃가 되었을 때, 이 금속 구의 비열은?** (단, 물의 비열은 4.2[kJ/kg℃]이다.) (1.5점)

① $4kJ/kg$℃ ② $6kJ/kg$℃ ③ $10kJ/kg$℃ ④ $12kJ/kg$℃ ⑤ $20kJ/kg$℃

23. **3[m^3]의 이상기체 공기가 온도27[℃], 압력 287[KPa]의 용기에 들어 있다. 만약 온도가 127[℃]가 되는 정적 과정이라면 엔트로피 변화량은?** (단, 기체상수 R은 0.287[kJ/kgK], 공기의 정적비열 C_v는 0.716 [$KJ/Kg \cdot K$], $ln(4/3)$은 0.288이다.) (1.2점)

① $2.04kJ/K$ ② $2.05kJ/K$ ③ $2.06kJ/K$ ④ $2.07kJ/K$ ⑤ $2.08kJ/K$

24. 다음 중 열이 전도의 형태로 전달되는지, 대류의 형태로 전달되는지를 결정하는 무차원 수는? (1.5점)

① 레일리수 ② 프루드수 ③ 마하수 ④ 프란틀수 ⑤ 레이놀즈수

25. 다음 오토사이클의 TS 선도를 나타낸 그림에서 열효율은 얼마인가? (단, $T_1 = 300[K]$, $T_4 = 360[K]$, $T_2 = 400[K]$, $T_3 = 500[K]$라고 가정한다.) (1.5점)

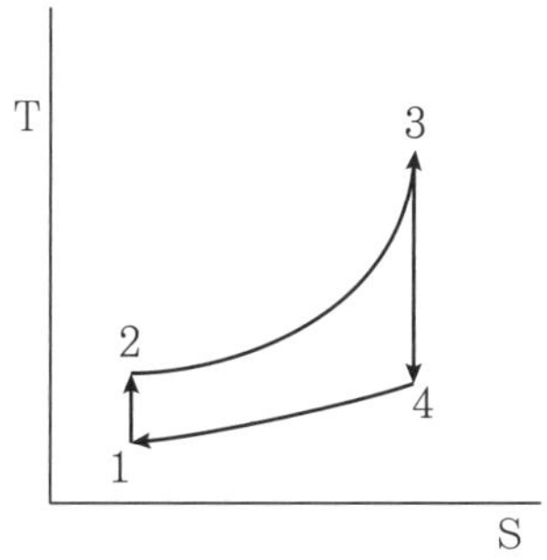

① 0.3 ② 0.4 ③ 0.5 ④ 0.54 ⑤ 0.6

26. 다음 중 열용량에 대한 열전도율의 비를 지칭하는 말은? (1.5점)

① 정적비열 ② 정압비열 ③ 열유속 ④ 헨리상수 ⑤ 열확산율

PART 2 전공 실전모의고사 기계일반 해커스 서울교통공사 NCS+전공 실전모의고사

27. 다음 중 과도전도에서 사용되는 *Fourier* 수는? (1.5점)

① $\frac{U}{\alpha}$ ② $\frac{C_p\mu}{k}$ ③ $\frac{\rho v^2}{P}$ ④ $\frac{V}{\sqrt{gL}}$ ⑤ $\frac{\alpha t}{L_C^2}$

28. 10[MPa], 1,000[K]의 가스가 가스터빈을 통과해 5[MPa], 500[K]의 상태로 바뀌었다. 가스터빈의 출력이 50[kJ/s]일 때, 열 손실률[kJ/s]은? (단, $m=0.2[kg/s]$, $Cp=1.005[kJ/kgK]$로 계산한다.) (1.5점)

① −50.5 ② −40.3 ③ −32.2 ④ −24.0 ⑤ −16.3

29. 두께 0.2[m], 열전도율 2[W/m]인 벽의 안쪽 온도는 1,500[K]이고, 바깥쪽 온도는 1,000[K]일 때 정상상태에서 높이 0.5[m], 폭이 4[m]인 벽의 열 손실률[kW]은? (1.2점)

① 10 ② 20 ③ 30 ④ 40 ⑤ 50

30. 다음 중 열역학법칙에 대한 설명으로 옳은 것을 모두 고르면? (0.8점)

㉠ 열역학 제0법칙은 열평형 법칙이다. ㉡ 열역학 제1법칙은 에너지 흐름에 대한 법칙이다. ㉢ 열역학 제2법칙에 의해 열은 자발적으로 저온에서 고온으로 이동하지 않는다. ㉣ 열역학 제3법칙은 절대영도 가능의 법칙이다.

① ㉠, ㉡ ② ㉠, ㉢ ③ ㉡, ㉢ ④ ㉡, ㉣ ⑤ ㉢, ㉣

31. 반지름이 0.6[m]인 구가 있다. 이 구의 대류 열전달계수 $h = 400[W/m^2]$, 열전도율 $k = 20[W/m]$일 때 $Biot$ 수는? (1.5점)

① 2 ② 3 ③ 4 ④ 5 ⑤ 6

32. 역카르노 사이클의 성능계수가 2, 냉동기의 증발기 온도가 300[K]일 때, 응축기 온도[K]는? (1.5점)

① 350 ② 400 ③ 450 ④ 500 ⑤ 550

33. 어떤 유체의 동점성 계수가 10[$stokes$]라고 할 때, 점성계수는 얼마인가? (단, 밀도는 5[g/cm^3]이다.) (0.8점)

① 0.5$poise$ ② 2$poise$ ③ 10$poise$ ④ 50$poise$ ⑤ 60$poise$

34. **직경 20[cm] 원형관에 동점성계수 0.005[m^2/s]의 유체가 흐를 때, 마찰계수는?** (단, 유속은 10[m/s]이다.) (1.5점)

① 0.16 ② 0.2 ③ 0.24 ④ 0.32 ⑤ 0.4

35. **대기압상태에서 0.1[m^3]의 용기 안에 포화증기는 체적의 90[%], 포화용액은 체적의 10[%]를 차지하고 있다. 혼합물의 건도는?** (포화용액과 포화증기의 비체적은 각각 0.001[m^3/kg], 2[m^3/kg]이며, 혼합물의 건도는 소수점 둘째 자리에서 반올림하여 계산한다.) (1.5점)

① 0.023 ② 0.028 ③ 0.036 ④ 0.04 ⑤ 0.043

36. **공기 중에서의 무게가 1000[N]인 물체가 비중량이 500[N/m^3]인 유체 속에 잠긴 경우에 무게가 500[N]일 때, 이 물체의 부피는?** (1.2점)

① 0.2m^3 ② 0.5m^3 ③ 0.8m^3 ④ 1m^3 ⑤ 1.5m^3

37. **다음 중 항력을 줄이기 위한 방법으로 옳지 않은 것은?** (0.8점)

① 송유관에서 펌프 동력을 감소시키기 위해 파이프 벽에 거친 모래를 부착한다.

② 작은 양의 고분자 폴리머를 용해시켜 액체 유동의 난류 마찰을 줄인다.

③ 벽 표면에 V자 모양의 홈을 만든다.

④ 가로방향의 벽을 진동시킨다.

⑤ 벽에 미세한 공기방울을 주입한다.

38. **다음 중 펌프의 캐비테이션이 발생하는 경우로 옳지 않은 것은?** (0.8점)

① 흐르는 유체의 속도가 빠를 때

② 흐르는 액체의 온도가 높을 때

③ 흐르는 액체의 유량과 속도가 감소하기 시작할 때

④ 흐르는 액체의 압력이 낮아질 때

⑤ 펌프와 흡수면 사이의 거리가 너무 멀 때

39. **비압축 정상 유동의 관 흐름에서 단면 1의 면적은 $50[mm^2]$, 유속은 $20[mm/s]$이고 단면 2의 면적은 $5[mm^2]$이라고 할 때, 단면 1과 단면 2의 압력 차이는 몇 $[kN/mm^2]$인가?** (단, 유체의 밀도는 $10[kg/mm^3]$이다.) (1.2점)

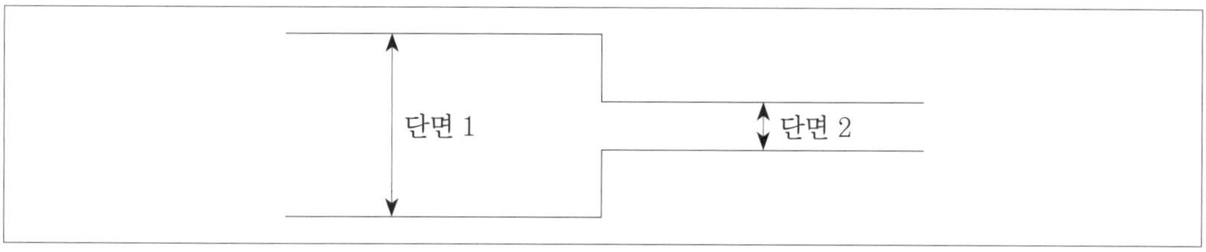

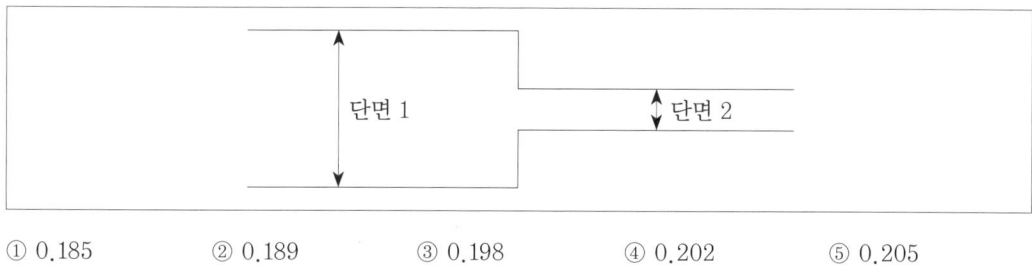

① 0.185 ② 0.189 ③ 0.198 ④ 0.202 ⑤ 0.205

40. **단면 A의 넓이는 $200[mm^2]$이고 단면 B의 넓이는 $100[mm^2]$일 때, 평형을 유지하기 위한 $\frac{F_A}{F_B}$의 값은?** (1.5점)

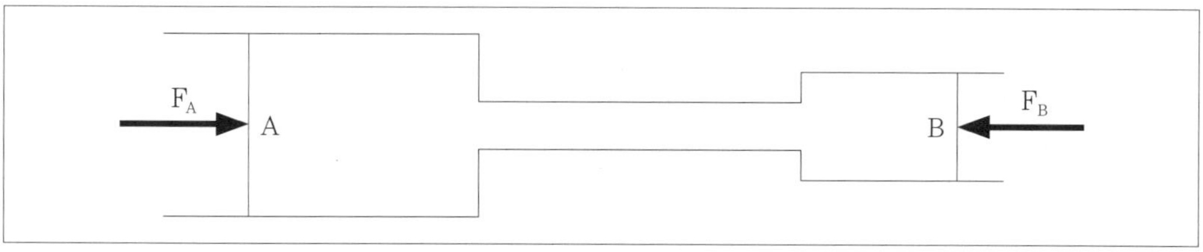

① 0.5 ② 1 ③ 1.5 ④ 2 ⑤ 2.5

약점 보완 해설집 p.93

자르는 선

성명	

수험번호							
⓪	⓪	⓪	⓪	⓪	⓪	⓪	⓪
①	①	①	①	①	①	①	①
②	②	②	②	②	②	②	②
	③	③	③	③	③	③	③
	④	④	④	④	④	④	④
	⑤	⑤	⑤	⑤	⑤	⑤	⑤
	⑥	⑥	⑥	⑥	⑥	⑥	⑥
	⑦	⑦	⑦	⑦	⑦	⑦	⑦
	⑧	⑧	⑧	⑧	⑧	⑧	⑧
	⑨	⑨	⑨	⑨	⑨	⑨	⑨

응시분야

감독관 확인

NCS												전공											
01	①	②	③	④	⑤	21	①	②	③	④	⑤	01	①	②	③	④	⑤	21	①	②	③	④	⑤
02	①	②	③	④	⑤	22	①	②	③	④	⑤	02	①	②	③	④	⑤	22	①	②	③	④	⑤
03	①	②	③	④	⑤	23	①	②	③	④	⑤	03	①	②	③	④	⑤	23	①	②	③	④	⑤
04	①	②	③	④	⑤	24	①	②	③	④	⑤	04	①	②	③	④	⑤	24	①	②	③	④	⑤
05	①	②	③	④	⑤	25	①	②	③	④	⑤	05	①	②	③	④	⑤	25	①	②	③	④	⑤
06	①	②	③	④	⑤	26	①	②	③	④	⑤	06	①	②	③	④	⑤	26	①	②	③	④	⑤
07	①	②	③	④	⑤	27	①	②	③	④	⑤	07	①	②	③	④	⑤	27	①	②	③	④	⑤
08	①	②	③	④	⑤	28	①	②	③	④	⑤	08	①	②	③	④	⑤	28	①	②	③	④	⑤
09	①	②	③	④	⑤	29	①	②	③	④	⑤	09	①	②	③	④	⑤	29	①	②	③	④	⑤
10	①	②	③	④	⑤	30	①	②	③	④	⑤	10	①	②	③	④	⑤	30	①	②	③	④	⑤
11	①	②	③	④	⑤	31	①	②	③	④	⑤	11	①	②	③	④	⑤	31	①	②	③	④	⑤
12	①	②	③	④	⑤	32	①	②	③	④	⑤	12	①	②	③	④	⑤	32	①	②	③	④	⑤
13	①	②	③	④	⑤	33	①	②	③	④	⑤	13	①	②	③	④	⑤	33	①	②	③	④	⑤
14	①	②	③	④	⑤	34	①	②	③	④	⑤	14	①	②	③	④	⑤	34	①	②	③	④	⑤
15	①	②	③	④	⑤	35	①	②	③	④	⑤	15	①	②	③	④	⑤	35	①	②	③	④	⑤
16	①	②	③	④	⑤	36	①	②	③	④	⑤	16	①	②	③	④	⑤	36	①	②	③	④	⑤
17	①	②	③	④	⑤	37	①	②	③	④	⑤	17	①	②	③	④	⑤	37	①	②	③	④	⑤
18	①	②	③	④	⑤	38	①	②	③	④	⑤	18	①	②	③	④	⑤	38	①	②	③	④	⑤
19	①	②	③	④	⑤	39	①	②	③	④	⑤	19	①	②	③	④	⑤	39	①	②	③	④	⑤
20	①	②	③	④	⑤	40	①	②	③	④	⑤	20	①	②	③	④	⑤	40	①	②	③	④	⑤

✂ 자르는 선

성명	

수험번호							
⓪	⓪	⓪	⓪	⓪	⓪	⓪	⓪
①	①	①	①	①	①	①	①
②	②	②	②	②	②	②	②
	③	③	③	③	③	③	③
	④	④	④	④	④	④	④
	⑤	⑤	⑤	⑤	⑤	⑤	⑤
	⑥	⑥	⑥	⑥	⑥	⑥	⑥
	⑦	⑦	⑦	⑦	⑦	⑦	⑦
	⑧	⑧	⑧	⑧	⑧	⑧	⑧
	⑨	⑨	⑨	⑨	⑨	⑨	⑨

응시분야

감독관 확인

NCS				전공			
01	① ② ③ ④ ⑤	21	① ② ③ ④ ⑤	01	① ② ③ ④ ⑤	21	① ② ③ ④ ⑤
02	① ② ③ ④ ⑤	22	① ② ③ ④ ⑤	02	① ② ③ ④ ⑤	22	① ② ③ ④ ⑤
03	① ② ③ ④ ⑤	23	① ② ③ ④ ⑤	03	① ② ③ ④ ⑤	23	① ② ③ ④ ⑤
04	① ② ③ ④ ⑤	24	① ② ③ ④ ⑤	04	① ② ③ ④ ⑤	24	① ② ③ ④ ⑤
05	① ② ③ ④ ⑤	25	① ② ③ ④ ⑤	05	① ② ③ ④ ⑤	25	① ② ③ ④ ⑤
06	① ② ③ ④ ⑤	26	① ② ③ ④ ⑤	06	① ② ③ ④ ⑤	26	① ② ③ ④ ⑤
07	① ② ③ ④ ⑤	27	① ② ③ ④ ⑤	07	① ② ③ ④ ⑤	27	① ② ③ ④ ⑤
08	① ② ③ ④ ⑤	28	① ② ③ ④ ⑤	08	① ② ③ ④ ⑤	28	① ② ③ ④ ⑤
09	① ② ③ ④ ⑤	29	① ② ③ ④ ⑤	09	① ② ③ ④ ⑤	29	① ② ③ ④ ⑤
10	① ② ③ ④ ⑤	30	① ② ③ ④ ⑤	10	① ② ③ ④ ⑤	30	① ② ③ ④ ⑤
11	① ② ③ ④ ⑤	31	① ② ③ ④ ⑤	11	① ② ③ ④ ⑤	31	① ② ③ ④ ⑤
12	① ② ③ ④ ⑤	32	① ② ③ ④ ⑤	12	① ② ③ ④ ⑤	32	① ② ③ ④ ⑤
13	① ② ③ ④ ⑤	33	① ② ③ ④ ⑤	13	① ② ③ ④ ⑤	33	① ② ③ ④ ⑤
14	① ② ③ ④ ⑤	34	① ② ③ ④ ⑤	14	① ② ③ ④ ⑤	34	① ② ③ ④ ⑤
15	① ② ③ ④ ⑤	35	① ② ③ ④ ⑤	15	① ② ③ ④ ⑤	35	① ② ③ ④ ⑤
16	① ② ③ ④ ⑤	36	① ② ③ ④ ⑤	16	① ② ③ ④ ⑤	36	① ② ③ ④ ⑤
17	① ② ③ ④ ⑤	37	① ② ③ ④ ⑤	17	① ② ③ ④ ⑤	37	① ② ③ ④ ⑤
18	① ② ③ ④ ⑤	38	① ② ③ ④ ⑤	18	① ② ③ ④ ⑤	38	① ② ③ ④ ⑤
19	① ② ③ ④ ⑤	39	① ② ③ ④ ⑤	19	① ② ③ ④ ⑤	39	① ② ③ ④ ⑤
20	① ② ③ ④ ⑤	40	① ② ③ ④ ⑤	20	① ② ③ ④ ⑤	40	① ② ③ ④ ⑤

자르는 선

성명	

수험번호							
⓪	⓪	⓪	⓪	⓪	⓪	⓪	⓪
①	①	①	①	①	①	①	①
②	②	②	②	②	②	②	②
	③	③	③	③	③	③	③
	④	④	④	④	④	④	④
	⑤	⑤	⑤	⑤	⑤	⑤	⑤
	⑥	⑥	⑥	⑥	⑥	⑥	⑥
	⑦	⑦	⑦	⑦	⑦	⑦	⑦
	⑧	⑧	⑧	⑧	⑧	⑧	⑧
	⑨	⑨	⑨	⑨	⑨	⑨	⑨

응시분야

감독관 확인

NCS												전공											
01	①	②	③	④	⑤	21	①	②	③	④	⑤	01	①	②	③	④	⑤	21	①	②	③	④	⑤
02	①	②	③	④	⑤	22	①	②	③	④	⑤	02	①	②	③	④	⑤	22	①	②	③	④	⑤
03	①	②	③	④	⑤	23	①	②	③	④	⑤	03	①	②	③	④	⑤	23	①	②	③	④	⑤
04	①	②	③	④	⑤	24	①	②	③	④	⑤	04	①	②	③	④	⑤	24	①	②	③	④	⑤
05	①	②	③	④	⑤	25	①	②	③	④	⑤	05	①	②	③	④	⑤	25	①	②	③	④	⑤
06	①	②	③	④	⑤	26	①	②	③	④	⑤	06	①	②	③	④	⑤	26	①	②	③	④	⑤
07	①	②	③	④	⑤	27	①	②	③	④	⑤	07	①	②	③	④	⑤	27	①	②	③	④	⑤
08	①	②	③	④	⑤	28	①	②	③	④	⑤	08	①	②	③	④	⑤	28	①	②	③	④	⑤
09	①	②	③	④	⑤	29	①	②	③	④	⑤	09	①	②	③	④	⑤	29	①	②	③	④	⑤
10	①	②	③	④	⑤	30	①	②	③	④	⑤	10	①	②	③	④	⑤	30	①	②	③	④	⑤
11	①	②	③	④	⑤	31	①	②	③	④	⑤	11	①	②	③	④	⑤	31	①	②	③	④	⑤
12	①	②	③	④	⑤	32	①	②	③	④	⑤	12	①	②	③	④	⑤	32	①	②	③	④	⑤
13	①	②	③	④	⑤	33	①	②	③	④	⑤	13	①	②	③	④	⑤	33	①	②	③	④	⑤
14	①	②	③	④	⑤	34	①	②	③	④	⑤	14	①	②	③	④	⑤	34	①	②	③	④	⑤
15	①	②	③	④	⑤	35	①	②	③	④	⑤	15	①	②	③	④	⑤	35	①	②	③	④	⑤
16	①	②	③	④	⑤	36	①	②	③	④	⑤	16	①	②	③	④	⑤	36	①	②	③	④	⑤
17	①	②	③	④	⑤	37	①	②	③	④	⑤	17	①	②	③	④	⑤	37	①	②	③	④	⑤
18	①	②	③	④	⑤	38	①	②	③	④	⑤	18	①	②	③	④	⑤	38	①	②	③	④	⑤
19	①	②	③	④	⑤	39	①	②	③	④	⑤	19	①	②	③	④	⑤	39	①	②	③	④	⑤
20	①	②	③	④	⑤	40	①	②	③	④	⑤	20	①	②	③	④	⑤	40	①	②	③	④	⑤

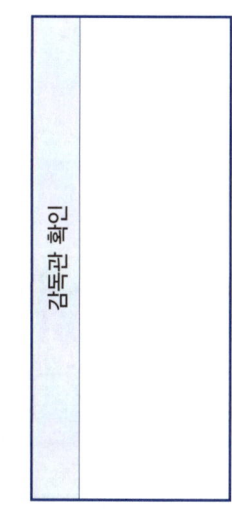

✂ 자르는 선

성명	

수험번호							
⓪	⓪	⓪	⓪	⓪	⓪	⓪	⓪
①	①	①	①	①	①	①	①
②	②	②	②	②	②	②	②
	③	③	③	③	③	③	③
	④	④	④	④	④	④	④
	⑤	⑤	⑤	⑤	⑤	⑤	⑤
	⑥	⑥	⑥	⑥	⑥	⑥	⑥
	⑦	⑦	⑦	⑦	⑦	⑦	⑦
	⑧	⑧	⑧	⑧	⑧	⑧	⑧
	⑨	⑨	⑨	⑨	⑨	⑨	⑨

응시분야

감독관 확인

NCS												전공											
01	①	②	③	④	⑤	21	①	②	③	④	⑤	01	①	②	③	④	⑤	21	①	②	③	④	⑤
02	①	②	③	④	⑤	22	①	②	③	④	⑤	02	①	②	③	④	⑤	22	①	②	③	④	⑤
03	①	②	③	④	⑤	23	①	②	③	④	⑤	03	①	②	③	④	⑤	23	①	②	③	④	⑤
04	①	②	③	④	⑤	24	①	②	③	④	⑤	04	①	②	③	④	⑤	24	①	②	③	④	⑤
05	①	②	③	④	⑤	25	①	②	③	④	⑤	05	①	②	③	④	⑤	25	①	②	③	④	⑤
06	①	②	③	④	⑤	26	①	②	③	④	⑤	06	①	②	③	④	⑤	26	①	②	③	④	⑤
07	①	②	③	④	⑤	27	①	②	③	④	⑤	07	①	②	③	④	⑤	27	①	②	③	④	⑤
08	①	②	③	④	⑤	28	①	②	③	④	⑤	08	①	②	③	④	⑤	28	①	②	③	④	⑤
09	①	②	③	④	⑤	29	①	②	③	④	⑤	09	①	②	③	④	⑤	29	①	②	③	④	⑤
10	①	②	③	④	⑤	30	①	②	③	④	⑤	10	①	②	③	④	⑤	30	①	②	③	④	⑤
11	①	②	③	④	⑤	31	①	②	③	④	⑤	11	①	②	③	④	⑤	31	①	②	③	④	⑤
12	①	②	③	④	⑤	32	①	②	③	④	⑤	12	①	②	③	④	⑤	32	①	②	③	④	⑤
13	①	②	③	④	⑤	33	①	②	③	④	⑤	13	①	②	③	④	⑤	33	①	②	③	④	⑤
14	①	②	③	④	⑤	34	①	②	③	④	⑤	14	①	②	③	④	⑤	34	①	②	③	④	⑤
15	①	②	③	④	⑤	35	①	②	③	④	⑤	15	①	②	③	④	⑤	35	①	②	③	④	⑤
16	①	②	③	④	⑤	36	①	②	③	④	⑤	16	①	②	③	④	⑤	36	①	②	③	④	⑤
17	①	②	③	④	⑤	37	①	②	③	④	⑤	17	①	②	③	④	⑤	37	①	②	③	④	⑤
18	①	②	③	④	⑤	38	①	②	③	④	⑤	18	①	②	③	④	⑤	38	①	②	③	④	⑤
19	①	②	③	④	⑤	39	①	②	③	④	⑤	19	①	②	③	④	⑤	39	①	②	③	④	⑤
20	①	②	③	④	⑤	40	①	②	③	④	⑤	20	①	②	③	④	⑤	40	①	②	③	④	⑤

해커스공기업

자르는 선

성명	

수험번호							
⓪	⓪	⓪	⓪	⓪	⓪	⓪	⓪
①	①	①	①	①	①	①	①
②	②	②	②	②	②	②	②
	③	③	③	③	③	③	③
	④	④	④	④	④	④	④
	⑤	⑤	⑤	⑤	⑤	⑤	⑤
	⑥	⑥	⑥	⑥	⑥	⑥	⑥
	⑦	⑦	⑦	⑦	⑦	⑦	⑦
	⑧	⑧	⑧	⑧	⑧	⑧	⑧
	⑨	⑨	⑨	⑨	⑨	⑨	⑨

응시분야

감독관 확인

NCS												전공											
01	①	②	③	④	⑤	21	①	②	③	④	⑤	01	①	②	③	④	⑤	21	①	②	③	④	⑤
02	①	②	③	④	⑤	22	①	②	③	④	⑤	02	①	②	③	④	⑤	22	①	②	③	④	⑤
03	①	②	③	④	⑤	23	①	②	③	④	⑤	03	①	②	③	④	⑤	23	①	②	③	④	⑤
04	①	②	③	④	⑤	24	①	②	③	④	⑤	04	①	②	③	④	⑤	24	①	②	③	④	⑤
05	①	②	③	④	⑤	25	①	②	③	④	⑤	05	①	②	③	④	⑤	25	①	②	③	④	⑤
06	①	②	③	④	⑤	26	①	②	③	④	⑤	06	①	②	③	④	⑤	26	①	②	③	④	⑤
07	①	②	③	④	⑤	27	①	②	③	④	⑤	07	①	②	③	④	⑤	27	①	②	③	④	⑤
08	①	②	③	④	⑤	28	①	②	③	④	⑤	08	①	②	③	④	⑤	28	①	②	③	④	⑤
09	①	②	③	④	⑤	29	①	②	③	④	⑤	09	①	②	③	④	⑤	29	①	②	③	④	⑤
10	①	②	③	④	⑤	30	①	②	③	④	⑤	10	①	②	③	④	⑤	30	①	②	③	④	⑤
11	①	②	③	④	⑤	31	①	②	③	④	⑤	11	①	②	③	④	⑤	31	①	②	③	④	⑤
12	①	②	③	④	⑤	32	①	②	③	④	⑤	12	①	②	③	④	⑤	32	①	②	③	④	⑤
13	①	②	③	④	⑤	33	①	②	③	④	⑤	13	①	②	③	④	⑤	33	①	②	③	④	⑤
14	①	②	③	④	⑤	34	①	②	③	④	⑤	14	①	②	③	④	⑤	34	①	②	③	④	⑤
15	①	②	③	④	⑤	35	①	②	③	④	⑤	15	①	②	③	④	⑤	35	①	②	③	④	⑤
16	①	②	③	④	⑤	36	①	②	③	④	⑤	16	①	②	③	④	⑤	36	①	②	③	④	⑤
17	①	②	③	④	⑤	37	①	②	③	④	⑤	17	①	②	③	④	⑤	37	①	②	③	④	⑤
18	①	②	③	④	⑤	38	①	②	③	④	⑤	18	①	②	③	④	⑤	38	①	②	③	④	⑤
19	①	②	③	④	⑤	39	①	②	③	④	⑤	19	①	②	③	④	⑤	39	①	②	③	④	⑤
20	①	②	③	④	⑤	40	①	②	③	④	⑤	20	①	②	③	④	⑤	40	①	②	③	④	⑤

✂ 자르는 선

성명	

수험번호							
⓪	⓪	⓪	⓪	⓪	⓪	⓪	⓪
①	①	①	①	①	①	①	①
②	②	②	②	②	②	②	②
	③	③	③	③	③	③	③
	④	④	④	④	④	④	④
	⑤	⑤	⑤	⑤	⑤	⑤	⑤
	⑥	⑥	⑥	⑥	⑥	⑥	⑥
	⑦	⑦	⑦	⑦	⑦	⑦	⑦
	⑧	⑧	⑧	⑧	⑧	⑧	⑧
	⑨	⑨	⑨	⑨	⑨	⑨	⑨

응시분야

감독관 확인

NCS				전공			
01	① ② ③ ④ ⑤	21	① ② ③ ④ ⑤	01	① ② ③ ④ ⑤	21	① ② ③ ④ ⑤
02	① ② ③ ④ ⑤	22	① ② ③ ④ ⑤	02	① ② ③ ④ ⑤	22	① ② ③ ④ ⑤
03	① ② ③ ④ ⑤	23	① ② ③ ④ ⑤	03	① ② ③ ④ ⑤	23	① ② ③ ④ ⑤
04	① ② ③ ④ ⑤	24	① ② ③ ④ ⑤	04	① ② ③ ④ ⑤	24	① ② ③ ④ ⑤
05	① ② ③ ④ ⑤	25	① ② ③ ④ ⑤	05	① ② ③ ④ ⑤	25	① ② ③ ④ ⑤
06	① ② ③ ④ ⑤	26	① ② ③ ④ ⑤	06	① ② ③ ④ ⑤	26	① ② ③ ④ ⑤
07	① ② ③ ④ ⑤	27	① ② ③ ④ ⑤	07	① ② ③ ④ ⑤	27	① ② ③ ④ ⑤
08	① ② ③ ④ ⑤	28	① ② ③ ④ ⑤	08	① ② ③ ④ ⑤	28	① ② ③ ④ ⑤
09	① ② ③ ④ ⑤	29	① ② ③ ④ ⑤	09	① ② ③ ④ ⑤	29	① ② ③ ④ ⑤
10	① ② ③ ④ ⑤	30	① ② ③ ④ ⑤	10	① ② ③ ④ ⑤	30	① ② ③ ④ ⑤
11	① ② ③ ④ ⑤	31	① ② ③ ④ ⑤	11	① ② ③ ④ ⑤	31	① ② ③ ④ ⑤
12	① ② ③ ④ ⑤	32	① ② ③ ④ ⑤	12	① ② ③ ④ ⑤	32	① ② ③ ④ ⑤
13	① ② ③ ④ ⑤	33	① ② ③ ④ ⑤	13	① ② ③ ④ ⑤	33	① ② ③ ④ ⑤
14	① ② ③ ④ ⑤	34	① ② ③ ④ ⑤	14	① ② ③ ④ ⑤	34	① ② ③ ④ ⑤
15	① ② ③ ④ ⑤	35	① ② ③ ④ ⑤	15	① ② ③ ④ ⑤	35	① ② ③ ④ ⑤
16	① ② ③ ④ ⑤	36	① ② ③ ④ ⑤	16	① ② ③ ④ ⑤	36	① ② ③ ④ ⑤
17	① ② ③ ④ ⑤	37	① ② ③ ④ ⑤	17	① ② ③ ④ ⑤	37	① ② ③ ④ ⑤
18	① ② ③ ④ ⑤	38	① ② ③ ④ ⑤	18	① ② ③ ④ ⑤	38	① ② ③ ④ ⑤
19	① ② ③ ④ ⑤	39	① ② ③ ④ ⑤	19	① ② ③ ④ ⑤	39	① ② ③ ④ ⑤
20	① ② ③ ④ ⑤	40	① ② ③ ④ ⑤	20	① ② ③ ④ ⑤	40	① ② ③ ④ ⑤

✂ 자르는 선

성명	

수험번호

⓪	⓪	⓪	⓪	⓪	⓪	⓪	⓪
①	①	①	①	①	①	①	①
②	②	②	②	②	②	②	②
	③	③	③	③	③	③	③
	④	④	④	④	④	④	④
	⑤	⑤	⑤	⑤	⑤	⑤	⑤
	⑥	⑥	⑥	⑥	⑥	⑥	⑥
	⑦	⑦	⑦	⑦	⑦	⑦	⑦
	⑧	⑧	⑧	⑧	⑧	⑧	⑧
	⑨	⑨	⑨	⑨	⑨	⑨	⑨

응시분야

감독관 확인

NCS												전공											
01	①	②	③	④	⑤	21	①	②	③	④	⑤	01	①	②	③	④	⑤	21	①	②	③	④	⑤
02	①	②	③	④	⑤	22	①	②	③	④	⑤	02	①	②	③	④	⑤	22	①	②	③	④	⑤
03	①	②	③	④	⑤	23	①	②	③	④	⑤	03	①	②	③	④	⑤	23	①	②	③	④	⑤
04	①	②	③	④	⑤	24	①	②	③	④	⑤	04	①	②	③	④	⑤	24	①	②	③	④	⑤
05	①	②	③	④	⑤	25	①	②	③	④	⑤	05	①	②	③	④	⑤	25	①	②	③	④	⑤
06	①	②	③	④	⑤	26	①	②	③	④	⑤	06	①	②	③	④	⑤	26	①	②	③	④	⑤
07	①	②	③	④	⑤	27	①	②	③	④	⑤	07	①	②	③	④	⑤	27	①	②	③	④	⑤
08	①	②	③	④	⑤	28	①	②	③	④	⑤	08	①	②	③	④	⑤	28	①	②	③	④	⑤
09	①	②	③	④	⑤	29	①	②	③	④	⑤	09	①	②	③	④	⑤	29	①	②	③	④	⑤
10	①	②	③	④	⑤	30	①	②	③	④	⑤	10	①	②	③	④	⑤	30	①	②	③	④	⑤
11	①	②	③	④	⑤	31	①	②	③	④	⑤	11	①	②	③	④	⑤	31	①	②	③	④	⑤
12	①	②	③	④	⑤	32	①	②	③	④	⑤	12	①	②	③	④	⑤	32	①	②	③	④	⑤
13	①	②	③	④	⑤	33	①	②	③	④	⑤	13	①	②	③	④	⑤	33	①	②	③	④	⑤
14	①	②	③	④	⑤	34	①	②	③	④	⑤	14	①	②	③	④	⑤	34	①	②	③	④	⑤
15	①	②	③	④	⑤	35	①	②	③	④	⑤	15	①	②	③	④	⑤	35	①	②	③	④	⑤
16	①	②	③	④	⑤	36	①	②	③	④	⑤	16	①	②	③	④	⑤	36	①	②	③	④	⑤
17	①	②	③	④	⑤	37	①	②	③	④	⑤	17	①	②	③	④	⑤	37	①	②	③	④	⑤
18	①	②	③	④	⑤	38	①	②	③	④	⑤	18	①	②	③	④	⑤	38	①	②	③	④	⑤
19	①	②	③	④	⑤	39	①	②	③	④	⑤	19	①	②	③	④	⑤	39	①	②	③	④	⑤
20	①	②	③	④	⑤	40	①	②	③	④	⑤	20	①	②	③	④	⑤	40	①	②	③	④	⑤

해커스 서울교통공사 NCS+전공 실전모의고사

개정 4판 3쇄 발행 2024년 1월 15일
개정 4판 1쇄 발행 2023년 4월 14일

지은이	해커스 취업교육연구소
펴낸곳	㈜챔프스터디
펴낸이	챔프스터디 출판팀

주소	서울특별시 서초구 강남대로61길 23 ㈜챔프스터디
고객센터	02-537-5000
교재 관련 문의	publishing@hackers.com 해커스공기업 사이트(public.Hackers.com) 교재 Q&A 게시판
학원 강의 및 동영상강의	public.Hackers.com

ISBN	978-89-6965-367-3 (13320)
Serial Number	04-03-01

18년 연속 베스트셀러 1위*
대한민국 영어강자 해커스!

"1분 레벨테스트"로
바로 확인하는 내 토익 레벨! ▶

토익 교재 시리즈

유형+문제

~450점 왕기초	450~550점 입문	550~650점 기본	650~750점 중급	750~900점 이상 정규

현재 점수에 맞는 교재를 선택하세요! : 교재별 학습 가능 점수대

해커스 토익 왕기초 리딩 / 해커스 토익 왕기초 리스닝

해커스 첫토익 LC+RC+VOCA

해커스 토익 스타트 리딩 / 해커스 토익 스타트 리스닝

해커스 토익 700+ [LC+RC+VOCA]

해커스 토익 750+ RC / 해커스 토익 750+ LC

해커스 토익 리딩 / 해커스 토익 리스닝

해커스 토익 Part 7 집중공략 777

실전모의고사

해커스 토익 실전 LC+RC / 해커스 토익 실전 1200제 리딩 / 해커스 토익 실전 1200제 리스닝 / 해커스 토익 실전 1000제 1 리딩/리스닝 (문제집 + 해설집) / 해커스 토익 실전 1000제 2 리딩/리스닝 (문제집 + 해설집) / 해커스 토익 실전 1000제 3 리딩/리스닝 (문제집 + 해설집)

보카

해커스 토익 기출 보카

문법 · 독해

그래머 게이트웨이 베이직 / 그래머 게이트웨이 베이직 Light Version / 그래머 게이트웨이 인터미디엇 / 해커스 그래머 스타트 / 해커스 구문독해 100

토익스피킹 교재 시리즈

해커스 토익스피킹 스타트 / 만능 템플릿과 위기탈출 표현으로 해커스 토익스피킹 5일 완성 / 해커스 토익스피킹 / 해커스 토익스피킹 실전모의고사 15회

오픽 교재 시리즈

해커스 오픽 스타트 [Intermediate 공략] / 서베이부터 실전까지 해커스 오픽 매뉴얼 / 해커스 오픽 [Advanced 공략]

*[해커스 어학연구소] 교보문고 종합 베스트셀러 토익/토플 분야 1위
(2005~2022 연간 베스트셀러 기준, 해커스 토익 보카 10회/해커스 토익 리딩 8회)

최신판

해커스

서울교통공사

NCS+전공

실전모의고사

약점 보완 해설집

해커스공기업

해커스

서울교통공사 NCS+전공 실전모의고사

약점 보완 해설집

해커스공기업

기출동형 모의고사

바로 채점 및 성적 분석 서비스

p.20

01	02	03	04	05	06	07	08	09	10
의사소통	의사소통	의사소통	의사소통	수리	수리	수리	수리	문제해결	문제해결
③	④	④	①	④	③	④	⑤	③	③
11	**12**	**13**	**14**	**15**	**16**	**17**	**18**	**19**	**20**
문제해결	문제해결	조직이해	조직이해	조직이해	조직이해	정보	정보	정보	정보
②	②	②	③	③	②	①	③	②	①
21	**22**	**23**	**24**	**25**	**26**	**27**	**28**	**29**	**30**
자원관리	자원관리	자원관리	자원관리	기술	기술	기술	기술	자기개발	자기개발
④	④	④	②	⑤	④	④	④	②	⑤
31	**32**	**33**	**34**	**35**	**36**	**37**	**38**	**39**	**40**
자기개발	자기개발	대인관계	대인관계	대인관계	대인관계	직업윤리	직업윤리	직업윤리	직업윤리
③	⑤	①	②	③	④	①	②	②	①

[01-02]

01 의사소통능력 문제 정답 ③

2문단에서 지하철의 높은 수송인구와 지하철역 잠재 고객을 근거로 의사 및 약사들의 역사 내 메디컬 존 설치에 대한 니즈가 높았다고 하였으므로 의사 및 약사들이 상권의 혼잡도를 근거로 메디컬 존 설치를 반대한 것은 아님을 알 수 있다.

오답 체크

① 2문단에서 2020년 12월 국토교통부에서는 '도시철도 역사 내 편의시설의 설치 및 운영 규정'을 고시하였고, 그 결과 메디컬 존이 설치될 수 있었다고 하였으므로 적절한 내용이다.

② 5문단에서 메디컬 존으로 인한 생활 밀접 업종 확대를 통해 공간 가치 재편이 되어 시민들의 편의가 높아질 것으로 기대된다고 하였으므로 적절하다.

④ 3문단에서 역삼역은 약국과 의원을 동시에 운영하고, 종로3가는 약국만 우선 시행된다고 하였으므로 적절한 내용이다.

⑤ 1문단에서 메디컬 존은 365일 연중무휴이며, 오전 9시 30분부터 오후 8시까지 운영된다고 하였으므로 적절한 내용이다.

02 의사소통능력 문제 정답 ④

㉣ 앞에서는 메디컬 존 입찰에 참여하고자 하는 자는 의사 또는 약사 면허를 가진 사업자여야 한다고 설명하고 있으며, ㉣ 뒤에서는 법인이라면 법인의 대표가 의사 혹은 약사 면허를 보유해야만 입찰에 참가할 수 있다고 설명하고 있다.

따라서 앞의 내용과 관련 있는 내용을 추가할 때 사용하는 접속어가 들어가야 하므로 앞의 내용과 뒤의 내용이 상반될 때 사용하는 접속어인 '하지만'은 ㉣에 들어갈 말로 적절하지 않다.

[03-04]

03 의사소통능력 문제 정답 ④

'면접 일정'에서 면접 대상자는 20XX년 11월 12일(토) 12:30분까지 집결지인 서울시 강남구 서초대로 △△건물 1층에 모여야 하며, 이후 담당자가 개별 면접 장소로 안내한다고 하였으므로 면접 일자에 면접 대상자가 12시 30분까지 개별 면접 장소에 도착해야만 하는 것은 아님을 알 수 있다.

오답 체크

① '평가 기준'에서 직무적합성, 책임감, 성실성, 열정 각 항목이 30%, 25%, 25%, 20%의 비중에 맞춰 총점 100점으로 평가된다고 하였으므로 적절한 내용이다.

② '면접비 지급을 위한 개인정보 제공 동의서 제출'에서 관련 서류는 20XX년 11월 8일(화) 18시까지 채용 홈페이지 내 온라인 제출해야 하며, 면접 일정은 20XX년 11월 12일(토)이므로 적절한 내용이다.

③ '문의처'에서 면접 전형과 관련한 문의사항이 있는 경우 recruit@oogongsa.com으로 이메일 접수 또는 052-1111-2222로 문의하라고 하였으므로 적절한 내용이다.

⑤ '입사지원서 증빙서류'에서 면접 완료 후 면접장 퇴실 전 입사 담당자에게 입사지원서 작성 시 기재한 증빙서류의 원본을 제출하라고 하였으므로 적절한 내용이다.

04 의사소통능력 문제 정답 ①

'면접비 지급을 위한 개인정보 제공 동의서 제출'에서 개인정보 제공 동의서 미제출 시 면접비 지급이 거절될 수 있다고 하였으므로 적절한 내용이다.

오답 체크

② '입사지원서 증빙서류'에서 면접 완료 후 면접장 퇴실 전 입사 담당자에게 입사지원서 작성 시 기재한 증빙서류의 원본을 제출해야 한다고 하였으므로 적절하지 않은 내용이다.

③ '면접 일정'에서 신분증은 주민등록증, 운전면허증, 여권만 인정되며, 학생증은 불가하다고 하였으므로 적절하지 않은 내용이다.

④ '입사지원서 증빙서류'에서 병역 증빙서류는 해당자만 병역증명서 혹은 주민등록초본을 제출하면 된다고 하였으므로 적절하지 않은 내용이다.

⑤ '입사지원서 증빙서류'에서 기타 증빙서류인 경력사항도 면접일에 제출해야 한다고 하였으므로 적절하지 않은 내용이다.

[05-06]
05 수리능력 문제 정답 ④

여성 실업자 수의 전년 대비 증감폭은 2X19년에 443 - 437 = 6천 명, 2X20년에 484 - 437 = 47천 명, 2X21년에 484 - 461 = 23천 명, 2X22년에 461 - 385 = 76천 명으로 2X19년에 가장 작으므로 적절하지 않은 설명이다.

오답 체크

① 2X18~2X22년 여성 경제활동 인구수는 여성 비경제활동 인구수보다 매년 더 많으므로 적절한 설명이다.

② 2X18~2X22년 남성 경제활동 인구수는 매년 남성 비경제활동 인구수의 3배 미만이므로 적절한 설명이다.

③ 2X19~2X22년간 남성 실업자 수는 매년 전년 대비 감소하였으므로 적절한 설명이다.

⑤ 2X22년 남성 15세 이상 인구수가 전체 15세 이상 인구수에서 차지하는 비중은 {22,273 / (22,273 + 22,988)} × 100 ≒ 49.2%이므로 적절한 설명이다.

빠른 문제 풀이 Tip

⑤ 남성 15세 이상 인구수와 여성 15세 이상 인구수를 비교한다. 전체 15세 이상 인구수는 남성 15세 이상 인구수와 여성 15세 이상 인구수의 합이므로 남성 15세 이상 인구수가 전체 15세 이상 인구수에서 차지하는 비중이 50% 이상이 되려면 남성 15세 이상 인구수가 여성 15세 이상 인구수보다 많거나 같아야 하지만, 더 적으므로 비중은 50% 미만임을 알 수 있다.

06 수리능력 문제 정답 ③

제시된 자료에 따르면 2X19년 남성 비경제활동 인구수는 5,797천 명이지만, 그래프에서는 6,000천 명보다 높게 나타나므로 적절하지 않은 그래프는 ③이다.

[07-08]
07 수리능력 문제 정답 ④

2X22년 1~6월 전체 호선의 총 승차 인원 중 2호선 승차 인원이 차지하는 비중은 (323,747 / 1,327,845) × 100 ≒ 24.4%로 25% 미만이므로 가장 적절하지 않은 설명이다.

오답 체크

① 2X22년 2~6월 4호선 승차 인원과 하차 인원의 전월 대비 증감 추이는 증가, 감소, 감소, 증가, 감소로 동일하므로 적절한 설명이다.

② 2X22년 1~6월 2호선 승차 인원이 가장 적은 달과 하차 인원이 가장 적은 달은 1월로 동일하므로 적절한 설명이다.

③ 2X22년 1~6월 전체 호선의 승차 인원이 가장 많은 달과 하차 인원이 가장 많은 달은 6월로 동일하므로 적절한 설명이다.

⑤ 2X22년 1월 1호선 승차 인원과 하차 인원의 차이는 45,189 - 37,218 = 7,971명이므로 적절한 설명이다.

08 수리능력 문제 정답 ⑤

2X22년 5월 6호선 승차 인원의 전월 대비 증감률은 {(17,210 - 16,632) / 16,632} × 100 ≒ 3.5%이다.

[09-10]
09 문제해결능력 문제 정답 ③

에스컬레이터 설치 공사를 진행하는 호선별 역은 1호선의 J 역, 2호선의 A 역, E 역, 4호선의 B 역으로 총 3개 호선이므로 가장 적절하지 않다.

오답 체크

① 2X24년 1월 1일 이후 폐쇄가 끝나는 역 시설물은 E 역의 7번 출입구, F 역의 3번 출입구, K 역의 2번 출입구로 3개이므로 적절하다.

② G 역의 5번 출입구 공사내용은 승강 편의시설 설치(E/L)임에 따라 엘리베이터 설치로 인해 폐쇄하므로 적절하다.

④ 노후한 에스컬레이터를 교체하는 공사를 진행하는 역은 1호선의 C 역, 7호선의 I 역이고, 대체 이용정보 모두 계단 이용이므로 적절하다.

⑤ 8번 출입구를 폐쇄하는 역은 1호선의 J 역, 8호선의 H 역으로 2개이므로 적절하다.

10 문제해결능력 문제 정답 ③

제시된 약도에 따르면 5번 출입구가 폐쇄되어 4, 6번 출입구를 대체로 사용해야 하므로 제시된 약도는 폐쇄 시설물이 '5번 출입구'이며 대체 이용정보가 '4, 6번 출입구 사용'인 D 역이고, D 역은 3호선임을 알 수 있다.
따라서 D 역에 해당하는 호선은 '3호선'이다.

[11-12]
11 문제해결능력 문제 정답 ②

무인형 개인창고 대여 서비스를 운영하는 역은 11개이고, 이 중 현재 사용할 수 있는 무인형 개인창고가 있는 역은 비어있는 칸이 없는 군자역과 논현역을 제외한 9개 역이므로 가장 적절하지 않다.

오답 체크

① 현재 무인형 개인창고는 지하에만 있으므로 적절하다.

③ 무인형 개인창고를 3개월 동안 이용하는 경우 평형에 관계없이 3개월권을 한 번 결제하는 비용이 1개월권을 3번 결제하는 비용보다 더 저렴하므로 적절하다.

④ 현재 사용 중인 무인형 개인창고는 신정역이 5칸, 답십리역이 6칸, 군자역이 6칸, 월드컵경기장역이 9칸, 광흥창역이 4칸, 안암역이 2 + 7 = 9칸, 상봉역이 12 + 7 = 19칸, 반포역이 3 + 3 = 6칸, 신풍역이 4 + 1 = 5칸, 논현역이 7 + 8 = 15칸, 가락시장역이 8 + 1 + 7 = 16칸으로 광흥창역이 가장 적으므로 적절하다.

⑤ 0.3평형 무인형 개인창고의 12개월 이용요금은 최소 387,600 × 2 = 775,200원으로 0.5평형 6개월권 652,800원보다 비싸므로 적절하다.

12 문제해결능력 문제 정답 ②

고객 A는 2023년 3월 1일부터 2023년 7월 31일까지 5개월간 무인형 개인창고 대여 서비스를 이용하려고 하며, 무인형 개인창고의 5개월 이용요금은 0.3평형이 205,200 + (76,000 × 2) = 357,200원, 0.5평형이 345,600 + (128,000 × 2) = 601,600원이고, 예산은 500,000원이므로 고객 A는 0.3평형 무인형 개인창고를 이용할 수 있다. 7호선에 위치한 역 중 사용 가능한 0.3평형 무인형 개인창고가 있는 역은 상봉역과 신풍역이며, 상봉역은 지하 1층에, 신풍역은 지하 2층에 무인형 개인창고가 위치해 있으므로 갑이 추천할 역은 많이 내려가지 않아도 되는 '상봉역'이다.

[13-14]
13 조직이해능력 문제 정답 ②

○○공사 직원 5명의 2022년 인사평가 등급별 성과급 지급액에 따른 성과급은 다음과 같다.

구분	성과급
갑 부장	550 × 0.75 = 412만 5천 원
을 과장	420 × 1 = 420만 원
병 대리	320 × 0.75 = 240만 원
정 사원	250 × 0.8 = 200만 원
무 사원	250 × 1.15 = 287만 5천 원

따라서 ○○공사의 직원 5명 중 2022년 인사평가 등급에 따른 성과급이 가장 많이 지급되는 직원은 '을 과장'이다.

14 조직이해능력 문제 정답 ③

성과급은 1년에 한 번, 매년 12월에 기본급과 함께 지급되므로 ○○공사가 12월에 직원 5명에게 지급해야 하는 금액은 다음과 같다.

구분	기본급	성과급	12월 지급액
갑 부장	550만 원	412만 5천 원	550 + 412.5 = 962만 5천 원
을 과장	420만 원	420만 원	420 + 420 = 840만 원
병 대리	320만 원	240만 원	320 + 240 = 560만 원
정 사원	250만 원	200만 원	250 + 200 = 450만 원
무 사원	250만 원	287만 5천 원	250 + 287.5 = 537만 5천 원

따라서 ○○공사가 2022년 12월에 직원 5명에게 지급해야 하는 금액의 총합은 962.5 + 840 + 560 + 450 + 537.5 = 3,350만 원이다.

[15-16]

15 조직이해능력 문제 정답 ③

[영업 1팀]의 경영성과 정보에 따르면 영업 1팀의 전년 대비 2022년 판매 개수 증감률은 {(62 − 40) / 40} × 100 = 55%이고, 매출 실적 증감률은 {(4,550 − 2,200) / 2,200} × 100 ≒ 106%이다. 이때 [경영성과 등급표]에 따르면 경영성과(%) = (판매 개수 증감률 + 매출 실적 증감률) / 2이며, 소수점 첫째 자리에서 버림하여 계산하므로 영업 1팀의 경영성과는 (55 + 106) / 2 ≒ 80%이다.
따라서 영업 1팀의 2022년 경영성과 등급은 'B 등급'이다.

16 조직이해능력 문제 정답 ②

[영업 2팀]의 경영성과 정보에 따르면 영업 2팀의 전년 대비 2022년 매출 실적 증감률은 {(2,020 − 1,300) / 1,300} × 100 ≒ 55%이다. 이때 [경영성과 등급표]에 따르면 경영성과(%) = (판매 개수 증감률 + 매출 실적 증감률)/2이며, 소수점 첫째 자리에서 버림하여 계산하고, A 등급이 되기 위한 경영성과는 100% 초과 200% 이하여야 하므로 영업 2팀의 2022년 판매 개수 증감률은 145% 초과 345% 이하여야 한다. 이에 따라 영업 2팀이 A 등급이 되기 위해 필요한 2022년 판매 개수는 86개 이상이어야 하므로 α는 44개 이상이어야 한다.
따라서 2022년 영업 2팀의 경영성과 등급이 A 등급이 되기 위한 α는 최소 '44개'이다.

[17-18]

17 정보능력 문제 정답 ①

3^a를 5로 나눴을 때 나머지가 4이므로 $3^a = 9$, a = 2이다. 또한, 27을 5로 나눴을 때 나머지가 2이므로 D는 2이다.
따라서 a, D에 해당하는 값을 바르게 연결한 것은 ①이다.

18 정보능력 문제 정답 ③

G^a를 11로 나눴을 때 나머지가 5이므로 G^a는 (11 × 1) + 5 = 16 = 4^2이다. 또한 G^b를 11로 나눴을 때 나머지가 9이므로 G^b는 (11 × 5) + 9 = 64 = 4^3이다.
따라서 G^a, G^b에 해당하는 값을 바르게 연결한 것은 ③이다.

[19-20]

19 정보능력 문제 정답 ②

1회차에서 입력값의 첫 번째, 두 번째 자리 문자의 위치가 비밀번호와 일치하였으므로 O가 2개 출력되고, 2회차에서도 입력값의 첫 번째, 두 번째 자리 문자의 위치가 비밀번호와 일치하였으므로 O가 2개 출력되며, 3회차에서 입력값의 첫 번째, 두 번째, 네 번째 자리 문자의 위치가 비밀번호와 일치하였으므로 O가 3개 출력된다.
따라서 1~3회차 시도 후 출력된 O의 총개수는 2 + 2 + 3 = 7개이다.

20 정보능력 문제 정답 ①

1회차에서 입력값의 세 번째 자리 문자의 위치가 비밀번호와 일치하였으므로 비밀번호의 세 번째 자리 문자는 p이고, 2회차에서 입력값의 두 번째 자리 문자의 위치가 비밀번호와 일치하였으므로 비밀번호의 두 번째 자리 문자는 l이며, 3회차에서 입력값의 네 번째 자리 문자의 위치가 비밀번호와 일치하였으므로 비밀번호의 네 번째 자리 문자는 y이다. 이에 따라 남은 문자는 d, k, m이며, 1~3회차 출력값에 따라 비밀번호의 첫 번째 자리 문자는 k, m이 아니므로 d이고, 다섯 번째 자리 문자는 m, d가 아니므로 k이며, 여섯 번째 자리 문자는 d, k가 아니므로 m이다.
따라서 올바른 비밀번호는 'dlpykm'이다.

[21-22]

21 자원관리능력 문제 정답 ④

제시된 자료에 따르면 1개 역 이동 시 소요시간은 2분이고, 다른 호선으로 환승 시 소요시간은 5분이며, 협력업체별 방문시간은 가 업체가 20분, 나 업체가 25분, 다 업체가 20분이다. 이때 갑은 본사에서 가, 나, 다 업체를 순서대로 방문 후 본사로 복귀하므로 B4역 → A18역 → C2역 → A6역 → B4역 순으로 이동한다. 구간별 소요되는 시간을 계산하면 다음과 같다.

구간	소요시간
B4역 → A18역	2 × 11 + 5 × 2 = 32분
가 업체	20분
A18역 → C2역	2 × 12 + 5 × 2 = 34분
나 업체	25분
C2역 → A6역	2 × 6 + 5 × 1 = 17분
다 업체	20분
A6역 → B4역	2 × 4 + 5 × 1 = 13분

따라서 총 소요시간은 32 + 20 + 34 + 25 + 17 + 20 + 13 = 161분 = 2시간 41분이므로 오후 2시에 본사에서 출발한 갑이 본사에 복귀한 시각은 '오후 4시 41분'이다.

22 자원관리능력 문제

정답 ④

본사에서 C1역까지 이동하는 데 소요되는 시간은 2 × 6 + 5 × 2 = 12 + 10 = 22분이다.
따라서 추가 협력 체결이 어려운 업체는 '사 업체'이다.

오답 체크

① 라 업체(D1역): 2 × 6 + 5 × 1 = 12 + 5 = 17분
② 마 업체(A1역): 2 × 7 + 5 × 1 = 14 + 5 = 19분
③ 바 업체(B12역): 2 × 9 = 18분
⑤ 아 업체(D8역): 2 × 7 + 5 × 1 = 14 + 5 = 19분

[23-24]

23 자원관리능력 문제

정답 ④

테이프는 3M당 1롤이며, B 현장 직원은 테이프 6M가 필요하다고 하였으므로 테이프 2롤이 필요하다.
따라서 K가 구매한 수량으로 적절하지 않은 자재는 ④이다.

24 자원관리능력 문제

정답 ②

티는 파이프 2M당 1개를 필수로 구매해야 하고, 보유하고 있는 티의 개수는 A 현장이 2개, B 현장이 3개, C 현장이 4개, D 현장이 1개이다. 이에 따라 직원 K가 추가로 구매해야 하는 티의 개수는 A 현장이 2개, B 현장이 0개, C 현장이 1개, D 현장이 1개이므로 총 2 + 0 + 1 + 1 = 4개이다.
따라서 티는 한 개당 3만 원이므로 K가 자재를 구매하는 데 필요한 추가 금액은 3 × 4 = 12만 원이다.

[25-26]

25 기술능력 문제

정답 ⑤

[복합기별 제품 코드 부여 방식]에 따라 1) 인쇄방식: LAZ → 2) 컬러인쇄 여부: COL → 3) 기능 및 부가기능: BUFXE → 4) 연결방식: LL 순으로 부여된다.
따라서 'LAZ-COL-BUFXE-LL'이 가장 적절하다.

26 기술능력 문제

정답 ④

[복합기별 제품 코드 부여 방식]에 따라 1) 인쇄방식: IZK → 2) 컬러인쇄 여부: COL → 3) 기능 및 부가기능: BQFKE → 4) 연결방식: LL 순으로 부여된다. 그러나 4팀이 원하는 복합기 제품과 달리 팩스 기능이 불가하여 스캔·팩스·복사 중 두 개만 가능한 제품 코드가 부여되어 있으므로 가장 적절하지 않다.

오답 체크

① [복합기별 제품 코드 부여 방식]에 따라 1) 인쇄방식: IZK → 2) 컬러인쇄 여부: BLK → 3) 기능 및 부가기능: BQFKP → 4) 연결방식: WF 순으로 부여되므로 적절하다.
② [복합기별 제품 코드 부여 방식]에 따라 1) 인쇄방식: LAZ → 2) 컬러인쇄 여부: BLK → 3) 기능 및 부가기능: BUFXE → 4) 연결방식: AL 순으로 부여되므로 적절하다.
③ [복합기별 제품 코드 부여 방식]에 따라 1) 인쇄방식: IZK → 2) 컬러인쇄 여부: COL → 3) 기능 및 부가기능: HQCAP → 4) 연결방식: LL 순으로 부여되므로 적절하다.
⑤ [복합기별 제품 코드 부여 방식]에 따라 1) 인쇄방식: LAZ → 2) 컬러인쇄 여부: BLK → 3) 기능 및 부가기능: BQCXE → 4) 연결방식: WF 순으로 부여되므로 적절하다.

[27-28]

27 기술능력 문제

정답 ④

[금지표지 제작 가이드라인]에 따르면 금지표지 속의 그림 또는 부호의 크기는 금지표지 전체 규격의 30퍼센트 이상이어야 하므로 금지표지 속 그림의 크기가 전체 금지표지 크기의 30%를 차지한다면 잘못 제작된 표지라는 것은 가장 적절하지 않다.

오답 체크

① [금지표지 제작 가이드라인]에 따르면 금지표지의 표시를 명확하게 하기 위하여 금지표지 주위에 표시사항을 글자로 병기할 수 있고, 병기 시에는 검은색으로 표기해야 하므로 적절하다.
② [금지표지의 종류]에 따르면 보행금지표지는 사람이 걸어 다녀서는 안 될 장소에 설치해야 하며, 차량통행금지표지는 집단 보행 장소와 같이 차량통행으로 인한 사고가 발생할 위험이 있는 장소에 설치해야 하므로 적절하다.
③ [금지표지의 종류]에 따르면 금지표지는 모두 흰색 바탕으로 제작해야 하며, 기본모형은 빨간색, 표지 속 그림 및 부호는 검은색으로 제작해야 하므로 적절하다.
⑤ [금지표지의 종류]에 따르면 금연표지는 담뱃불로 인하여 화재가 발생할 위험이 있는 장소에, 화기금지표지는 화재가 발생할 염려가 있는 장소에 설치해야 하므로 적절하다.

28 기술능력 문제 정답 ④

[금지표지의 종류]에 따르면 장소 A는 사람이 지나다닐 경우 빠지게 될 상황이 예상되어 출입금지표지 및 보행금지표지와 불이 날 위험이 있어 금연표지 및 화기금지표지를 설치할 수 있고, 장소 B는 주유소에 위치하여 각종 유류의 가연성이 예상되어 금연표지 및 화기금지표지를 설치할 수 있다. 또한, 장소 C는 인체에 유해한 물질이 사람의 체내에 흡수될 위험이 있는 고압가스를 보관하여 금연표지 및 화기금지표지를 설치할 수 있으므로 세 장소에 공통으로 설치할 수 있는 금지표지로 ④가 가장 적절하다.

29 자기개발능력 문제 정답 ②

㉠ A 학생은 교육 봉사 동아리에 가입하기를 목표로 세우고 교육 대상자에게 좋은 본보기가 되기 위해 열심히 공부하는 등 자신이 흥미를 느끼는 동아리가 무엇인지 알고 있음에도 불구하고 자신감이 부족해 평소 관심 없던 동아리에 가입했으므로 자기개발 계획을 수립하는 데 작용한 방해 요인은 자기개발과 관련된 결정을 내릴 때 자신감이 부족해지는 '의사결정 시 자신감의 부족'이다.

㉡ A 학생은 교육 봉사 동아리에 가입하기 위해 필요한 자기개발 방법으로 '공부 열심히 하기'와 같은 애매모호한 방법을 수립했으며, 이에 따라 막상 동아리를 선택해야 할 때 자기의 성적과 실력이 교육 봉사 동아리 활동을 잘 할 수 있는 준비가 되지 않은 것 같다는 생각에 가입을 포기하게 되었으므로 자기개발 목표를 성취하기 위해 필요한 전략은 애매모호한 방법으로 자기개발 계획을 세워 중간에 적당히 하게 되거나 포기하게 되는 일이 없도록 명확하고 구체적인 방법을 수립해야 한다는 '구체적인 방법으로 계획하기'이다.

따라서 ㉠, ㉡에 들어갈 말을 순서대로 바르게 나열한 것은 '의사결정 시 자신감의 부족 - 구체적인 방법으로 계획하기'이다.

30 자기개발능력 문제 정답 ⑤

C 사원: 직장생활에서의 자기개발은 주어진 업무를 효과적으로 처리함으로써 업무 성과를 향상시키는 데 도움이 되므로 적절하지 않다.

D 사원: 우리가 가지고 있는 지식이나 기술이 과거의 것이 되지 않도록 끊임없이 변화하고 있는 환경에 적응할 필요가 있으므로 적절하지 않다.

따라서 자기개발의 필요성에 대해 적절하지 않은 발언을 한 신입사원은 'C 사원, D 사원'이다.

더 알아보기

자기개발의 필요성

- 변화하는 환경에 적응하기 위해 필요함
- 직장생활에서의 자기개발은 업무를 효과적으로 처리하여 업무 성과를 향상시키기 위해 필요함
- 자기관리 자체가 자신의 주변 사람들과 긍정적인 인간관계를 형성하고 유지하는 데 도움이 됨
- 설정한 목표를 성취하기 위함이며, 이를 통해 자기개발의 방향 및 방법을 설정할 수 있음
- 자기개발을 통해 자신감을 얻고, 삶의 질이 향상되어 보다 보람된 삶을 살기 위해 필요함

31 자기개발능력 문제 정답 ③

자기개발은 특정한 사람만이 하는 활동이 아니라 더욱 나은 삶을 영위하고자 노력하는 사람이라면 누구든지 상관없이 모든 사람이 해야 하는 활동이므로 가장 적절하지 않다.

더 알아보기

자기개발의 특징

- 자기개발에서 개발의 주체는 타인이 아니라 자기 자신임
- 자기개발은 개별적인 과정으로서 사람마다 자기개발을 통해 지향하는 바와 선호하는 방법 등이 다름
- 자기개발은 평생에 걸쳐서 이루어지는 과정임
- 자기개발은 일과 관련하여 이루어지는 활동임
- 자기개발은 생활 가운데 이루어져야 함
- 자기개발은 모든 사람이 해야 하는 활동임

32 자기개발능력 문제 정답 ⑤

제시된 글은 동일한 실수를 반복하지 않기 위해 자기 자신이 주체가 되어 스스로 알아가는 지속적인 연습이 필요하다는 내용이므로 빈칸에 공통적으로 들어갈 단어는 자기의 마음을 반성하고 살핀다는 의미를 지닌 '성찰'이다. 성찰은 자신이 저지른 실수에 대하여 원인을 파악하고, 현재의 부족한 부분, 개선이 필요한 부분 등을 확인 후 수정해가며 더 나은 사람이 되기 위해 필요할 뿐 다른 사람에게 모범적인 모습을 보이기 위한 행동이 아니므로 가장 적절하지 않다.

33 대인관계능력 문제 정답 ①

의존성은 개인 차원과 관련된 임파워먼트 장애요인이므로 가장 적절하지 않은 것은 ①이다.

더 알아보기

임파워먼트 장애요인

개인 차원	주어진 일을 해내는 역량의 결여, 동기의 결여, 결의 부족, 책임감 부족, 의존성
대인 차원	다른 사람과의 성실성 결여, 약속 불이행, 성과를 제한하는 조직의 규범, 갈등 처리능력 부족, 승패의 태도
관리 차원	통제적 리더십 스타일, 효과적 리더십 발휘능력 결여, 경험 부족, 정책 및 기회의 실행능력 결여, 비전의 효과적 전달능력 결여
조직 차원	공감대 형성이 없는 구조와 시스템, 제한된 정책과 절차

34 대인관계능력 문제

정답 ②

B: 팀워크를 촉진하는 방법 중 동료 피드백을 장려하는 데 필요한 과정은 간단하고 분명한 목표와 우선순위를 설정하고, 행동과 수행을 관찰하여 즉각적인 피드백을 제공하며, 뛰어난 수행성과에 대해 인정해 주는 것이므로 적절하지 않은 설명이다.

따라서 팀워크 촉진방법에 대해 가장 적절하지 않은 설명을 한 사람은 'B'이다.

더 알아보기

팀워크 촉진방법

동료 피드백 장려하기	· 팀 목표를 달성하도록 팀원을 고무시키는 환경을 조성하기 위해 필요함 · 동료 피드백을 장려하는 데 필요한 4단계 과정 - 1단계: 간단하고 분명한 목표와 우선순위를 설정하라 - 2단계: 행동과 수행을 관찰하라 - 3단계: 즉각적인 피드백을 제공하라 - 4단계: 뛰어난 수행성과에 대해 인정해 줘라
갈등 해결하기	· 팀원 간의 갈등을 발견하면 제3자로서 재빨리 개입하여 중재해야 함 · 갈등을 일으키는 구성원과의 비공개적인 미팅을 통해 각자에게 같은 질문을 하고 의견을 교환하여 갈등을 해결할 수 있도록 도와주어야 함 · 갈등을 중재하는 데 도움이 되는 질문 - 내가 보기에 상대방이 꼭 해야 하는 행동은 무엇인가? - 상대방이 보기에 내가 꼭 해야 하는 행동은 무엇일 것 같은가? - 내가 보기에 내가 꼭 해야 하는 행동은 무엇인가? - 상대방이 보기에 상대방 스스로 꼭 해야 하는 행동은 무엇일 것 같은가?
창의력 조성을 위한 협력하기	· 협력을 장려하는 환경을 조성하기 위한 비결 - 팀원의 말에 흥미를 가지고 대하라 - 상식에서 벗어난 아이디어에 대해 비판하지 말라 - 모든 아이디어를 기록하라 - 아이디어를 개발하도록 팀원을 고무시켜라 - 많은 양의 아이디어를 요구하라 - 침묵을 지키는 것을 존중하라 - 관점을 바꿔 보라 - 일상적인 일에서 벗어나 보라
참여적 의사결정하기	· 훌륭한 의사결정을 내리기 위해 의사결정의 질과 구성원 동참의 측면을 모두 고려해야 함 · 양질의 의사결정을 내리기 위한 질문 - 쟁점의 모든 측면을 다루었는가? - 모든 팀원과 협의하였는가? - 추가 정보나 조언을 얻기 위해 팀 외부와 협의할 필요가 있는가? · 팀원들의 동참을 얻기 위해 고려해야 하는 질문 - 모든 팀원이 의사결정에 동의하는가? - 팀원들은 의사결정을 실행함에 있어서 각자의 역할을 이해하고 있는가? - 팀원들은 의사결정을 열정적으로 실행하고자 하는가?

35 대인관계능력 문제

정답 ③

㉡: 자사의 제휴 할인을 늘리기 위해 제휴 회사와 협상을 하는 과정에서 제휴 회사의 대표자가 할인율을 더 이상 올릴 수 없다는 입장만을 계속해서 고집하는 것은 협상에서 나타나는 실수 중 '특정 입장만 고집하는 것'에 해당한다. 이러한 협상에서는 한계를 설정하고 그다음 단계를 대안으로 제시하거나 조용히 그들의 준비를 도와주고 서로 의견을 교환하면서 상대의 마음을 열게 해야 한다. 상대방이 이 협상에 대하여 책임을 질 수 있고 타결권을 가지고 있는 사람인지 확인한 후 협상을 시작하는 것은 잘못된 사람과의 협상에 대한 대처방안이므로 적절하지 않다.

따라서 협상의 실수에 대한 대처방안으로 가장 적절하지 않은 것은 ③이다.

더 알아보기

협상에서 나타나는 실수와 대처방안

준비되기도 전에 협상을 시작하는 것	· 상대방이 먼저 협상을 요구하거나 재촉하면 아직 준비가 덜 되었다고 솔직히 말하며, 상대방의 입장을 묻는 기회로 삼음 · 협상준비가 되지 않았을 때는 듣기만 함
잘못된 사람과의 협상	· 협상 상대가 협상에 대하여 책임을 질 수 있고 타결권을 가지고 있는 사람인지 확인하고 협상을 시작함 · 최고책임자는 협상의 세부사항을 잘 모르기 때문에 상급자는 협상의 올바른 상대가 아니라는 점을 명심함
특정 입장만 고집하는 것 (입장협상)	· 협상에서 한계를 설정하고 그다음 단계를 대안으로 제시함 · 상대방이 특정 입장만 내세우는 입장협상을 할 경우에는 조용히 그들의 준비를 도와주고 서로 의견을 교환하면서 상대의 마음을 열게 함
협상의 통제권을 잃을까 두려워하는 것	· 협상은 통제권을 확보하는 것이 아니라 함께 의견 차이를 조정하면서 최선의 해결책을 찾는 것이므로 통제권을 잃을까 염려되면 그 사람과의 협상 자체를 고려해 봄 · 자신의 한계를 설정하고 그것을 고수하여 그런 염려를 하지 않게 됨
설정한 목표와 한계에서 벗어나는 것	· 한계와 목표를 잃지 않도록 그것을 기록하고, 기록된 노트를 협상의 길잡이로 삼음 · 더 많은 것을 얻기 위해 한계와 목표를 바꾸기도 함
상대방에 대해서 너무 많은 염려를 하는 것	· 상대방이 원하는 것을 얻을까 너무 염려하지 말고, 협상을 타결 짓기 전에 자신과 상대방이 각기 만족할 만한 결과를 얻었는지, 협상 결과가 현실적으로 효력이 있었는지, 모두 만족할 만한 상황이 되었는지 확인함
협상 타결에 초점을 맞추지 못하는 것	· 협상의 모든 단계에서 협상의 종결에 초점을 맞추고 항상 종결을 염두에 둠 · 특정한 목적을 위해 협상을 하고 있기 때문에 목표가 가까이 왔을 때 쟁취함

36 대인관계능력 문제 정답 ④

제시된 글에서 직원 A는 판단과 사고를 리더에 의존하며, 리더의 지시가 있을 때에만 움직인다. 또한, 조직이 자신의 아이디어를 원하지 않고 노력과 공헌을 해도 아무 소용이 없다고 생각하며, 리더는 항상 자기 마음대로 한다고 여긴다.

따라서 직원 A가 해당하는 팔로워십 유형은 '수동형'이다.

더 알아보기

팔로워십 유형

소외형	· 냉소적·부정적 · 고집이 셈 · 일부러 반대 의견을 제시함 · 조직이 불공정하고 문제가 있다고 생각함
순응형	· 리더나 조직을 믿고 헌신함 · 아이디어가 없고 인기 없는 일을 하지 않음 · 리더의 뜻에 반하는 행동을 어려워함
실무형	· 사건을 균형적으로 바라봄 · 개인의 이익을 높이기 위해 흥정에 능숙함 · 조직이 규정을 준수할 것을 강조한다고 생각함 · 리더와 부하 간의 비인간적 풍토가 있다고 생각함
수동형	· 리더에게 의존하여 판단하고 사고함 · 누군가의 지시가 있어야 행동함 · 조직이 나의 아이디어를 원치 않는다고 생각함 · 리더는 항상 자기 마음대로 한다고 생각함
주도형	· 모범형이라고도 불림 · 자기 나름의 개성이 있어 혁신적·창조적임 · 기대 이상의 성과를 내고자 노력함

37 직업윤리 문제 정답 ①

K는 자신이 맡은 업무가 적성에 맞지 않으나 하늘에서 부여한 나의 일이라 생각하며 업무에 임하고 있다.

따라서 K가 지닌 직업윤리 덕목은 자신이 맡은 일은 하늘에 의해 맡겨진 일이라 생각하는 태도인 '소명의식'이 적절하다.

오답 체크

② 천직의식: 자신의 일이 자신의 능력과 적성에 꼭 맞는다고 여기고 그 일에 열성적으로 임하는 태도

③ 직분의식: 자신이 하고 있는 일이 사회나 기업을 위해 중요한 역할을 하고 있다고 믿고 자신의 활동을 수행하는 태도

④ 책임의식: 직업에 대한 사회적 역할과 책무를 충실히 수행하고 책임을 다하는 태도

⑤ 전문의식: 자신의 일이 누구나 할 수 있는 일이 아니라 해당 분야의 지식과 교육을 바탕으로 성실히 수행해야만 가능한 것이라는 믿음을 바탕으로 일을 수행하는 태도

38 직업윤리 문제 정답 ②

기업에서 개인은 규모가 큰 공동의 재산, 정보 등을 자신의 권한하에 위임, 관리하기 때문에 높은 윤리의식이 요구되므로 가장 적절하다.

오답 체크

① 업무상 개인의 판단과 행동은 사회적 영향력이 큰 기업 시스템을 통해 다수의 이해 관계자와 관련되므로 적절하지 않다.

③ 직장이라는 특수한 상황에서 맺는 집단적 인간관계는 가족관계, 개인적 선호에 의한 친분관계와는 다른 측면의 배려가 요구되므로 적절하지 않다.

④ 수많은 사람이 관련되어 고도화된 공동의 협력을 요구하기 때문에 개인은 맡은 역할에 대한 책임 완수가 필요하고, 투명한 일 처리가 필요하므로 적절하지 않다.

⑤ 각각의 직무에서 오는 특수한 상황에서는 개인적 덕목 차원의 일반적 상식 및 기준으로는 규제할 수 없는 경우가 많으므로 적절하지 않다.

39 직업윤리 문제 정답 ②

윤리적 규범은 '공동생활'과 '협력'을 필요로 하는 인간 생활에서 형성되는 '공동행동의 룰'을 기반으로 형성되며, 모든 윤리적 규범은 만고불변의 진리가 아니라 시대와 사회 상황에 따라 조금씩 다르게 변화한다는 특징이 있다.
따라서 윤리적 규범 형성 요인으로 적절한 것은 '㉠, ㉢'이다.

40 직업윤리 문제 정답 ①

한국인들은 우리 사회에서 직업인이 갖추어야 할 중요한 직업윤리 덕목을 '책임감, 성실함, 정직함, 신뢰성, 창의성, 협조성, 청렴함' 순으로 강조하고 있다.
따라서 우리 사회에서 직업인이 갖추어야 할 중요한 직업윤리 덕목 중 한국인들이 가장 강조하는 것은 '책임감'이다.

PART 1 | NCS 실전모의고사

바로 채점 및
성적 분석 서비스

실전모의고사 1회

p.54

01	02	03	04	05	06	07	08	09	10
의사소통	의사소통	의사소통	의사소통	수리	수리	수리	수리	문제해결	문제해결
④	⑤	③	③	④	④	④	①	①	⑤
11	12	13	14	15	16	17	18	19	20
문제해결	문제해결	조직이해	조직이해	조직이해	조직이해	정보	정보	정보	정보
⑤	④	②	③	④	③	③	②	③	②
21	22	23	24	25	26	27	28	29	30
자원관리	자원관리	자원관리	자원관리	기술	기술	기술	기술	자기개발	자기개발
⑤	①	②	③	③	④	③	④	④	④
31	32	33	34	35	36	37	38	39	40
자기개발	자기개발	대인관계	대인관계	대인관계	대인관계	직업윤리	직업윤리	직업윤리	직업윤리
③	①	④	③	①	③	④	③	⑤	③

[01-02]

01 의사소통능력 문제 정답 ④

6문단에서 문체부에서는 올해 '실감형 창작공간 조성사업'에 19억 원을 지원하며, 현재 17개 관을 지원 대상으로 선정한 상태이고, 3월 3일(금)까지 지원 대상을 추가로 공모해 3월 말에 지원 대상을 최종 선정할 예정이라고 하였으므로 문체부에서 3월 말부터 총 17개 관에 대해 실감형 창작공간 조성사업자금인 19억 원을 지원할 예정인 것은 아님을 알 수 있다.

오답 체크

① 5문단에서 인천광역시 교육청 주안도서관 등 미디어 창작공간 31개 관과 경상남도교육청 창원도서관의 '미래의 발견' 등 실감형 체험관 8개 관을 조성했다고 하였으므로 적절한 내용이다.

② 2문단에서 2017년부터 문체부에서 추진한 U-도서관 사업은 현재 전국에 총 150개소가 구축되어 있다고 하였으므로 적절한 내용이다.

③ 4문단에서 지역 도서관에는 미디어 창작공간과 실감형 체험관이 조성되어 유튜브 생방송이나 동영상 촬영 등의 미디어 콘텐츠를 창작할 수 있는 장비를 갖춘 소규모 스튜디오 공간이 형성되어 있다고 하였으므로 적절한 내용이다.

⑤ 3문단에서 U-도서관의 활용도를 높이기 위해 도서 예약기능을 추가했으며, 스마트폰 등의 예약을 활용하는 무인 도서 대출·반납 서비스를 확대한다고 하였으므로 적절한 내용이다.

02 의사소통능력 문제 정답 ⑤

㉤ 앞에서는 국립중앙도서관, 국립어린이청소년도서관, 지역도서관 등에서 실감형 체험관을 구축함을 설명하고 있고, ㉤ 뒤에서는 인천광역시 교육청 주안도서관 등에서 미디어 창작공간과 경상남도교육청 창원도서관에서 실감형 체험관을 조성했음을 설명하고 있다.

따라서 앞의 내용과 관련 있는 내용을 추가할 때 사용하는 접속어를 사용해야 하므로 앞의 내용과 뒤의 내용이 상반될 때 사용하는 접속어인 '반면에'는 적절하지 않다.

[03-04]

03 의사소통능력 문제 정답 ③

'6. 접수 방법'에서 제안 정책 내용을 담은 숏폼 영상을 SNS에 업로드할 경우 가산점을 제공한다고 하였으므로 공모전에 참가하고자 할 때 제안 정책 내용이 포함된 숏폼 영상을 SNS에 반드시 업로드해야 하는 것은 아님을 알 수 있다.

오답 체크

① '5. 주요 일정'에서 1차 심사 결과 선정된 20개 팀에게는 상금과 별도로 연구과제비 50만 원을 지급한다고 하였으므로 적절한 내용이다.

② '2. 공모 자격'에서 공모에 참여할 수 있는 것은 만 19~만 34세의 대한민국 청년 3인으로 구성된 팀이라고 하였으므로 적절한 내용이다.

④ '4. 시상 내역'에서 대상 1팀에 1,500만 원을, 최우수상 1팀에 500만 원을, 우수상 1팀에 300만 원을, 장려상 3팀에 각 200만 원을 제공한다고 하였으므로 총 1,500 + 500 + 300 + (200 × 3) = 2,900만 원을 상금으로 제공하므로 적절한 내용이다.

⑤ '3. 공모 주제'에서 교육 분야의 경우 미래 산업 수요 대응 혁신 인재 양성, 교육비 부담 완화 등을 주제로 하여야 하므로 적절한 내용이다.

04 의사소통능력 문제 정답 ③

'5. 주요 일정'에서 정책 분야 멘토링과 2차 심사는 4월 중, 최종 심사는 5월 중에 진행된다고 하였으므로 4월 중 정책 분야 멘토링이 진행되고, 2차 심사와 최종 심사가 5월 중에 진행된다는 내용의 답변은 적절하지 않다.

[05-06]

05 수리능력 문제 정답 ④

2X18년 전체 역내 배려시설 설치 개수 중 엘리베이터가 차지하는 비중은 {30 / (30 + 18 + 0 + 3 + 6 + 4 + 15 + 165 + 1)} × 100 ≒ 12.4%이므로 적절하지 않은 설명이다.

오답 체크

① 제시된 기간 동안 전체 설치 개수가 매년 동일한 배려시설은 수평 보행기, 전동휠체어 급속충전기, 장애인 화장실로 3개이므로 적절한 설명이다.

② 2X19년 이후 이동식 안전 발판 설치 역 수는 매년 전년 대비 증가하였으므로 적절한 설명이다.

③ 2X20년 전체 역내 배려시설의 설치 개수는 총 36 + 30 + 0 + 5 + 8 + 4 + 15 + 204 + 4 = 306개이므로 적절한 설명이다.

⑤ 2X21년 휠체어 리프트 설치 역 수의 전년 대비 증가율은 {(3 − 2) / 2} × 100 = 50%이므로 적절한 설명이다.

06 수리능력 문제 정답 ④

2X22년 설치 역 1개당 음성 유도기 개수는 239 / 7 ≒ 34.1개이다.

[07-08]

07 수리능력 문제 정답 ④

2X21년 A 시에서 1주간 지하철을 평균 11~15회 이용하는 인구수는 1,000 × 0.682 × 0.3 = 204.6만 명이므로 가장 적절한 설명이다.

오답 체크

① 2X16년 A 시의 택시 이용률은 32.9 − 7.3 = 25.6%이므로 적절하지 않은 설명이다.

② 2X19년 국내 전체 택시 이용 인구수는 5,000 × 0.682 = 3,410만 명으로 A 시 택시 이용 인구수인 1,000 × 0.327 = 327만 명보다 3,410 − 327 = 3,083만 명 더 많으므로 적절하지 않은 설명이다.

③ 2X17~2X21년 국내 전체 지하철 이용률은 택시 이용률보다 매년 더 적으므로 적절하지 않은 설명이다.

⑤ 2X20년 지하철을 1주간 평균 6~10회 이용하는 비율의 전년 대비 증감 추이는 국내 전체가 감소, A 시가 증가로 서로 다르므로 적절하지 않은 설명이다.

08 수리능력 문제 정답 ①

국내 전체에서 1주간 평균 지하철을 1~5회 이용하는 인구수는 2X19년에 5,000 × 0.318 × 0.402 = 639.18만 명이고, 2X21년에 5,000 × 0.318 × 0.246 = 391.14만 명이지만, 그래프에서는 2X19년에 400만 명보다 낮게, 2X21년에 600만 명보다 높게 나타나므로 적절하지 않은 그래프는 ①이다.

빠른 문제 풀이 Tip

비율을 비교한다.
국내 전체 인구수는 매년 5,000만 명으로 동일하고, 국내 전체 지하철 이용률은 제시된 기간 중 2X19년과 2X21년이 가장 작으며, 1주간 평균 지하철 이용 횟수가 1~5회인 국내 전체 비율은 제시된 기간 중 2X21년이 가장 작으므로 지하철 1~5회 이용 인구수도 2X21년에 가장 적어야 하지만, 그래프에서는 2X19년과 2X20년이 2X21년보다 낮게 나타나므로 적절하지 않은 그래프는 ①이다.

[09-10]

09 문제해결능력 문제 정답 ①

구획 수가 가장 많은 역세권 300m 이내 환승주차장은 구획 수가 468개인 N 역 환승주차장이므로 가장 적절하지 않다.

오답 체크

② 가 기업이 운영하는 역세권 300m 이내 환승주차장은 A 역, C 역, E 역, F 역, J 역, M 역으로 6개이므로 적절하다.

③ 2번 출구 300m 이내에 환승주차장이 있는 호선은 2호선의 A 역, B 역, 4호선의 G 역, 5호선의 I 역, 7호선의 L 역, 8호선의 N 역으로 5개이므로 적절하다.

④ B 역 환승주차장은 일반 주차장임에 따라 지하철 이용 후 지하철 이용 확인서를 받아야 하므로 적절하다.

⑤ 교통카드 이용 시 카드 전용 주차장과 일반 주차장에서 모두 주차 요금 할인을 받을 수 있으므로 적절하다.

10 문제해결능력 문제 정답 ⑤

제시된 대화문에 따르면 교통카드로 지하철을 이용하려고 하므로 카드 전용 주차장과 일반 주차장에서 모두 할인받을 수 있다. 또한, 구획 수는 200개 이상이고, 4호선과 8호선은 제외하므로 가능한 역은 C 역, E 역, F 역, K 역, M 역이다. 이때 가 기업이 운영하는 주차장은 제외하므로 C 역, E 역, F 역, M 역이 제외된다.

따라서 갑이 추천받을 환승주차장은 'K 역 환승주차장'이다.

[11-12]

11 문제해결능력 문제 정답 ⑤

'4. 채용 우대 사항'에 따르면 임원 수행 경력자는 전형별 만점의 5%, 취업지원 대상자는 전형별 만점의 10%, 저소득층, 북한이탈주민, 다문화 가족 중 한 개 이상에 해당하는 자는 면접전형 점수에 면접 평가 점수 만점의 10%에 해당하는 가산점을 부여하며, 가산점은 중복 적용 가능함에 따라 면접전형에서 받을 수 있는 최대 점수는 100 + (100 × 0.05) + (100 × 0.1) + (70 × 0.1) = 122점이므로 가장 적절하지 않다.

오답 체크

① '2. 지원 자격'에 따르면 OO공사 운전원 채용 공고에 지원하기 위해서는 1종 대형 운전면허를 소지하고 있어야 하므로 적절하다.

② '3. 전형 단계'에 따르면 서류전형 합격자는 서류전형 고득점순으로 모집 인원의 3배수 이내를 선발하며, 모집 인원은 1명으로 동점자가 발생하지 않을 경우 서류전형에 합격하는 사람은 최대 3명이므로 적절하다.

③ '4. 채용 우대 사항'에 따르면 취업지원 대상자에게 전형별로 전형별 만점의 10%씩 가산점을 부여하며, 서류전형에서 100 × 0.1 = 10점, 면접전형에서 100 × 0.1 = 10점, 총 10 + 10 = 20점을 부여하므로 적절하다.

④ '3. 전형 단계'에 따르면 인성 평가 점수가 인성 평가 점수 만점의 50% 미만인 자는 최종 합격자로 선발할 수 없으므로 적절하다.

12 문제해결능력 문제 정답 ④

'4. 채용 우대 사항'에 따르면 임원 수행 경력자는 전형별로 전형별 만점의 5%, 취업지원 대상자는 전형별로 전형별 만점의 10%, 다문화 가족은 면접전형 점수에 면접 평가 점수 만점의 10%에 해당하는 가산점을 부여하므로 지원자 P의 서류전형 점수와 면접전형 점수는 다음과 같다.

구분	점수
서류전형	92 + 5 + 10 = 107점
면접전형	(64 + 22) + 5 + 10 + 7 = 108점

따라서 지원자 P의 서류전형 점수와 면접전형 점수의 합은 107 + 108 = 215점이다.

[13-14]

13 조직이해능력 문제 정답 ②

[기업별 매출실적 정보]에 따르면 매출 목표율은 전년 실제 매출액 대비 목표 성장률을 의미하며, 갑 기업의 2021년 실제 매출액은 15억 원이고 2022년 매출 목표율은 20%이므로 2022년 목표 매출액은 15 × 1.2 = 18억 원이다. [목표 달성률 등급표]에 따르면 목표 달성률 = (실제 매출액 / 목표 매출액) × 100이며, 소수점 첫째 자리에서 버림하여 계산하므로 2022년 갑 기업의 목표 달성률은 (16 / 18) × 100 ≒ 88%로 75% 이상 100% 미만에 해당한다.

따라서 2022년 갑 기업의 매출액에 따른 목표 달성률 등급은 'A 등급'이다.

14 조직이해능력 문제 정답 ③

[기업별 매출실적 정보]에 따르면 매출 목표율은 전년 실제 매출액 대비 목표 성장률을 의미하며, 을 기업의 2021년 실제 매출액은 26억 원이고 2022년 매출 목표율은 18%이므로 2022년 목표 매출액은 26 × 1.18 = 30억 6800만 원이다. [목표 달성률 등급표]에 따르면 목표 달성률 = (실제 매출액 / 목표 매출액) × 100이며, 소수점 첫째 자리에서 버림하여 계산하므로 2022년 을 기업의 목표 달성률 등급이 S 등급이 되기 위한 2022년 목표 달성률은 100% 이상이어야 함에 따라 실제 매출액이 30억 6800만 원 이상이어야 한다.

따라서 을 기업의 2022년 목표 달성률 등급이 S 등급일 때, ㉠에 들어갈 최소 금액은 '30억 6800만 원'이다.

[15-16]

15 조직이해능력 문제 정답 ④

[업무 평가 기준]과 [직원별 업무 평가 점수]에 따른 직원별 근무 실적의 최종 업무 평가 점수는 다음과 같다.

구분	A 부장	B 차장	C 과장	D 대리	E 사원
기한 내 업무 처리 정도	15점	12점	11점	10점	9점
직무 관련 지식 보유도	10×1.1 =11점	15×1.1 =16.5점	10×1.1 =11점	15×1.1 =16.5점	10×1.1 =11점
직무 관련 정보 파악 정도	10×1.05 =10.5점	10×1.05 =10.5점	15×1.05 =15.75점	10×1.05 =10.5점	10×1.05 =10.5점
근무 실적 최종 업무 평가 점수	36.5점	39점	37.75점	37점	30.5점

따라서 D 대리의 근무 실적의 최종 업무 평가 점수는 37점이므로 각 직원별 근무 실적의 최종 업무 평가 점수가 올바르게 짝지어지지 않은 것은 'D 대리 - 37.5점'이다.

16 조직이해능력 문제 정답 ③

[업무 평가 기준]과 [직원별 업무 평가 점수]에 따른 직원 5명의 최종 업무 평가 점수는 다음과 같다.

구분	A 부장	B 차장	C 과장	D 대리	E 사원
근무 실적 평가 점수 합계	36.5점	39점	37.75점	37점	30.5점
직무수행 태도	(15×1.1) +10 =26.5점	(10×1.1) +8 =19점	(18×1.1) +12 =31.8점	(10×1.1) +7 =18점	(15×1.1) +10 =26.5점
도덕성 및 청렴도	(10×1.05)+(10×1.05) =21점	(12×1.05)+(10×1.05) =23.1점	(10×1.05)+(12×1.05) =23.1점	(15×1.05)+(10×1.05) =26.25점	(10×1.05)+(10×1.05) =21점
최종 업무 평가 점수	36.5+26.5+21 =84점	39+19+23.1 =81.1점	37.75+31.8+23.1 =92.65점	37+18+26.25 =81.25점	30.5+26.5+21 =78점

따라서 최종 업무 평가 점수가 가장 높은 직원은 'C 과장'이다.

[17-18]

17 정보능력 문제 정답 ③

제시된 컴퓨터 작동 오류 확인 절차를 통해 Solution Code를 산출하면

Server Type이 α, Error Type이 3xx로 Server Value는 1_2_3, Main Value는 2_5_3, Error Value는 2_3_2이다. 이에 따라 Circumstance Code는 (1+2+2)_(2+5+3)_(3+3+2)=5_10_8이며, Result Code는 (5/5)_(10/2)_(8/4)=1_5_2이다. 따라서 Result Code 각 자리 숫자의 합은 1+5+2=8로 7 이상~9 미만의 값에 해당하므로 Solution Code는 'UA08'이다.

18 정보능력 문제 정답 ②

제시된 컴퓨터 작동 오류 확인 절차를 통해 Solution Code를 산출하면

Server Type이 γ, Error Type이 4xx로 Server Value는 3_1_2, Main Value는 3_3_2, Error Value는 3_1_2이다. 이에 따라 Circumstance Code는 (3+3+3)_(1+3+1)_(2+2+2)=9_5_6이며, Result Code는 (9/3)_(5/5)_(6/3)=3_1_2이다. 따라서 Result Code 각 자리 숫자의 합은 3+1+2=6으로 5 이상~7 미만의 값에 해당하므로 Solution Code는 'VK77'이다.

[19-20]

19 정보능력 문제 정답 ③

[비밀번호 생성 시스템]에서 무선 공유기의 제품명은 '제조 연월-일련번호'로 구성되며, 제조된 달에 따라 일련번호에 비밀번호 생성 시스템이 적용된다고 하였으므로 제품명이 'JUL22-AD6Z0E4'로 홀수 달에 제조된 무선 공유기의 초기 비밀번호는 일련번호 AD6Z0E4에 홀수 달 비밀번호 생성 시스템이 적용된 VW1H8M2이다.

따라서 무선 공유기의 초기 비밀번호로 가장 적절한 것은 'VW1H8M2'이다.

20 정보능력 문제 정답 ②

[비밀번호 생성 시스템]에서 무선 공유기의 제품명은 '제조 연월-일련번호'로 구성되며, 제조된 달에 따라 일련번호에 비밀번호 생성 시스템이 적용된다고 하였으므로 제품명이 'DEC19-UK3A2T6'으로 짝수 달에 제조된 무선 공유기의 초기 비밀번호는 일련번호 UK3A2T6에 짝수 달 비밀번호 생성 시스템이 적용된 ET4J9A5이다.

따라서 무선 공유기의 초기 비밀번호로 가장 적절한 것은 'ET4J9A5'이다.

[21-22]

21 자원관리능력 문제 정답 ⑤

제시된 자료에 따르면 경영상태와 후기는 좋을수록, 공사 기간은 짧을수록, 비용은 저렴할수록, A/S 기간은 길수록 높은 점수를 부여하고, 최종 점수가 높은 업체로 선정하며, 최종 점수가 동일하면 경영상태가 더 좋은 업체로 선정한다. 리모델링 업체별 최종 점수를 계산하면 다음과 같다.

구분	경영 상태	후기	공사 기간	비용	A/S 기간	최종 점수
A 업체	4점	1점	1점	4점	4점	14점
B 업체	1점	3점	3점	2점	5점	14점
C 업체	2점	4점	4점	5점	2점	17점
D 업체	3점	2점	2점	3점	3점	13점
E 업체	5점	5점	5점	1점	1점	17점

따라서 직원 K는 최종 점수가 17점인 C 업체와 E 업체 중 경영상태가 더 좋은 'E 업체'를 리모델링 업체로 선정한다.

22 자원관리능력 문제 정답 ①

후기는 고려하지 않고 비용이 360만 원 이상인 B 업체와 E 업체의 비용을 40만 원씩 줄이면, 비용 관련 점수와 최종 점수는 다음과 같다.

구분	경영 상태	공사 기간	비용	A/S 기간	최종 점수
A 업체	4점	1점	4점	4점	13점
B 업체	1점	3점	3점	5점	12점
C 업체	2점	4점	5점	2점	13점
D 업체	3점	2점	2점	3점	10점
E 업체	5점	5점	1점	1점	12점

따라서 직원 K는 최종 점수가 13점인 A 업체와 C 업체 중 경영상태가 더 좋은 'A 업체'를 리모델링 업체로 선정한다.

[23-24]

23 자원관리능력 문제 정답 ②

제시된 자료에 따르면 A 제품의 자원별 예산 사용량에 따라 X 자원은 100,000 / 2,000 = 50, Y 자원은 80,000 / 1,500 ≒ 53.3, Z 자원은 140,000 / 3,000 ≒ 46.7로 A 제품을 최대 46개 생산할 수 있다.

따라서 A 제품만 생산했을 때, 자원의 최대 예산 사용량은 (2,000 + 1,500 + 3,000) × 46 = 299,000원이다.

24 자원관리능력 문제 정답 ③

제시된 자료에 따르면 A 제품과 B 제품의 자원별 예산 사용량에 따라 X 자원은 100,000 / (2,000 + 1,500) ≒ 28.6, Y 자원은 80,000 / (1,500 + 3,500) = 16, Z 자원은 140,000 / (3,000 + 5,000) = 17.5로 A 제품과 B 제품을 각각 최대 16개씩 생산할 수 있다. 이때 A 제품과 B 제품을 각각 16개 생산 시 자원 예산 사용량은 (2,000 + 1,500 + 3,000 + 1,500 + 3,500 + 5,000) × 16 = 264,000원이고, 예상 수익은 총 (30,000 + 50,000) × 16 = 1,280,000원이다.

따라서 자원의 최대 예산을 사용하여 얻을 수 있는 총이익은 1,280,000 − 264,000 = 1,016,000원이다.

[25-26]

25 기술능력 문제 정답 ③

[오븐 부속품 사용방법]에 따르면 낮은 석쇠는 오븐 모드나 그릴 모드와 달리 전자레인지 모드로 사용하는 것을 지양하므로 남은 통닭을 전자레인지 모드로 따뜻하게 데워 먹기 위해서 낮은 석쇠를 사용해야 하는 것은 가장 적절하지 않다.

오답 체크

① [오븐 부속품 사용방법]에 따르면 오븐팬은 수세미를 사용하여 청소하면 코팅면이 손상될 수 있기 때문에 스펀지와 중성세제를 이용해야 하므로 적절하다.

② [모드별 사용 가능한 그릇의 종류]에 따르면 금선·은선 무늬 그릇은 전자레인지 모드, 오븐 모드, 그릴 모드에서 모두 사용할 수 없으므로 적절하다.

④ [오븐 부속품 사용방법]에 따르면 오븐팬을 사용할 때는 불꽃 발생의 원인이 될 수 있어 조리실 내부면에 닿지 않도록 주의해야 하므로 적절하다.

⑤ [오븐 부속품 사용방법]에 따르면 회전 받침은 기기 내부의 정중앙에 설치해야 하며, 잘못 끼워 넣었을 시 기기 소음의 원인이 될 수 있으므로 적절하다.

26 기술능력 문제 정답 ④

[모드별 사용 가능한 그릇의 종류]에 따르면 랩은 전자레인지 모드에서 사용할 수 있지만, [오븐 부속품 사용방법]에 따르면 스테이크 등 두께가 얇은 음식을 조리할 때 사용하는 높은 석쇠는 전자레인지 모드로는 사용할 수 없으므로 냉장고에 남아있던 스테이크의 두께가 얇아서 랩으로 몇 번 감은 후에 오븐 안에 있는 높은 석쇠에 올려놓고 전자레인지 모드를 사용해서 데운 것은 가장 적절하지 않다.

따라서 오븐을 잘못 사용한 사람은 '경만'이다.

오답 체크

① [모드별 사용 가능한 그릇의 종류]에 따르면 호일은 오븐 모드에서 사용할 수 있지만 사용 중 자주 확인이 필요하므로 적절하다.

② [오븐 부속품 사용방법]에 따르면 그릴 모드에서 생선구이 등 두께가 얇은 음식물은 오븐팬을 이용하여 조리할 수 있고, 조리가 모두 완료된 이후 오븐팬을 옮길 때에는 반드시 오븐용 보호 장갑을 끼고 옮겨야 하므로 적절하다.

③ [모드별 사용 가능한 그릇의 종류]에 따르면 내열 플라스틱 그릇은 오븐 모드에서 사용할 수 없지만 내열 유리 그릇은 오븐 모드에서 사용할 수 있으므로 적절하다.

⑤ [오븐 부속품 사용방법]에 따르면 빵과 같은 베이커리류를 조리할 때 낮은 석쇠를 사용하므로 적절하다.

[27-28]

27 기술능력 문제 정답 ③

'놀이터 공동사항'에 따르면 페인트칠의 벗겨짐 여부의 점검 주기는 2주임에 따라 미끄럼틀 활주판 부분과 그네의 좌석판 부분의 페인트칠이 벗겨졌는지는 2주에 한 번씩 확인해야 하므로 가장 적절하지 않다.

오답 체크

① '부대시설'에 따르면 모든 점검 항목의 점검 주기는 1일 또는 1주이므로 적절하다.

② '부대시설'에 따르면 표지판의 내용물 지워짐 여부의 점검 주기는 1주이며, 점검 주기가 1주인 항목은 모든 놀이기구와 시설의 낙후 및 휘어짐 여부, 돌출부나 거친면의 존재 여부, 그네 체인 모양 변형 여부, 미끄럼틀 보호벽(난간) 및 계단의 파손 여부, 미끄럼틀 활주판의 요철 및 파손 여부, 충격완화용 시소 타이어의 파손 여부, 지지대와 시소판 연결부위의 원활성 및 회전성 총 7개이므로 적절하다.

④ '시소'에 따르면 목재부분의 부식 여부 점검 주기는 2주이며, '놀이터 공동사항'에 따르면 모든 놀이기구와 시설의 낙후 및 휘어짐 여부의 점검 주기는 1주이므로 적절하다.

⑤ '놀이터 공동사항'에 따르면 금속재질의 녹 상태 점검 주기는 2주이며, '그네'에 따르면 그네 줄의 꼬임 여부 점검 주기는 1일임에 따라 두 점검 항목을 같은 날 점검하면 그다음 점검은 14일 뒤가 되어 그네 줄의 꼬임 여부는 그다음 점검이 있기까지 13번 더 점검되므로 적절하다.

28 기술능력 문제 정답 ④

'부대시설'에 따르면 울타리, 의자, 가로등의 고장 또는 파손 여부의 점검 주기는 1일이며, '놀이터 공동사항'에 따르면 놀이터 내에 전기, 고압선 등의 위험물질 존재 여부의 점검 주기는 1일, 유실 모래의 보충 여부의 점검 주기는 2주, 돌출부나 거친면의 존재 여부의 점검 주기는 1주이다. 또한, '시소'에 따르면 무게균형의 정확성의 점검 주기는 1일, 지지대와 시소판 연결부위의 원활성 및 회전성의 점검 주기는 1주이므로 각각의 점검 날짜 및 점검 횟수는 다음과 같다.

구분	점검 항목	점검 날짜	점검 횟수
부대시설	울타리, 의자, 가로등의 고장 또는 파손 여부	3/31, 4/1, 4/2 … 7/29, 7/30, 7/31	123회
놀이터 공동사항	놀이터 내에 전기, 고압선 등의 위험물질 존재 여부	3/31, 4/1, 4/2 … 7/29, 7/30, 7/31	123회
	유실 모래의 보충 여부	3/31, 4/14, 4/28 … 6/23, 7/7, 7/21	9회
	돌출부나 거친면의 존재 여부	3/31, 4/7, 4/14 … 7/14, 7/21, 7/28	18회
시소	무게균형의 정확성	3/31, 4/1, 4/2 … 7/29, 7/30, 7/31	123회
	지지대와 시소판 연결부위의 원활성 및 회전성	3/31, 4/7, 4/14 … 7/14, 7/21, 7/28	18회

따라서 20X3년 3월 31일부터 7월 31일까지 점검하게 되는 항목별 점검 횟수의 총합은 123+123+9+18+123+18=414회이다.

29 자기개발능력 문제

정답 ④

경력개발의 단계는 왕성하게 직업 관련 활동을 할 수 있는 나이를 기준으로 직업 선택, 조직 입사, 경력 초기, 경력 중기, 경력 말기 순으로 구분된다.

따라서 경력개발의 단계에 따라 순서대로 바르게 나열한 것은 'ⓒ - ㉠ - ⓜ - ⓛ - ⓔ'이다.

더 알아보기

경력개발 단계

직업 선택	· 일반적으로 0세에서 25세까지로 구분되지만, 사람에 따라 일생 동안 여러 번 일어날 수 있음 · 자신에게 적합한 직업이 무엇인지를 탐색하고 선택한 후, 여기에 필요한 능력을 키우는 과정임
조직 입사	· 일반적으로 18세에서 25세에 발생하나, 교육 정도나 상황에 따라 조직 입사 시기가 상이하기 때문에 유동적임 · 직무를 선택할 때도 직업 선택 과정에서와 마찬가지로 환경과 자신의 특성을 고려해야 하며, 특히 자신이 들어갈 조직의 특성을 알아봐야 함
경력 초기	· 일반적으로 25세에서 40세까지의 성인 초기로 구분하지만, 실질적으로 성공지향적인 행동을 언제까지 하느냐로 구분할 수 있음 · 궁극적으로 조직에서 자신의 입지를 확고히 다져나가 승진하는 데 많은 관심을 가지는 시기임
경력 중기	· 일반적으로 40세에서 55세의 성인 중기를 일컬음 · 자신이 그동안 성취한 것을 재평가하고, 생산성을 그대로 유지하는 단계임
경력 말기	· 대부분 50대 중반에서 은퇴 시기까지를 말함 · 경력 말기의 사람들은 조직의 생산적인 기여자로 남고 자신의 가치를 지속적으로 유지하기 위해 노력함과 동시에 퇴직을 고려하게 됨

30 자기개발능력 문제

정답 ④

새로운 시각으로 상황을 분석해야 다른 사람이 하는 행동이나 현재 자신의 생각과 다르게 진행되는 업무 혹은 상황을 참고 넘어갈 수 있는 힘을 기를 수 있기 때문에 인내심을 기르기 위해서는 새로운 시각으로 상황을 분석해야 하므로 가장 적절하지 않다.

31 자기개발능력 문제

정답 ③

인간은 가족, 친구, 직장동료, 부하직원, 상사, 고객 등 많은 인간관계를 맺고 살아가기 때문에 이러한 관계를 고려하여 자기개발 계획을 수립해야 하므로 가장 적절하다.

오답 체크

① 단기목표가 장기목표를 이룩하기 위한 기본 단계가 되므로 적절하지 않다.

② 장기목표는 경우에 따라 구체적인 방법을 계획하는 것이 어렵거나 바람직하지 않을 수 있으므로 적절하지 않다.

④ 직업인이라면 현재의 직무 상황과 이에 대한 만족도가 자기개발 계획을 수립하는 데 중요한 역할을 하므로 적절하지 않다.

⑤ 다른 사람과 차별화되는 특징을 밝혀내고 이를 부각시키기 위해 지속적인 자기개발을 하며 자신을 브랜드화해야 하므로 적절하지 않다.

32 자기개발능력 문제

정답 ①

A 씨는 자신이 관심 있는 분야인 마케팅 직무에서 요구하는 능력이나 가치관 등을 조사하였으며, 탐색한 정보와 현재 자신의 모습을 비교하면서 어떤 능력을 갖춰야 할지, 어떤 가치관을 가져야 할지 생각해보는 활동을 하는 등 마케팅 직무에 관한 정보를 깊게 알아가고 있다.

따라서 A 씨의 활동은 관심 직무에서 요구하는 능력뿐 아니라 해당 분야의 고용이나 승진 전망, 직무 만족도 등에 대한 정보를 탐색하는 '직무정보 탐색' 단계에 해당한다.

33 대인관계능력 문제

정답 ④

계산된 위험을 취함, 동기를 부여함, 혁신 지향적임, 비전을 구축함은 '리더'의 특징에 해당한다.

내일보다 오늘에 초점을 맞춤, 어떻게 할지를 생각함, 체제나 기구를 중시함, 상황에 수동적임은 '관리자'의 특징에 해당한다.

따라서 리더와 관리자의 특징을 가장 올바르게 분류한 것은 ④이다.

더 알아보기

리더와 관리자의 특징

리더	· 새로운 상황을 창조하며, 혁신 지향적임 · 내일에 초점을 맞춤 · 사람을 중시하고 동기를 부여함 · 정신적임 · 계산된 위험을 취함 · 무엇을 할지를 생각함 · 비전을 구축하고, 팀 협력하에 비전이 실현되는 환경을 조성함
관리자	· 상황에 수동적이며, 유지 지향적임 · 오늘에 초점을 맞춤 · 체제나 기구를 중시하고 사람을 관리함 · 기계적임 · 위험을 회피함 · 어떻게 할지를 생각함 · 자원을 관리 및 분배하고, 당면한 문제를 해결함

34 대인관계능력 문제 정답 ③

조직 구성원들이 승패가 나뉘는 경기를 시작하고, 문제를 해결하기보다는 승리하기를 원하는 적대적 행동은 갈등을 증폭시키는 원인으로 작용하므로 가장 적절하지 않다.

오답 체크

① 불필요한 갈등은 개개인이 저마다 문제를 다르게 인식하거나 정보가 부족한 경우, 편견 때문에 발생한 의견 불일치로 적대적 감정이 생기는 경우 등에 의해서 발생하므로 적절하다.

② 역할 모호성 등으로 인해 발생하는 핵심적인 문제는 대부분 갈등의 밑바닥에 깔려있지만, 권력 확보 등으로 인해 발생하는 감정적인 문제는 갈등을 복잡하게 만들어 갈등을 해결하기 위해서는 핵심적인 문제부터 해결해야 하므로 적절하다.

④ 갈등의 수준이 전혀 없거나 낮을 때 조직 내부는 의욕이 상실되고 환경변화에 대한 적응력이 떨어져 조직 성과가 낮아지므로 적절하다.

⑤ 문제를 바라보는 관점과 이해하는 관점이 상이할 때 발생하는 갈등은 해결할 수 있는 갈등이며, 이러한 갈등은 상대를 먼저 이해하고, 서로가 원하는 것을 만족시켜주면 저절로 해결되므로 적절하다.

35 대인관계능력 문제 정답 ①

제시된 글에서 김 과장은 업무를 순서대로 처리하자고 주장하였고, 박 대리는 가장 빠르게 마무리될 업무부터 진행하자는 주장을 하여 그로 인해 갈등이 발생하였다. 이러한 갈등을 해결하기 위해 김 과장은 갈등에 대한 해결점을 찾는 것이 더 중요하다고 생각하여 두 의견 중 어느 방향으로 진행할지 다른 팀원들에게 물어본 후 갈등을 해결하였다.
따라서 김 과장은 서로가 받아들일 수 있는 결정을 하기 위해 중간 정도 지점에서 타협하여 해결점을 찾는 방식인 '타협형'을 사용하였다.

더 알아보기

갈등 해결 방법 유형

회피형	갈등 상황에 대하여 상황이 나아질 때까지 문제를 덮어두거나 위협적인 상황을 피하는 전략
경쟁형 (지배형)	상대방의 목표 달성을 희생시키면서 자신의 목표를 이루기 위해 전력을 다하는 전략
수용형	상대방의 관심을 충족하기 위해 자신의 관심을 희생하고 상대방의 의지에 따르는 전략
타협형	갈등 당사자들이 중간 정도 지점에서 타협하여 해결점을 찾는 전략
통합형 (협력형)	문제해결을 위해 서로 정보를 교환하면서 모두의 목표를 달성할 수 있는 윈-윈 해법을 찾는 전략

36 대인관계능력 문제 정답 ③

'어려운 문제는 가급적 피하기', '빠른 해결이 필요할 때는 타협보다 논쟁을 선택하기'는 갈등 해결 방법을 모색할 때 명심해야 할 사항에 해당하지 않는다.
따라서 갈등 해결 방법을 모색할 때 명심해야 할 사항에 해당하지 않는 것의 개수는 '2개'이다.

더 알아보기

갈등 해결 방법 모색 시 명심해야 하는 사항

· 다른 사람들의 입장을 이해하며, 사람들이 당황하는 모습을 자세하게 살핀다.
· 어려운 문제는 피하지 말고 맞선다.
· 자신의 의견을 명확하게 밝히고 지속적으로 강화한다.
· 사람들과 눈을 자주 마주친다.
· 마음을 열어놓고 적극적으로 경청한다.
· 타협하려 애쓴다.
· 어느 한쪽으로 치우치지 않는다.
· 논쟁하고 싶은 유혹을 떨쳐낸다.
· 존중하는 자세로 사람들을 대한다.

37 직업윤리 문제 정답 ④

제시된 글에서 A는 매출 실적을 올리기 위해 부정한 금품을 제공하는 일이 비윤리적인 행위라는 것은 알고 있었지만, 윤리적인 올바름보다 당장의 매출 실적이 선호대상이 되었으므로 직면하는 윤리적 문제에 대해 무감각하거나 행동하지 않는 '도덕적 타성'이 가장 적절하다.

오답 체크

① 무지: 무엇이 옳고, 무엇이 그른지 모르기 때문에 비윤리적인 행위를 저지르는 것

② 무관심: 자신의 행동이 비윤리적인 것은 알고 있지만, 윤리적인 기준에 따라 행동해야 한다는 것을 중요하게 여기지 않기 때문에 비윤리적 행위를 저지르는 것

③ 무절제: 자신의 행동이 잘못이라는 것을 알고 그러한 행동을 하지 않으려고 함에도 자신의 통제를 벗어나는 어떤 요인으로 인하여 비윤리적인 행위를 저지르는 것

⑤ 도덕적 태만: 비윤리적인 결과를 피하고자 일반적으로 필요한 주의나 관심을 기울이지 않는 것으로, 어떤 결과가 비윤리적인 것인지 알고 있지만 자신의 행동이 비윤리적인 결과를 가져올 수 있다는 것을 모르는 것

38 직업윤리 문제 정답 ③

정 사원: 근로기준법에 따르면 사용자가 행위자에 해당하고, 근로자도 행위자가 될 수 있으며, 피해자와 같은 사용자와 근로관계를 맺고 있는 근로자인 것이 원칙이므로 적절하지 않은 설명이다.

유 사원: 부하 직원이 보고서를 불성실하게 기재하여 상사에게 보고한 상황에서 그 부하 직원을 꾸짖는 경우는 직장에서의 지위를 이용하여 행위한 것이 아니며, 불성실하게 기재한 부하 직원의 행동 자체를 지적한 것이므로 적절하지 않은 설명이다.

따라서 직장 내 괴롭힘에 대해 가장 적절하지 않은 설명을 한 신입사원은 '정 사원, 유 사원'이다.

39 직업윤리 문제 정답 ⑤

직업은 자발성을 갖추어야 하며 이에 따라 속박된 상태에서의 제반 활동은 경제성이나 계속성을 갖췄더라도 직업으로 인정받지 못하므로 가장 적절하지 않다.

오답 체크

① 직업이 갖추어야 할 속성 중 '계속성'에 대한 설명이므로 적절하다.

② 직업이 갖추어야 할 속성 중 '경제성'에 대한 설명이므로 적절하다.

③ 직업이 갖추어야 할 속성 중 '윤리성'에 대한 설명이므로 적절하다.

④ 직업이 갖추어야 할 속성 중 '사회성'에 대한 설명이므로 적절하다.

40 직업윤리 문제 정답 ③

근면의 종류에는 외부로부터 강요당한 근면과 자진해서 하는 근면이 있다.

㉠ 부모님의 권유로 태권도 학원에 가고 있으며, 그마저도 사범님의 다그침에 의해 억지로 운동하고 있으므로 외부로부터 강요당한 근면에 해당한다.

㉡ 가족의 생계를 책임지기 위해 하루 12시간씩 일을 하고 있는 것은 열악한 노동 조건 아래에서도 생계를 유지하기 위해 기계적으로 일하는 것이므로 외부로부터 강요당한 근면에 해당한다.

㉢ 매일 아침 6시부터 운동하는 것은 아버지의 희망 사항으로, 본인의 발전을 위한 자발적인 운동이 아니므로 외부로부터 강요당한 근면에 해당한다.

오답 체크

㉣ 한 달 후에 갈 어학연수를 위해 매일 아침 자진해서 1시간씩 독일어 공부를 하는 것은 자기개발을 위해 능동적이며 적극적인 태도로 자신을 발전시킴에 따라 자아를 확립해 나가는 것이므로 자진해서 하는 근면에 해당한다.

실전모의고사 2회

p.86

01	02	03	04	05	06	07	08	09	10
의사소통	의사소통	의사소통	의사소통	수리	수리	수리	수리	문제해결	문제해결
⑤	②	④	③	④	④	②	⑤	③	④
11	**12**	**13**	**14**	**15**	**16**	**17**	**18**	**19**	**20**
문제해결	문제해결	조직이해	조직이해	조직이해	조직이해	정보	정보	정보	정보
③	⑤	④	④	③	⑤	④	⑤	①	③
21	**22**	**23**	**24**	**25**	**26**	**27**	**28**	**29**	**30**
자원관리	자원관리	자원관리	자원관리	기술	기술	기술	기술	자기개발	자기개발
②	③	①	⑤	②	③	②	②	①	④
31	**32**	**33**	**34**	**35**	**36**	**37**	**38**	**39**	**40**
자기개발	자기개발	대인관계	대인관계	대인관계	대인관계	직업윤리	직업윤리	직업윤리	직업윤리
⑤	①	⑤	③	④	②	③	①	⑤	⑤

[01-02]

01 의사소통능력 문제 정답 ⑤

'5. 선정 기준'에서 사업 목표, 인력·시설 운용 계획 등 뿌리산업 제조 혁신을 추진하기 위한 사업 계획의 구체성은 사업 구체성 항목의 검토 기준이고, 사업 추진성 항목은 투자 능력, 매출 성장성 등 지능형 공정시스템 도입을 위한 추진성을 검토한다고 하였으므로 사업 추진성 평가 시 설비 사용 및 인력 배치 계획을 평가한다는 것은 가장 적절하지 않다.

오답 체크

① '4. 신청 기간 및 신청 방법'에서 신청 기간은 4월 11일부터 5월 2일까지이고, '6. 지원 제외 대상'에서 신청 기간 중 국가 연구개발 사업에 참여 제한이 걸린 사업자가 포함된 기업은 지원 제외 대상이라고 하였으므로 적절하다.

② '5. 선정 기준'에서 뿌리기술 전문기업 및 스마트 그린 산단 소재의 뿌리기업에 가점 10점을 부여함에 따라 평가 기준에 의해 75점을 받았다면 최종 점수는 75 + 10 = 85점이므로 적절하다.

③ '2. 지원 내용'에서 공정 설비 구입 비용 및 인건비 등을 지원한다고 하였으므로 적절하다.

④ '3. 신청 자격'에서 지능형 뿌리공정 시스템을 구축하고자 하는 주관기업과 공정 설비 및 솔루션을 공급하는 공급기업이 반드시 함께 사업을 신청해야 한다고 하였으므로 적절하다.

02 의사소통능력 문제 정답 ②

갑: '5. 선정 기준'에서 각 배점의 50% 미만의 점수를 받는 항목이 1개 이상인 경우 선정 후보에서 탈락되므로 사업 구체성 항목에서 10점을 받은 기업은 총점이 80점 이상이더라도 선정 후보에서 무조건 탈락하겠다는 것은 적절하지 않다.

병: '6. 지원 제외 대상'에서 최근 5년 동안 국세 및 지방세를 체납하거나 금융기관의 채무를 불이행한 사업 참여자가 포함된 기업은 지원 제외 대상에 해당한다고 하였으므로 사업에 참여하는 기업이 작년에 채무를 불이행한 경험이 있더라도 신청 기간 전에 모두 해소하였다면 지원이 가능하겠다는 것은 적절하지 않다.

따라서 공고문을 읽고 이해한 내용이 가장 적절하지 않은 사람은 '갑, 병'이다.

오답 체크

을: '4. 신청 기간 및 신청 방법'에서 신청 기간은 4월 11일 월요일부터 5월 2일 월요일까지라고 하였으며 홈페이지에 제출 요청 서류 및 온라인 신청서를 제출하여 신청해야 한다고 하였으므로 적절하다.

정: '5. 선정 기준'에서 총점이 80점 이상인 기업이 선정 후보가 된다고 하였으므로 적절하다.

[03-04]

03 의사소통능력 문제 정답 ④

이 글은 중앙부처 최초로 조달청이 자율좌석제, 페이퍼리스, 열린 소통 공간 등 수평적 사무 공간을 통해 선택의 자율성과 업무 효율성을 확보할 수 있는 스마트오피스를 운영한다는 내용이므로 이 보도자료의 제목으로 가장 적절한 것은 ④이다.

오답 체크

① 중앙부처에서 시행하는 조직문화 혁신 방법에 대해 서술하고 있지만, 지방정부에서 시행되고 있는 조직문화 혁신 방법에 대해서는 다루고 있지 않으므로 적절하지 않다.

② 스마트오피스 구축을 위해 한자리에 모인 다양한 기관들에 대해서는 다루고 있지 않으므로 적절하지 않다.
③ 열린 소통 공간을 통해 업무 효율성을 확보할 수 있다는 내용에 대해 서술하고 있지만, 커뮤니케이션 역량과 업무 효율 간의 상관관계에 대해서는 다루고 있지 않으므로 적절하지 않다.
⑤ 기업이 갖추어야 할 스마트오피스 확장의 필수 조건에 대해서는 다루고 있지 않으므로 적절하지 않다.

04 의사소통능력 문제 정답 ③

2문단에서 수평적 배치와 개인 간 칸막이도 최소화하여 직원 간 소통의 기회를 넓혔다고 하였으므로 칸막이 공간을 늘려 개인 공간을 충분히 확보할 수 있다는 것이 스마트오피스의 장점 중 하나라는 것은 가장 적절하지 않다.

오답 체크

① 3문단에서 스마트오피스 구축은 기존의 비효율적 공간을 재활용하여 예산을 절감했다고 하였으므로 적절하다.
② 4문단에서 스마트오피스 구축은 단순한 사무환경 정비가 아닌 공간의 변화와 선택의 자율을 통해 조직문화를 변화시키는 혁신적인 작업이라고 하였으므로 적절하다.
④ 3문단에서 국장실 및 과장실을 축소하여 남은 공간을 영상회의실, 녹음 방지회의실 등 특색 있는 회의 공간으로 탈바꿈시켰다고 하였으므로 적절하다.
⑤ 1문단에서 조달청은 1개국 4개 과가 있는 1개의 층에 스마트오피스를 시범 도입하여 운영한다고 하였으므로 적절하다.

[05-06]

05 수리능력 문제 정답 ④

㉠ 제시된 기간 중 1일 확진자 수가 가장 많은 날은 56,431명인 13일이고, 1일 해외 유입 확진자 수가 가장 많은 날도 134명인 13일이므로 적절한 설명이다.
㉡ 9일의 누적 확진자 수는 1,185,361 - 54,122 = 1,131,239명이므로 적절한 설명이다.
㉣ 12일 기준 1일 신규 입원자 수의 전일 대비 감소율은 (589 / 2,021) × 100 ≒ 29%로 25% 이상이므로 적절한 설명이다.
따라서 자료에 대한 설명으로 가장 적절한 것의 개수는 3개이다.

오답 체크

㉢ 치명률 = (1일 사망자 수 / 1일 확진자 수) × 100임을 적용하여 구하면 11일 기준 C 질병의 치명률은 (33 / 53,903) × 100 ≒ 0.06%이므로 적절하지 않은 설명이다.

06 수리능력 문제 정답 ④

금일 인원수 = 전일 인원수 + 금일 전일 대비 증감량임을 적용하여 구한다.
㉠ 12일의 누적 확진자 수는 1,239,264 + 54,935 = 1,294,199명이다.
㉡ 11일 기준 1일 확진자 수의 전일 대비 증감량은 53,903 - 54,122 = -219명이다.
㉢ 10일의 1일 사망자 수는 33 - (-16) = 49명이다.
㉣ 13일의 1일 신규 입원자 수는 1,432 + (-116) = 1,316명이다.
㉤ 11일 기준 1일 해외 유입 확진자 수의 전일 대비 증감량은 129 - 88 = 41명이다.
따라서 ㉠은 1,294,199, ㉡은 -219, ㉢은 49, ㉣은 1,316, ㉤은 41이므로 가장 타당하지 않은 값은 ㉣이다.

[07-08]

07 수리능력 문제 정답 ②

㉢ 2020년 용인 경량전철㈜ 전력 사용량의 전년 대비 증가율은 전철이 {(144 - 138) / 138} × 100 ≒ 4%, 일반이 {(25 - 21) / 21} × 100 ≒ 19%로 일반이 전철보다 크므로 적절하지 않은 설명이다.
따라서 자료에 대한 설명으로 가장 적절하지 않은 것의 개수는 1개이다.

오답 체크

㉠ 2020년 전철 전력 사용량이 일반 전력 사용량보다 많은 운영기관은 서울교통공사, 서울메트로 9호선㈜, 부산교통공사, 광주광역시 도시철도공사, 부산-김해 경전철㈜, 의정부 경량전철㈜, 용인 경량전철㈜로 7개이므로 적절한 설명이다.
㉡ 서울교통공사 전력 요금의 총합은 2018년에 108,676 + 73,274 = 181,950백만 원, 2019년에 122,722 + 70,518 = 193,240백만 원으로 2019년에 전년 대비 193,240 - 181,950 = 11,290백만 원 증가하였으므로 적절한 설명이다.
㉣ 2018년 전철과 일반의 전력 요금 차이는 인천교통공사가 10,506 - 10,075 = 431백만 원, 부산 - 김해 경전철㈜가 1,342 - 903 = 439백만 원으로 인천교통공사가 부산 - 김해 경전철㈜보다 작으므로 적절한 설명이다.

08 수리능력 문제 정답 ⑤

전력 평균 단가 = 전력 요금 / 전력 사용량 = (전철 전력 요금 + 일반 전력 요금) / (전철 전력 사용량 + 일반 전력 사용량)임을 적용하여 구한다.

㉠ 2020년 서울교통공사의 전력 평균 단가는 (106,184 + 72,039) / (7,895 + 5,356) ≒ 13.45백만 원/십만 kwh이다.

㉡ 2020년 서울메트로 9호선㈜의 전력 평균 단가는 (6,389 + 5,730) / (461 + 414) ≒ 13.85백만 원/십만 kwh이다.

㉢ 2020년 부산교통공사의 전력 평균 단가는 (25,826 + 19,498) / (2,026 + 1,522) ≒ 12.77백만 원/십만 kwh이다.

㉣ 2020년 대구 도시철도공사의 전력 평균 단가는 (12,273 + 15,755) / (933 + 1,200) ≒ 13.14백만 원/십만 kwh이다.

㉤ 2020년 인천교통공사의 전력 평균 단가는 (9,907 + 10,519) / (775 + 827) ≒ 12.75백만 원/십만 kwh이다.

따라서 ㉠은 13.45, ㉡은 13.85, ㉢은 12.77, ㉣은 13.14, ㉤은 12.75이므로 가장 타당하지 않은 값은 ㉤이다.

[09-10]

09 문제해결능력 문제 정답 ③

'2. 사업 내용'에 따르면 민간예술단체 우수공연 프로그램의 유치 기관은 문예회관이고, 국공립예술단체 우수공연 프로그램의 유치 기관은 지역문예회관이므로 지역문예회관이 민간예술단체 우수공연 프로그램의 유치 기관이라는 것은 가장 적절하지 않다.

오답 체크

① '2. 사업 내용'에 따르면 공연콘텐츠 공동 제작 프로그램은 금년 4분기 신규 사업이므로 적절하다.

② '3. 지원 비율'에 따르면 시·군·구 재정 자립도는 행정안전부 자치단체별 재정 자립도 기준에 따라 결정되므로 적절하다.

④ '3. 지원 비율'에 따르면 프로그램 특성에 따라 선정심사 후 지원 금액을 결정하는 프로그램은 문예회관 기획·제작 프로그램, 공연콘텐츠 공동 제작 프로그램 총 2개이므로 적절하다.

⑤ '1. 사업 목적 - 1)'에 따르면 전 국민에게 다양한 문화예술 프로그램을 제공함으로써 문화 향유권 신장 및 문화 양극화 해소에 기여하는 것이 사업 목적이므로 적절하다.

10 문제해결능력 문제 정답 ④

'3. 지원 비율'에 따르면 문화 공감 사업에 지원한 기관별 지원 비율과 기관 부담률은 다음과 같다.

구분	지원 비율	기관 부담률
가	50%	50%
나	최대 60%	최소 40%
다	최대 80%	최소 20%
라	30%	70%
마	40%	60%

따라서 최대 지원 비율이 30%로 가장 낮은 기관은 '라 기관'이다.

[11-12]

11 문제해결능력 문제 정답 ③

제시된 지시에 따르면 방이 6개이고, 취사가 가능한 펜션을 예약해야 하므로 방이 5개인 을 펜션과 취사가 불가능한 정 펜션은 예약하지 않는다. 워크숍은 비수기인 5월 주중에 2박 3일간 진행되므로 세미나실이 있는 갑 펜션 예약 시 이용 요금은 420,000 × 2 = 840,000원이고, 세미나실이 없는 병 펜션 예약 시 이용 요금은 350,000 × 2 = 700,000원이다.

이때 총 이용 금액을 기준으로 세미나실이 없는 곳이 있는 곳보다 10만 원 이상 저렴하다면 없는 곳으로 예약하므로 병 펜션을 예약하고, 예약금은 총 이용 요금의 20%이므로 700,000 × 0.2 = 140,000원을 지급한다.

따라서 윤 주임이 지급한 금액은 140,000원이다.

12 문제해결능력 문제 정답 ⑤

박 팀장이 예약한 펜션 이용일은 5월 21일 토요일부터 22일 일요일까지이고, 예약 취소일은 5월 20일이므로 이용일 1일 전 환불 수수료 기준이 적용된다. 이때 사용 예정일이 주말인 예약을 취소하는 경우 성수기 기준으로 환불 수수료가 적용되므로 박 팀장이 예약한 펜션의 환불 수수료는 총 이용 요금의 100%이다.

따라서 대화의 빈칸에 들어갈 내용으로 100%가 가장 적절하다.

[13-14]

13 조직이해능력 문제 정답 ④

본부에서 결재를 올리는 경우 '본부장 - 감사 - 대표이사' 순으로 결재를 받아야 한다.

따라서 본부장이 결재한 경영지원본부 지출결의서의 다음 결재권자는 감사이므로 가장 적절하지 않다.

오답 체크

① 대결은 결재권자 또는 전결권자가 상당 기간 부재중이거나 긴급하게 처리해야 할 문서의 경우 그 직무를 대행하는 자가 자신의 책임하에 최종적으로 의사결정 및 판단하는 것을 말하며 중요 문서 대결 시에는 기존의 결재권자에게 사후 보고해야 하므로 적절하다.

② 대결 사항과 전결 사항 모두 위임받은 자를 포함한 이하 직책자의 결재를 받아야 하므로 적절하다.

③ 결재는 결재권자가 결재란에 서명 또는 날인으로 하고 필요에 따라 결재 일시를 기재하므로 적절하다.

⑤ 전결은 최고결재권자의 결재를 생략하고 그 권한을 위임받은 자가 자신의 책임하에 최종적으로 의사결정 및 판단을 하는 행위를 말하며 결재가 불필요한 직책자의 결재란은 상향대각선으로 표시하므로 적절하다.

14 조직이해능력 문제 정답 ④

팀에서 결재를 올리는 경우 '팀장 – 실장 – 본부장 – 감사 – 대표이사' 순으로 결재를 받아야 하므로 마케팅컨설팅팀의 결재라인은 '마케팅컨설팅팀 팀장 – 마케팅사업실장 – 마케팅사업본부장 – 감사 – 대표이사'이고, 해당 결재 건은 전결 사항이므로 최고결재권자(대표이사)의 결재를 생략할 수 있다.

따라서 마케팅컨설팅팀 직원의 품의서에 대한 결재라인으로 '마케팅컨설팅팀 팀장 – 마케팅사업실장 – 마케팅사업본부장 – 감사'가 가장 적절하다.

[15-16]

15 조직이해능력 문제 정답 ③

직원별 2020년 인사 정보에 따른 종합 평가 등급은 다음과 같다.

구분	갑	을	병	정	무
팀 내 평가 등급	B	S	A	C	S
근태	조퇴 2회	지각 2회, 조퇴 1회	–	무단결근 1회	지각 1회
종합 평가 점수	2 – 1 = 1점	4 – 1.5 = 2.5점	3 + 1 = 4점	1 – 0.5 = 0.5점	4 – 0.5 = 3.5점
종합 평가 등급	B	A	S	C	S

이에 따라 팀 내 평가 등급과 종합 평가 등급이 다른 직원은 을과 병이다. 이때 종합 평가 등급이 A인 을의 2021년 연봉은 인상률 10%가 적용되어 3,200 × 1.10 = 3,520만 원이고, 종합 평가 등급이 S인 병의 2021년 연봉은 인상률 15%가 적용되어 2,800 × 1.15 = 3,220만 원이다.

따라서 을과 병의 2021년 연봉의 합은 3,520 + 3,220 = 6,740만 원이다.

16 조직이해능력 문제 정답 ⑤

직원별 2020년 종합 평가 등급에 따른 2021년 연봉 인상률에 해당하는 금액은 다음과 같다.

구분	갑	을	병	정	무
종합 평가 등급	B	A	S	C	S
2020년 연봉	3,000만 원	3,200만 원	2,800만 원	4,000만 원	3,600만 원
연봉 인상률	7%	10%	15%	5%	15%
연봉 인상률에 해당하는 금액	3,000 × 0.07 = 210만 원	3,200 × 0.10 = 320만 원	2,800 × 0.15 = 420만 원	4,000 × 0.05 = 200만 원	3,600 × 0.15 = 540만 원

이때 갑과 정은 연봉 인상률에 해당하는 금액이 300만 원 미만이므로 최소 연봉 인상액인 300만 원만큼 연봉이 인상되고, 나머지는 연봉 인상률에 해당하는 금액만큼 연봉이 인상된다.

따라서 갑~무 5명의 2021년 연봉 인상액의 합은 300 + 320 + 420 + 300 + 540 = 1,880만 원이다.

[17-18]

17 정보능력 문제 정답 ④

제시된 연결 오류 세부 사항을 통해 최종 WEC를 산출하면 Web Code B-375, Code Type IV_0임에 따라 WEC (1)의 중간값은 71, WEC (2)의 중간값은 45이고, IV = 0 적용 방식으로 산출하면 WEC (1)은 71 + 24 = 95, WEC (2)는 45 + 50 = 95이다. 이에 따라 WEC 서로의 값이 같으므로 최종 WEC는 (95 + 95) × 2 = 380이다.

따라서 최종 WEC가 301 이상 400 이하의 값에 해당하므로 입력할 Solution Code는 '872'이다.

18 정보능력 문제 정답 ⑤

제시된 연결 오류 세부 사항을 통해 최종 WEC를 산출하면 Web Code D-193, Code Type IV_-5, CV_10임에 따라 WEC (1)의 최댓값과 최솟값을 더한 값은 99 + 42 = 141, WEC (2)의 최댓값과 최솟값을 더한 값은 88 + 13 = 101이고, Type 우선순위에 따라 CV = 10 적용 방식으로 산출하면 WEC (1)은 141 + 24 = 165, WEC (2)는 101 + 50 = 151이다. 이에 따라 WEC (1)이 WEC (2)보다 크므로 최종 WEC는 (165 + 151) × 3 = 948이다.

따라서 최종 WEC가 401 이상의 값에 해당하므로 입력할 Solution Code는 '644'이다.

[19-20]

19 정보능력 문제 정답 ①

제시된 시스템 오류 확인 절차를 통해 Result Value를 산출하면

Error Code가 소문자(j), Hazard(7) × Weight(2) × c(1.5) = 21

Error Code가 대문자(M), Hazard(1) × Weight(3) × 2 × S(2) = 12

Error Code가 대문자(N), Hazard(6) × Weight(2) × 2 × s(1) = 24이므로 최종 Result Value는 21 + 12 + 24 = 57이다.

따라서 최종 Result Value(57)가 60 이하의 값에 해당하여 시스템 상태는 '안전'이므로 입력할 Input Code는 'Norm0'이다.

20 정보능력 문제 정답 ③

제시된 시스템 오류 확인 절차를 통해 Result Value를 산출하면

Error Code가 대문자(L), Hazard(2) × Weight(4) × 2 × S(2) = 32

Error Code가 소문자(h), Hazard(9) × Weight(1) × C(3) = 27

Error Code가 대문자(B), Hazard(2) × Weight(2) × 2 × c(1.5) = 12

Error Code가 소문자(p), Hazard(3) × Weight(3) × s(1) = 9이므로 최종 Result Value는 32 + 27 + 12 + 9 = 80이다.

따라서 최종 Result Value(80)가 70 초과~80 이하의 값에 해당하여 시스템 상태는 '경고'이므로 입력할 Input Code는 'Warn2'이다.

[21-22]

21 자원관리능력 문제 정답 ②

제시된 자료에 따르면 팀별 요청 티켓 매수는 다음과 같다.

구분	일시	종류	매수
A	토요일 19시	오페라	8매
B	일요일 13시	콘서트	7매
	일요일 12시	뮤지컬	5매
C	토요일 16시	콘서트	5매
D	토요일 15시	뮤지컬	4매
	일요일 14시	오페라	4매
E	토요일 21시	콘서트	10매

공연별 신청 티켓 매수는 오페라 티켓은 A 팀이 8매, D 팀이 4매 신청하여 8 + 4 = 12매, 콘서트 티켓은 B 팀이 7매, C 팀이 5매, E 팀이 10매 신청하여 7 + 5 + 10 = 22매, 뮤지컬 티켓은 B 팀이 5매, D 팀이 4매 신청하여 5 + 4 = 9매이다. 또한, 요일별 티켓 매수는 토요일 티켓은 A 팀이 8매, C 팀이 5매, D 팀이 4매, E 팀이 10매 신청하여 8 + 5 + 4 + 10 = 27매, 일요일 티켓은 B 팀이 12매, D 팀이 4매 신청하여 12 + 4 = 16매이다.

따라서 ㉠은 12, ㉡은 22, ㉢은 9, ㉣은 27, ㉤은 16이므로 빈칸에 들어갈 숫자로 ㉡이 가장 적절하지 않다.

22 자원관리능력 문제 정답 ③

E 팀의 콘서트 티켓 10매가 토요일 21시에서 일요일 13시로 변경되었을 때 팀별 요청 티켓 매수는 다음과 같다.

구분	일시	종류	매수
A	토요일 19시	오페라	8매
B	일요일 13시	콘서트	7매
	일요일 12시	뮤지컬	5매
C	토요일 16시	콘서트	5매
D	토요일 15시	뮤지컬	4매
	일요일 14시	오페라	4매
E	일요일 13시	콘서트	10매

오페라 티켓은 토요일에 A 팀 신청으로 8매 발급되었고, 콘서트 티켓은 토요일에 C 팀 신청으로 5매, 일요일에 B 팀 7매, E 팀 10매 신청으로 7 + 10 = 17매 발급되었으며, 뮤지컬 티켓은 토요일에 D 팀 신청으로 4매, 일요일에 B 팀 신청으로 5매 발급되었다.

따라서 ㉠은 8, ㉡은 5, ㉢은 17, ㉣은 4, ㉤은 5이므로 빈칸에 들어갈 숫자로 ㉢이 가장 적절하지 않다.

[23-24]

23 자원관리능력 문제 정답 ①

[신입사원 소양 교육]에 따르면 소양 교육별 총점은 다음과 같다.

구분	총점
비즈니스 매너	3 + 5 + 3 + 4 + 5 = 20점
요가	4 + 3 + 2 + 5 + 5 = 19점
요리	3 + 4 + 4 + 3 + 4 = 18점
코딩	5 + 1 + 1 + 5 + 5 = 17점
캘리그라피	5 + 2 + 5 + 3 + 3 = 18점

따라서 A가 들을 교육은 총점이 가장 높은 '비즈니스 매너' 교육이다.

24 자원관리능력 문제 정답 ⑤

[신입사원 소양 교육] 및 변경사항에 따르면 소양 교육별 총점은 다음과 같다.

구분	총점
비즈니스 매너	2+4+3+4+5=18점
요가	3+2+2+5+5=17점
요리	2+3+4+3+4=16점
코딩	4+3+1+5+5=18점
캘리그라피	4+4+5+3+3=19점

따라서 B가 들을 교육은 총점이 가장 높은 '캘리그라피' 교육이다.

[25-28]

25 기술능력 문제 정답 ②

㉠ [세부 설치 기준 - 1.]에 따르면 열차정지 표지는 출발신호기를 소정의 위치에 설치할 수 없는 선로 혹은 출발신호기를 설치하지 않은 선로의 정거장에서 열차 또는 구내운전 차량을 상시 정차할 한계를 표시할 필요가 있는 경우에 설치하고, 해당 표지가 설치되어 있는 선로에 도착하는 열차는 이 표지를 지나서 정차할 수 없으므로 ㉠에 들어갈 표지는 열차정지 표지이다.

㉡ [세부 설치 기준 - 9.]에 따르면 차량접촉한계 표지는 선로상의 열차가 인접 선로를 운전하는 열차에 지장을 주지 않는 한계를 표시하기 위해 설치하므로 ㉡에 들어갈 표지는 차량접촉한계 표지이다.

㉢ [세부 설치 기준 - 4.]에 따르면 선로작업 표지는 정거장 외 본선에서 작업할 때 그 작업구역을 표시하기 위해 설치하므로 ㉢에 들어갈 표지는 선로작업 표지이다.

따라서 ㉠~㉢에 들어갈 표지를 순서대로 바르게 나열하면 '열차정지 표지 - 차량접촉한계 표지 - 선로작업 표지'가 된다.

26 기술능력 문제 정답 ③

[세부 설치 기준 - 6.]에 따르면 왼쪽 선로 운전구간에서는 왼쪽에, 단선 운전구간 및 오른쪽 선로 운전구간에서는 오른쪽에 속도제한 표지를 설치하므로 단선 운전구간과 왼쪽 선로 운전구간에서는 모두 속도제한 표지를 왼쪽에 설치해야 한다는 것은 가장 적절하지 않다.

오답 체크

① [세부 설치 기준 - 4.]에 따르면 선로작업 표지는 작업 개소로부터 100m 이상의 바깥쪽에 설치해야 하므로 적절하다.

② [세부 설치 기준 - 8.]에 따르면 기적 표지는 정거장, 터널 등으로 전방 인식이 곤란한 개소나 특별하게 기적을 울릴 필요가 있는 지점에 설치하므로 적절하다.

④ [공통 설치 기준]에 따르면 철도 표지는 역장 또는 승무원이 탑승한 상태에서 투시가 용이한 곳에 건축 한계에 지장이 없도록 설치해야 하므로 적절하다.

⑤ [세부 설치 기준 - 3.]에 따르면 무인역 표지는 역원이 배치되지 않은 간이역의 장내 신호기 하단에 설치하므로 적절하다.

27 기술능력 문제 정답 ②

[세부 설치 기준 - 2.]에 따르면 차량정지 표지는 정거장에서 구내운전 또는 입환 차량을 정지시키거나 운전구간의 끝 지점을 표시할 필요가 있는 지점에 설치하므로 귀하가 설치해야 할 표지로 ②가 가장 적절하다.

28 기술능력 문제 정답 ②

[세부 설치 기준 - 5.]에 따르면 열차정지위치 표지의 전면 표지는 측면 표지와 동일선상의 선로 중앙에 설치한다.
따라서 철도 표지 설치 기준에 대해 가장 적절하지 않은 설명을 한 사람은 '도진'이다.

오답 체크

① [공통 설치 기준]에 따르면 철도 표지는 선로 좌측에 설치하는 것이 원칙이지만 현장 여건으로 건축 한계에 지장이 되거나 표지의 확인 거리를 확보하기 어려운 경우 등에는 우측에 설치할 수 있으므로 적절하다.

③ [세부 설치 기준 - 7.]에 따르면 속도를 제한하는 개소가 연속되는 경우로서 속도제한해제 구간이 전동차 편성 수의 길이보다 짧은 경우에는 속도제한해제 표지 설치를 생략할 수 있으므로 적절하다.

④ [공통 설치 기준]에 따르면 자립형 표지 설치 시 토공구간, 교량구간, 터널구간 모두 신호기주를 이용하므로 적절하다.

⑤ [세부 설치 기준 - 6.]에 따르면 속도제한 표지 설치 시 동일 선로에 대하여 이중으로 속도를 제한하는 경우에는 높은 속도의 제한 표지는 설치하지 않을 수 있으므로 적절하다.

29 자기개발능력 문제 정답 ①

창업 경력, 투잡스, 새로운 노동 형태의 등장, 평생 학습 사회 모두 경력개발과 관련한 이슈에 해당한다.
따라서 자료 중 수정이 필요한 페이지는 0개이다.

더 알아보기

경력개발 관련 이슈

평생 학습 사회	개인이 자아실현, 생활 향상 또는 직업적 지식, 기술의 획득 등을 목적으로 생애에 걸쳐서 자주적, 주체적으로 계속해서 학습을 하는 평생 학습 사회가 도래함
투잡스	지속적인 경기 불황으로 2개 혹은 그 이상의 직업을 가지는 사람이 늘어나고 있음
청년 실업	청년 실업은 외환위기 이후 우리나라 노동 시장에서 큰 문제로 부각되는 문제임
창업 경력	인터넷의 확산으로 시공간의 제약이 없어져 창업의 접근성이 확대됨
새로운 노동 형태	각 경제의 출현으로 개별 근로자가 노동방식과 시간에 대한 결정권을 가지며 노동방식의 변화를 가져옴
일과 생활의 균형	일과 삶의 균형에 대한 관심이 증가하고 있음

30 자기개발능력 문제 정답 ④

적성이란 개인이 잠재적으로 가지고 있는 재능으로, 선천적으로 부여되는 것이지만 후천적으로 개발될 수 있는 것이므로 빈칸에 공통적으로 들어갈 단어로 가장 적절한 것은 '적성'이다.

31 자기개발능력 문제 정답 ⑤

장인은 성장에 대한 의지를 가진 자로, 처음부터 그 일에 소명의식을 가졌다고 보기는 어렵지만 일에 입문한 기회를 살려서 최고의 위치에 이르는 자이므로 가장 적절하지 않은 내용이다.

오답 체크

① 장인은 배움을 베푸는 자로, 평생에 걸쳐 힘겹게 얻은 배움을 공동체와 후속 세대를 위해 내놓는 자이므로 적절한 내용이다.

② 장인은 지독한 학습자로, 아무것도 모르는 상태에서 일을 시작했을지라도 업무 분야에서 성장하기 위해 배워나가며 전문가의 경지에 오르는 자이므로 적절한 내용이다.

③ 장인은 창조적으로 일하는 자로, 전통을 고수하고 전승하기보다는 새로운 전통을 창조하고 확장하며 자신의 일에서 새로움을 만들어 내는 자이므로 적절한 내용이다.

④ 장인은 고원에 사는 자로, 정상 주변의 높은 지대에 머무르며 언제든 더 높은 정상에 오를 준비를 하는 자이므로 적절한 내용이다.

더 알아보기

장인성의 여덟 가지 요소

① 성장에 대한 의지를 가진 자, ② 지독한 학습자, ③ 일의 해방자, ④ 창조적으로 일하는 자, ⑤ 배움을 넓히는 자, ⑥ 배움을 베푸는 자, ⑦ 정상에 오른 자, ⑧ 고원에 사는 자

32 자기개발능력 문제 정답 ①

㉠ 직업인들이 하는 일은 비슷한 속성을 가진 경우가 많아 여러 가지 일을 함께 처리하면 반복적으로 처리하는 업무를 최소화할 수 있으므로 적절하지 않은 설명이다.

㉡ 회사나 팀의 업무 지침을 지키면서 일할 때 업무수행 능력을 인정받을 수 있고, 회사나 팀의 업무 지침은 변화하는 환경 속에서 그 일의 전문가들에 의해 확립된 것이므로 적절하지 않은 설명이다.

따라서 팀의 업무수행 성과를 높이기 위한 행동전략으로 적절하지 않은 것은 '㉠, ㉡'이다.

더 알아보기

업무수행 성과를 높이기 위한 행동전략

일 미루지 않기	일을 미루고 급하게 처리하는 경우 다른 일도 지속해서 밀리고 일 처리에 최선을 다하지 못할 수 있으므로 해야 할 일은 바로 하는 습관을 들여야 함
묶어서 업무 처리하기	10개의 비슷한 업무를 한꺼번에 처리하면 첫 번째 일을 하는 데 드는 시간의 20% 정도만 걸릴 정도로 효율적으로 일을 할 수 있음
다른 사람과 다른 방식으로 일하기	다른 사람이 발견하지 못한 창의적인 해결책을 발견하는 경우가 있으며 이는 업무의 성과를 높일 수 있음
회사와 팀의 업무 지침 따르기	기본적으로 지켜야 할 회사와 팀의 업무 지침을 지키되 그 속에서 자신만의 일하는 방식을 발견하는 것이 바람직함
역할 모델 설정하기	직장에서 가장 일을 잘한다고 평가받는 사람의 업무 방식, 보고 방식 등을 살펴보고 따라 해보면 그 사람처럼 업무수행 성과를 낼 수 있음

33 대인관계능력 문제 정답 ⑤

'경험 부족', '정책 및 기획의 실행 능력 결여'는 관리 차원에서의 임파워먼트 장애요인에 해당하고, '승패의 태도', '약속 불이행'은 대인 차원에서의 임파워먼트 장애요인에 해당한다.

따라서 개인 차원에서의 임파워먼트 장애요인에 해당하지 않는 것의 개수는 '4개'이다.

더 알아보기

4가지 차원의 임파워먼트 장애요인

개인	주어진 일을 해내는 역량의 결여, 동기의 결여, 결의의 부족, 책임감 부족, 의존성
대인	다른 사람과의 성실성 결여, 약속 불이행, 성과를 제한하는 조직의 규범, 갈등 처리 능력 부족, 승패의 태도
관리	통제적 리더십 스타일, 효과적 리더십 발휘 능력 결여, 경험 부족, 정책 및 기획의 실행 능력 결여, 비전의 효과적 전달 능력 결여
조직	공감대 형성이 없는 구조와 시스템, 제한된 정책과 절차

34 대인관계능력 문제 정답 ③

B: 직원의 설명이나 제품의 품질에 대해 의심이 많고 확신 있는 말이 아니면 잘 믿지 않는 고객 불만 유형인 '의심형'에 해당하며, 의심형 고객에게는 분명한 증거나 근거를 제시하여 스스로 확신을 갖도록 유도하거나 책임자가 응대하는 방안이 적절하다.

따라서 고객 불만 유형 및 대응 방안으로 가장 적절한 것은 ③이다.

오답 체크

A: 사소한 것으로 트집을 잡는 까다로운 고객 불만 유형인 '트집형'에 해당하며, 트집형 고객에게는 이야기를 경청하고, 맞장구치며, 추켜세우는 방안이 적절하다.

C: 과시적으로 자신이 가진 지식이나 능력, 소유를 드러내고 싶어 하는 고객 불만 유형인 '거만형'에 해당하며, 거만형 고객에게는 과시욕이 충족될 수 있도록 언행을 제지하지 않고 인정해 주는 방안이 적절하다.

더 알아보기

고객 불만 유형 및 대응 방안

거만형	정중하게 대하고, 과시욕이 충족될 수 있도록 그들의 언행을 제지하지 않고 인정해 준다.
의심형	분명한 증거나 근거를 제시하여 스스로 확신을 갖도록 유도하고, 책임자가 응대하는 것도 좋다.
트집형	이야기를 경청하고, 맞장구치고, 추켜세우고, 설득하며 사과를 하는 응대가 효과적이다.
빨리빨리형	여러 가지 일을 신속하게 처리하는 모습을 보인다.

35 대인관계능력 문제 정답 ④

교섭 차원에서의 협상은 선호가 서로 다른 협상 당사자들이 갈등상태에 있는 쟁점을 해결하고 합의에 도달하기 위해서 공동으로 하는 의사결정 과정이다.

따라서 협상의 의미에 대해 가장 적절하지 않은 설명을 한 사람은 'D'이다.

36 대인관계능력 문제 정답 ②

고객 불만 처리 프로세스는 8단계로 구성되어 있으며, 1단계는 경청, 2단계는 감사와 공감 표시, 3단계는 사과, 4단계는 해결 약속, 5단계는 정보 파악, 6단계는 신속 처리, 7단계는 처리 확인과 사과, 8단계는 피드백이다.

따라서 문제해결을 위해 꼭 필요한 질문만 하여 정보를 얻고, 최선의 해결 방법을 찾기 어려울 때 고객에게 어떻게 해주면 만족스러운지를 묻는 5단계에 해당하는 ②가 빈칸에 들어갈 내용으로 가장 적절하다.

오답 체크

① 불만을 처리한 이후에 고객에게 불만 처리 결과에 대해 만족하는지 물어보는 7단계에 해당하는 내용이므로 적절하지 않다.

③ 고객 불만 사례를 회사 및 전 직원에게 알려 다시는 동일한 문제가 발생하지 않도록 하는 8단계에 해당하는 내용이므로 적절하지 않다.

④ 고객의 항의에 공감을 표시하는 2단계에 해당하는 내용이므로 적절하지 않다.

⑤ 잘못된 부분을 신속하게 시정하는 6단계에 해당하는 내용이므로 적절하지 않다.

37 직업윤리 문제 정답 ③

㉡ 윤리적으로 살 때 개인의 행복을 포함하여 모든 사람의 행복이 보장되므로 적절하지 않은 설명이다.

㉢ 모든 윤리적 가치는 시대와 사회 상황에 따라 조금씩 다르게 변화되므로 적절하지 않은 설명이다.

따라서 윤리 규범에 대한 설명으로 적절하지 않은 것은 '㉡, ㉢'이다.

오답 체크

㉠ 인간은 눈에 보이는 경제적 이득과 육신의 안락만을 추구하는 것이 아닌 삶의 본질적 가치와 도덕적 신념을 존중하여 윤리적으로 행동하므로 적절한 설명이다.

㉣ 윤리적인 인간은 공동의 이익 추구와 도덕적 가치 신념을 기반으로 형성되므로 적절한 설명이다.

38 직업윤리 문제 　　　　정답 ①

업무 수행 중 개인윤리와 직업윤리가 서로 충돌하거나 배치되는 경우 직업인이라면 직업윤리를 우선해야 하므로 가장 적절하다.

39 직업윤리 문제 　　　　정답 ⑤

직장 내 괴롭힘이 되는 행위 자체가 업무상 필요하다고 볼 여지가 있을지라도 사업장 내 동종 또는 유사 업무를 수행하는 근로자에 비해 합리적 이유가 없이 대상 근로자에게 이루어진 것이라면 직장 내 괴롭힘에 해당하므로 가장 적절하지 않은 설명이다.

더 알아보기

직장 내 괴롭힘을 판단하는 요소

행위자	피해자와 같은 사용자와 근로관계를 맺고 있는 근로자
피해자	사업장 내의 모든 근로자
행위장소	사내를 포함하여 외근 출장지, 회식, 기업 행사, 사적 공간, 사내 메신저, SNS 등이 해당됨
행위요건	직장에서의 지위 또는 관계 등의 우위를 이용하는 경우, 업무상 적정 범위를 넘는 경우, 신체적·정신적 고통을 주거나 근무 환경을 악화시키는 경우

40 직업윤리 문제 　　　　정답 ⑤

O 사, P 사, Q 사는 다른 건설사 임원들과 함께 암묵적 또는 명시적으로 공구 분할 합의를 함으로써 경쟁을 줄이거나 소멸하는 부당 공동행위를 실시한 것으로 간주되므로 제시된 사례에서 위반하고 있는 직업윤리의 기본원칙은 법을 준수하고 경쟁 원리에 따라 공정하게 행동하는 '공정경쟁의 원칙'이 가장 적절하다.

오답 체크

① 객관성의 원칙은 업무의 공공성을 바탕으로 공사 구분을 확실하게 하고 모든 업무를 투명하게 처리하는 것이므로 적절하지 않다.

② 전문성의 원칙은 자신의 업무에 대해 전문가로서 지녀야 할 능력과 의식을 가지고 책임을 다하며 전문 능력을 개발하는 것이므로 적절하지 않다.

③ 고객 중심의 원칙은 고객에 대한 봉사를 최우선가치로 여겨 현장과 실천을 중심으로 업무를 수행하는 것이므로 적절하지 않다.

④ 정직과 신용의 원칙은 업무와 관련된 것을 모두 투명하고 정직하게 수행하며, 본분과 약속을 이행하여 신뢰를 유지하는 것이므로 적절하지 않다.

실전모의고사 3회

p.120

01	02	03	04	05	06	07	08	09	10
의사소통	의사소통	의사소통	의사소통	수리	수리	수리	수리	문제해결	문제해결
⑤	③	③	④	②	④	④	⑤	③	⑤
11	**12**	**13**	**14**	**15**	**16**	**17**	**18**	**19**	**20**
문제해결	문제해결	조직이해	조직이해	조직이해	조직이해	정보	정보	정보	정보
③	⑤	④	③	③	⑤	③	④	②	①
21	**22**	**23**	**24**	**25**	**26**	**27**	**28**	**29**	**30**
자원관리	자원관리	자원관리	자원관리	기술	기술	기술	기술	자기개발	자기개발
⑤	①	④	②	③	④	③	④	②	②
31	**32**	**33**	**34**	**35**	**36**	**37**	**38**	**39**	**40**
자기개발	자기개발	대인관계	대인관계	대인관계	대인관계	직업윤리	직업윤리	직업윤리	직업윤리
③	②	①	③	①	①	③	①	②	②

[01-02]

01 의사소통능력 문제 정답 ⑤

철도안전법 시행규칙 제41조의2 제4항에서 철도안전교육은 철도안전법 제69조에 고시된 안전전문기관에 위탁하여 실시할 수 있음을 설명하고 있지만, 구체적인 위탁기관명에 대해서는 다루고 있지 않으므로 알 수 없는 내용은 ⑤이다.

오답 체크

① 철도안전법 시행규칙 제41조의2 제2항에서 철도안전교육은 강의 및 실습의 방법으로 실시해야 한다고 하였으므로 적절하다.

② 철도안전법 시행규칙 제41조의2 제3항에서 철도안전교육 내용은 별표 13의2와 같다고 하였으므로 적절하다.

③ 철도안전법 시행규칙 제41조의2 제2항에서 철도안전교육은 매 분기마다 6시간 이상 실시해야 한다고 하였으므로 적절하다.

④ 철도안전법 시행규칙 제41조의2 제1항에서 철도안전교육 대상은 철도안전법 제2조 제10호 가목부터 라목에 해당하는 사람 등이라고 하였으므로 적절하다.

02 의사소통능력 문제 정답 ③

철도차량을 개조하여 운행하기 위해서는 철도안전법 제38조의2 제2항에 따라 국토교통부장관의 승인을 받아야 하며, 개조승인을 받기 위해서는 철도안전법 시행규칙 제75조의3 제1항에 따라 개조승인신청서를 제출하고, 철도안전법 제38조의2 제4항에 따라 철도차량이 기술기준에 적합한지 개조승인검사를 시행해야 한다.

따라서 철도차량 개조 과정을 순서대로 바르게 나열하면 '개조신청 → 승인검사 → 개조승인 → 차량개조 → 차량운행'이 된다.

03 의사소통능력 문제 정답 ③

설명서는 제품이나 서비스에 대한 정보를 제공하기 위해 작성하는 문서로, 신속한 정보 전달이 중요하여 빠르면 빠를수록 효과적이므로 가장 적절하지 않다.

04 의사소통능력 문제 정답 ④

이 보도자료는 안전한국훈련의 일환으로 서울지하철 2호선에서 실시하는 전동차 테러 화재 대응 훈련으로 인해 29일 오후 3시 10분부터 약 10분간 열차 운행이 중지된다는 내용이다.

따라서 안전한국훈련 기간에 지하철 안전의식 제고를 위해 다양한 시민 참여 프로그램을 진행한다는 내용은 언급되었지만, 글 전체를 포괄할 수 없으므로 이 보도자료의 헤드라인으로 가장 적절하지 않은 것은 ④이다.

05 수리능력 문제 정답 ②

속력 $= \frac{\text{거리}}{\text{시간}}$임을 적용하여 구한다.

기차 A의 길이를 x라고 하면

길이가 570m인 다리를 A가 완전히 통과하는 데 걸리는 시간은 50초이므로 A의 속력은 $\frac{570+x}{50}$이며,

A보다 60m 짧은 기차 B가 다리를 완전히 통과하는 데 걸리는 시간은 23초이므로 B의 속력은 $\frac{570+x-60}{23}$이다.

이때 A와 B가 다리의 양 끝에서 서로 마주 보는 방향으로 동시에 출발하여 A의 출발점으로부터 다리의 $\frac{1}{3}$지점에서 서로 마주

치므로 A는 $570\times\frac{1}{3}=190$m, B는 $570\times\frac{2}{3}=380$m 이동하였을 때 서로 마주친다.

이에 따라 A가 190m 이동하는 데 걸린 시간과 B가 380m 이동하는 데 걸린 시간은 같으므로

$\frac{190}{\frac{570+x}{50}}=\frac{380}{\frac{510+x}{23}} \rightarrow \frac{510+x}{23}=2\times\frac{570+x}{50}$

$\rightarrow 12{,}750+25x=13{,}110+23x \rightarrow x=180$

따라서 기차 A의 길이는 '180m'이다.

06 수리능력 문제 정답 ④

설탕의 질량 = 설탕물의 질량 $\times\frac{\text{설탕물의 농도}}{100}$임을 적용하여 구한다.

12%의 설탕물 A 200g에 들어 있는 설탕의 질량은 $200\times\frac{12}{100}=24$g이고, 15%의 설탕물 B 300g에 들어 있는 설탕의 질량은 $300\times\frac{15}{100}=45$g이다.

이에 따라 설탕물 A와 B의 혼합물 500g에 들어 있는 설탕의 질량은 $24+45=69$g이다.

이때, 설탕물의 일부를 버려도 농도는 일정하여 설탕물의 질량 대비 설탕의 질량 또한 일정하므로

설탕물 A와 B의 혼합물 500g에서 300g만 남기고 버린 뒤, 남아 있는 설탕의 질량은 $69\times\frac{3}{5}=41.4$g이다. 또한, 남은 설탕물 300g과 17%의 설탕물 C 100g의 혼합물 400g에 들어 있는 설탕의 질량은 $41.4+100\times\frac{17}{100}=41.4+17=58.4$g이므로 혼합물 400g에서 300g만 남기고 버린 뒤, 남아 있는 설탕의 질량은 $58.4\times\frac{3}{4}=43.8$g이다.

따라서 남아 있는 설탕의 질량은 '43.8g'이다.

[07-08]
07 수리능력 문제 정답 ④

2022년 노후시설 선제적 개량을 위한 시설 개량 총 투자 금액은 $210+43+209=462$십억 원으로 이용자·작업자 안전시설 확충을 위한 시설 개량 총 투자 금액인 $136+62+19+34=251$십억 원보다 많으므로 가장 적절한 설명이다.

오답 체크

① 2021년 관제 고도화를 위한 시설 개량 투자 금액은 전년 대비 감소하므로 적절하지 않은 설명이다.

② 철도이용자 환경 개선을 위한 시설 개량 총 투자 금액은 2022년에 $49+35=84$십억 원으로 가장 크므로 적절하지 않은 설명이다.

③ 2020년 이용자 안전을 위한 시설 개량 투자 금액은 전년 대비 감소하지만, 작업자 안전을 위한 시설 개량 투자 금액은 전년 대비 증가하므로 적절하지 않은 설명이다.

⑤ 2022년 시설 개량 투자 금액의 3년 전 대비 증가율이 세 번째로 큰 항목은 증가율이 99.0%인 노후노선이므로 적절하지 않은 설명이다.

08 수리능력 문제 정답 ⑤

㉠ 2020년 기반시설을 위한 시설 개량 투자 금액의 전년 대비 증감률은 $\{(258-240)/240\}\times100 ≒ 8$%이다.

㉡ 2022년 시설관리 과학화를 위한 시설 개량 투자 금액의 전년 대비 증감률은 $\{(61-47)/47\}\times100 ≒ 30$%이다.

따라서 ㉠은 8, ㉡은 30인 ⑤가 정답이다.

[09-10]
09 문제해결능력 문제 정답 ③

SWOT 분석에서 S(강점)는 경쟁기업과 비교하여 우위를 점할 수 있는 것이 무엇인지, W(약점)는 경쟁기업과 비교하여 자원, 기술, 능력 면에서 소비자로부터 약점으로 인식되어 성과를 방해하는 것이 무엇인지, O(기회)는 외부환경에서 조직 활동에 이점을 주는 것이 무엇인지, T(위협)는 외부환경에서 조직 활동에 불이익을 미치는 것이 무엇인지를 찾아내는 것이다.

㉡ 세계 경제 불황은 기업 외부의 'T(위협)'에 해당한다.

㉥ 최근 △△제약회사에 대한 블랙 컨슈머 증가는 기업 외부의 'T(위협)'에 해당한다.

오답 체크

㉠ 고령화로 인한 의료비 지출 증가는 기업 외부의 'O(기회)'에 해당한다.

㉢ 신약 기술 독점은 기업 내부의 'S(강점)'에 해당한다.

㉣ 제약회사의 신약 개발에 대한 정부 지원 증가는 기업 외부의 'O(기회)'에 해당한다.

㉤ 경쟁회사 대비 미미한 수준의 R&D 사업 투자 규모는 기업 내부의 'W(약점)'에 해당한다.

㉦ 10년간 매해 흑자 달성은 기업 내부의 'S(강점)'에 해당한다.

㉧ 경쟁회사의 20% 수준인 국내 시장 점유율은 기업 내부의 'W(약점)'에 해당한다.

10 문제해결능력 문제 정답 ⑤

ㄱ. 공적자금을 기반으로 한 R&D 연구소 확대 추진은 ㉣과 ㉤을 활용한 'WO(약점-기회)' 전략에 해당한다.

ㄴ. 상품 및 서비스 단계별 사전 모니터링 강화를 통한 시장 점유율 변화 시도는 ㉥과 ㉦을 활용한 'WT(약점-위협)' 전략에 해당한다.

ㄷ. 신약 기술 광고를 통한 100세 시대의 미래 고객층 확보는 ㉠과 ㉢을 활용한 'SO(강점-기회)' 전략에 해당한다.

더 알아보기

- **블랙 컨슈머**: 부당한 이익을 취하고자 제품을 구매한 후 고의적으로 악성 민원을 제기하는 소비자

11 문제해결능력 문제 정답 ③

ㄱ. 철수는 통제된 교차로 ㉧, ㉫ 또는 ㉦, ㉫ 2군데만 뚫으면 영희를 만날 수 있으므로 옳은 설명이다.

ㄷ. 통제된 교차로가 없다면 철수가 영희에게 최단 거리로 가는 방법은 다음 그림과 같이 28가지이므로 옳은 설명이다.

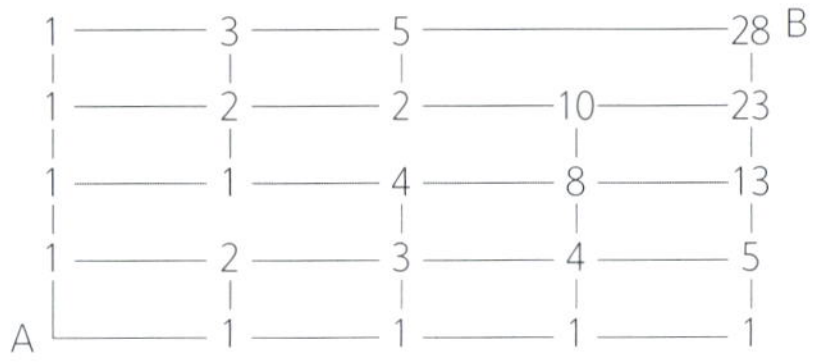

오답 체크

ㄴ. 철수는 통제된 교차로 11군데 중 ㉤, ㉧, ㉫을 제외한 나머지 8군데를 뚫거나 ㉤, ㉧, ㉪을 제외한 나머지 8군데를 뚫는 경우에는 영희를 만날 수 없으므로 옳지 않은 설명이다.

12 문제해결능력 문제 정답 ⑤

두 번째 명제와 세 번째 명제의 '대우'를 차례로 결합하면 다음과 같다.

- 두 번째 명제: 단공류는 새끼를 낳지 않는 포유류다.
- 세 번째 명제(대우): 포유류는 온혈 동물이다.
- 결론: 단공류는 온혈 동물이다.

더 알아보기

명제의 '역', '이', '대우'와 명제 사이의 관계

명제	p이면 q이다.
명제의 '역'	q이면 p이다.
명제의 '이'	p가 아니면 q가 아니다.
명제의 '대우'	q가 아니면 p가 아니다.
명제 사이의 관계	주어진 명제가 참일 때 그 명제의 '대우'만이 참인 것을 알 수 있고, 주어진 명제가 거짓일 때 그 명제의 '대우'만이 거짓인 것을 알 수 있음

13 조직이해능력 문제 정답 ④

우월 전략이란 상대방의 선택과 관계없이 최선의 이익을 얻는 전략으로, A 자동차와 B 자동차가 상대의 선택과 관계없이 각각 광고비를 적게 들일 때 얻을 수 있는 보수는 80% 또는 10%의 이익 증가이고, 광고비를 많이 들일 때 얻을 수 있는 보수는 100% 또는 40%이므로 두 기업의 우월 전략은 광고비를 많이 들이는 전략 A_2, B_2이다.

따라서 두 기업의 우월 전략은 광고비를 많이 들이는 전략으로 서로 동일하므로 가장 적절하다.

오답 체크

① A 자동차가 광고비를 적게 들이는 전략 A_1을 선택할 경우 B 자동차의 전략에 따라 얻을 수 있는 보수는 80% 또는 10%의 이익 증가이므로 적절하지 않다.

② 광고 집행 전 두 기업 간의 협조가 가능할 경우 서로의 이익을 최대화하기 위해서 모두 80%의 이익을 얻을 수 있는 전략 A_1, B_1을 선택하는 것이 유리하므로 적절하지 않다.

③ 내시균형이란 상대의 선택을 가정하여 최적으로 대응할 수 있는 전략을 취함으로써 도달하는 균형 상태로, A 자동차와 B 자동차의 내시균형은 A 자동차가 상대의 전략 B_1, B_2에 따라 최적의 보수를 얻을 수 있는 전략 A_2를 선택하고 B 자동차가 상대의 전략 A_1, A_2에 따라 최적의 보수를 얻을 수 있는 B_2를 선택할 때 발생하여 두 기업 모두 40%의 이익이 증가하므로 적절하지 않다.

⑤ A 자동차와 B 자동차가 각각 전략 A_1, B_2를 선택할 경우 B 자동차는 A 자동차보다 더 높은 이익 증가를 얻을 수 있으므로 적절하지 않다.

더 알아보기

- **우월 전략**: 상대방의 전략 선택과 관계없이 최선의 보수를 얻을 수 있는 전략
- **내시균형**: 상대방이 선택한 전략을 가정하고 자신에게 가장 유리한 전략을 선택할 때, 모든 사람이 자신의 선택을 더는 바꾸지 않는 균형 상태

14 조직이해능력 문제 정답 ③

㉠ 이윤 창출과 고용 창출을 책임지는 것은 '경제적 책임'에 해당한다.

㉡ 세금 납부와 투명한 회계 등 법규를 준수하는 것은 '법적 책임'에 해당한다.

㉢ 윤리경영, 소수자를 공평하게 대우하는 등 사회적 통념에 따른 윤리 기준을 준수하는 것은 '윤리적 책임'에 해당한다.

㉣ 기업 활동과 무관한 사회공헌 활동이나 문화·교육 등에 대해 지원하는 것은 '자선적 책임'에 해당한다.

따라서 빈칸에 들어갈 말을 순서대로 바르게 나열하면 '경제적 책임 - 법적 책임 - 윤리적 책임 - 자선적 책임'이 된다.

15 조직이해능력 문제 정답 ③

조직문화는 구성원의 사고방식과 행동 양식을 규정하는 행동지침으로서 기존 관습에 따른 업무 수행을 가능하게 하여 구성원의 일탈을 통제하고 조직 적응과 사회화를 도울 수 있다는 순기능이 있다.

따라서 조직문화가 기존의 업무 관습에서 탈피하여 새로운 방식을 제시한다는 것이 가장 적절하지 않다.

16 조직이해능력 문제 정답 ⑤

공식목표는 조직의 사명 등을 공식적으로 표현한 목표로 장기적·추상적인 내용을 포함하고, 운영목표는 공식목표 달성을 위한 수단으로서의 목표로 공식목표보다 단기적·구체적인 내용을 포함하므로 가장 적절하지 않다.

더 알아보기

조직목표

장기적·추상적 ↓ 단기적·구체적	공식목표	조직의 존재 이유와 관련된 사명을 공식적으로 표현한 목표
	운영목표	공식목표를 달성하기 위한 수단으로서 추구되는 목표
	운용목표	운영목표를 기초로 수립하는 단기적인 목표

[17-18]

17 정보능력 문제 정답 ③

1호선과 2호선의 도시철도 유실물 반환 건수에서 '반환 건수가 두 번째로 큰 값'을 찾기 위해서는 1호선과 2호선의 도시철도 유실물 반환 건수에 해당하는 영역을 찾아 값이 두 번째로 큰 셀을 찾아야 한다.

따라서 지정한 범위의 셀 값 중 k번째로 큰 값을 구하고자 할 때 사용하는 LARGE 함수가 적절하며, LARGE 함수식인 '=LARGE(지정한 범위, k)'를 적용하면 '=LARGE(D3:E9, 2)'가 된다.

오답 체크

① MAX는 지정한 범위의 셀 값 중 가장 큰 값을 구하고자 할 때 사용하는 함수이므로 적절하지 않다.

② MIN은 지정한 범위의 셀 값 중 가장 작은 값을 구하고자 할 때 사용하는 함수이므로 적절하지 않다.

④ SMALL은 지정한 범위의 셀 값 중 k번째로 작은 값을 구하고자 할 때 사용하는 함수이므로 적절하지 않다.

⑤ MID는 지정한 셀 값에서 중간에 있는 일정한 문자를 추출하고자 할 때 사용하는 함수이므로 적절하지 않다.

18 정보능력 문제 정답 ④

'외국인 유실물 총 반환 건수'를 찾기 위해서는 외국인 유실물에 해당하는 행을 찾아 합계의 열 번호에 해당하는 값을 찾아야 한다.

따라서 열 방향의 표나 범위에서 원하는 값을 찾을 때 사용하는 VLOOKUP 함수가 적절하며, VLOOKUP 함수식인 '=VLOOKUP(검색값, 검색 범위, 열 번호, 옵션)'을 적용한다. 이때 VLOOKUP 함수의 옵션이 TRUE 또는 1이면 검색값보다 작거나 같은 값 중에서 가장 근접한 값을 찾고, FALSE 또는 0이면 검색값과 정확한 값을 찾으므로 [E13] 셀의 값을 찾기 위해서는 옵션이 '0'이어야 한다. 이에 따라 '=VLOOKUP(B9, B2:E9, 2, 0)'이 된다.

오답 체크

①, ② HLOOKUP 함수를 사용하여 외국인 유실물의 총 반환 건수를 찾기 위한 함수식은 '=HLOOKUP(C2, B2:E9, 8, 0)'이다.

⑤ LOOKUP 함수를 사용하여 외국인 유실물의 총 반환 건수를 찾기 위한 함수식은 '=LOOKUP(B9, B3:B9, C3:C9)'이다.

더 알아보기

HLOOKUP 함수	· 행 방향의 표나 범위에서 원하는 값을 찾을 때 사용하는 함수 · 범위의 첫 번째 행에서 검색값과 같은 데이터를 찾은 후 검색값이 있는 열에서 지정된 행 번호 위치에 있는 데이터를 입력함 ㉠ =HLOOKUP(검색값, 검색 범위, 행 번호, 옵션)
VLOOKUP 함수	· 열 방향의 표나 범위에서 원하는 값을 찾을 때 사용하는 함수 · 범위의 첫 번째 열에서 검색값과 같은 데이터를 찾은 후 검색값이 있는 행에서 지정된 열 번호 위치에 있는 데이터를 입력함 ㉠ =VLOOKUP(검색값, 검색 범위, 열 번호, 옵션)
LOOKUP 함수	· 배열이나 한 행 또는 한 열 범위에서 원하는 값을 찾을 때 사용하는 함수 ㉠ =LOOKUP(검색값, 검색 범위, 결과 범위)

19 정보능력 문제 정답 ②

정보가 왜 필요한지 필요목적을 고려하는 것이 'Why'에 해당한다.

오답 체크

① 어디에서 수집 가능한 정보인지 파악하는 것은 'Where'에 해당한다.

③ 정보수집에 앞서 어떠한 정보를 수집할지에 대한 대상을 확인하는 것은 'What'에 해당한다.

④ 정보수집의 경제적 효용을 중시하는 것은 'How much'에 해당한다.

⑤ 누가 정보활동을 진행할지에 대해 결정하는 것은 'Who'에 해당한다.

20 정보능력 문제 정답 ①

인간과 로봇을 구별하여 악의적으로 사용되는 봇을 차단하는 보안 도구는 '캡차'이다.

더 알아보기

스팸	인터넷을 통해 다수의 수신인에게 무작위로 발송된 이메일 메시지 또는 다수의 뉴스 그룹에 일제히 실린 뉴스 기사
스캔	그림, 사진 및 문자를 이미지 파일로 변환하여 저장하는 것
코드	프로그램 제작을 위한 컴퓨터용 언어

21 자원관리능력 문제 정답 ⑤

인적자원은 능동적이고 반응적인 성격을 지니며, 개발가능성, 전략적 자원이라는 특성을 가지므로 인적자원의 특성으로 가장 적절하지 않은 것은 '고도의 정밀성'이다.

22 자원관리능력 문제 정답 ①

생체인식은 사람의 측정 가능한 지문, 홍채, 얼굴 등의 신체적인 특성과 글씨체, 음성, 걸음걸이 등의 행동학적 특성 등 개별적인 생체 특성을 추출하여 본인 여부를 비교, 확인함으로써 보안시스템에 활용하는 기술이므로 자동 검표 시스템을 구축하는 데 필요한 물적자원관리 방법으로 가장 적절하지 않다.

더 알아보기

RFID (전자태그)	무선 주파수를 이용하여 대상을 식별할 수 있도록 하는 기술로, 교통카드나 고속도로의 하이패스 등에 활용되며 기존에 근로자의 수작업을 통해 개별적으로 확인해야 했던 것들을 컴퓨터 시스템이 자동으로 확인할 수 있게 함
BAR CODE	컴퓨터가 판독할 수 있도록 굵기가 다른 검은 막대와 하얀 막대를 조합시켜 문자나 숫자를 코드화한 것으로, 효율적인 상품관리를 가능하게 함
QR CODE	흑백 격자무늬 패턴으로 정보를 나타내는 매트릭스 형식의 바코드로, 용량 제한에 따라 한정된 정보만 담았던 기존 바코드에 비해 넉넉한 용량으로 다양한 정보를 담을 수 있음
NFC (근거리 무선통신)	13.56MHz의 주파수 대역을 사용하여 10cm 이내의 가까운 거리에서 다양한 무선 데이터를 주고받는 비접촉식 통신 기술로, 스마트폰 등에 내장되어 교통카드, 신용카드, 신분증 등 다양한 분야에서 활용될 수 있는 RFID 기술의 한 종류

23 자원관리능력 문제 정답 ④

기업적 측면의 시간관리 효과는 가격 인상, 위험 감소, 생산성 향상, 시장 점유율 증가 등이므로 모바일 예매 애플리케이션 개발로 인해 기대되는 기업의 시간관리 효과로 가장 적절하지 않은 것은 '스트레스 감소'이다.

더 알아보기

시간관리 효과

기업적 측면	개인적 측면
· 가격 인상 · 위험 감소 · 생산성 향상 · 시장 점유율 증가	· 스트레스 감소 · 균형적인 삶 · 생산성 향상 · 목표 성취

24 자원관리능력 문제 정답 ②

㉠ 직접 소비된 것으로 여겨지는 비용으로, 재료비, 원료와 장비, 시설비, 인건비 등이 포함되는 것은 '직접비용'에 해당한다.
㉡ 생산에 직접 관련되지 않은 비용으로, 보험료, 건물관리비, 광고비, 통신비 등이 포함되는 것은 '간접비용'에 해당한다.
따라서 빈칸에 들어갈 단어를 순서대로 바르게 나열하면 '직접 – 간접'이 된다.

더 알아보기

- **생산비용**: 사람이 생활하는 데 필요한 것을 만들 때 드는 비용
- **기회비용**: 여러 가능성 중 하나를 선택했을 때 그 선택으로 인해 포기해야 하는 가치로서 표시한 비용
- **실제비용**: 실제로 드는 비용
- **책정비용**: 계획이나 방책을 세워 결정한 비용

25 기술능력 문제 정답 ③

산업재산권은 산업 분야의 창작물에 대한 지식재산권으로, 특허권, 실용신안권, 디자인권, 상표권으로 분류된다.
ㄱ. 제조회사가 자사 제품의 신용을 유지하고 타사의 제품과 구별하기 위해 표시한 상호를 보호하는 권리인 상표권의 등록 현황은 2017년에 가장 적었으므로 옳은 설명이다.
ㄷ. 모양, 색채, 형상 등 물품의 외관에 미적인 감각을 불러일으켜 심미성을 지닌 고안을 보호하는 권리인 디자인권의 등록 현황은 2017년과 2018년에 23건으로 동일하므로 옳은 설명이다.

오답 체크

ㄴ. 기술의 창작 수준이 특허권에 비해 높지 않으나 물품의 형상이나 구조를 개량하여 실용성을 높인 고안을 보호하는 권리인 실용신안권의 등록 현황은 2017년부터 2019년까지 모두 동일하므로 옳지 않은 설명이다.

26 기술능력 문제 정답 ④

기술능력은 기술직 종사자뿐만 아니라 우리 사회의 모든 직업인이 갖추어야 할 능력으로 이해하여야 하므로 가장 적절하지 않다.

27 기술능력 문제 정답 ③

OJT는 'On the Job Training'의 약자로 직무수행과 관련된 직장 내 교육 훈련을 의미하므로 가장 적절하지 않다.

28 기술능력 문제 정답 ④

광역 통신망을 구축하여 컴퓨터 간 자유로운 데이터 송수신 방식을 도입하여 신속한 데이터 보관, 공유, 분산이 가능하고 데이터 전송 속도 및 안정성이 높은 TCP/IP를 공식 프로토콜로 도입한 것은 3차 산업혁명을 주도한 기술인 인터넷에 대한 설명이므로 가장 적절하지 않다.

오답 체크

①은 스마트팜, ②는 3D 프린터, ③은 블록체인, ⑤는 사물인터넷에 대한 설명이므로 적절하다.

29 자기개발능력 문제 정답 ②

학습자를 의존적인 존재로 규정하여 교육 목적과 방법 등 학습에 있어 교육자에게 전적인 책임이 있다는 것은 페다고지에 대한 설명이며, 안드라고지는 학습자를 자기 주도적인 존재로 규정하여 학습자에게 학습 책임이 있는 학습자 중심 학습모형이므로 가장 적절하지 않다.

더 알아보기

페다고지와 안드라고지

구분	페다고지	안드라고지
학습자 개념 및 학습 모형	학습자는 의존적이며, 학습에 있어서 모든 결정권과 책임은 교사에게 있는 교사 중심 학습 모형	학습자는 자기 주도적이며, 학습책임은 학습자에게 있는 학습자 중심 학습 모형
학습자 경험의 역할	학습자의 경험이 적어 학습자원으로 중요하지 않음	학습자의 경험이 풍부하여 자신과 타인 모두에게 학습자원으로 매우 중요함
학습자 발달과제	발달단계에 따른 과제	실생활에서 마주하는 문제와 역할 과업
학습 지향성	미래 지향적, 교과 지향적	즉시 활용 지향적, 문제 중심적, 성과 지향적
학습동기	성적, 부모님의 압박 등 외재적 동기	직무만족, 자아존중 등 내재적 동기

30 자기개발능력 문제 정답 ②

업무를 미루고 급하게 처리하다 보면 다른 업무도 계속 밀리게 되고 업무 처리에 최선을 다하지 못하기 때문에 일을 미루지 않고 즉시 처리하는 습관을 들이는 것이 바람직하다.
따라서 업무수행 성과 향상을 위한 행동 전략에 대해 가장 적절하지 않은 설명을 한 사원은 '강 차장'이다.

31 자기개발능력 문제 정답 ③

㉠ 타자와의 관계로부터 형성되는 사회적 정체성인 '객체'로서의 자아에 해당한다.

㉡ 스스로 삶의 목표를 설정하는 개별적 정체성인 '주체'로서의 자아에 해당한다.

㉢ 자신이 되고자 하는 바를 스스로 기획하여 만들어내는 자아인 '프로젝트'로서의 자아에 해당한다.

따라서 빈칸에 들어갈 말을 순서대로 바르게 나열하면 '객체 – 주체 – 프로젝트'가 된다.

32 자기개발능력 문제 정답 ②

제시된 글에서 박 사원은 사내 다른 부서로의 이동이 가능한지, 타 부서에서 정확히 어떤 업무를 하는지에 대한 정보가 부족하여 자기개발 계획을 수립하지 못하고 있다고 하였으므로 회사 내 경력기회 및 직무 가능성에 대해 충분히 알지 못해 무엇을 어떻게 해야 할지에 대해 무지한 '내부 작업정보 부족'이 가장 적절하다.

더 알아보기

자기개발 계획 수립 방해요인

자기정보 부족	자신의 흥미, 장점, 가치, 라이프스타일 등에 대한 무지
내부 작업정보 부족	회사 내 경력기회 및 직무 가능성에 대한 무지
외부 작업정보 부족	다른 작업, 회사 밖의 기회에 대한 무지
의사결정 시 자신감 부족	자기개발과 관련된 결정을 내릴 때 자신감 부족
일상생활 요구사항	개인의 자기개발 목표와 일상생활 간의 갈등
주변상황 제약	재정적 문제, 연령, 시간 등의 제약

33 대인관계능력 문제 정답 ①

고객만족조사 계획 수립 시 측정하고자 하는 것에 대한 고객만족을 정확하게 조사하기 위해서는 조사 분야와 대상을 명확하게 정의해야 하므로 가장 적절하지 않다.

오답 체크

② 고객만족조사를 1회에 그칠 경우 정확한 조사 결과를 얻기 어려우므로 적절하다.

③ 고객만족조사 결과의 활용 계획은 조사 목적에 따라야 하므로 적절하다.

④ 고객만족조사 방법 중 심층면접법은 응답자와 일대일 대면접촉을 통해 심층적인 정보를 얻을 수 있으므로 적절하다.

⑤ 개선을 목적으로 고객만족조사를 계획할 경우 비교적 자세한 질문으로 자유로운 회답을 얻는 것이 좋으므로 적절하다.

더 알아보기

고객만족조사 계획

조사 분야 및 대상 설정	· 시장, 제품·서비스의 다양성을 고려하여 조사 분야와 대상을 명확히 정의함
조사 목적 설정	· 전체적 경향의 파악 · 고객에 대한 개별대응 및 고객과의 관계유지 파악 · 평가 목적 · 개선 목적
조사 방법 및 횟수	· 조사 방법: 설문조사, 심층면접법 등 · 조사 횟수: 정확한 조사 결과를 얻기 위해서는 연속 조사를 권장함
조사 결과 활용 계획	· 조사 결과 활용 계획은 조사 목적에 따라 달라질 수 있으므로 목적에 맞춰 수립함

34 대인관계능력 문제 정답 ③

제시된 글에서 A 사원은 우연히 휴게실 앞을 지나는 순간 다른 사람들이 자기들끼리 이야기하며 웃은 별개의 사건을 본인과 연관 지어 자신을 비웃었다고 잘못 해석하고 있으므로 자신과 관련 없는 사건을 자신과 관련된 것으로 잘못 해석하는 오류인 'Personalization(개인화)'이 가장 적절하다.

더 알아보기

벡(Beck)의 인지적 오류

과잉 일반화 (Overgeneralization)	한두 번의 사건을 바탕으로 일반적인 결론을 내리고 이와 관련 없는 상황에도 적용하는 오류
정신적 여과 (Mental filtering)	어떤 상황에서 발생하는 여러 사건 중 일부만을 고려하여 전체를 판단하는 오류
개인화 (Personalization)	실제로는 자신과 무관한 사건을 자신과 관련된 것으로 잘못 해석하는 오류
잘못된 명명 (Mislabeling)	과장되거나 부적절한 명칭을 사용하여 사람의 특성 또는 행위를 기술하는 오류
독심술적 오류 (Mind reading)	충분한 근거 없이 사소한 단서를 바탕으로 타인의 마음을 멋대로 추측하고 단정하는 오류

흑백 논리적 사고 (All or nothing thinking)	어떤 사건을 중립적 의미는 고려하지 않고 이분법적으로만 해석하는 오류
의미확대/의미축소 (Magnification/Minimization)	어떤 사건의 의미나 중요성을 실제보다 과하게 확대하거나 축소하는 오류
예언자적 오류 (Fortunetelling)	충분한 근거 없이 미래에 발생할 일을 단정하고 확신하는 오류
감정적 추리 (Emotional reasoning)	충분한 근거 없이 막연하게 느껴지는 감정을 바탕으로 결론짓는 오류

35 대인관계능력 문제 정답 ①

제시된 자료에서 설명하고 있는 개념은 직원의 능력에 대한 확신과 신뢰를 바탕으로 조직의 성장과 성공을 이끌 수 있는 리더의 능력과 직원의 의견을 경청하고 생산성과 기술 수준 및 자기 향상을 도모하여 직원의 업무 만족감을 높이는 과정인 '코칭'에 해당한다.

더 알아보기

지도활동의 종류

코칭(Coaching)	· 계약관계로 맺어진 수평적이고 협력적인 파트너십 · 개인의 변화와 발전 지원
멘토링(Mentoring)	· 풍부한 경험과 지식을 바탕으로 지표나 조언 제시 · 개인의 실력 및 잠재력 향상
카운슬링(Counseling)	· 상담이나 조언 전달

36 대인관계능력 문제 정답 ①

지식과 노력 차원의 협상은 우리가 얻고자 하는 것을 소유한 사람의 호의를 어떻게 얻을 것인가에 대한 지식과 노력의 의미이므로 가장 적절하지 않다.

더 알아보기

협상의 의미

의사소통 차원	이해당사자들이 자신의 욕구 충족을 위해 상대방으로부터 최선의 것을 얻고자 상대방을 설득하는 커뮤니케이션 과정
갈등해결 차원	갈등관계의 이해당사자들이 대화를 통해 상반되는 이익은 조정하고 공통되는 이익은 증진하여 갈등을 해결하는 상호작용 과정
지식과 노력 차원	승진, 돈, 안전 등 얻고자 하는 것을 다른 사람보다 우위를 차지하여 쟁취하기 위한 지식과 노력의 과정
의사결정 차원	둘 이상의 이해당사자가 여러 가지 대안 중 모두가 수용 가능한 선택을 하기 위한 의사결정 과정
교섭 차원	서로 다른 협상당사자들이 합의를 찾기 위해 공동으로 의사결정 하는 과정

37 직업윤리 문제 정답 ③

근면의 특성에서도 볼 수 있듯이 근면과 인생의 성공은 표리관계에 있으며, 시간관리를 게을리하지 않고 정해진 시간을 준수하며 매사 부지런한 자세로 임하는 것은 성공을 위한 기본 조건이므로 회사에서 스케줄러를 제공한 것은 근면을 위해서는 시간 관리가 중요하다는 의미라는 H 사원의 발언이 가장 적절하다.

오답 체크

① 근면을 위해서는 업무에 주어진 시간 내에는 최선을 다하되, 점심시간과 같이 회사에서 정해 놓은 시간은 지켜야 하므로 적절하지 않다.

② 생계를 유지하기 위해 일을 하는 것은 외부 조건으로부터 강요당한 근면에 해당하므로 적절하지 않다.

④ 근면은 비선호의 수용 차원에서 개인의 절제나 금욕을 반영하므로 적절하지 않다.

⑤ 일하는 양보다 일의 질이 중요한 미래 사회에서는 단순히 열심히 오래 일하는 것이 아니라 창의성이 중요하므로 적절하지 않다.

38 직업윤리 문제 정답 ①

직장 내 괴롭힘은 사용자 또는 근로자가 직장 내 지위 또는 관계 등의 우위를 이용하여 다른 근로자에게 업무상 적정 범위 이상의 신체적 혹은 정신적 고통을 주거나 근무 환경을 악화시키는 행위로 정의된다.

ㄱ. 특정인을 제외하고 단체 대화방을 운영하는 것은 직장 내 업무와 직접적으로 연관된 관계에서 고의로 따돌리는 행위로 판단되므로 직장 내 괴롭힘에 해당한다.

ㄴ. 업무 실적이 높은 부하 직원이 업무 실적이 낮은 상사의 업무 지시를 고의로 무시하거나 반발하는 것은 직급이 낮더라도 직장 내의 실세라면 업무상의 우위를 이용한 괴롭힘으로 판단되므로 직장 내 괴롭힘에 해당한다.

오답 체크

ㄷ. 반복적으로 지각하는 직원을 지적하고자 한 달간의 출근 기록을 모아 지적하는 것은 업무 효율이 낮은 직원에 대한 근태관리로 인정되므로 직장 내 괴롭힘에 해당하지 않는다.

ㄹ. 단순히 명확한 지시 없이 같은 업무를 수차례 재요청하는 것은 업무상 적정 범위를 넘었다고 판단하기 어려우므로 직장 내 괴롭힘에 해당하지 않는다.

ㅁ. 팀원들이 모두 있는 단체 대화방에서 업무 실수를 한 번 지적한 것은 그 행위가 반복적이지 않고 일회성에 그치므로 직장 내 괴롭힘에 해당하지 않는다.

39 직업윤리 문제 정답 ②

지원: 동양사회에서 윤리는 생명과 같이 필연적으로 맺는 관계를 천륜, 후천적으로 사회에서 맺는 관계를 인륜이라고 하므로 옳지 않은 내용이다.

따라서 윤리에 대해 바르게 이해하지 못한 사람은 '1명'이다.

오답 체크

선우: 윤리적 인간이란 눈으로 보이는 경제적 이익과 육신의 편안함보다는 도덕적 신념과 삶의 근본적 가치를 추구하는 사람이므로 옳은 내용이다.

예림: 윤리는 인간과 인간 사이에서 지켜야 할 도리를 바르게 하는 것으로서 사람이 둘 이상 존재할 때 발생하며 홀로 있을 때 의미가 없어지므로 옳은 내용이다.

승희: 윤리는 한자로 '인륜 윤(倫)'과 '다스릴 리(理)'를 사용하여 '倫理'로 표기하므로 옳은 내용이다.

40 직업윤리 문제 정답 ②

C: 윤리적 가치는 사회와 시대에 따라 조금씩 변화하므로 옳지 않은 설명이다.

D: 인간은 윤리적으로 살 때 사회질서를 유지하고 개인을 포함한 모든 이의 행복을 보장할 수 있으므로 옳지 않은 설명이다.

따라서 윤리에 대해 옳지 않은 설명을 한 사람은 '2명'이다.

오답 체크

A: 윤리는 공동생활과 협력을 필요로 하는 환경에서 공동 협력의 규칙이 반복되며 형성되므로 옳은 설명이다.

B: 윤리적 인간은 개인의 이익보다 공동의 이익을 추구하고 도덕적 가치 신념을 중요시하는 사람이므로 옳은 설명이다.

E: 윤리란 인간과 인간 사이에 지켜져야 할 도리를 바르게 하는 것 또는 인간 사회에 필요한 올바른 질서를 의미하므로 옳은 설명이다.

실전모의고사 4회

p.144

01	02	03	04	05	06	07	08	09	10
의사소통	의사소통	의사소통	의사소통	수리	수리	수리	수리	문제해결	문제해결
④	②	③	④	⑤	④	⑤	①	⑤	③
11	**12**	**13**	**14**	**15**	**16**	**17**	**18**	**19**	**20**
문제해결	문제해결	조직이해	조직이해	조직이해	조직이해	정보	정보	정보	정보
④	③	③	④	④	②	②	③	④	②
21	**22**	**23**	**24**	**25**	**26**	**27**	**28**	**29**	**30**
자원관리	자원관리	자원관리	자원관리	기술	기술	기술	기술	자기개발	자기개발
③	②	③	⑤	②	⑤	③	③	③	②
31	**32**	**33**	**34**	**35**	**36**	**37**	**38**	**39**	**40**
자기개발	자기개발	대인관계	대인관계	대인관계	대인관계	직업윤리	직업윤리	직업윤리	직업윤리
④	⑤	②	④	④	④	②	③	⑤	②

[01-02]

01 의사소통능력 문제 정답 ④

제시된 보도자료는 4차 산업혁명 시대를 맞이하여 국내외 철도교통전문가가 모인 철도 분야의 현재 및 미래를 조망하는 세미나가 개최되어 하이퍼튜브를 비롯한 철도 신기술이 소개되었다는 내용이므로 이 보도자료의 제목으로 가장 적절한 것은 ④이다.

02 의사소통능력 문제 정답 ②

6문단에서 철도 기술연구원은 실제 규모에 가까운 시제품을 개발해 세미나에서 공개하였으며, 향후 튜브의 온도변화에 따른 신축 이음부 거동, 진공 환경에서 재료 특성 시험 등을 진행할 계획이라고 하였으므로 가장 적절하다.

오답 체크

① 4문단에서 하이퍼튜브는 저가형 항공기보다 두 배 빠른 속도를 구현하는 것이 목표라고 하였으므로 적절하지 않다.

③ 3문단에서 하이퍼튜브는 자기부상열차라고 하였으므로 적절하지 않다.

④ 우리나라의 하이퍼튜브가 시험 운전에 성공하였다는 내용은 언급되지 않았으므로 알 수 없다.

⑤ 4문단에서 현재까지의 연구에 따르면 하이퍼튜브의 위험성은 비행기보다 낮고 우주선보다 약간 높다고 한 점에서 하이퍼튜브는 비행기보다 안전하고 우주선보다 약간 위험하다는 것을 알 수 있으므로 적절하지 않다.

[03-04]

03 의사소통능력 문제 정답 ③

2문단에서 별표 1의2인 철도차량정비기술자의 인정기준을 개정하였으며, 이 안에 따라 철도차량정비기술자 인정기준에서 자격별 경력점수의 배점 중 철도차량과 연관 있는 국가기술자격증을 취득하지 않은 사람에 대해 배점을 조정한다고 하였으므로 이 법에 따라 철도차량정비기술자로 인정받기 위해서는 철도차량과 관련된 국가기술자격증을 취득한 상태여야만 하는 것은 아님을 알 수 있다.

오답 체크

① 3문단에서 국토부 철도안전정책관은 입법 예고를 통해 다양한 의견을 합리적인 방향으로 수렴할 계획이며, 추후 시행될 제도를 통해 국민 안전이 계속해서 강화 및 확보될 수 있도록 노력하겠다고 하였으므로 적절하다.

② 2문단에서 개정된 내용에 따라 철도시설에는 역 시설 중 승강장, 대합실 등 안전사고 위험이 있는 시설과 고속철도 차량을 정비하는 기지, 변전소, 무인 기능실, 분기기, 국가 중요시설물로 지정된 교량 및 터널 등의 시설이 포함된다고 하였으므로 적절하다.

④ 1문단에서 국토교통부는 철도안전법 시행령 및 시행규칙 개정안을 입법 예고하였으며, 이 법에 따라 영상기록장치 설치 의무가 기존 철도차량에서 철도시설로 확대되었고 관련 법률 위반 시 부과되는 과태료 규정이 신설되었다고 하였으므로 적절하다.

⑤ 2문단에서 개정 이전까지 관제 업무종사자는 철도운행안전관리자로서 필요한 교육을 받지 않고 관련 자격을 얻을 수 있었으나, 개정안에서는 제60조 제1항 제1호인 관제 업무에 종사한 경력이 2년 이상인 경력자에 대한 자격기준을 삭제했다고 하였으므로 적절하다.

04 의사소통능력 문제 정답 ④

이 보도자료는 국토교통부에서 철도안전법 시행령 및 시행규칙 개정안에 대해 입법 예고를 하였으며, 해당 법률의 개정안은 철도차량·시설의 영상기록장치 설치, 철도차량 운전업무종사자 교육·기능시험 강화, 철도차량정비기술자 자격 강화 등을 골자로 한다는 내용의 보도자료이다.

2문단에서 개정안에서는 제60조 제1항 제1호인 관제 업무에 종사한 경력이 2년 이상인 경력자에 대한 자격기준이 삭제된다고 언급하고 있지만, 이는 철도운행안전관리자로서 필요한 교육을 받지 아니하고 자격을 부여받은 관제 업무종사자에 대해 타 분야 종사자와의 형평성과 현장 내 작업자의 안전 확보 등을 보장하고자 철도운행안전관리자의 자격 강화 측면에서 시행되는 것이며 관제 업무종사자의 자격 완화와는 관련 없는 내용이므로 가장 적절하지 않은 내용은 ④이다.

[05-06]

05 수리능력 문제 정답 ⑤

제시된 기간 동안 광주의 연평균 승차 인원은 (18,651 + 18,709 + 18,883 + 19,319 + 13,583) / 5 = 17,829천 명으로 18,000천 명 미만이므로 가장 적절하지 않은 설명이다.

오답 체크

① 2020년 승차 인원의 전년 대비 감소율은 부산-김해가 {(18,480 − 12,719) / 18,480} × 100 ≒ 31%, 서울이 {(1,916,172 − 1,395,869) / 1,916,172} × 100 ≒ 27%이므로 적절한 설명이다.

② 2018년 승차 인원이 전년 대비 감소한 운영기관 소재지는 부산, 대구, 부산-김해이고, 운영기관 소재지별 전년 대비 감소 인원은 부산이 338,850 − 336,243 = 2,607천 명, 대구가 163,349 − 162,837 = 512천 명, 부산-김해가 18,854 − 18,323 = 531천 명으로 승차 감소 인원이 가장 적은 운영기관 소재지는 대구이므로 적절한 설명이다.

③ 2019년 승차 인원은 모든 운영기관 소재지에서 전년 대비 증가하였으므로 적절한 설명이다.

④ 제시된 기간 중 용인의 승차 인원이 다른 해에 비해 가장 적은 2020년에 대전의 승차 인원은 용인의 승차 인원의 26,229 / 6,403 ≒ 4.1배로 4배 이상이므로 적절한 설명이다.

빠른 문제 풀이 Tip

① 분자가 크고 분모가 작을수록 분수 크기가 큼을 적용하여 구한다.
2020년 승차 인원의 전년 대비 감소 인원은 부산-김해가 18,480 − 12,719 = 5,761천 명, 서울이 1,916,172 − 1,395,869 = 520,303천 명임에 따라 감소율은 부산-김해가 $\frac{5,761}{18,480} \times 100$, 서울이 $\frac{520,303}{1,916,172} \times 100$이다. 부산-김해 감소율 분수식의 분모와 분자에 각각 100을 곱하면 $\frac{576,100}{1,848,000} \times 100$으로 부산-김해 감소율 분수식이 서울 감소율 분수식보다 분자는 크고 분모는 작아 감소율은 부산-김해가 서울보다 큼을 알 수 있다.

⑤ 승차 인원에서 선택지에 제시된 값을 뺀 값으로 구한다.
연도별 광주의 승차 인원에서 18,000천 명을 뺀 값은 2016년에 651천 명, 2017년에 709천 명, 2018년에 883천 명, 2019년에 1,319천 명, 2020년에 −4,417천 명이고, 이를 모두 더하면 651 + 709 + 883 + 1,319 − 4,417 = −855천 명으로 음수 값이 나옴에 따라 광주의 연평균 승차 인원은 18,000천 명 미만임을 알 수 있다.

06 수리능력 문제 정답 ④

일평균 승차 인원 = 해당 연도의 승차 인원 / 365임을 적용하여 구한다.

㉠ 2016년 서울의 일평균 승차 인원은 1,887,277 / 365 ≒ 5,171천 명이다.

㉡ 2020년 부산의 일평균 승차 인원은 246,495 / 365 ≒ 675천 명이다.

㉢ 2020년 광주의 일평균 승차 인원은 13,583 / 365 ≒ 37천 명이다.

㉣ 2016년 대전의 일평균 승차 인원은 39,947 / 365 ≒ 109천 명이다.

㉤ 2020년 의정부의 일평균 승차 인원은 9,774 / 365 ≒ 27천 명이다.

따라서 ㉠은 5,171, ㉡은 675, ㉢은 37, ㉣은 109, ㉤은 27이므로 가장 타당한 값은 ㉣이다.

빠른 문제 풀이 Tip

그래프의 길이와 자료의 값을 확인하여 소거되는 값이 있는지 먼저 확인한다.

㉠ 그래프에서 5,000천 명 이상으로 나타나지만, ㉠ 선택지는 5,000천 명 미만이므로 소거한다.

㉢ 일평균 승차 인원은 해당 연도의 승차 인원을 365로 나눈 값이므로 연도별 승차 인원이 많을수록 일평균 승차 인원도 많다. 광주는 2016년 승차 인원보다 2020년 승차 인원이 더 적으므로 일평균 승차 인원도 더 적어야 하지만, 그래프에서는 2020년이 2016년보다 더 높게 나타나므로 소거한다.

[07-08]

07 수리능력 문제 정답 ⑤

2015~2019년 중 적정원가가 가장 작은 2015년에 간접부서 경비는 연구관련 경비의 300 / 4 = 75배이므로 가장 적절하지 않은 설명이다.

오답 체크

① 2016년부터 2019년까지 영업비용 중 인건비는 매년 전년 대비 증가하였으므로 적절한 설명이다.

② 2019년 총수입은 26,420억 원으로, 2016년 총수입인 26,850억 원보다 적으므로 적절한 설명이다.

③ 2018년 기타 경비 중 감가상각비가 동력비보다 2,990 - 2,640 = 350억 원 더 많으므로 적절한 설명이다.

④ 2015~2019년 중 적정투자보수율이 가장 작은 해는 적정투자보수율이 4%인 2015년이므로 적절한 설명이다.

08 수리능력 문제 정답 ①

㉠ 2018년 총괄원가에서 적정원가가 차지하는 비중은 (25,500 / 30,000) × 100 = 85%이다.

㉡ 2019년 총괄원가에서 적정투자보수가 차지하는 비중은 (3,420 / 28,500) × 100 = 12%이다.

따라서 ㉠은 85, ㉡은 12인 ①이 정답이다.

[09-10]

09 문제해결능력 문제 정답 ⑤

'3. 산업재해 사망사고 감소대책 - 2)'에 따르면 위험 주체별 역할 재정립 및 책임 실천에 대한 세부 계획은 원청이 안전관리 책임 장소를 확대하는 것이고, 발주자가 공사 단계별 안전장치를 의무 신설하는 것이므로 산업재해 사망자 수 감축을 위해 원청은 안전관리 책임 공간을 늘리고, 발주자는 안전장치를 설치할 예정이라는 것은 가장 적절하다.

오답 체크

① '3. 산업재해 사망사고 감소대책 - 2)'에 따르면 혜택 제공 및 책임 부여에 대한 세부 계획은 안전 우수기업을 대상으로 산재보험료 인하 제도를 확대하는 것이므로 적절하지 않다.

② '1. 자살예방 국가행동 계획 - 2)'에 따르면 대상별 자살예방정책 추진에 대한 세부 계획은 연령대별 자살예방 대책 등을 추진하는 것이므로 적절하지 않다.

③ '3. 산업재해 사망사고 감소대책 - 1)'에 따르면 산업재해 사망자 수를 50% 감축하는 것이 산업재해 사망사고 감소대책의 목표이므로 적절하지 않다.

④ '2. 교통안전 종합대책 - 2)'에 따르면 교통안전 책임성 강화에 대한 세부 계획이 운전면허 제도 개선 및 음주운전 처벌 강화이므로 적절하지 않다.

10 문제해결능력 문제 정답 ③

㉢은 산업재해 사망사고 감소대책의 현장 관리 체계화 및 안전 인프라 강화에 대한 세부 계획을 요약한 내용이므로 가장 적절하지 않다.

[11-12]

11 문제해결능력 문제 정답 ④

'2. 입찰 참가 자격 - 나항'에 따르면 입찰 참가 자격이 충족되려면 전자입찰서 마감일 전일까지 조달청 국가종합전자조달(G2B)시스템에서 이용자 등록을 완료하면 되므로 가장 적절하지 않다.

오답 체크

① '1. 입찰에 부치는 사항 - 나항, 다항'에 따르면 전자입찰서 마감은 20X1. 06. 22. 18:00이고, 전자입찰서 개찰은 20X1. 06. 23. 15:00에 입찰진행관 PC에서 진행되므로 적절하다.

② '2. 입찰 참가 자격 - 라항'에 따르면 ○○공단 직원의 친족이 설립한 업체는 입찰 참가 자격 제한조건에 해당하지만, 업체의 설립일로부터 2년 이내의 범위에서만 적용되므로 적절하다.

③ '3. 입찰서 제출'에 따르면 본 입찰은 전자입찰로만 집행하여 조달청 G2B 홈페이지의 전자입찰시스템을 통해 입찰서 제출이 가능하고, 제출한 입찰서는 조달청 G2B 홈페이지 전자입찰시스템의 보낸 문서함에서 확인할 수 있으므로 적절하다.

⑤ '4. 예정가격 및 낙찰자 결정방법 - 다항'에 따르면 기준 사양을 충족하면서 동일한 최저가격으로 입찰한 자가 2인 이상인 경우 추첨으로 낙찰자가 결정되므로 적절하다.

12 문제해결능력 문제 정답 ③

상사의 지시 사항에 따르면 낙찰자가 되기 위한 기준 사양은 입찰가가 30,000,000원 이하, CPU가 i5 이상, Ram이 32GB 이상, SSD가 최소 512GB, 품질보증이 2년 이상이어야 하며, '4. 예정가격 및 낙찰자 결정방법 - 나항'에 따라 낙찰자는 기준 사양으로 입찰한 자 중 최저가격으로 입찰한 자로 결정된다. 따라서 귀하가 최종 낙찰자로 결정한 업체는 CPU가 i5, Ram이 32GB, SSD가 1TB, 보증기간이 3년이면서 입찰가로 26,000,000원을 제시한 '병 업체'이다.

[13-14]

13 조직이해능력 문제 정답 ③

제8조 제1항에 따르면 전결권자를 포함한 직무권한자의 유고 시에는 차하위 직위자 또는 직무를 대리하는 자가 그 직무를 대행해야 하지만, 특별히 중요하다고 인정되는 사항에 대해서는 차상위 직위자의 결재를 받아야 하므로 가장 적절하지 않다.

오답 체크

① [별표]에 따르면 사장 결재 사항 시행 조치의 전결권자는 처장과 부문장이므로 적절하다.

② 제7조 제3항에 따르면 공사 규정에서 전결 사항으로 열거되지 아니한 사항으로 그 전결 사항과 유사한 사항은 당해 전결권자가 전결할 수 있으므로 적절하다.

④ [별표]에 따르면 처장의 출장 및 휴·복직 등 근태에 관한 사항의 전결권자는 부문장이고, 직원의 출장 및 휴·복직 등 근태에 관한 사항의 전결권자는 팀장과 처장이므로 적절하다.

⑤ 제5조 제2항에 따르면 전결 사항 중 다른 부서와 관련이 있는 업무는 사전에 합의하여 처리하여야 하고, 그러지 못하는 경우에는 차상위 직위자의 결재를 받아야 하므로 적절하다.

14 조직이해능력 문제 정답 ④

정 씨는 사장 결재 사항 외 기본 계획 중 주요 사항을 수립하는 업무를 맡게 되었고, [별표]에 따르면 해당 업무의 전결권자에 팀장, 처장, 부문장이 해당한다.

따라서 위 사례의 결재라인으로 '소속 팀장 - 소속 처장 - 담당 부문장'이 가장 적절하다.

[15-16]

15 조직이해능력 문제 정답 ④

운영팀 관할 열차의 금년 최종 평가 점수와 그에 따른 평가 등급은 다음과 같다.

구분	열차 운행 체계	유지 관리 체계	최종 점수	등급
K-2861	(35+15+20)×0.7=49점	(42+28)×0.3=21점	49+21=70점	B
T-2946	(44+25+21)×0.7=63점	(50+40)×0.3=27점	63+27=90점	S
S-1576	(33+22+15)×0.7=49점	(50+30)×0.3=24점	49+24=73점	B
L-1733	(30+18+12)×0.7=42점	(45+35)×0.3=24점	42+24=66점	C
J-2467	(42+25+23)×0.7=63점	(36+34)×0.3=21점	63+21=84점	A

따라서 금년 평가 등급으로 C 등급을 받은 열차는 'L-1733'이다.

16 조직이해능력 문제 정답 ②

운영팀 관할 열차의 전년 최종 평가 점수와 그에 따른 평가 등급 및 금년 평가 등급은 다음과 같다.

구분	전년 최종 점수	전년 등급	금년 등급
K-2861	84점	A	B
T-2946	95점	S	S
S-1576	65점	C	B
L-1733	72점	B	C
J-2467	70점	B	A

따라서 금년 평가 등급이 전년 평가 등급보다 낮은 열차는 K-2861, L-1733으로 '2대'이다.

[17-18]

17 정보능력 문제 정답 ②

두 번째 Error Code의 FEV는 (42+28)/2=35로 세 번째 Error Code의 FEV인 (18+60)/2=39보다 작으므로 가장 적절하지 않은 설명이다.

오답 체크

① 첫 번째 Error Code의 FEV는 (38+72)/2=55이므로 적절한 설명이다.

③ 제시된 시스템 상태의 System Code는 D#으로 2개의 Error Code만 고려하면 되기 때문에 모든 Error Code의 평균값을 FEV로 지정하는 64#에서 Error Code 중 최댓값과 최솟값의 평균값을 FEV로 지정하는 32#으로 변경되어도 고려하는 Error Code가 달라지지 않아 입력할 Input Code는 같으므로 적절한 설명이다.

④ 첫 번째 Error Code의 FEV는 (38+72)/2=55로 SV(45)<FEV(55)이므로 FV=+1, 두 번째 Error Code의 FEV는 (42+28)/2=35로 SV(45)>FEV(35)이므로 FV=-1, 세 번째 Error Code의 FEV는 (18+60)/2=39로 SV(45)>FEV(39)이므로 FV=-1이다. 이에 따라 최종 FV는 +1-1-1=-1이므로 적절한 설명이다.

⑤ 최종 FV는 -1로 'FV=-1'에 해당하여 입력할 Input Code는 'YELLOW'이므로 적절한 설명이다.

18 정보능력 문제 정답 ③

제시된 시스템 오류 확인 절차를 통해 FV를 산출하면 System Code C#, System Type 64#임에 따라 첫 번째 Error Code의 FEV는 (23 + 30 + 31) / 3 = 28로 SV(30) > FEV(28)이므로 FV = -1, 두 번째 Error Code의 FEV는 (41 + 25 + 24) / 3 = 30으로 SV(30) = FEV(30)이므로 FV = 0, 세 번째 Error Code의 FEV는 (35 + 40 + 21) / 3 = 32로 SV(30) < FEV(32)이므로 FV = +1이다. 이에 따라 최종 FV는 -1 + 0 + 1 = 0이다.

따라서 최종 FV(0)가 'FV = 0'에 해당하므로 입력할 Input Code는 'ORANGE'이다.

[19-20]

19 정보능력 문제 정답 ④

내부 온도가 24℃ 이하 21℃ 초과일 때 TEM은 tva4이므로 내부 온도를 기준으로 EV는 LEVEL 2이고, 내부 습도가 30% 이상 40% 미만일 때 HUM은 E5이므로 내부 습도를 기준으로 EV는 LEVEL 1이다. 온도와 습도의 판단 기준이 상이하고 1 LEVEL 이하로 차이가 날 때 온도의 EV가 산출되어 EV로 LEVEL 2가 산출된다. 이때 내부 습도가 50%까지 올라가면 HUM은 내부 습도가 50% 이상 60% 미만일 때 제시되는 T7이 되어 내부 습도를 기준으로 EV는 LEVEL 3가 되고, 온도 판단 기준과 1 LEVEL 이하로 차이가 나므로 온도의 EV가 산출되어 동일하게 EV로 LEVEL 2가 산출되므로 가장 적절하지 않은 설명이다.

오답 체크

① 내부 습도가 30% 이상 40% 미만일 때 HUM이 E5이고, E5의 EV는 LEVEL 1이므로 적절한 설명이다.

② 내부 온도가 24℃ 이하 21℃ 초과일 때 TEM이 tva4이고, 내부 온도가 10℃ 이상 올라가면 34℃ 이하 31℃ 초과가 되어 TEM은 30℃ 초과 시 제시되는 tva1이 되므로 적절한 설명이다.

③ 내부 온도가 24℃ 이하 21℃ 초과일 때 TEM은 tva4이므로 EV는 LEVEL 2이고, 내부 습도가 30% 이상 40% 미만일 때 HUM은 E5이므로 EV는 LEVEL 1이다. 온도와 습도의 판단 기준이 상이하고 1 LEVEL 이하로 차이가 날 때 온도의 EV가 산출되어 EV로 LEVEL 2가 산출되므로 적절한 설명이다.

⑤ 내부 온도가 24℃ 이하 21℃ 초과일 때 TEM이 tva4이므로 적절한 설명이다.

20 정보능력 문제 정답 ②

제시된 자료에 따라 EV를 산출하면 TEM은 tva3이므로 내부 온도는 27℃ 이하 24℃ 초과이고, HUM은 B5이므로 내부 습도는 20% 이상 30% 미만이다. 내부 온도가 27℃ 이하 24℃ 초과일 때 EV는 LEVEL 1이고, 내부 습도가 20% 이상 30% 미만일 때 EV는 LEVEL 3이므로 온도와 습도의 판단 기준이 상이하고 2 LEVEL 이상으로 차이가 나는 경우에 해당하여 온도와 습도 각 EV의 평균값으로 EV가 산출된다.

따라서 시스템 상태에서 입력할 EV는 'LEVEL 2'이다.

[21-22]

21 자원관리능력 문제 정답 ③

[역사별 신청 사항]에 따르면 C 역은 쿨스카프 5개를 신청하였지만, 표에 따르면 토시 5개를 신청한 것으로 정리되어 있다.

따라서 신청 물품 내역이 잘못 정리된 역사는 'C 역'이다.

22 자원관리능력 문제 정답 ②

제시된 자료에 따르면 D 역은 여분 마스크 130매를 확보하여 D 역에 필요한 100매를 제외한 나머지 130 - 100 = 30매를 C 역에 전달하였다. C 역은 마스크 50매를 신청하였고, 본부에서는 C 역이 전달받은 매수만큼 차감하여 제공하고자 하므로 50 - 30 = 20매를 제공한다.

따라서 본부가 C 역에 제공할 마스크 매수는 '20매'이다.

[23-24]

[신입사원 부서 배치 조건]에 따르면 부서별 요구 인원은 생산부가 3명, 영업부가 1명, 인사부가 2명, 홍보부가 2명이고, 신입사원의 연수 부서와 1지망 부서를 최우선으로 고려하여 배치하므로 연수 부서와 1지망 부서가 홍보부로 동일한 '나'는 홍보부에 배치된다. 그다음 연수 부서와 1지망 부서가 다른 신입사원은 1지망 부서를 고려하여 배치하며 부서별 요구 인원보다 1지망 부서가 동일한 신입사원이 많을 경우 평가 점수가 높은 순서대로 우선 배치하므로 1지망 부서가 생산부인 '다', '바'는 생산부, 1지망 부서가 인사부인 '가', '마'는 인사부에 배치되고, 1지망 부서가 홍보부인 '라', '사', '아' 중 평가 점수가 가장 높은 '사'가 홍보부에 배치된다. 이때 1지망 부서에 배치되지 않은 신입사원은 2지망 부서를 고려하여 배치하며 평가 점수가 높은 순서대로 배치하므로 2지망 부서가 영업부인 '아'는 영업부에 배치되고, 2지망 지원부서에도 배치되지 않은 신입사원은 요구

인원을 채우지 못한 부서에 배치되므로 요구 인원을 채우지 못한 생산부에 '라'가 배치됨을 알 수 있다.

23 자원관리능력 문제 정답 ③

따라서 희망하는 부서에 배치되지 못한 신입사원은 '라'이다.

24 자원관리능력 문제 정답 ⑤

연수 부서와 1지망 부서를 최우선으로 고려하여 배치한다는 조건을 제외하고 배치하는 경우 1지망 부서를 고려하여 배치한다. 홍보부 요구 인원은 2명이고, 부서별 요구 인원보다 1지망 부서가 동일한 신입사원이 많을 경우 평가 점수가 높은 순서대로 우선 배치하므로 1지망 부서가 홍보부인 '나', '라', '사', '아' 중 평가 점수가 91점으로 가장 높은 '사'와 89점으로 두 번째로 높은 '아'가 홍보부에 배치된다.
따라서 홍보부에 배치되는 신입사원은 '사', '아'이다.

[25-26]

25 기술능력 문제 정답 ②

'3. 장치 등록/연결 - 3)'에 따르면 연결 완료 시 음성으로 연결 상태가 안내되므로 헤드폰과 휴대폰의 블루투스 연결이 완료되면 상태 표시등에 파란색이 켜진다는 것은 가장 적절하지 않다.

오답 체크

① '5. 휴대폰 통화 기능'에 따르면 통화 거부는 전원/통화/재생 버튼을 짧게 2회 누르면 되므로 적절하다.

③ '7. 문제해결'에 따르면 휴대폰에서 헤드셋/핸즈프리 기능을 지원하지 않을 경우 통화 기능을 사용할 수 없으므로 적절하다.

④ '4. 배터리 충전 및 확인 - 2)'에 따르면 헤드폰 사용 대기 중 볼륨 버튼의 -를 2초간 누르면 나타나는 상태 표시등에 따라 배터리 상태를 확인할 수 있으므로 적절하다.

⑤ '2. 전원 켜짐/꺼짐 - 2)'에 따르면 전원/통화/재생 버튼을 5초간 누르면 상태 표시등에 파란색이 깜빡이며 전원이 꺼지므로 적절하다.

26 기술능력 문제 정답 ⑤

'5. 휴대폰 통화 기능'에 따르면 송화음 차단 기능은 볼륨 버튼의 +를 2초간 누르면 활성화되므로 통화 중 볼륨 버튼의 +를 2초 동안 누르면 된다는 답변인 ⑤가 가장 적절하다.

[27-28]

27 기술능력 문제 정답 ③

'2. 여객열차(일반) 노선별 표시 규정'에 따르면 대전과 목포를 잇는 호남선 진달래호 여객열차의 번호는 451~500번이다. 또한, '5. 참고 규정'에 따르면 상행선 열차의 끝자리 번호는 짝수이고, 출발 순서에 따라 열차 번호가 부여되어 오전 6시에 출발하는 열차의 번호는 H452번, 오전 6시 30분 열차는 454번, 오전 7시 열차는 456번, 오전 7시 30분에 출발하는 네 번째 열차의 번호는 458번이다.
따라서 열차 번호 표시 규정에 대해 적절하지 않은 설명을 한 사람은 '병'이다.

오답 체크

① '1. 차종별 표시 규정'에 따르면 화물열차 중 영업을 마치고 기지로 들어가는 마지막 입고 열차의 첫 번째 열차 번호는 M이므로 적절하다.

② '2. 여객열차(일반) 노선별 표시 규정'에 따르면 영주와 김천을 잇는 경북선 진달래호 여객열차의 번호는 401~450번이다. 또한, '5. 참고 규정'에 따르면 하행선 열차의 끝자리 번호는 홀수이고, 출발 순서에 따라 열차 번호가 부여되어 두 번째 열차 번호의 끝자리는 3이므로 적절하다.

④ '1. 차종별 표시 규정'에 따르면 여객열차(일반) 중 영업을 위해 기지에서 나오는 첫 번째 출고 열차의 첫 번째 열차 번호는 H이고, '2. 여객열차(일반) 노선별 표시 규정'에 따르면 전라선 선범호 여객열차의 번호는 151~200번이다. 또한, '5. 참고 규정'에 따르면 상행선 열차의 끝자리 번호는 짝수이고, 출발 순서에 따라 열차 번호가 부여되어 첫 번째 열차 번호의 끝자리는 2이므로 적절하다.

⑤ '2. 여객열차(일반) 노선별 표시 규정'에 따르면 호남선 STX 여객열차의 번호는 651~700번이다. 또한, '5. 참고 규정'에 따르면 출발 순서에 따라 번호가 부여되어 오후 12시에 출발하는 열세 번째 열차의 번호는 675번이므로 적절하다.

28 기술능력 문제 정답 ③

'2. 여객열차(일반) 노선별 표시 규정'에 따르면 서울과 부산을 잇는 경부선 진달래호 여객열차의 번호는 301~350번이다. 또한, '5. 참고 규정'에 따르면 하행선 열차의 끝자리 번호는 홀수이고, 오전 6시부터 30분 간격으로 출발 순서에 따라 열차 번호가 부여되어 오전 8시에 서울에서 부산으로 출발하는 다섯 번째 열차의 번호는 309번이다.
따라서 귀하가 두고 내린 업무 자료가 있는 열차의 번호는 '309번'이다.

29 자기개발능력 문제 정답 ③

㉠ 단계는 '경력 중기' 단계이고, 퇴직에 대한 개인적인 고민이 발생하는 시기는 '경력 말기' 단계에 대한 설명이므로 가장 적절하지 않다.

더 알아보기

경력개발 단계

직업 선택	자신에게 적합한 직업을 탐색하고 이에 필요한 능력을 키우는 단계
조직 입사	자신이 선택한 경력 분야에서 원하는 조직의 일자리를 얻으며 직무를 선택하는 단계
경력 초기	직무와 조직의 규칙, 규범에 대해 배우며 자신의 입지를 다지는 단계
경력 중기	자신이 그동안 성취한 것을 재평가하고 생산성을 그대로 유지하는 단계
경력 말기	자신의 가치를 유지하기 위해 노력하는 동시에 퇴직을 고려하는 단계

30 자기개발능력 문제 정답 ②

개인의 욕구와 작업 환경의 요구가 일치하지 않을 경우 개인은 일치 수준을 높이기 위한 적절한 행동으로 직업 적응을 달성한다고 하였으므로 개인의 노력만으로 자신의 욕구와 작업 환경 간의 불일치를 해결할 수 없다는 것이 가장 적절하지 않다.

오답 체크

① 개인의 욕구와 작업 환경의 일치 수준이 높을수록 개인의 만족도가 높아진다고 하였으므로 적절하다.

③ 개인은 자신과 작업 환경의 만족도가 같아질 경우 오랫동안 직업을 유지한다고 하였으므로 적절하다.

④ 능동적 적응은 개인이 작업 환경의 체계나 수준을 바꾸기 위해 행동하거나 영향력을 행사하는 것이라고 하였으므로 적절하다.

⑤ 개인은 직업 적응 과정에서 실패하더라도 적응 행동을 계속해나간다고 하였으므로 적절하다.

31 자기개발능력 문제 정답 ④

㉠ 단계는 '각 대안의 분석 및 평가' 단계로, 가격할인 방법을 적용했을 때의 예상 소요 비용 및 기대 효과에 대해 분석하여 평가하라는 내용이 가장 적절하다.

오답 체크

① 소요 비용, 소요 시간, 기대 효과 등 해결책 선정 시 고려할 사항을 정하는 것은 '의사결정 기준과 가중치 결정' 단계에 해당하므로 적절하지 않다.

② 매출을 높이기 위한 효과적인 방법을 자유롭게 제시하는 것은 '가능한 모든 대안 탐색' 단계에 해당하므로 적절하지 않다.

③ 대안 적용 결과 어떤 변화가 있었는지 조사한 후 개선 방향을 보고하는 것은 '의사결정 결과 평가 및 피드백' 단계에 해당하므로 적절하지 않다.

⑤ 매출이 줄어든 매장들을 조사하여 매출 감소 원인을 종합 분석하는 것은 '문제의 근원 파악' 단계에 해당하므로 적절하지 않다.

32 자기개발능력 문제 정답 ⑤

자아 인식 방법에는 스스로 질문을 통해 알아내는 방법, 다른 사람의 의견을 활용하는 방법, 표준화된 검사 도구를 활용하는 방법으로 크게 세 가지가 있다. 일과 관련하여 다른 사람이 알 수 없는 자신을 알기 위해 스스로 일과 관련한 자신의 목표나 성격의 장단점을 물어볼 수 있고, 다른 사람과의 대화를 통해 자신이 지나쳤던 부분이나 타인이 판단하는 자신의 모습을 알 수 있다. 또한, 표준화된 검사 도구는 자신을 다른 사람과 객관적으로 비교할 수 있는 척도를 제공하므로 진로 계획 및 직업 결정에 도움을 받을 수 있다.
따라서 자아 인식에 대한 설명으로 자신을 객관적으로 평가할 수 없는 타인의 의견은 배제하는 것이 좋다는 것은 가장 적절하지 않다.

33 대인관계능력 문제 정답 ②

윈-윈(Win-Win) 전략 기반의 갈등 해결 방법은 7단계로 구성되어 있으며, 1단계는 충실한 사전 준비, 2단계는 긍정적인 접근 방식, 3단계는 서로의 입장을 명확히 하기, 4단계는 윈-윈에 기초한 기준에 동의하기, 5단계는 몇 가지 해결책을 제시하기, 6단계는 몇 가지 해결책 평가하기, 7단계는 해결책을 선택하고 실행에 대한 동의하기이다.
따라서 S 씨가 K 씨에게 서로가 원하는 바를 얻기 위해 해결책을 찾는 것임을 전달하는 것은 자신의 윈-윈 의도를 명시하는 2단계에 해당하는 내용이므로 가장 적절하지 않다.

더 알아보기

윈-윈(Win-Win) 전략 기반의 갈등 해결 방법

1단계	충실한 사전 준비	· 비판적인 패러다임 전환 · 자신의 위치와 관심사 확인 · 상대방의 입장과 드러내지 않은 관심사 연구
2단계	긍정적인 접근 방식	· 상대방의 요구사항을 생각해보았다는 점 인정 · 자신의 윈-윈 의도 명시 · 윈-윈 절차에 임할 의지가 있는지 확인
3단계	서로의 입장을 명확히 하기	· 동의하는 부분 인정 · 기본적으로 다른 부분 인정 · 자신이 이해한바 점검
4단계	윈-윈 기초 기준에 동의	· 상대방에게 중요한 기준 확인 · 자신에게 중요한 기준 전달
5단계	해결책 제시	· 몇 가지 해결책 제시
6단계	해결책 평가	· 몇 가지 해결책 평가
7단계	해결책 선택	· 해결책 선택 후 실행에 대한 동의

34 대인관계능력 문제 정답 ④

C: 협상 시 상대가 협상에 대한 책임을 질 수 있고 타결 권한을 가지고 있는 사람인지 확인하고 시작해야 하며 최고책임자는 협상의 세부 사항을 잘 알지 못하여 협상의 올바른 상대가 아니므로 적절하지 않다.

E: 협상 시 목표와 한계를 잃지 않도록 그것을 기록하고 기록한 내용을 길잡이로 삼아야 하며 더 많은 것을 얻기 위해 목표와 한계를 바꿀 수 있으므로 적절하지 않다.

따라서 협상에서 나타나는 실수와 그에 대한 대처방안에 대한 설명이 적절하지 않은 직원은 'C, E'이다.

35 대인관계능력 문제 정답 ④

A: 타인의 필요를 자신의 것보다 앞세우는 경향이 있어 타인의 이익만큼 자신의 이익이 중요하다는 것을 인식해야 하는 유형은 '친화형'이다.

B: 자기중심적이고 경쟁적이며 자신의 이익을 우선적으로 생각하는 경향이 있어 타인의 이익을 배려하는 노력이 필요한 유형은 '실리형'이다.

C: 타인의 감정에 무관심한 경향이 있어 타인의 감정 상태에 관심을 지니고 긍정적인 감정을 부드럽게 표현하는 노력이 필요한 유형은 '냉담형'이다.

따라서 A~C에 들어갈 대인관계 유형을 순서대로 바르게 나열한 것은 '친화형 – 실리형 – 냉담형'이다.

오답 체크

사교형: 외향적이고 쾌활하며 타인으로부터 인정받고자 하는 욕구가 강한 경향이 있어 타인에 대한 관심보다는 혼자만의 내면적 생활에 좀 더 깊은 관심을 지니는 노력이 필요한 유형이다.

지배형: 자기주장이 강하고 타인에 대해 주도권을 행사하는 경향이 있어 타인의 의견을 잘 경청하고 수용하는 노력이 필요한 유형이다.

고립형: 혼자 있거나 혼자 일하는 것을 좋아하며 감정을 잘 드러내지 않는 경향이 있어 대인관계의 중요성을 인식하고 조금 더 적극적인 노력이 필요한 유형이다.

36 대인관계능력 문제 정답 ④

고객 중심 기업은 실행한 서비스에 대한 재평가를 반복하여 시행함으로써 서비스를 지속해서 변화하고 개선하여 양질의 서비스를 제공하므로 가장 적절하지 않은 설명이다.

37 직업윤리 문제 정답 ②

매일·매주·매월 등 주기적으로 일을 하거나 계절 또는 명확한 주기가 없어도 계속 행해질 때 계속성이 있다는 점에서 활동 기간이 3주로 정해져 있는 자원봉사 활동은 계속성을 지니지 않으므로 가장 적절한 설명이다.

오답 체크

① 자발성은 상태의 속박 여부에 따라 결정되므로 적절하지 않은 설명이다.

③ 사회성은 사회 공동체적 맥락에서 의미를 보유하는지에 따라 결정되므로 적절하지 않은 설명이다.

④ 경제성은 경제적 거래 관계의 성립 여부에 따라 결정되므로 적절하지 않은 설명이다.

⑤ 윤리성은 비윤리적인 영리 행위 또는 반사회적인 활동 여부에 따라 결정되므로 적절하지 않은 설명이다.

더 알아보기

직업이 갖추어야 할 속성

계속성	매일·매주·매월 등 주기적으로 일을 하거나, 명확한 주기가 없어도 계속 행해져야 함
경제성	경제적 거래 관계가 성립되는 활동이어야 함

윤리성	비윤리적인 영리 행위나 반사회적인 활동을 통한 이윤추구는 직업 활동으로 인정되지 않음
사회성	사회 공동체적 맥락에서 의미 있는 활동이어야 함
자발성	속박된 상태에서의 제반 활동은 경제성이나 계속성의 여부와 상관없이 직업으로 보지 않음

38 직업윤리 문제 정답 ③

사회 과학적 연구에서 근면은 고난의 극복, 개인의 절제나 금욕 반영, 인내 요구라는 세 가지 개념적 특성을 가지므로 빈칸에 공통으로 들어갈 단어는 '근면'이다. 신뢰를 형성하고 유지하기 위해 필요한 가장 기본적이고 필수적인 규범은 '정직'이므로 빈칸에 공통적으로 들어갈 단어의 설명으로 가장 적절하지 않은 설명은 ③이다.

오답 체크

① 조직이나 타인 등 외부로부터 요구되는 근면보다는 개인의 성장과 자아의 확립, 행복하고 자유로운 삶을 살기 위한 근면으로 구현될 필요가 있으므로 적절한 설명이다.

② 근면한 것만으로 성공할 수 있는 것은 아니지만 근면은 성공을 이루게 하는 기본 조건이므로 적절한 설명이다.

④ 한국인의 이미지에 대한 조사에 따르면 근면과 일중독은 한국인의 대표적인 생활양식 이미지로 나타나므로 적절한 설명이다.

⑤ 근면은 외부로부터 강요당한 근면과 자진해서 하는 근면 두 종류가 있으므로 적절한 설명이다.

39 직업윤리 문제 정답 ⑤

㉡ 모든 직업인은 생계를 위해서뿐만 아니라 자신이 속한 조직의 번영을 위해서, 나아가 자신이 살고 있는 사회 전체의 발전을 위해서 봉사 정신과 강한 책임 의식을 가져야 하므로 적절한 설명이다.

㉢ 현대 사회의 직업인에게 봉사란 일 경험을 통해 다른 사람과 공동체에 대하여 봉사하는 정신을 갖추고 실천하는 태도를 의미하므로 적절한 설명이다.

㉣ 직업을 가진 모든 개인은 그 사회의 기능을 일부 나누어 맡아 수행함으로써 사회에 참여하기 때문에 자신이 속한 조직과 전체 사회 속에서 주어진 직분을 충실히 수행해야 하므로 적절한 설명이다.

따라서 봉사와 책임 의식에 대한 설명으로 적절한 것은 '㉡, ㉢, ㉣'이다.

오답 체크

㉠ 봉사는 원래 상대방을 위해 도움이나 물건을 제공해 주는 일을 통틀어 부르는 말이었으나 시대가 점점 지나면서 자원봉사에 가까운 뜻으로 한정되어 사용되고 있으므로 적절하지 않은 설명이다.

40 직업윤리 문제 정답 ②

직업윤리란 개인윤리를 바탕으로 각자가 직업에 종사하는 과정에서 요구되는 특수한 윤리 규범으로서 개인윤리의 연장선이므로 직업윤리가 개인윤리와 별도로 직업이라는 전문화된 분업체계로서 요구되는 특수한 윤리 규범이라는 것은 가장 적절하지 않다.

실전모의고사 5회

p.182

01	02	03	04	05	06	07	08	09	10
의사소통	의사소통	의사소통	의사소통	수리	수리	수리	수리	문제해결	문제해결
③	③	⑤	④	③	⑤	④	①	③	⑤
11	**12**	**13**	**14**	**15**	**16**	**17**	**18**	**19**	**20**
문제해결	문제해결	조직이해	조직이해	조직이해	조직이해	정보	정보	정보	정보
③	①	⑤	④	④	⑤	①	⑤	③	④
21	**22**	**23**	**24**	**25**	**26**	**27**	**28**	**29**	**30**
자원관리	자원관리	자원관리	자원관리	기술	기술	기술	기술	자기개발	자기개발
④	④	②	②	①	③	④	③	③	①
31	**32**	**33**	**34**	**35**	**36**	**37**	**38**	**39**	**40**
자기개발	자기개발	대인관계	대인관계	대인관계	대인관계	직업윤리	직업윤리	직업윤리	직업윤리
①	③	③	⑤	③	③	②	②	⑤	③

[01-02]

01 의사소통능력 문제 정답 ③

이 글은 기름 유출로 인한 해양오염 방지를 위해 흡유폐수를 처리하는 유수분리장치의 종류 및 원리와 각종 해난사고로 인해 이미 유출된 기름을 효과적으로 제거하는 기름 제거 기술의 필요성에 대한 내용이므로 이 글의 제목으로 가장 적절한 것은 ③이다.

02 의사소통능력 문제 정답 ③

CPI식 유수분리장치는 45도로 기울어진 파형 경사판이 설치되어 유입된 폐수 중 볼록한 부분의 수류에서 기름이 떠오르고 오목한 부분의 수류에서 부유물이 가라앉아 물과 기름을 분리한다고 하였으므로 폐수의 오목한 수류에서 가라앉은 기름을 여과하는 것을 CPI식 유수분리장치라고 하는 것은 아님을 알 수 있다.

오답 체크

① 최근 나노코팅 기술을 접목한 뜰채, 무인로봇 등 다양한 형태의 기름 제거 기술이 개발됐다고 하였으므로 적절하다.

② API식 유수분리장치는 기름과 물의 밀도 차이로 인한 부력을 활용하여 기름을 분리하는 방식이라고 하였으므로 적절하다.

④ PPI식 유수분리장치의 평행형 경사판은 API식 유수분리장치의 수평판보다 유효분리면적이 넓어 분리 성능을 향상한다고 하였으므로 적절하다.

⑤ PPI식 유수분리장치는 45도로 기울어진 평행형 경사판을 10cm 간격으로 설치한 구조이고, CPI식 유수분리장치는 45도로 기울어진 파형 경사판을 20mm 또는 40mm 간격으로 설치한 구조라고 하였으므로 적절하다.

03 의사소통능력 문제 정답 ⑤

공문서 작성 시 날짜는 숫자로 표시하고, 연, 월, 일의 구분은 글자 대신 마침표로 표기해야 하므로 가장 적절하다.

오답 체크

① 공문서 작성 시 성과 이름은 붙여 써야 하므로 적절하지 않다.

② 공문서 작성 시 국립국어원 등에서 선정한 행정용어 순화어를 활용하여 불필요한 한자어 사용을 지양해야 하므로 적절하지 않다.

③ 공문서 작성 시 숫자는 아라비아 숫자로 표기해야 하므로 적절하지 않다.

④ 공문서 작성 시 공공성 있는 표현을 사용하여 고압적이고 권위적인 표현을 지양해야 하므로 적절하지 않다.

04 의사소통능력 문제 정답 ④

제61조 제2항에서 대통령령으로 정한 철도사고 등을 제외한 철도사고가 발생한 경우 국토교통부장관에게 사고 내용을 조사하여 결과를 보고해야 한다고 하였으므로 가장 적절하지 않다.

오답 체크

① 제60조 제3항에서 국토교통부장관은 필요에 따라 철도운영자에게 사고 수습 등에 관한 지시를 할 수 있고 철도운영자는 특별한 사유가 없을 경우 이를 따라야 한다고 하였으므로 적절하다.

② 제40조의2 제5항에서 철도사고 발생 시 해당 차량의 운전업무 종사자와 여객승무원은 현장을 이탈해서는 안 되지만 국토교통부령으로 정한 특정 상황에서는 그러하지 않아도 된다고 하였으므로 적절하다.

③ 제60조 제1항에서 철도운영자 등은 철도사고 발생 시 사상자 구호, 유류품 관리, 여객 수송 및 철도시설 복구 등 인명피해와 재산피해를 최소화하고 정상적인 열차 운행에 필요한 조치를 해야 한다고 하였으므로 적절하다.

⑤ 제2조 제12호에서 철도차량의 운행에 지장을 주는 운행장애는 철도사고에 해당하지 않는다고 하였으므로 적절하다.

05 수리능력 문제 정답 ③

닮음비가 a:b인 두 평면도형의 넓이의 비는 $a^2:b^2$임을 적용하여 구한다.

A5 용지 넓이는 A4 용지 넓이의 $\frac{1}{2}$배이며, 가로와 세로 길이를 동일한 비율로 축소하므로 가로와 세로 길이는 각각 $\frac{1}{\sqrt{2}}$배 축소된다.

따라서 가로 길이의 축소비율은 $\frac{1}{\sqrt{2}}\times100 \fallingdotseq \frac{1}{1.414}\times100 \fallingdotseq$ 71%이다.

빠른 문제 풀이 Tip

분모를 유리화하여 계산한다.

$\frac{1}{\sqrt{2}}\times100=\frac{\sqrt{2}}{2}\times100 \fallingdotseq \frac{1.414}{2}\times100 \fallingdotseq 0.707\times100 \fallingdotseq 71\%$ 이다.

06 수리능력 문제 정답 ⑤

아내와 아들, 딸의 나이를 모두 곱하면 2,450이고 2,450을 소인수분해 하면 $2\times5^2\times7^2$이며, 아들과 딸의 나이 차이는 2살 이상 5살 이하이므로 가능한 경우는 아내, 아들, 딸 순으로 35세, 10세, 7세 또는 49세, 10세, 5세이다. 이에 따라 아내의 나이를 2배 하면 어머니와 딸의 나이 차와 같으므로 어머니의 나이는 35×2+7=77세 또는 49×2+5=103세이다. 이때 어머니의 환갑잔치가 2000~2009년에 진행되어 어머니의 2020년 나이는 72살에서 81살 사이이므로 어머니는 77세, 아내는 35세, 아들은 10세, 딸은 7세임을 알 수 있다. 어머니와 안 부장의 나이 차는 아내의 나이와 같으므로 안 부장의 나이는 77－35=42세이다.

따라서 안 부장의 2020년 나이는 42세이므로 2021년 나이는 '43세'이다.

07 수리능력 문제 정답 ④

19~29세의 삶의 만족도는 60대 이상의 삶의 만족도의 6.8/5.6 ≒ 1.2배이므로 가장 적절한 설명이다.

오답 체크

① 연령별 삶의 만족도는 60대 이상이 가장 낮아 60대 이상의 삶을 개선할 정책이 최우선으로 시행되어야 하므로 적절하지 않은 설명이다.

② 19세 이상 인구의 삶의 평균 만족도는 (6.8+6.5+6.3+5.7+5.6) / 5=6.18점이므로 적절하지 않은 설명이다.

③ 30대에게 가장 필요한 것은 30대의 삶의 만족도가 가장 낮은 항목인 사회보장과 복지이므로 적절하지 않은 설명이다.

⑤ 제시된 자료에서는 연령별 자살률을 알 수 없다.

08 수리능력 문제 정답 ①

제시된 [서비스별 지하철 이용 만족도] 자료의 모든 내용을 한 눈에 알아보기 쉽게 만든 자료로 가장 적절한 것은 다양한 요소를 비교할 때 활용되는 방사형그래프인 ①이다.

더 알아보기

- **꺾은선그래프**: 시간적 추이(시계열 변화)를 나타내고자 할 때 활용됨
- **막대그래프**: 비교하고자 하는 수량을 막대 길이로 표시하고, 각 수량 간의 대소관계를 나타내고자 할 때 활용됨
- **원그래프**: 내역이나 내용의 구성비를 분할하여 나타내고자 할 때 활용됨

09 문제해결능력 문제 정답 ③

D의 회원 여부에 따라 가능한 경우는 다음과 같다.

[경우 1] D가 회원인 경우

두 번째 조건의 대우에 의해 D가 회원이면 A는 회원이 아니고, 네 번째 조건에 의해 D가 회원이면 B는 회원이고 C는 회원이 아니다.

구분	A	B	C	D
회원 여부	X	O	X	O

[경우 2] D가 회원이 아닌 경우

첫 번째 조건의 대우에 의해 D가 회원이 아니면 C는 회원이 아니고, 세 번째 조건에 의해 D가 회원이 아니면 B는 회원이거나 C는 회원이 아니므로 A와 B의 회원 여부는 알 수 없지만 4명 중 최소 1명 이상은 산악회원이므로 A와 B 둘 중 한 명만 회원이거나 둘 다 회원임을 알 수 있다.

구분	A	B	C	D
회원 여부	알 수 없음	알 수 없음	X	X

따라서 D가 회원인 경우와 D가 회원이 아닌 경우 모두 C는 회원이 아니므로 항상 옳은 설명이다.

오답 체크

① D가 회원인 경우 A는 회원이 아니므로 항상 옳은 설명은 아니다.

② D가 회원인 경우 B는 회원이므로 항상 옳은 설명은 아니다.

④ D가 회원인 경우 B 또한 회원으로 B와 D의 회원 여부는 서로 같으므로 항상 옳은 설명은 아니다.

⑤ D가 회원이 아닌 경우 A, B, C, D 중 산악회원은 A와 B의 회원 여부에 따라 1명 또는 2명이므로 항상 옳은 설명은 아니다.

10 문제해결능력 문제 정답 ⑤

5명 중 1명만 거짓을 말하므로 E가 거짓을 말한다고 가정하면 나머지 A, B, C, D는 진실을 말하게 된다. 이에 따라 A는 D보다 키가 작고 B는 A보다 키가 작으므로 키가 큰 순서대로 나열하면 D, A, B 순이고, C는 A보다 키가 작고 D는 E보다 키가 작으므로 키가 큰 순서대로 나열하면 E, D, A, B 또는 C 순이다. 이때 E의 말이 거짓이면 E는 C보다 키가 작거나 C와 키가 같아야 하지만, E는 C보다 키가 크므로 모순이 된다.

따라서 반드시 진실을 말하는 사람은 'E'이다.

[11-12]

제시된 각 소매업체의 위치를 좌표로 나타내면 다음과 같다.

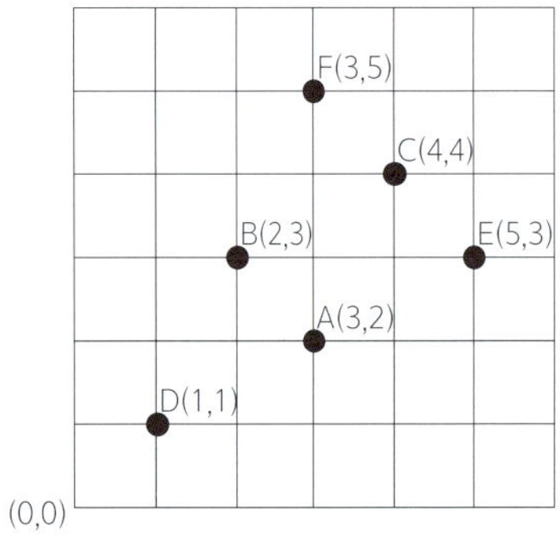

11 문제해결능력 문제 정답 ③

무게중심법을 적용하여 구한다.

각 소매업체의 x 좌표를 X, y 좌표를 Y, 각 소매업체까지의 거리 1당 배송비를 S라고 할 때,

물류센터에서 소매업체 A~F까지의 각 배송비의 합이 최소인 물류센터의 위치를 (a, b)라고 하면

$$a=\frac{\Sigma S \cdot X}{\Sigma S}=\frac{1\times3+1\times2+1\times4+1\times1+1\times5+1\times3}{1+1+1+1+1+1}=\frac{18}{6}=3$$

$$b=\frac{\Sigma S \cdot Y}{\Sigma S}=\frac{1\times2+1\times3+1\times4+1\times1+1\times3+1\times5}{1+1+1+1+1+1}=\frac{18}{6}=3$$

이에 따라 (a, b)는 (3, 3)이므로

물류센터에서 소매업체 A까지의 거리는 $|(3-3)|+|(3-2)|=1$,

물류센터에서 소매업체 B까지의 거리는 $|(3-2)|+|(3-3)|=1$,

물류센터에서 소매업체 C까지의 거리는 $|(3-4)|+|(3-4)|=2$,

물류센터에서 소매업체 D까지의 거리는 $|(3-1)|+|(3-1)|=4$,

물류센터에서 소매업체 E까지의 거리는 $|(3-5)|+|(3-3)|=2$,

물류센터에서 소매업체 F까지의 거리는 $|(3-3)|+|(3-5)|=2$ 이다.

따라서 물류센터에서 소매업체 A~F까지의 각 배송비의 합은 $1+1+2+4+2+2=12$이다.

12 문제해결능력 문제 정답 ①

무게중심법을 적용하여 구한다.

각 소매업체의 x 좌표를 X, y 좌표를 Y, 각 소매업체까지의 거리 1당 배송비를 S라고 할 때,

물류센터에서 소매업체 A~F까지의 각 배송비의 합이 최소인 물류센터의 위치를 (a, b)라고 하면

$$a=\frac{\Sigma S \cdot X}{\Sigma S}=\frac{1\times3+1\times2+1\times4+2\times1+2\times5+2\times3}{1+1+1+2+2+2}=\frac{27}{9}=3$$

$$b=\frac{\Sigma S \cdot Y}{\Sigma S}=\frac{1\times2+1\times3+1\times4+2\times1+2\times3+2\times5}{1+1+1+2+2+2}=\frac{27}{9}=3$$

이에 따라 (a, b)는 (3, 3)이므로

물류센터에서 소매업체 A까지의 거리는 $|(3-3)|+|(3-2)|=1$,

물류센터에서 소매업체 B까지의 거리는 $|(3-2)|+|(3-3)|=1$,

물류센터에서 소매업체 C까지의 거리는 $|(3-4)|+|(3-4)|=2$,

물류센터에서 소매업체 D까지의 거리는 $|(3-1)|+|(3-1)|=4$,

물류센터에서 소매업체 E까지의 거리는 $|(3-5)|+|(3-3)|=2$,

물류센터에서 소매업체 F까지의 거리는 $|(3-3)|+|(3-5)|=2$ 이다.

따라서 물류센터에서 소매업체 A~F까지의 각 배송비의 합은 $(1+1+2)+2\times(4+2+2)=20$이다.

13 조직이해능력 문제 정답 ⑤

마르코프 체인 분석은 미래의 어떤 시점에서 직원의 현재 직무에 대한 유지, 이동 및 승진, 이직할 확률을 구하는 이동 확률 매트릭스를 활용하여 인적자원공급을 예측하는 분석법이다. 따라서 미래의 어떤 시점에서 직원이 현재 직무를 이탈하는지의 여부를 예측할 수 있는 분석법은 '마르코프 체인 분석'이다.

더 알아보기

· **인적자원수요 예측**: 조직이 충원해야 할 조직 구성원의 양적·질적 수요를 예측하는 과정

델파이 기법	반복된 설문조사를 통해 여러 전문가의 의견을 종합하여 인적자원수요를 예측하는 기법
명목 집단 기법	조직에서 지정된 사람들이 회의에 참석하여 브레인스토밍 방식으로 아이디어를 제시한 뒤 토론하여 인적자원수요를 예측하는 기법
다중 회귀 분석	매출액, 생산량 등 인적자원수요에 영향을 미치는 2개 이상의 독립변수를 바탕으로 종속변수인 인적자원수요를 예측하는 기법
추세 분석	인적자원수요와 밀접한 관계의 특정 변수를 지정하여 과거 그 변수와 인적자원수요의 관계 변화 추이를 바탕으로 인적자원수요를 예측하는 기법

· **인적자원공급 예측**: 인적자원수요에 따라 필요한 인적자원을 공급할 수 있도록 조달 방법을 예측하는 과정

마르코프 체인 분석	미래의 특정 시점에서 조직 구성원이 현재 직무를 유지, 승진 또는 이동, 이직할 확률을 구하는 이동 확률 매트릭스를 통해 인적자원공급을 예측하는 기법
기능목록	특정 기술 또는 능력을 지닌 인적자원을 적재적소에 내부 공급할 수 있도록 조직 구성원의 직무 적합성에 대한 정보를 통합하여 정리하는 인적자원 공급 예측 기법
대체도표	조직 구성원의 업무 수행능력, 성과평가, 잠재력 등을 기록함으로써 조직 내 특정 직무의 공석을 가정하여 투입 가능한 인적자원공급을 예측하는 기법

14 조직이해능력 문제 정답 ④

사회책임투자의 관점에서 기업의 재무적 요소와 함께 고려하는 환경(Environment)·사회(Social)·지배구조(Governance)의 비재무적 요소를 나타내는 용어는 'ESG'이다.

오답 체크

① CSV(Creating Shared Value)는 기업의 이윤을 극대화하는 동시에 환경보호, 빈부격차 해소, 협력업체와의 상생 등 사회적 이익을 창출할 수 있는 기업의 사회적 참여 활동이므로 적절하지 않다.

② CRM(Customer Relationship Management)은 기업이 고객의 성향과 욕구를 미리 파악하여 고객 특성에 맞는 마케팅 전략을 구축하는 것이므로 적절하지 않다.

③ ERP(Enterprise Resource Planning)는 기업 내 생산, 물류, 재무, 회계, 영업 등 경영 활동 전반을 통합적으로 연계하여 관리하는 전사적 자원관리 시스템이므로 적절하지 않다.

⑤ PER(Price Earning Ratio)은 주가를 1주당 순이익으로 나눈 값으로, 주가가 1주당 수익의 몇 배인가를 나타내는 지표이므로 적절하지 않다.

15 조직이해능력 문제 정답 ④

한 명의 조직 구성원이 두 개의 보고 라인을 지니는 것은 매트릭스 조직에 대한 설명이므로 가장 적절하지 않다.

더 알아보기

매트릭스 조직

개념	· 서로 다른 기능부서에 속한 전문인력들이 기존의 기능부서를 유지하면서 특정 프로젝트를 수행하기 위해 프로젝트 관리자의 리드하에서 함께 일하는 조직 형태
특징	· 수직적 구조와 수평적 구조가 혼합된 형태 · 기능부서 관리자와 프로젝트 관리자에게 각각의 지시를 받고 보고하는 이중보고체계를 지님
장점	· 불안정한 환경에서 복잡한 의사결정과 빈번한 변화에 적절한 대응이 가능함 · 신속한 의사소통, 효율적인 자원 사용, 창조성 개발이 가능함
단점	· 이중보고체계로 인해 구성원들의 혼란이 발생함

16 조직이해능력 문제 정답 ⑤

카츠와 칸의 조직 유형 분류에 따르면 지방자치단체는 행정기관, 정당, 노조 등 사람이나 자원의 조정과 통제를 통해 조직의 관리와 통합을 추구하는 '정치적·관리적 조직'에 해당한다.

더 알아보기

카츠와 칸(Katz & Kahn)의 조직 유형 분류

유형	내용
적응 조직	적응 기능을 담당하며, 새로운 지식·이론 등을 창출하여 사회문제 해결에 기여하고 환경 적응을 추구하는 조직 예 대학, 연구기관 등
경제적·생산적 조직	목표 달성 기능을 담당하며, 조직원의 협력을 유도하여 수익 창출, 상품 제조, 서비스 제공 등의 조직 목표 달성을 추구하는 조직 예 공기업, 사기업 등
정치적·관리적 조직	사회 통합 및 관리 기능을 담당하며, 인적·물적 자원을 조정 및 통제하여 조직의 관리와 통합을 추구하는 조직 예 정당, 행정기관, 노조 등

형상 유지 조직	체제 유지 기능을 담당하며, 사회 질서를 유지하기 위해 다음 세대로 문화와 규범 등을 교육하여 구성원의 사회화를 추구하는 조직 예 학교, 종교단체, 가정 등

17 정보능력 문제 정답 ①

엑셀 프로그램에서 차트를 삽입하여 A 제품에 대한 장단기 매출 추이를 꺾은선그래프로 나타내야 하므로 차트 삽입 기능의 단축키인 'Alt + F1'이 가장 적절하다.

오답 체크

② Alt + F2: 다른 이름으로 저장
③ Alt + F4: 종료
④ Alt + D: 데이터 메뉴
⑤ Alt + I: 삽입 메뉴

18 정보능력 문제 정답 ⑤

'파밍'과 '스미싱'의 정의는 모두 올바르게 연결되어 있으므로 1번과 2번의 정답은 'O'이고, '랜섬웨어'에 연결되어 있는 정의는 '디도스'의 정의이므로 3번의 정답은 'X'이다.
따라서 강 사원은 세 문제의 정답을 모두 맞혔으므로 강 사원이 획득한 점수는 총 30 + 40 + 20 = 90점이다.

더 알아보기

- **랜섬웨어**: 인터넷 사용자의 컴퓨터 시스템에 침입하여 중요 문서나 스프레드시트, 그림 파일 등을 암호화하여 접근을 차단한 후 돈을 보내면 해독용 열쇠 프로그램을 전송해 준다며 금품을 요구하는 악성 프로그램

19 정보능력 문제 정답 ③

제시된 글에서 커뮤니티 초보자의 실수는 관대하게 용서하라고 하였으므로 신규 회원인 것을 감안하여 이용 수칙을 지키지 않은 것을 이해해주라고 조언하는 것이 가장 적절하다.

20 정보능력 문제 정답 ④

전 직원의 인적사항이 이름을 기준으로 오름차순으로 정리된 엑셀 파일에서 연구소 직원의 인적사항만 확인하고자 하므로 원하는 데이터만 나타내고자 할 때 사용하는 필터 기능의 단축키인 'Ctrl+Shift+L'이 가장 적절하다.

오답 체크

① Ctrl+F2: 인쇄 미리 보기
② Ctrl+T: 표 만들기
③ Ctrl+X: 잘라내기
⑤ Ctrl+Shift+T: 표에 요약 행 추가

21 자원관리능력 문제 정답 ④

공유 플랫폼으로 인해 일자리와 지위에 대한 불확실성이 증대되고 경쟁이 과열되면서 근로자의 고용 안정성을 위협할 수 있으므로 가장 적절하지 않다.

22 자원관리능력 문제 정답 ④

개인이 시간관리를 해야 하는 이유는 시간의 통제가 아니라 시간을 효과적으로 관리함으로써 '목표 성취, 생산성 향상, 스트레스 관리, 균형적인 삶'과 같은 좋은 결과를 얻는 데 있으므로 개인이 시간관리를 통해 얻을 수 있는 효과로 가장 적절하지 않은 것은 '시간 통제'이다.

23 자원관리능력 문제 정답 ②

업무 효율을 지속적으로 향상시키기 위해 'Plan(계획) – Do(실행) – Check(평가) – Act(개선)'의 4단계를 반복하는 PDCA 기법을 활용하여 생산 및 품질을 관리할 수 있으므로 빈칸에 들어갈 단어로 가장 적절한 것은 'Check'이다.

24 자원관리능력 문제 정답 ②

예산관리는 사업 및 활동에 소요되는 비용을 산정하는 것을 비롯하여 예산의 편성과 통제, 수립 및 집행과 관련된 활동을 말하므로 예산관리에 해당하는 활동으로 가장 적절하지 않은 것은 '예산통합'이다.

25 기술능력 문제 정답 ①

제시된 건의 사항에서 휠체어 이용자가 관리자 없이도 휠체어 리프트를 쉽게 이용하고 고장에 대처할 수 있도록 관련 정보를 제공할 것을 요청하고 있으므로 사용방법과 고장 조치방법 등 사용자가 알아야 할 정보를 기재한 지침서인 '매뉴얼'이 가장 적절하다.

26 기술능력 문제 정답 ③

기술 경쟁은 기술 시스템 사이의 경쟁이 이루어지는 단계를 의미하므로 가장 적절하지 않다.

더 알아보기

기술 시스템의 발전 단계

1단계	발명·개발·혁신 단계	· 기술 시스템이 탄생하고 성장하는 단계 · 시스템 디자인과 초기 발전을 추진하는 기술자의 역할 중요
2단계	기술 이전 단계	· 성공적인 기술이 다른 지역으로 이동하는 단계 · 시스템 디자인과 초기 발전을 추진하는 기술자의 역할 중요
3단계	기술 경쟁 단계	· 기술 시스템 사이의 경쟁이 이루어지는 단계 · 기업가의 역할 중요
4단계	기술 공고화 단계	· 경쟁에서 승리한 기술 시스템을 관성화하는 단계 · 자문 엔지니어와 금융전문가의 역할 중요

27 기술능력 문제 정답 ④

제품을 필요한 시기에 필요한 만큼 생산하여 공급함으로써 다품종 소량 생산 방식에 적합한 경영혁신기법은 JIT(Just-In-Time)에 대한 설명이므로 가장 적절하지 않다.

28 기술능력 문제 정답 ③

A: 기술은 더욱 발전된 방향으로 변화하려는 특성이 있어 끊임없는 연구와 개발에 대한 투자가 필요하므로 옳지 않은 설명이다.

B: 현재의 직장에 적합하고 성과를 향상할 수 있는 기술이라 할지라도 기술 적용 시 요구되는 비용이 성과 대비 합리적이어야 하므로 옳지 않은 설명이다.

D: 기술의 수명 주기가 짧아 단기간에 기술이 변화하거나 발전하는 기술을 적용하는 경우 기술의 가치가 떨어지므로 옳지 않은 설명이다.

오답 체크

C: 적용하고자 하는 기술이 회사의 비전과 전략에 맞추어 응용 가능성이 있는지를 고려해야 하므로 옳은 설명이다.

E: 환경의 변화나 경영혁신을 위해 기술을 적용할 때는 회사의 전략과 적용하는 기술의 조합이 이루어져야 하므로 옳은 설명이다.

29 자기개발능력 문제 정답 ③

PERMA 모델에서 제시하는 행복의 5가지 조건은 긍정적 정서(Positive emotion), 몰입(Engagement), 인간관계(Relationship), 삶의 의미(Meaning), 성취(Accomplishment)이므로 가장 적절한 것은 'Engagement'이다.

더 알아보기

PERMA 모델의 행복의 5가지 조건

긍정적 정서 (Positive emotion)	우리의 삶을 위협하는 부정적 요소들에 대한 심리적 면역력을 높여 긍정적인 결과를 유발하는 것
몰입 (Engagement)	'flow'라고도 하며, 자기도 모르는 사이 자연스럽게 빠져들어 자신의 감정에 대한 인식과 시간의 흐름도 잊고 한 가지 일에 집중하는 것
인간관계 (Relationship)	타인과 긍정적인 대인관계를 형성하는 것
삶의 의미 (Meaning)	삶의 의미와 목적이 가치 있다고 느끼는 것
성취 (Accomplishment)	남을 이기기 위함이나 돈을 벌기 위함이 아닌 성취 그 자체를 추구하는 것

30 자기개발능력 문제 정답 ①

경력개발 활동은 경력 계획 인식, 경력자원센터 활동, 개인의 가치관·관심사·역량 분석 등의 개인 차원과 경력개발 워크숍·세미나 실시, 인사평가, 인적자원계획 수립, 직무공시제도, 멘토링제도, 경력경로 개발 등의 조직 차원으로 나뉜다.
따라서 개인 차원의 경력개발 활동과 조직 차원의 경력개발 활동이 가장 올바르게 짝지어진 것은 ①이다.

31 자기개발능력 문제 정답 ①

진로적응성이란 변화하는 환경에 대처하고 적응하기 위해 주체적으로 자신의 행동, 감정, 태도를 변화시키는 능력으로, 관심, 통제, 호기심, 자신감의 4가지 차원으로 구성된다.
따라서 평생 한 번 있는 진로 선택의 중요성을 인지하고 결정에 신중을 가하는 책임과 관련이 있다는 것은 가장 적절하지 않다.

더 알아보기

진로적응성의 구성 요인

관심	직업에 대한 관심을 가지는 것으로, 미래를 긍정적으로 바라보고, 자신의 과거·현재·미래를 연결하여 계획을 세우는 경향을 의미함
통제	자신의 직업적 미래에 대한 통제력으로, 통제력이 높을수록 자신의 진로에 책임감을 가지고 주도적·자율적으로 의사결정을 함
호기심	자신이 직업 세계에 적합한지 체계적으로 탐구하려는 태도로, 자신과 환경에 대한 정보를 수집하여 선택에 현실성과 객관성을 부여함
자신감	문제 상황에서 자신이 성공할 수 있으리란 기대를 하는 것으로, 자신감과 통제를 바탕으로 문제를 해결하고 선택과 실행을 함으로써 자기효능감을 향상시킴

32 자기개발능력 문제 정답 ③

업무수행 성과 향상을 위한 행동 전략을 수립하기 위해서는 경쟁 상대이거나 자신을 시기하는 동료일지라도 먼저 정보를 공유하여 인적 방해를 최소화해야 하므로 가장 적절하다.

오답 체크

① 업무시간 외에도 노트북, 태블릿 PC 등을 활용하여 어디서든 업무를 처리할 경우 업무 지연을 방지할 수 있으므로 적절하지 않다.

② 다른 사람보다 특화된 자신의 능력을 파악하여 자신이 잘할 수 있는 업무를 맡을 경우 성과 향상에 도움이 되므로 적절하지 않다.

④ 다른 사람과 차별된 방향으로 접근하여 창의적인 방식으로 업무를 처리할 경우 더 좋은 해결책을 발견하거나 업무 효율성을 높일 수 있으므로 적절하지 않다.

⑤ 비슷한 업무를 묶어서 한 번에 처리할 경우 업무 수행 시간을 단축할 수 있으므로 적절하지 않다.

33 대인관계능력 문제 정답 ③

고객만족조사를 시행하여 고객의 요구를 파악하고 이에 대한 대응법을 모색하여 고객에게 양질의 서비스를 제공할 경우, 고객의 서비스 이용 욕구는 점차 향상되므로 가장 적절하지 않다.

34 대인관계능력 문제 정답 ⑤

고객 불만 처리 프로세스는 총 8단계로 1단계 경청, 2단계 감사와 공감표시, 3단계 사과, 4단계 해결약속, 5단계 정보파악, 6단계 신속처리, 7단계 처리확인과 사과, 8단계 피드백으로 이루어진다.

따라서 불만처리 후 고객에게 처리 결과 및 만족 여부를 묻는 7단계에 해당하는 ⑤가 가장 적절하다.

오답 체크

① 고객의 이야기를 듣고 문제점을 인정하여 고객에게 사과하는 3단계에 해당하므로 적절하지 않다.

② 선입관을 버리고 문제를 파악하며 고객의 항의를 경청하는 1단계에 해당하므로 적절하지 않다.

③ 잘못된 부분을 신속하게 시정하는 6단계에 해당하므로 적절하지 않다.

④ 최선의 해결방법을 찾기 어려울 경우 어떻게 해야 만족스러울지 고객에게 질문하는 5단계에 해당하므로 적절하지 않다.

35 대인관계능력 문제 정답 ③

왕홍 마케팅은 왕홍의 영향력을 활용한 바이럴 마케팅 전략이라고 하였으므로 영향력 있는 왕홍의 말과 행동을 통해 상대방을 설득하는 사회적 입증 전략을 취하는 것이 가장 적절하다.

오답 체크

① 연결 전략은 갈등을 유발한 사람과 갈등 관리자를 연결하여 상대방을 설득하는 전략이므로 적절하지 않다.

② 권위 전략은 직위나 전문성 등의 권위를 활용하여 상대방을 설득하는 전략이므로 적절하지 않다.

④ 호혜관계 형성 전략은 서로 혜택을 주고받는 호혜관계를 형성하여 상대방을 설득하는 전략이므로 적절하지 않다.

⑤ See-feel-change 전략은 상대방이 직접 보고 느끼고 변화하도록 설득하는 전략이므로 적절하지 않다.

36 대인관계능력 문제 정답 ③

(가) 팀원들이 서로 공손한 태도를 취하고, 위험이 적은 평범한 업무를 선호하는 팀의 발달 단계는 '형성기'에 해당한다.

(나) 누군가의 지시 없이도 팀원들이 스스로 해야 할 일을 찾아 업무를 수행하는 팀의 발달 단계는 '성취기'에 해당한다.

(다) 팀원들의 자발적인 성과 향상을 통한 팀의 발전을 위해 리더가 적절한 개입을 해야 하는 팀의 발달 단계는 '규범기'에 해당한다.

(라) 일부 팀원들이 리더의 능력 또는 인내의 한계를 시험하려 하는 팀의 발달 단계는 '격동기'에 해당한다.

따라서 팀의 발달 단계에 따라 (가)~(라)를 순서대로 바르게 나열하면 '(가) - (라) - (다) - (나)'가 된다.

37 직업윤리 문제 정답 ②

A 씨는 만취한 상태로 대중교통을 이용하면 승객들에게 피해가 갈 수 있다는 사실을 알았음에도 크게 일이 벌어지지는 않을 것이라고 대수롭지 않게 여겼으므로 자신의 행위가 비윤리적이라는 것은 알고 있지만 윤리적인 기준에 따라 행동해야 한다는 것을 중요하게 여기지 않는 비윤리적 행위의 원인인 '무관심'에 해당한다.

더 알아보기

비윤리적 행위의 원인

무지	무엇이 옳고 그른지 몰라 비윤리적 행위를 저지르는 것으로, 선을 달성하기 위한 수단적 덕목을 제대로 알지 못하는 경우가 이에 포함됨
무관심	자신의 행위가 비윤리적인 것은 자각하고 있지만 윤리적 기준에 따라 행동해야 한다는 것을 중요하게 여기지 않음
무절제	자신의 행위가 비윤리적인 것을 알고 이러한 행동을 하지 않으려고 노력함에도 불구하고 자신의 통제를 벗어난 요인으로 인해 비윤리적 행위를 저지름

38 직업윤리 문제 정답 ②

㉠ 쾌락을 가치 판단의 기준으로 삼아 윤리적 행위의 목적을 최대 다수의 최대 행복으로 보는 철학적 경향이라고 하였으므로 '공리주의'가 적절하다.

㉡ 어떠한 일을 행하거나 타인에 대하여 당연히 요구할 수 있는 힘이나 자격이라고 하였으므로 '권리'가 적절하다.

㉢ 개인의 욕구가 질적인 구분 없이 동등한 범주에 해당한다고 하였으므로 '공평성'이 적절하다.

따라서 빈칸에 들어갈 단어를 순서대로 바르게 나열하면 '공리주의 – 권리 – 공평성'이 된다.

39 직업윤리 문제 정답 ⑤

윤리적 사고 단계에 따라 (가)는 윤리적 판단과 행동, (나)는 윤리규칙, (다)는 윤리원칙, (라)는 윤리이론에 해당한다.

따라서 각 단계에 들어갈 말을 순서대로 바르게 나열하면 '윤리적 판단과 행동 – 윤리규칙 – 윤리원칙 – 윤리이론'이 된다.

40 직업윤리 문제 정답 ③

㉡ 직장 내에서 서열과 직위를 고려하여 자신이 속해 있는 회사의 관계자를 타 회사의 관계자에게 먼저 소개해야 하므로 옳은 설명이다.

㉢ 악수할 때에는 오른손을 사용하여 상대의 손을 가볍게 잡고, 상대를 바로 바라보며 미소를 지어야 하므로 옳은 설명이다.

오답 체크

㉠ 직장 내에서 서열과 직위를 고려하여 동료를 고객에게 먼저 소개해야 하므로 옳지 않은 설명이다.

㉣ 명함을 건넬 때에는 왼손으로 받치고 오른손으로 건네야 하며, 자신의 이름이 상대방을 향하도록 해야 하므로 옳지 않은 설명이다.

실전모의고사 6회

p.206

01	02	03	04	05	06	07	08	09	10
의사소통	의사소통	의사소통	의사소통	수리	수리	수리	수리	문제해결	문제해결
⑤	②	③	⑤	⑤	④	④	③	③	①
11	**12**	**13**	**14**	**15**	**16**	**17**	**18**	**19**	**20**
문제해결	문제해결	조직이해	조직이해	조직이해	조직이해	정보	정보	정보	정보
④	①	⑤	④	③	③	④	②	④	②
21	**22**	**23**	**24**	**25**	**26**	**27**	**28**	**29**	**30**
자원관리	자원관리	자원관리	자원관리	기술	기술	기술	기술	자기개발	자기개발
⑤	④	⑤	④	②	⑤	④	④	②	④
31	**32**	**33**	**34**	**35**	**36**	**37**	**38**	**39**	**40**
자기개발	자기개발	대인관계	대인관계	대인관계	대인관계	직업윤리	직업윤리	직업윤리	직업윤리
④	①	⑤	④	①	⑤	④	④	⑤	⑤

[01-02]

01 의사소통능력 문제 정답 ⑤

2문단에서 TF 활동을 통해 감정노동 전임 직원이 경찰서 동행 및 전화 상담 등으로 피해 직원을 지원한 사례는 총 338건이라고 하였으므로 TF를 통해 전화 상담 및 경찰서 동행 등의 지원을 받은 사례가 총 176건이라는 것은 가장 적절하지 않다.

오답 체크

① 2문단에서 □□교통공사는 감정노동 종사 직원에 대한 존중이 필요하다는 홍보 스티커를 역에 부착하고, 감정노동 매뉴얼을 제작하여 교육을 실시하는 등 피해를 사전에 방지하기 위한 노력을 이어갔다고 하였으므로 적절하다.

② 1문단에서 전동차에서 마스크 착용을 요청하는 직원에게 폭언이나 폭행을 가하는 사례뿐만 아니라 개인 방송을 중계하기 위해 상습적으로 역사 내에서 시위를 진행하여 다른 지하철 이용객에게 불편을 주는 사람들에게 폭언이나 폭행을 당하는 등의 사례가 있었다고 하였으므로 적절하다.

③ 2문단에서 2010년대 이후 감정노동의 중요성이 크게 부각되면서 다양한 사회적 안전망이 마련되었고, 그 대표적인 결과가 감정노동자보호법이라 불리는 산업안전보건법 개정안의 새로운 시행이라고 하였으므로 적절하다.

④ 3문단에서 서울 지하철은 고객과의 접점이 많아 감정노동의 빈도와 강도가 매우 높은 편이기 때문에 직원 보호를 위한 제도를 마련하였으며 제도 보완을 위해 최선을 다할 것이라고 하였으므로 적절하다.

02 의사소통능력 문제 정답 ②

2문단에서 감정노동 피해가 발생하여 피해 직원이 고소를 진행하는 경우 3일간의 심리 안정 휴가를 부여하고 진단서 발급비용, 치료비 등 금전적인 지원을 병행한다고 하였으므로 치료 비용을 지원한다는 답변인 ②가 가장 적절하다.

[03-04]

03 의사소통능력 문제 정답 ③

(다) 문단에서 시설 관리자가 열차 운행 중에도 선로 보수 작업에 투입되는 등 각종 위험에 노출되어 있었으나 드론을 비롯한 소형 보수 장비를 통한 시설물 점검이 가능해지면 인적 사고를 예방할 수 있게 될 것이라고 하였으므로 (다) 문단의 내용을 요약하면 '시설관리 분야의 드론 기술 운용과 전망'이 된다.

04 의사소통능력 문제 정답 ⑤

이 글은 4차 산업혁명 시대에 맞춰 철도안전 분야에 스마트 기술을 도입하여 더욱 강화된 안전관리 시스템을 구축한다는 내용이므로 이 글의 제목으로 가장 적절한 것은 ⑤이다.

[05-06]

05 수리능력 문제 정답 ⑤

제시된 기간 중 공항철도㈜의 무임승차 인원이 다른 해에 비해 가장 많은 2018년에 무임비용은 2016년과 2017년보다 적으므로 가장 적절하지 않은 설명이다.

오답 체크

① 2020년 운영기관별 연간승차 인원에서 무임승차 인원이 차지하는 비중은 신분당선㈜가 (8,153 / 57,854) × 100 ≒ 14.1%, 경기철도㈜가 (5,421 / 34,698) × 100 ≒ 15.6%로 신분당선㈜가 경기철도㈜보다 작으므로 적절한 설명이다.

② 2016년 전체 무임승차 인원은 189,284 + 10,288 + 3,969 + 2,983 = 206,524천 명이므로 적절한 설명이다.

③ 2018년 공항철도㈜ 승차 인원의 전년 대비 증가율은 연간승차 인원이 {(39,308 − 35,550) / 35,550} × 100 ≒ 10.6%, 무임승차 인원이 {(3,253 − 2,926) / 2,926} × 100 ≒ 11.2%로 연간승차 인원보다 무임승차 인원이 더 크므로 적절한 설명이다.

④ 2017년부터 2019년까지 한국철도공사 무임비용의 연평균은 (2,264 + 2,283 + 2,345) / 3 ≒ 2,297억 원이므로 적절한 설명이다.

06 수리능력 문제 정답 ④

㉠ 2020년 한국철도공사 무임승차 인원 1명당 무임비용은 (1,699 × 100,000,000) / (150,503 × 1,000) ≒ 1,129원이다.

㉡ 2020년 경기철도㈜ 무임승차 인원 1명당 무임비용은 (97 × 100,000,000) / (5,421 × 1,000) ≒ 1,789원이다.

따라서 ㉠은 1,129, ㉡은 1,789이므로 ㉡ − ㉠의 값은 1,789 − 1,129 = 660이다.

[07-08]

07 수리능력 문제 정답 ④

2015년부터 2019년까지 일반철도의 노선 수가 매년 다른 철도의 노선 수보다 많아 전체 철도 노선 수에서 매년 가장 큰 비중을 차지하는 철도는 일반철도이므로 가장 적절한 설명이다.

오답 체크

① 2019년 전체 철도 노선 수는 전년 대비 증가하였으므로 적절하지 않은 설명이다.

② 2019년 도시철도의 역 수는 같은 해 일반철도의 역 수보다 593 − 418 = 175개 더 많으므로 적절하지 않은 설명이다.

③ 2017년 철도 종류 중 시설 수에서 노선 수가 차지하는 비중이 50%를 초과하는 철도는 없으므로 적절하지 않은 설명이다.

⑤ 제시된 기간 동안 광역철도의 시설 수가 각각 2개로 서로 같은 2016년과 2017년에 광역철도의 역 수는 각각 1개로 서로 같으므로 적절하지 않은 설명이다.

08 수리능력 문제 정답 ③

제시된 자료에 따르면 2019년 고속철도 시설 수는 79개이지만, 이 그래프에서는 80개보다 높게 나타나므로 가장 적절하지 않은 그래프는 ③이다.

[09-10]

09 문제해결능력 문제 정답 ③

'행동강령 내재화 및 이행점검 강화'에 따르면 공직유관단체는 기관별 자체 행동강령 제·개정안 초안이 마련되었을 때 관련 안을 제출하고, 모든 공공기관은 기관별 자체 행동강령 제·개정안이 완료된 후에 관련 안을 제출해야 하므로 공직유관단체에서 자체 행동강령에 대한 제·개정안을 관련 안이 완료되는 시점에 한 번만 제출하면 된다는 것은 가장 적절하지 않다.

오답 체크

① '평가·환류를 통한 자율적 개선 노력 지원 확대'에 따르면 전년도 시책평가 우수기관은 3월까지 국가청렴정보시스템(청렴e시스템)에 부패방지 우수시책을 연 1회 등록해야 하므로 적절하다.

② '국민 생활 속 불공정 과제 개선 추진'에 따르면 중앙행정기관은 6월까지 연 1회 소관 업무 관련 생활 속 불공정 과제를 발굴하여 권익위에 제출해야 하므로 적절하다.

④ '생활 속 반칙과 특권 해소를 위한 대응체계 운영'에 따르면 광역지자체는 4월, 6월에 연 2회 지자체의 생활 적폐 개선과제를 발굴하여 대책안을 추진해야 하므로 적절하다.

⑤ '부정 청탁 근절을 위한 청탁금지법 규범력 강화'에 따르면 전 공공기관은 연 9회 청탁방지담당관 워크숍 또는 간담회에 참석해야 하므로 적절하다.

10 문제해결능력 문제 정답 ①

제시된 자료에 따르면 산업부 산하 ○○공공기관이 반부패 청렴 정책추진 지침과 관련하여 상반기에 협조해야 하는 사항의 건수는 다음과 같다.

협조사항	건수
부패방지 공정성 향상 과제 적극 발굴	6월 총 1건
5개년 반부패 종합계획 이행 실적 제출	1/4분기, 2/4분기 총 2건
생활 적폐 과제 개선대책 추진 및 홍보안 제출	1~6월 총 6건
청렴도 측정 및 부패방지 시책평가 기본계획 통보에 따른 자료 의견 제출	3월 내 총 1건
현지점검 대상기관 선정 통보에 따른 점검 사항 협조 - 청렴도 측정	상반기 총 1건

따라서 상반기에 협조해야 하는 사항의 건수는 총 1 + 2 + 6 + 1 + 1 = 11건이다.

[11-12]
11 문제해결능력 문제 정답 ④

'2. 기관별 요건 - 공익기관'에 따르면 문화재 관리법에 의거하여 국가가 지정한 문화재만 부역명 표기 대상에 해당하므로 공익기관 중 문화재 관리법에 따라 지방자치단체가 지정한 모든 문화재가 부역명 표기를 할 수 있다는 것은 가장 적절하지 않다.

오답 체크

① '2. 기관별 요건 - 다중 이용시설'에 따르면 특 2등급 이상의 호텔, 1,000세대 이상의 아파트 등이 표기 대상에 해당하므로 적절하다.

② '1. 공통사항 - 2)'에 따르면 서울시계 외 소재 기관이 역에서 반경 1km를 초과하는 경우 별도의 안내 표지판을 설치하는 조건으로 2km 이내까지 인정하므로 적절하다.

③ '2. 기관별 요건 - 기업체'에 따르면 중견기업 이상의 기관이 다수인 경우 1개만 표기할 수 있으므로 적절하다.

⑤ '2. 기관별 요건 - 학교'에 따르면 고등교육법 제2조에서 정한 학교는 표기 대상에 해당하므로 적절하다.

12 문제해결능력 문제 정답 ①

'1. 공통사항 - 2)'에 따르면 서울시계 내 기관은 역에서 반경 500m 이내에 위치하는 소재 기관이어야 하고, 서울시계 외 기관은 별도의 안내 표지판 설치를 조건으로 역에서 반경 2km 이내에 위치하는 소재 기관이어야 하므로 소재지가 서울이고 역 내 반경 거리가 1.4km인 Y 대학원과 소재지가 대구이고 역 내 반경 거리가 2.1km인 L 백화점은 거리제한 기준에 부합하지 않는다. 이때 '1. 공통사항 - 3)'에 따르면 기본요건 및 거리제한 기준에 부합하는 기관이 두 곳 이상인 경우 우선순위가 더 높은 기관을 우선 선정하므로 우선순위가 3위인 N 종합병원은 선정되지 않고, 우선순위가 동일한 기관이 두 곳 이상인 경우 응찰 금액이 더 높은 기관을 우선 선정하므로 우선순위가 1위로 동일한 G 정부청사와 A 국공립 미술관 중 응찰 금액이 더 높은 G 정부청사가 선정된다.
따라서 최종 낙찰기관으로 선정되는 기관은 'G 정부청사'이다.

[13-14]
13 조직이해능력 문제 정답 ⑤

증가율 = {(기준 판매량 - 비교 판매량) / 비교 판매량} × 100임을 적용하여 구한다.
팀별 3분기 대비 4분기 실제 판매량 증가율과 그에 따른 평가 등급은 다음과 같다.

구분	3분기 대비 4분기 판매량 증가율	등급
TD1팀	{(38,200 - 30,400) / 30,400} × 100 ≒ 25.7%	S
TD2팀	{(34,000 - 32,600) / 32,600} × 100 ≒ 4.3%	C
UJ1팀	{(33,000 - 30,100) / 30,100} × 100 ≒ 9.6%	C
UJ2팀	{(48,000 - 41,000) / 41,000} × 100 ≒ 17.1%	A
KE팀	{(35,000 - 31,500) / 31,500} × 100 ≒ 11.1%	B

따라서 3분기 대비 4분기 실제 판매량의 증가율을 기준으로 B 등급을 받은 팀은 'KE팀'이다.

14 조직이해능력 문제 정답 ④

제시된 자료에 따르면 C 등급을 받는 팀은 성과급을 받지 못한다. 이에 따라 C 등급을 받은 팀을 제외하고 팀별 평가 등급은 3분기 대비 4분기 실제 판매량의 증가율을 기준으로 TD1팀이 S 등급, UJ2팀이 A 등급, KE팀이 B 등급이므로 TD1팀이 500,000원, UJ2팀이 400,000원, KE팀이 300,000원을 받고, 4분기 실제 판매량의 목표 판매량 달성률을 기준으로 TD2팀이 B 등급, UJ1팀이 A 등급, UJ2팀이 B 등급이므로 TD2팀과 UJ2팀이 300,000원, UJ1팀이 500,000원을 받는다.
따라서 TD1팀이 500,000원, TD2팀이 300,000원, UJ1팀이 500,000원, UJ2팀이 400,000 + 300,000 = 700,000원, KE팀이 300,000원을 받으므로 가장 많은 성과급을 받은 팀은 'UJ2팀'이다.

빠른 문제 풀이 Tip

C 등급을 받는 팀은 성과급을 받지 못하므로 B 등급 이상을 받은 팀은 3분기 대비 4분기 실제 판매량의 증가율을 기준으로 TD1팀, UJ2팀, KE팀이고, 4분기 실제 판매량의 목표 판매량 달성률을 기준으로 TD2팀, UJ1팀, UJ2팀이다. 제시된 성과급 중 가장 높은 성과급을 받게 되는 목표 판매량 달성률 기준 S 등급을 받은 팀은 없고, 제시된 팀 중 두 기준을 모두 충족하여 성과급을 받은 팀은 UJ2팀뿐이므로 가장 많은 성과급을 받은 팀은 'UJ2팀'이다.

[15-16]
15 조직이해능력 문제 정답 ③

5명의 2주 동안의 근무 시간은 다음과 같다.

구분	1주 차	2주 차	총 근무 시간
김재민	41시간	41시간	82시간
이은지	46시간	30시간	76시간
심재은	46시간	32시간	78시간
홍기태	51시간	36시간	87시간

2주간의 총 근로 시간이 80시간을 초과한 직원은 김재민이고, 2주간의 총 근로 시간이 80시간을 초과하면서 특정주의 근로 시간이 48시간을 초과한 직원은 홍기태이다. 이에 따라 김재민이 받은 연장 근로 수당은 80시간을 초과한 2시간에 해당하는 15,000 × 2 = 30,000원이고, 홍기태가 받은 연장 근로 수당은 근로 시간이 더 긴 87 − 80 = 7시간에서 더 짧은 51 − 48 = 3시간을 차감한 4시간에 해당하는 15,000 × 4 = 60,000원이다.
따라서 연장 근로 수당을 받을 수 있는 김재민, 홍기태가 받은 연장 근로 수당의 총액은 30,000 + 60,000 = 90,000원이다.

16 조직이해능력 문제 정답 ③

특정주의 최대 근로 시간은 60시간이고, 이은지는 월요일부터 목요일까지 총 50시간을 근무하였으므로 10시간을 연장하여 근무할 수 있다. 이때 이은지는 금요일에 오전 5시부터 근무를 시작하여 최대 근로 시간까지 근무하였으므로 12시부터 13시까지 1시간의 점심시간을 제외한 16시까지 근무하게 된다.
따라서 이은지의 3주 차 금요일의 퇴근 시간은 '오후 4시'이다.

[17-18]

17 정보능력 문제 정답 ④

제시된 Error 확인 절차를 통해 Input Value를 산출하면
Return Type이 JSON Type이므로 Result Value = A(2) + (J(3) × 4) = 2 + 12 = 14이다.
따라서 Result Value(14)는 10 초과~15 이하의 값에 해당하여 시스템 모드는 일반 모드이므로 입력할 Input Value는 'NO1'이다.

18 정보능력 문제 정답 ②

제시된 Error 확인 절차를 통해 Input Value를 산출하면
Return Type이 XML Type이므로 Result Value = {E(1) + (B(3.5) × 3)} × 2 = 11.5 × 2 = 23이다.
따라서 Result Value(23)는 20 초과~25 이하의 값에 해당하여 시스템 모드는 복구 모드이므로 입력할 Input Value는 'RE0'이다.

[19-20]

19 정보능력 문제 정답 ④

제시된 시스템 오류 확인 절차를 통해 Result Value를 산출하면
Error Code가 대문자(R), Hazard(6) × Weight(5) × 2 = 60,
Error Code가 소문자(c), Hazard(4) × Weight(3) = 12,
Error Code가 소문자(f), Hazard(7) × Weight(1) = 7이므로
최종 Result Value는 60 + 12 + 7 = 79이다.
따라서 최종 Result Value(79)가 70 초과~80 이하의 값에 해당하여 시스템 상태는 '위험'이므로 입력할 Input Code는 'Crtc3'이다.

20 정보능력 문제 정답 ②

제시된 시스템 오류 확인 절차를 통해 Result Value를 산출하면
Error Code가 대문자(N), Hazard(1) × Weight(6) × 2 = 12,
Error Code가 대문자(H), Hazard(1) × Weight(3) × 2 = 6,
Error Code가 소문자(u), Hazard(7) × Weight(4) = 28,
Error Code가 소문자(d), Hazard(2) × Weight(3) = 6이므로
최종 Result Value는 12 + 6 + 28 + 6 = 52이다.
따라서 최종 Result Value(52)가 50 초과~60 이하의 값에 해당하여 시스템 상태는 '주의'이므로 입력할 Input Code는 'Caut1'이다.

[21-22]

21 자원관리능력 문제 정답 ⑤

A~E 제품 중 에너지효율 선호 점수가 가장 높은 제품은 5점인 D 제품이므로 구매 희망 점수 = (가격 및 기본사양별 선호 점수 × 가중치)의 총합임을 적용하면 D 제품의 구매 희망 점수는 3 × 0.2 + 5 × 0.2 + 3 × 0.4 + 5 × 0.1 + 5 × 0.1 = 3.8점이다.

22 자원관리능력 문제 정답 ④

A~E 제품의 기본사양별 선호 점수는 다음과 같다.

구분	사용 면적 (0.2)	필터 (0.4)	에너지효율 (0.2)	무게 (0.2)
A 제품	4점	2점	4점	2점
B 제품	1점	3점	3점	5점
C 제품	3점	4점	3점	3점
D 제품	5점	3점	5점	5점
E 제품	5점	5점	1점	1점

이에 따라 A 제품의 구매 희망 점수는 (4+4+2)×0.2+2×0.4=2.8점,
B 제품의 구매 희망 점수는 (1+3+5)×0.2+3×0.4=3.0점,
C 제품의 구매 희망 점수는 (3+3+3)×0.2+4×0.4=3.4점,
D 제품의 구매 희망 점수는 (5+5+5)×0.2+3×0.4=4.2점,
E 제품의 구매 희망 점수는 (5+1+1)×0.2+5×0.4=3.4점
이다.
따라서 가중치를 조정하여 구매 희망 점수를 산출할 때, 구매 희망 점수가 가장 높은 제품은 'D 제품'이다.

[23-24]

23 자원관리능력 문제 정답 ⑤

[4월 스케줄]에 따르면 ◇◇타일 도장 업체가 4월에 시공한 바닥의 면적은 갑 공사에서 $40m^2$, 을 복지관에서 $22m^2$, 병 문화회관에서 $20m^2$, 정 빌딩에서 $60m^2$, 무 식당에서 $18m^2$이다.
따라서 ◇◇타일 도장 업체가 4월에 시공한 바닥의 총면적은 $40+22+20+60+18=160m^2$이다.

24 자원관리능력 문제 정답 ④

[시공 종류별 작업 비용]에 따르면 $1m^2$당 시공 가격은 타일 철거 후 시공이 8만 원, 타일 덧방 시공이 7만 원, 타일 신규 시공이 10만 원이므로 시공 장소별 작업 비용은 다음과 같다.

구분	작업 비용
갑	40×8=320만 원
을	22×7=154만 원
병	20×7=140만 원
정	60×10=600만 원
무	18×8=144만 원

따라서 ◇◇타일 도장 업체가 4월에 진행한 작업의 총 작업 비용은 320+154+140+600+144=1,358만 원이다.

[25-26]

25 기술능력 문제 정답 ②

'2. 세척 코스별 세부 사항 - 간편'에 따르면 간편 세척 코스는 코스 시간이 40분으로 세척 코스 중 유일하게 한 시간 내로 식기를 세척하지만, 세척 온도가 55℃로 민감 세척 코스보다 높으므로 가장 적절하지 않다.

오답 체크

① '2. 세척 코스별 세부 사항 - 강력'에 따르면 강력 세척 코스에서 추가로 선택 가능한 옵션은 스팀, 살균, 건조뿐이므로 적절하다.

③ '1. 제품 기능 - 세척 코스'에 따르면 초기 기본 코스인 표준 세척 코스에 따라 70분간 약 15L의 물을 사용하여 세척하므로 적절하다.

④ '3. 오류 표시에 따른 문제해결 방안'에 따르면 디스플레이에 C0가 표시되면 본체 내 세척이 필요하여 내부 세척 코스를 실시해야 하므로 적절하다.

⑤ '1. 제품 기능 - 시작'에 따르면 세척 코스와 옵션을 선택한 다음 3분 동안 시작 버튼을 누르지 않으면 자동으로 전원이 종료되므로 적절하다.

26 기술능력 문제 정답 ⑤

'1. 제품 기능 - 예약'에 따르면 세척 코스에 대한 예약 가능 시간은 최대 20시간이므로 가장 적절하지 않다.

오답 체크

① '1. 제품 기능 - 세척 코스'에 따르면 강력 세척 코스는 오염 정도가 높은 식기를 세척할 때 사용하는 코스이고, '2. 세척 코스별 세부 사항 - 강력'에 따르면 강력 세척 코스의 코스 시간은 90분이므로 적절하다.

② '1. 제품 기능 - 옵션'에 따르면 살균 세척 코스는 대장균, 살모넬라, 리스테리아에 대한 99.99% 살균 인증을 받았으므로 적절하다.

③, ④ '1. 제품 기능 - 세척 코스'에 따르면 민감 세척 코스는 온도에 민감한 플라스틱 그릇, 깨지기 쉬운 유리그릇 등 외부 자극에 민감한 식기를 세척할 때 사용하는 코스이므로 적절하다.

[27-28]

27 기술능력 문제 정답 ④

[고장 신고 전 확인 사항]에 따르면 P 로봇청소기가 청소 중 제자리에서 회전할 경우 먼지 통과 청소 브러시에 이물질이 걸려 있는 것은 아닌지 확인해야 하므로 정상적으로 작동하고 있던 P 로봇청소기가 갑자기 제자리에서 회전할 때 확인할 사항으로 ④가 가장 적절하다.

28 기술능력 문제 정답 ④

[고장 신고 전 확인 사항]에 따르면 제품에서 고무류 냄새가 나는 것은 제품 구입 초기 1개월 이내에 나타나는 증상이므로 고무 냄새가 나는 경우 냄새 발생 시점부터 1개월 뒤에 다시 확인하라는 것은 박사원의 답변 내용으로 가장 적절하지 않다.

29 자기개발능력 문제 정답 ②

고용노동부가 초과 근로는 줄이고 생산성은 높여 나가는 스마트 일터를 만들어가겠다고 하였으므로 초과 근로가 감소하면 전체 근로 시간이 줄어들어 생산성이 함께 줄어든다는 것은 가장 적절하지 않다.

30 자기개발능력 문제 정답 ④

㉠ 인간은 가족, 친구, 직장동료, 부하직원, 상사, 고객 등 많은 인간관계를 맺고 살아가고 있기 때문에 이를 고려하지 않고 계획을 수립하면 계획 실행에 어려움을 겪게 되므로 적절한 내용이다.

㉡ 자신을 브랜드화하는 방법은 자신을 다른 사람과 차별화하는 특징을 밝히고 이를 부각시키기 위해 지속적인 자기개발을 하며 알리는 것이므로 적절한 내용이다.

㉤ 자신이 수행해야 할 자기개발 방법을 명확하고 구체적으로 수립하면 효율성 있게 노력할 수 있으므로 적절한 내용이다.

따라서 자기개발 설계 전략으로 적절한 것은 '3개'이다.

오답 체크

㉢ 현재의 직무 상황과 만족도가 자기개발 계획 수립에 중요한 역할을 담당하기 때문에 현 직무를 담당하는 데 필요한 능력과 자신의 수준, 개발이 필요한 능력을 파악해야 하므로 적절하지 않은 내용이다.

㉣ 장기 목표는 자신의 욕구, 가치, 흥미, 적성 및 기대를 고려하여 수립해야 하고, 단기 목표는 직무 관련 경험, 개발해야 할 능력이나 자격증 등을 고려하여 수립해야 하므로 적절하지 않은 내용이다.

더 알아보기

자기개발 설계 전략

장단기 목표 수립	장기 목표는 자신의 욕구, 가치, 흥미, 적성 등을 고려하여 수립하고, 단기 목표는 장기 목표 달성을 위한 직무 관련 경험 및 개발 필요 능력 등을 고려하여 수립함
인간관계 고려	현재 맺고 있는 다양한 인간관계를 고려하여 수립함
현 직무 고려	현 직무에 필요한 능력, 이에 대한 자신의 수준, 개발해야 할 능력, 관련 적성 등을 고려해야 함
구체적인 계획	자기개발 방법을 구체적으로 수립하면 효율성 있게 노력할 수 있고, 진행 과정도 손쉽게 파악할 수 있음
자신의 브랜드화	자신을 다른 사람과 차별화하는 특징을 밝혀내고 이를 부각시키기 위해 지속적인 자기개발을 하며 알리는 것(PR)

31 자기개발능력 문제 정답 ④

㉠ 적은 급여에서 생활비로 쓰고 남은 돈을 적금과 보험에 투자하여 스포츠 센터 등록을 미룬 것은 자아실현의 욕구보다 두려움이나 혼란이 아닌 평정과 질서를 유지하려는 신체적·경제적·정서적 안정을 추구한 것이므로 '안전의 욕구'에 해당한다.

㉡ 팀 회식, 친구와의 약속, 연인과의 데이트 등으로 영어 회화 강의에 결석한 것은 자아실현의 욕구보다 사회 집단과의 상호작용을 통한 원활한 인간관계 유지를 추구한 것이므로 '사회적 욕구'에 해당한다.

따라서 ㉠, ㉡에 나타난 욕구를 순서대로 바르게 나열하면 '안전의 욕구 - 사회적 욕구'가 된다.

32 자기개발능력 문제 정답 ①

A: 연령, 금전, 시간 등의 문제는 '주변 상황의 제약'으로 인해 발생하는 자기개발 방해 요인이다.

B: 자신의 흥미, 장점, 라이프스타일 등을 충분히 이해하지 못한 상황은 '자기정보 부족'으로 인해 발생하는 자기개발 방해 요인이다.

따라서 A, B에 들어갈 자기개발 방해 요인을 순서대로 바르게 나열하면 '주변 상황의 제약 - 자기정보 부족'이 된다.

더 알아보기

자기개발 방해 요인

자기정보 부족	자신의 흥미, 장점, 가치, 라이프스타일을 충분히 이해하지 못함
내부 작업정보 부족	회사 내의 경력 기회 및 직무 가능성에 대해 충분히 알지 못함
외부 작업정보 부족	다른 직업이나 회사 밖의 기회에 대해 충분히 알지 못함
의사결정 시 자신감 부족	자기개발과 관련된 결정을 내릴 때 자신감이 부족함
일상생활의 요구사항	개인의 자기개발 목표와 일상생활 간의 갈등이 발생함
주변 상황의 제약	재정, 연령, 시간 등의 문제가 발생함

33 대인관계능력 문제 정답 ⑤

창의적인 문제 해결법은 조직원들이 자신의 실수나 잘못에 대해 스스로 책임지도록 동기를 부여하는 방법으로, 리더는 조직원이 문제를 해결하도록 지도하고 개입할 수 있으나 실질적인 해결책만큼은 조직원 스스로 찾을 수 있도록 분위기를 조성해 주는 것이 바람직하다.
따라서 빈칸에 창의적인 문제 해결법을 찾아서 조직원들의 내적 동기를 유발시켜야 한다는 내용이 가장 적절하다.

더 알아보기

조직원의 내적 동기를 유발시키는 7가지 방법

- 긍정적 강화법을 활용한다.
- 새로운 도전의 기회를 부여한다.
- 창의적인 문제 해결법을 찾는다.
- 자신의 역할과 행동에 책임감을 갖는다.
- 코칭을 한다.
- 변화를 두려워하지 않는다.
- 지속적으로 교육한다.

34 대인관계능력 문제 정답 ④

㉣, ㉥ '지시가 있어야 행동함', '판단, 사고를 리더에게 의존함'은 수동형의 특징에 해당한다.
㉡, ㉦, ㉧ '팀플레이를 함', '리더나 조직을 믿고 헌신함', '기쁜 마음으로 과업을 수행함'은 순응형의 특징에 해당한다.
㉠, ㉤, ㉧ '조직의 운영 방침에 민감함', '규정과 규칙에 따라 행동함', '사건을 균형 잡힌 시각으로 봄'은 실무형의 특징에 해당한다.
㉢ '일부러 반대 의견을 제시함'은 소외형의 특징에 해당한다.
따라서 팔로워십 유형과 그 특징이 가장 올바르게 짝지어진 것은 ④이다.

더 알아보기

팔로워십 유형별 자아상

- 소외형: 자립적, 일부러 반대 의견 제시, 조직의 양심
- 순응형: 기쁜 마음으로 과업 수행, 팀플레이, 리더나 조직을 믿고 헌신
- 실무형: 조직의 유형 방침에 민감, 균형 잡힌 시각으로 사건 검토, 규정과 규칙에 따라 행동
- 수동형: 판단 및 사고를 리더에게 의존, 지시가 있어야 행동
- 주도형: 건설적인 비판, 개성 및 창조적 특성, 적극적 참여와 실천, 주인의식, 기대 이상의 성과

35 대인관계능력 문제 정답 ①

A 사원은 갈등이 발생한 상대방과 서로가 받아들일 수 있는 결정을 하기 위해 중간 지점에서 타협점을 찾고 있다.
따라서 A 사원이 갈등을 해결하는 방법의 유형은 '타협형'이다.

더 알아보기

갈등 해결 방법

회피형	갈등 상황에 대하여 상황이 나아질 때까지 문제를 덮어두거나 위협적인 상황을 피하는 전략
경쟁형 (지배형)	상대방의 목표 달성을 희생시키면서 자신의 목표를 이루기 위해 전력을 다하는 전략
수용형	상대방의 관심을 충족하기 위해 자신의 관심을 희생하고 상대방의 의지에 따르는 전략
타협형	갈등 당사자들이 중간 정도 지점에서 타협하여 해결점을 찾는 전략
통합형 (협력형)	문제해결을 위해 서로 정보를 교환하면서 모두의 목표를 달성할 수 있는 윈-윈 해법을 찾는 전략

36 대인관계능력 문제 정답 ⑤

팀원 사이의 갈등을 발견하게 되면 리더는 제3자로서 재빨리 개입하여 갈등을 일으키는 구성원과의 비공개적인 미팅을 통해 갈등을 중재해야 하므로 공개적인 미팅을 진행해야 한다는 것은 가장 적절하지 않은 설명이다.

더 알아보기

팀워크 촉진 방법

동료 피드백 장려하기	팀 목표를 달성하도록 고무시키는 환경을 조성하기 위해 동료 피드백이 필요함
갈등 해결하기	팀원 사이의 갈등을 발견하게 되면 제3자로서 재빨리 개입하여 중재하고, 비공개적인 미팅을 통해 의견을 교환하여 갈등을 해결함
창의력 조성을 위해 협력하기	협력적인 분위기에서는 다른 관점을 가진 다양한 아이디어들이 자유롭게 제시되고, 어느 누구도 이의를 제기하지 않아 팀원 모두가 적극적이고 활기찬 모습을 갖게 됨
참여적으로 의사결정 하기	의사결정의 질과 구성원 동참을 고려하여 참여적으로 의사결정을 하면 개인에게 책임과 권한을 부여하고, 자신 있게 미래를 만들어 갈 수 있는 기회를 제공함

37 직업윤리 문제 정답 ④

윤리는 희랍어의 'ythos(품성)'와 'ehos(풍습)'에서 비롯하였고, 도덕은 라틴어의 'moris(품성 또는 풍습)'에서 비롯하여 윤리와 도덕은 어원이 서로 같은 말이므로 가장 적절하지 않은 설명이다.

38 직업윤리 문제 정답 ④

지원자 1: 부정직한 행위는 결국 또 다른 부정을 일으키는 결과를 초래하기 때문에 타협하거나 눈감아 주어서는 안 되므로 옳은 내용이다.

지원자 3: 매사에 정직한 태도를 지니며 정직과 신뢰를 조금씩 축적해 나가야 하므로 옳은 내용이다.

지원자 4: 관행은 부정직한 행위를 합리화하는 근거가 될 수 없어 관행일지라도 부정직한 것이라면 인정해서는 안 되므로 옳은 내용이다.

따라서 정직과 신용을 구축하기 위한 지침에 대한 질문에 바르게 답변한 사람은 총 '3명'이다.

오답 체크

지원자 2: 정직과 신용을 구축하기 위해서는 상품의 장점뿐만 아니라 결함과 단점까지도 솔직하게 이야기해야 하므로 옳지 않은 내용이다.

39 직업윤리 문제 정답 ⑤

문화 사업과 의료 사업 등 기업의 이익을 사회에 환원하고 낙후된 지역에 산업시설을 개발하여 지역사회에 공헌하는 것은 조직 외부에 대하여 바람직한 행위를 권장하는 대외적 적극적 기업윤리에 해당하므로 가장 적절하다.

오답 체크

① 조직 경영자가 기업 노조에 대한 권위적인 태도, 남녀 성차별, 최저 임금 미만의 급여 지급 등의 행위를 하지 않는 것은 조직 내부에 대하여 비윤리적인 행위를 금지하는 대내적 소극적 기업윤리에 해당하므로 적절하지 않다.

② 과장 광고, 정경유착 등의 불법적 경쟁 행위를 금하고 법의 허용 범위 안에서 공정하게 경쟁하는 것은 조직 외부에 대하여 비윤리적인 행위를 금지하는 대외적 소극적 기업윤리에 해당하므로 적절하지 않다.

③ 조직 구성원의 불법적이고 무분별한 회사 공금 사용과 경영자의 권한 남용을 금지하는 것은 조직 내부에 대하여 비윤리적인 행위를 금지하는 대내적 소극적 기업윤리에 해당하므로 적절하지 않다.

④ 조직 구성원의 인격 존중과 역량 개발의 기회를 부여하고 청렴한 기업 문화를 형성하는 것은 조직 내부에 대하여 바람직한 행위를 권장하는 대내적 적극적 기업윤리에 해당하므로 적절하지 않다.

40 직업윤리 문제 정답 ⑤

제시된 글에서 직업 활동을 통해 타인, 공동체에 대해 봉사하는 정신을 갖추고 실천하는 태도를 갖추어야 한다는 내용은 설명하고 있지 않으므로 가장 적절하지 않은 것은 '봉사 의식'이다.

오답 체크

① 역사 드라마 제작진들은 해당 분야에 대해 가지고 있는 지식을 밑바탕으로 성실히 수행할 수 있도록 '전문가 의식'을 가져야 하므로 적절한 내용이다.

② 역사 드라마 제작진들은 드라마 안에 담긴 역사적 사실을 시청자들에게 온전히 전달하는 중요한 역할임을 믿고 수행할 수 있도록 '직분 의식'을 가져야 하므로 적절한 내용이다.

③ 역사 드라마 제작진들은 드라마 제작에 대한 책무를 충실히 수행할 수 있도록 '책임 의식'을 가져야 하므로 적절한 내용이다.

④ 역사 드라마 제작진들은 자신의 일이 본인의 능력과 적성에 맞는다고 여기고 열성을 다해 성실히 임할 수 있도록 '천직 의식'을 가져야 하므로 적절한 내용이다.

더 알아보기

직업윤리의 일반적인 덕목

소명 의식	자신이 맡은 일은 하늘에 의해 맡겨진 일이라고 생각하는 태도
천직 의식	자신의 일이 자신의 능력, 적성에 꼭 맞는다고 여기고 열성을 가지고 성실히 임하는 태도
직분 의식	자신의 일이 사회나 기업을 위해 중요한 역할을 하는 것으로 믿고 수행하는 태도
책임 의식	직업에 대한 사회적 역할과 책무를 충실히 수행하고 책임을 다하는 태도
전문가 의식	자신의 일이 해당 분야의 지식과 교육을 밑바탕으로 성실히 수행해야만 가능한 것이라 믿고 수행하는 태도
봉사 의식	직업 활동을 통해 타인, 공동체에 대하여 봉사하는 정신을 갖추고 실천하는 태도

바로 채점 및 성적 분석 서비스

PART 2 | 전공 실전모의고사

행정학

p.242

01	02	03	04	05	06	07	08	09	10
④	③	②	①	②	①	②	②	③	③
11	12	13	14	15	16	17	18	19	20
②	③	③	②	②	①	③	④	②	③
21	22	23	24	25	26	27	28	29	30
⑤	③	⑤	④	①	②	④	④	④	③
31	32	33	34	35	36	37	38	39	40
②	②	③	④	①	①	②	④	②	⑤

01 정답 ④

POSDCoRB의 C는 Cooperation(협력)이 아니라 Coordination(조정)이다.

더 알아보기

· POSDCoRB: 최고관리자의 기능을 의미하기도 하는 것으로, 기획(Planning), 조직(Organizing), 인사(Staffing), 지휘(Directing), 조정(Coordinating), 보고(Reporting), 예산(Budgeting)을 의미함

02 정답 ③

애플비(Appleby)는 현실의 정부에서 정치와 행정의 연속성을 강조한 정치행정일원론의 대표적 학자이다.

03 정답 ②

공행정과 사행정 모두 관료제적 성격을 가지고 있다.

오답 체크

①, ③, ④, ⑤는 행정과 경영의 차이점이다.

04 정답 ①

코즈(Coase)는 외부효과가 존재하더라도 정부의 개입 없이 당사자 간에 자발적인 협상을 통해 자원배분의 효율성이 달성된다고 본다.

오답 체크

② 공공재의 수요는 소득탄력적이라는 법칙이다.

③ 반도체칩의 성능 발전 속도와 관련하여 주창한 법칙이다.

④ 하몬(Harmon)은 인간의 의도된 행위(Action)와 표출된 행위인 행태(Behavior)를 구별하고, 의도된 행위를 중시한다.

⑤ 경제학에서 서비스를 받고자 기다리는 대기 시간, 창구 수 따위의 관계를 수량적으로 나타내는 이론이다.

05 정답 ②

제시된 글은 'X-비효율성(=기술적 비효율성)'에 대한 설명이다.

더 알아보기

· X-비효율성(=기술적 비효율성): 레이번슈타인(Leibenstein)이 제시한 개념으로 정부나 기업의 방만하고 나태한 경영으로 인하여 경영상의 효율성을 추구하기 위한 노력이나 유인(Incentives)이 감소되어 나타나는 비효율성으로서, 법적·제도적 요인이 아닌 심리적·행태적 요인(사명감·직업의식의 부족)에 의해 나타나는 관리상·경영상 비효율성을 의미함

06 정답 ①

제시된 내용은 정부 재정으로 공급되어 모든 사람이 대가 없이 공동 이용할 수 있는 재화인 공공재에 대한 설명이다.

더 알아보기

· **재화의 유형:** 일반적으로 재화는 경합성(어떤 재화에 대한 한 사람의 소비 증가가 다른 사람의 소비 가능성을 감소시키는 성질)과 배제성(재화 소비에 있어 대가를 지불하지 않은 사람의 소비를 제한하는 성질)을 기준으로 다음과 같이 4가지 유형으로 구분된다.

구분	비배제성	배제성
비경합성	공공재 예 국방, 외교, 치안서비스 등	요금재 예 전기, 가스 등
경합성	공유재 예 자연자원, 예산 등	민간재 예 일상생활의 재화

07 정답 ②

전통적 관료제 대비 신공공관리론의 특징으로 옳은 것은 ㄴ이다.

오답 체크

ㄱ. 신공공관리론에서 중앙 정부는 기능을 축소하여 정책 관련 기획과 결정 기능을 담당하고, 집행 기능은 민영화하거나 민간에 위탁하므로 옳지 않은 설명이다.

ㄷ. 신공공관리론은 행정국가 시대의 정부 실패에 대한 대응으로 작지만 효율적인 정부 구현을 위해 대두되었으므로 옳지 않은 설명이다.

08 정답 ②

ㄱ은 최적 모형, ㄴ은 점증 모형, ㄷ은 쓰레기통 모형, ㄹ은 합리 모형에 대한 설명이다.

09 정답 ③

애드호크라시는 구성원들 간에 수평적인 구조로 민주성, 자율성이 강한 반면에 구성원 간의 권한과 책임의 경계가 명확하지 않아 갈등이 불가피하므로 가장 적절하지 않다.

10 정답 ③

비정의성은 개인적인 감정이나 편견의 개입 없이 법규와 절차에 따라 공정하게 업무를 처리하는 것으로 관료제 병리현상이 아닌 관료제의 특징에 해당하므로 가장 적절하지 않다.

11 정답 ②

리더와 부하의 합리적이고 타산적인 교환 관계를 지향하는 것은 변혁적 리더십이 아닌 거래적 리더십에 대한 설명이므로 가장 적절하지 않다.

12 정답 ③

사전적 관리 중심은 총체적 품질관리의 특징이며, 목표관리제는 사후적 관리가 중시된다는 특징이 있다.

13 정답 ③

계급제에 비해 직위분류제는 동일한 직급과 직위에서 책임의 한계가 명확하므로 가장 적절하지 않다.

더 알아보기

계급제와 직위분류제 비교

구분	계급제	직위분류제
분류 기준	개인의 자격, 능력	직무의 곤란도
권한·책임 한계	불명확	명확
경력발전	일반행정가	전문행정가
직업공무원제	확립	미확립
인사이동	탄력적	제한적

14 정답 ②

세입과 세출 모두 하나의 계정으로 통일하여 관리되어야 한다는 예산 원칙은 통일성의 원칙이다.

오답 체크

① 완전성의 원칙: 한 회계 연도의 세입·세출은 모두 예산에 계상되어야 한다는 원칙

③ 한정성의 원칙: 예산은 목적 외 사용 금지, 초과지출 금지, 회계 연도 경과 금지와 같은 질적·양적·시간적 한정에 따라 집행되어야 한다는 원칙

④ 단일성의 원칙: 정부의 재정활동을 모두 포괄하는 단일 예산으로 편성해야 한다는 원칙

⑤ 공개성의 원칙: 예산의 편성·심의·집행 등에 관한 정보를 공개해야 한다는 원칙

15 정답 ②

특별회계는 행정부의 재량범위가 확대되어 행정기능의 전문화, 다양화가 가능하므로 가장 적절하지 않다.

16 정답 ①

하명, 허가, 인가, 특허 등의 행정처분은 강제수단에 의한 강력한 규제인 직접적 규제수단에 해당한다.

오답 체크

②, ③, ④, ⑤는 모두 강제수단에 의하지 않고 인센티브를 제공하여 영향을 미치는 간접적 규제수단에 해당한다.

17 정답 ③

정책평가의 외적 타당성을 저해하는 요인은 ㄴ, ㄷ이다.

오답 체크

ㄱ, ㄹ은 정책평가의 내적 타당성을 저해하는 요인에 해당한다.

18 정답 ④

행정의 안정성과 계속성이 저해될 수 있다는 점이 민영화의 단점이므로 가장 거리가 멀다.

19 정답 ②

피터의 법칙에 대한 설명이므로 적절하지 않다.

더 알아보기

- **부하배증의 법칙:** 업무량이 늘어날 때 동료보다는 자신을 보조해줄 부하를 증가시키려는 심리적 경향
- **업무배증의 법칙:** 본질적인 업무량 변화 없이, 부하가 배증됨으로 인해 발생하는 파생 업무량이 증가하는 현상

20 정답 ③

상징정책은 알몬드와 포웰의 분류에 따른 정책 유형 중 하나로 정치체제의 정당성·정통성을 높이거나 정책순응의 확보, 국민적 일체감과 사회 통합을 유도하는 정책을 의미하므로 정부조직 개편에 해당한다고 보기 어렵다.

21 정답 ⑤

이슈네트워크는 개방적·유동적이지만 정책공동체는 전문가들로만 구성된 공동체이므로 비교적 폐쇄적이고 안정적인 네트워크이다.

22 정답 ③

작업과정의 표준화를 중시하는 것은 기계적 관료제이며, 전문적 관료제에서는 작업기술의 표준화를 중시한다.

23 정답 ⑤

핵심역량 외 기능을 외부 기관들과의 계약관계를 통해 수행하는 조직구조는 네트워크 구조에 대한 설명이다.

24 정답 ④

브룸의 기대이론은 동기부여이론 중 과정이론에 해당한다.

오답 체크

①, ②, ③, ⑤는 모두 내용이론에 해당한다.

더 알아보기

- **내용이론:** 동기를 유발하는 요인의 내용(What)에 초점을 두는 이론
- **과정이론:** 동기가 부여되는 과정에 초점을 두는 이론

25 정답 ①

매슬로는 하위 욕구가 충족되면 상위 욕구가 유발된다고 보았다. 상위 욕구가 만족되지 않을 경우 하위 욕구를 더욱 충족시키고자 한다는 주장은 앨더퍼의 ERG 이론에 대한 설명이다.

26 정답 ②

선진국의 행정문화로 적절한 것은 ㄱ, ㄷ, ㄹ이다.

오답 체크

ㄴ, ㅁ, ㅂ은 모두 후진국의 행정문화에 해당한다.

27 정답 ④

비위면직자의 취업제한은 「부패방지 및 국민권익위원회 설치와 운영에 관한 법률」에 규정되어 있으므로 적절하지 않다.

28 정답 ④

대표관료제는 국민 전체보단 출신 계층에 대해 봉사하여 정치적 중립성이 저해될 수 있으므로 가장 적절하지 않은 설명이다.

29 정답 ④

일회성 통제는 통제에 대한 면역성과 불감증을 높이기만 할 뿐 효과가 없으며, 행정통제는 지속성을 기본 원칙으로 해야 하므로 적절하지 않다.

30 정답 ③

우리나라의 옴부즈만은 국민권익위원회로, 행정부에 소속(국무총리 소속)되어 있으므로 내부통제에 해당한다.

31 정답 ②

우리나라는 추가경정예산에 대한 편성 회수 제한이 없으므로 가장 적절하지 않은 설명이다.

32 정답 ②

주민자치에 대한 설명으로 적절한 것은 ㄱ, ㄷ이다.

오답 체크

ㄴ. 자치권을 실정법상 국가에 의해 주어진 권리로 인식하는 것은 단체자치이고, 주민자치는 자치권을 자연법상의 천부적 권리로 본다.

ㄹ. 포괄적 위임주의의 권한배분 방식은 단체자치의 특징이고, 주민자치는 개별적 지정주의를 특징으로 한다.

33 정답 ③

주민소환 대상에서 비례대표의원은 제외되므로 적절하지 않다.

34 정답 ④

정책델파이 기법은 델파이 기법과 달리 정책문제 해결을 둘러싸고 발생할 수 있는 대립된 의견을 도출할 수 있도록 의도적으로 응답자 상호 간의 갈등을 조성하므로 가장 적절하지 않은 설명이다.

35 정답 ①

합리모형은 절대적 합리성과 경제적 합리성을 추구한다는 특징을 가지고 있으며, 경제적 합리성보다 정치적 합리성을 중시하는 것은 점증모형의 특징이므로 적절하지 않다.

36 정답 ①

예산의 재배정은 예산통제를 위한 수단에 해당하므로 적절하지 않다.

더 알아보기

- **예산의 신축성 유지를 위한 수단:** 총괄예산, 예산의 이용과 전용, 예비비, 예산의 이체와 이월, 계속비와 국고채무부담행위, 수입대체경비, 추가경정예산, 수입지출의 특례, 총액예산, 회계연도 개시 전 예산배정 등
- **예산의 통제를 위한 수단:** 예산의 배정과 재배정, 기록과 보고, 정원과 보수 등의 통제, 계약의 통제, 총사업비의 관리 등

37 정답 ②

정보화로 인해 소수자나 약자 등 구성원 개개인의 의견과 참여가 중시되는 모자이크 민주주의를 실현할 수 있게 되었으므로 전자정부의 순기능 사례에 해당한다.

오답 체크

① 팬옵티콘: 정보를 장악한 소수가 다수를 효과적으로 통제하는 것

③ 인포데믹스: 정보(Information)와 전염병(Epidemics)의 합성어로, 부정확한 정보가 인터넷이나 휴대전화를 통해 전염병처럼 빠르게 전파됨으로써 개인의 사생활 침해는 물론 경제, 정치, 안보 등에 치명적인 영향을 미치는 것

④ 선택적 정보접촉: 수많은 정보 중 자신에게 유리한 정보만을 선별적으로 취하는 행태

⑤ 정보격차: 인터넷을 사용할 수 있는 사람과 그렇지 않은 사람들 간에 정보접근 능력의 차이로 인하여 발생하는 혜택의 격차

38 정답 ④

엽관주의 인사는 정권교체에 따른 대량 경질로 인해 행정의 계속성과 전문성이 훼손될 수 있다는 단점이 있으므로 가장 적절하지 않은 설명이다.

39 정답 ②

사회적 자본은 능률성 측면에서 거래비용을 감소시키는 순기능을 지니고 있으므로 가장 적절하지 않은 설명이다.

40 정답 ⑤

전문화로 인한 무능 현상은 관료제의 관료가 특정 분야에 대한 지식과 기술에 대해서만 훈련받고 기존 규칙을 준수하도록 교육받기 때문에 시야가 좁아져 통찰력이 부족하고 할거주의나 국지주의를 초래하는 현상으로, 관료제 모형의 대표적인 역기능에 해당하므로 가장 적절하지 않은 설명이다.

법학

p.256

01	02	03	04	05	06	07	08	09	10
④	①	③	⑤	②	⑤	③	④	④	①
11	**12**	**13**	**14**	**15**	**16**	**17**	**18**	**19**	**20**
①	③	④	①	④	④	③	⑤	①	①
21	**22**	**23**	**24**	**25**	**26**	**27**	**28**	**29**	**30**
③	④	③	③	③	②	⑤	⑤	②	②
31	**32**	**33**	**34**	**35**	**36**	**37**	**38**	**39**	**40**
②	④	③	④	②	②	⑤	⑤	③	②

01 정답 ④

법은 다양한 의미로 정의될 수 있으므로 옳지 않은 설명이다.

더 알아보기

법의 개념 정의

- 소크라테스: 법은 개인적인 이해관계가 아닌 인간의 본성에서 나온다고 정의함
- 몽테스키외: 법은 사물이 갖는 본성의 필연적 관계이며 세계를 지배하는 인간의 이성이라고 정의함
- 라렌츠: 법은 공동체의 살아있는 의지라고 정의함

02 정답 ①

라드부르흐가 주장하는 가치관의 종류별 특징을 바르게 연결한 것은 ①이다.

03 정답 ③

관습법의 법적 확신은 주관적·심리적 요소임에 따라 입증하기 곤란하지만, 현실적으로 분쟁이 발생할 경우 재판기관의 판결을 통해 확인하면 되므로 옳지 않은 설명이다.

04 정답 ⑤

형법, 헌법, 행정법, 민사소송법은 공법이고, 상법은 사법에 해당한다.

05 정답 ②

법률불소급의 원칙에 따르면 원칙적으로 법의 효력은 시행 이전에 발생한 사항에는 소급하여 적용하지 않으므로 옳지 않은 설명이다.

오답 체크

① 시간적 효력 중 법률불소급의 원칙에 대한 내용이다.
③ 장소적 효력에 대한 내용이다.
④ 인적 효력 중 속지주의에 대한 내용이다.
⑤ 인적 효력 중 속인주의에 대한 내용이다.

06 정답 ⑤

어떤 특정한 사항에 관하여 법의 규정이 없는 경우, 그와 유사한 사항을 규정한 법규를 적용할 수 있도록 해석하는 논리해석 방법은 유추해석이다.

오답 체크

① 확장해석: 법문의 자구를 본래의 의미보다 확장하여 해석하는 것
② 축소해석: 법령의 용어가 가지는 뜻이 너무 넓기 때문에 그 문구의 의미를 축소시켜 해석하는 것
③ 반대해석: 법조문에서 일정한 사실에서는 일정한 효과가 생긴다고 규정하였을 때 법령에 명시된 규정 이외의 경우에는 그와 반대로 된다고 해석하는 것
④ 물론해석: 법령에 일정한 사항을 규정한 입법 취지로 보아 당해 법률에 규정되어 있지 않더라도 성질상 당연히 포함되는 것으로 해석하는 것

07 정답 ③

용익물권에 해당하는 것은 ㄷ, ㄹ, ㅁ으로 총 3개이다.

더 알아보기

물권의 구분

물권	용익물권	담보물권
· 점유권 · 소유권 · 제한물권	· 지상권 · 지역권 · 전세권	· 유치권 · 질권 · 저당권

08 정답 ④

권력융합주의는 헌법의 기본원리에 해당하지 않는다.

더 알아보기

헌법의 기본 원리

· 국민주권원리 · 자유민주주의 · 사회국가원리
· 문화국가원리 · 법치국가원리 · 평화국가원리

09 정답 ④

청원권은 청구권적 기본권에 해당한다.

더 알아보기

기본권의 종류

포괄적 기본권	· 인간의 존엄과 가치 · 행복추구권 · 평등권
자유권적 기본권	· 신체의 자유 · 직업의 자유 · 주거의 자유 · 거주·이전의 자유 · 사생활 비밀과 자유 · 통신의 자유 · 양심의 자유 · 종교의 자유 · 학문·예술의 자유 · 언론·출판의 자유 · 집회·결사의 자유 · 재산권
사회적 기본권	· 근로의 권리 · 환경권 · 인간다운 생활을 할 권리 · 교육을 받을 권리 · 혼인과 가족생활·모성보호 · 근로 3권(단결권, 단체교섭권, 단체행동권)
청구권적 기본권	· 청원권 · 재판청구권 · 국가배상청구권 · 형사보상청구권 · 범죄피해자구조청구권
정치적 기본권	· 참정권 · 선거권 · 공무담임권 · 국민투표권

10 정답 ①

대통령제는 민주적 정당성을 이원화하며, 민주적 정당성의 일원화는 의원내각제에 대한 특징이므로 옳지 않은 설명이다.

11 정답 ①

행정기본법은 행정에 관한 기본법이며, 입법, 사법에 관한 기본법은 아니므로 옳지 않은 설명이다.

12 정답 ③

제시된 내용은 행정기본법의 평등의 원칙에 대한 설명이다.

더 알아보기

행정기본법의 일반 원칙

법치행정의 원칙	행정기본법 제8조에서 행정작용은 법률에 위반되어서는 안 된다고 규정함
평등의 원칙	행정기본법 제9조에서 행정청은 합리적 이유 없이 국민을 차별하여서는 안 된다고 규정함
비례의 원칙 (과잉금지 원칙)	행정기본법 제10조에서 행정작용은 행정목적을 달성하는 데 유효하고 적절하며, 필요한 최소한도에 그쳐야 하고, 행정작용으로 인한 국민의 이익 침해가 그 행정작용이 의도하는 공익보다 크지 않아야 한다고 규정함
성실의무 및 권한남용금지의 원칙	행정기본법 제11조에서 행정청은 법령 등에 따른 의무를 성실히 수행하여야 하고, 행정권한을 남용하거나 그 권한의 범위를 넘어서는 안 된다고 규정함
신뢰보호의 원칙	행정기본법 제12조에서 행정청은 공익 또는 제3자의 이익을 현저히 해칠 우려가 있는 경우를 제외하고는 행정에 대한 국민의 정당하고 합리적인 신뢰를 보호하여야 하고, 행정청은 권한 행사의 기회가 있음에도 불구하고 장기간 권한을 행사하지 않아 국민이 그 권한이 행사되지 않을 것으로 믿을 만한 정당한 사유가 있는 경우 그 권한을 행사해서는 안 된다고 규정함
부당결부금지의 원칙	행정기본법 제13조에서 행정청은 행정작용을 할 때 상대방에게 해당 행정작용과 실질적인 관련이 없는 의무를 부과해서는 안 된다고 규정함

13 정답 ④

한국연구재단은 공법상 재단에 해당한다.

14 정답 ①

법규명령은 행정권이 정립하는 일반적이고, 추상적인 규정으로 법규로서의 성질을 가지는 것을 의미하므로 옳지 않은 설명이다.

15 정답 ④

제시된 내용은 '강제징수'에 대한 설명이다.

오답 체크

① 행정대집행: 의무자가 행정상 의무로서 타인이 대신하여 행할 수 있는 의무를 이행하지 아니하는 경우 법률로 정하는 다른 수단으로는 그 이행을 확보하기 곤란하고 그 불이행을 방치하면 공익을 크게 해칠 것으로 인정될 때에 행정청이 의무자가 하여야 할 행위를 스스로 하거나 제3자에게 하게 하고 그 비용을 의무자로부터 징수하는 것

② 이행강제금의 부과: 의무자가 행정상 의무를 이행하지 아니하는 경우 행정청이 적절한 이행기간을 부여하고, 그 기한까지 행정상 의무를 이행하지 아니하면 금전급부의무를 부과하는 것

③ 직접강제: 의무자가 행정상 의무를 이행하지 아니하는 경우 행정청이 의무자의 신체나 재산에 실력을 행사하여 그 행정상 의무의 이행이 있었던 것과 같은 상태를 실현하는 것

⑤ 즉시강제: 현재의 급박한 행정상의 장해를 제거하기 위한 경우로서 행정청이 미리 행정상 의무 이행을 명할 시간적 여유가 없는 경우 또는 그 성질상 행정상 의무의 이행을 명하는 것만으로는 행정목적 달성이 곤란한 경우에 행정청이 곧바로 국민의 신체 또는 재산에 실력을 행사하여 행정목적을 달성하는 것

16 정답 ④

대법원 판례에 따르면 공무원에게 경과실뿐인 경우 공무원 개인은 손해배상책임을 부담하지 않으므로 옳은 설명이다.

오답 체크

① 손해배상은 행정권의 행사로 우연히 발생한 손해에 대한 국가 등의 배상 책임이므로 옳지 않은 설명이다.

② 손해배상은 사후적 권리구제제도이므로 옳지 않은 설명이다.

③ 손실보상은 적법한 공권력 행사로 인하여 국민이 직접 특별한 손실을 입은 경우에 국가 등이 그 손실을 보상해주는 것을 의미하므로 옳지 않은 설명이다.

⑤ 손해배상은 생명, 신체, 재산의 침해 모두를 대상으로 보상하고, 손실보상은 재산상의 특별한 손해에 대해서만 보상하므로 옳지 않은 설명이다.

17 정답 ③

과잉금지의 원칙에 해당하지 않는 것은 ③이다.

더 알아보기

- **과잉금지의 원칙**: 국민의 기본권을 제한하는 법률은 목적의 정당성, 방법의 적정성, 침해의 최소성, 법익의 균형성을 준수해야 한다는 원칙

18 정답 ⑤

ㄱ은 당사자소송, ㄴ은 항고소송, ㄷ은 민중소송, ㄹ은 기관소송에 대한 설명이다.

19 정답 ①

태아의 권리능력은 원칙적으로 인정되지 않고, 민법에서 불법행위에 의한 손해배상청구권, 상속, 유증, 부의 태아인지 등의 경우에 한해 인정하므로 적절하지 않다.

20 정답 ①

통정허위표시 요건에는 통정허위표시를 하게 된 동기나 목적이 포함되지 않는다.

더 알아보기

통정허위표시 요건
- 사법상의 의사표시 존재
- 표시와 진의(의사)의 불일치
- 표의자 스스로 표시와 진의(의사)의 불일치를 알고 있을 것
- 상대방과의 통정이 있을 것

21 정답 ③

표의자가 표시행위의 의미를 잘못 이해한 상태로 표시행위를 한 것은 착오에 의한 의사표시에 해당하여 취소사유이다.

22 정답 ④

대리인은 행위능력자임을 요하지 않으므로 제한능력자인 대리인이 대리행위를 했다고 하더라도 그 행위를 취소할 수 없다.

23 정답 ③

주된 권리의 소멸시효가 완성한 때에는 종속된 권리에도 그 효력이 미치게 되므로 적절하지 않은 설명이다.

24 정답 ③

소유의 의사로 평온, 공연하게 부동산을 점유한 자가 등기함으로써 그 소유권을 취득할 수 있는 부동산 점유취득시효는 20년이므로 적절하지 않은 설명이다.

25 정답 ③

㉠ 이행행위가 이루어졌으나 급부의 목적물이나 급부행위가 완전하지 못하여 채무의 완전한 이행이 되지 못한 상황이므로 '불완전이행'의 사례이다.

㉡ 채무자가 채무의 내용에 좇은 이행의 제공을 하였음에도 채권자가 그것의 수령 기타의 협력을 하지 않거나 할 수 없기 때문에 채무이행이 지연된 상황이므로 '채권자지체' 사례이다.

26 정답 ②

타인의 불법행위에 대하여 자기 또는 제삼자의 이익을 방위하기 위하여 부득이 타인에게 손해를 가한 자는 배상할 책임이 없으므로 적절하지 않은 설명이다.

27 정답 ⑤

약혼 후 생사가 1년 이상 불분명할 경우 약혼을 해제할 수 있으므로 적절하지 않은 설명이다.

28 정답 ⑤

상속회복청구권은 상속권의 침해를 안 날로부터 3년, 상속권의 침해행위가 있은 날로부터 10년을 경과하면 소멸되므로 적절하지 않은 설명이다.

29 정답 ②

제시된 내용은 '주식회사'에 대한 설명이다.

오답 체크

① 유한회사: 유한책임사원만으로 구성되는 회사라는 점에서 주식회사와 동일하지만, 사원이 정관기재사항이며 지분을 증권화할 수 없어 대부분 중소규모의 기업경영에 적합한 회사로서 운영도 폐쇄적임

③ 유한책임회사: 유한책임사원만으로 구성되는 회사라는 점에서 주식회사나 유한회사와 동일하지만, 주식회사나 유한회사와 달리 기관의 구성을 필요로 하지 않고, 회사의 설립이나 운영 등의 면에서 유한회사보다 사적자치가 폭넓게 인정되는 형태의 회사

④ 합명회사: 사원 모두가 회사의 채무에 대하여 직접 연대하여 무한책임을 지는 회사

⑤ 합자회사: 1명 이상의 무한책임사원과 1명 이상의 유한책임사원으로 구성된 회사

30 정답 ②

첫 번째 빈칸에는 2, 두 번째 빈칸에는 3, 세 번째 빈칸에는 1이 들어간다.

따라서 빈칸에 들어갈 숫자를 모두 합한 값은 '6'이다.

31 정답 ②

행위자에게 유리한 소급입법은 허용되므로 적절하지 않은 설명이다.

32 정답 ④

피해자가 자기의 법익에 대한 침해 행위를 허용·동의한 경우 가해자의 행위는 위법이 되지 않지만, 승낙은 행위 전에 있어야 하며 사후승낙은 위법성을 조각할 수 없다.

33 정답 ③

ㄴ. 원인에 있어 자유로운 행위란 책임능력자의 고의 또는 과실에 의하여 스스로 일시적인 심신장애의 상태를 야기시키고, 그 상태를 이용하여 범죄를 실행하는 경우를 의미하는 것으로, 행위자는 완전한 책임을 부담한다.

ㄷ. 심신장애로 인하여 사물을 변별할 능력이 미약하거나 의사를 결정할 능력이 미약한 자, 청각 및 발음기능에 장애가 있는 농아자 등 한정책임능력자의 행위는 형을 감경할 수 있으나 책임이 조각되지는 않는다.

34 정답 ④

제시된 사례의 A는 심신상실자로서 책임능력이 없는 C를 생명이 있는 도구로 이용하여 간접적으로 범죄를 실행하게 하였으므로 '간접정범'에 해당한다.

35 정답 ②

추징금은 형벌의 종류에 해당하지 않는다.

오답 체크

형법에서 규정하고 있는 형벌의 종류에는 사형, 징역, 금고, 자격상실, 자격정지, 벌금, 구류, 과료, 몰수가 있다.

36 정답 ②

사회적 법익에 관한 죄에 해당하는 것은 ㄱ, ㅂ, ㅅ이다.

더 알아보기

법익에 따른 죄의 종류

개인적 법익	살인죄, 상해죄, 폭행죄, 유괴죄, 강간죄, 명예훼손죄, 주거침입죄, 절도죄, 강도죄, 사기죄, 횡령죄 등
사회적 법익	폭발물에 관한 죄, 교통방해죄, 방화죄, 통화에 관한 죄, 문서위조죄, 유가증권·우표·인지에 대한 죄, 식용수에 관한 죄, 아편에 관한 죄 등
국가적 법익	내란죄, 간첩죄, 공무집행방해죄, 위증죄, 증거인멸죄, 무고죄 등

37 정답 ⑤

상고가 아닌 항고에 대한 설명이므로 옳지 않다.

38 정답 ⑤

구속은 반드시 법관이 발부한 영장이 있어야 시행할 수 있으며, 중대한 범죄혐의가 있고 긴급을 요하여 지방법원 판사의 체포영장을 받을 수 없는 경우에는 긴급체포를 할 수 있다.

39 정답 ③

고발은 취소한 후에도 다시 고발할 수 있으므로 적절하지 않은 설명이다.

40 정답 ②

첫 번째 빈칸에는 30, 두 번째 빈칸에는 3, 세 번째 빈칸에는 15가 들어간다.

따라서 빈칸에 들어갈 숫자를 모두 합한 값은 '48'이다.

경영학

p.270

01	02	03	04	05	06	07	08	09	10
④	①	②	③	①	④	②	②	⑤	④
11	12	13	14	15	16	17	18	19	20
②	③	③	②	③	④	③	②	④	④
21	22	23	24	25	26	27	28	29	30
⑤	③	⑤	①	②	⑤	②	①	③	④
31	32	33	34	35	36	37	38	39	40
⑤	③	③	①	④	⑤	⑤	⑤	②	④

01 정답 ④

불확실한 상황하의 의사결정은 의사결정자에게 특정 의사결정의 결과는 알려져 있으나 그 결과가 발생할 확률이 알려져 있지 않은 상태에서 수행되는 의사결정을 말한다.

02 정답 ①

상황적합이론은 상황변수, 조직특성변수, 조직유효성변수로 구성되어 있다. 상황변수에는 조직규모, 환경, 기술, 조직전략 등이 있으며, 조직특성변수에는 조직구조가 대표적이고, 조직유효성변수에는 직무만족, 직무성과, 조직몰입, 조직시민행동 등이 있다. 한편 중범위이론은 특정 문제영역에 초점을 맞추고 각 영역에서의 연구결과를 전체적인 형태로 나타내는 이론을 의미하므로 상황적합이론은 중범위이론을 지향한다.

03 정답 ②

외부경제효과란 어떤 행동의 당사자가 아닌 사람에게 편익을 유발하는 것을 말하고, 외부불경제효과는 어떤 행동의 당사자가 아닌 사람에게 비용을 발생시키는 것을 말한다. 외부경제효과의 예로는 과수원 주인과 양봉업자의 관계를 들 수 있고, 외부불경제효과의 예로는 대기오염, 소음공해 등을 들 수 있다. 따라서 기업의 사회적 책임이 요구되는 이유는 외부경제효과가 아니라 외부불경제효과 때문이다.

04 정답 ③

산업구조분석에서 산업 내의 대체재가 많으면 많을수록 기업들은 자신의 제품에 대해 높은 가격을 받을 수 있는 가능성이 줄어들기 때문에 산업의 수익률은 낮아지므로 옳은 설명이다.

오답 체크

① 가치사슬분석에서 직접적으로 이윤을 창출하는 활동을 본원적 활동이라고 한다.

② 원가우위전략을 추구하는 기업은 구조화된 조직과 책임을 강조하며, 업무의 효율성을 중시한다.

④ 산업구조분석은 산업 내 경쟁을 고려하고 있기 때문에 산업군 내 기존 산업 간의 경쟁은 산업구조분석에 해당하지 않는다.

⑤ 원자재 또는 부품을 독점하거나 특수한 기술을 지니고 있는 공급업체와 거래를 하여야 하는 상황이라면 매력도는 떨어진다.

05 정답 ①

경영혁신기법에 대한 설명으로 옳은 것은 ㄱ, ㄴ, ㄷ이다.

오답 체크

ㄹ. 균형성과표는 재무적 관점에 치중되어 있던 전통적인 성과관리 체계를 극복하기 위하여 기업의 전략적 목표를 일련의 성과측정 지표로 전환할 수 있는 종합적인 틀로서 재무적 관점, 고객 관점, 내부프로세스 관점, 학습과 성장 관점 등 4개의 범주로 구분하여 성과를 측정하는 것을 말하며, 카플란(Kaplan)이 제시한 개념이다.

ㅁ. 지식(Knowledge)은 정보(Information)를 체계화하여 장래 사용에 대해 보편성을 갖도록 한 것이다.

06

정답 ④

어떤 대상(개인)으로부터 얻은 일부 정보가 다른 부분의 여러 정보를 해석할 때 영향을 미치는 것을 후광효과(Halo effect)라고 한다. 상동적 태도는 지각자가 피지각자를 지각함에 있어 피지각자가 속한 집단의 특성이 영향을 미치는 오류이다.

07

정답 ②

위생요인(Hygiene factor)은 개인의 불만족을 방지해 주는 요인으로 불만족요인이라고도 한다. 위생요인은 충족되었다 하더라도 불만족이 생기는 것을 예방하는 역할만 할 뿐, 만족을 증가시키거나 일을 열심히 하고자 하는 동기를 유발시키는 것은 아니다. 위생요인에는 임금, 안정된 직업, 작업조건, 지위, 경영방침, 관리, 대인관계 등이 있는데, 이들은 직무 외적인 요인들이다.

08

정답 ②

명목집단법(Nominal group techniques)이란 브레인스토밍과 델파이법을 조합하여 변형시킨 방법을 말한다. 여기서 명목이란 이름만으로 집단을 구성하고 구성원 간의 직접 의사소통은 하지 않는다는 것을 의미한다. 명목집단법은 구성원들이 대면한다는 사실만 제외하고는 델파이법과 어느 정도 유사하다. 그리고 의사결정에 참여한 구성원 집단을 둘로 나누어서 한 집단이 제시한 의견에 대하여 반론 집단의 비판을 들으면서 본래의 의사결정대안을 수정하고 보완하는 방법은 변증법적 토의이다.

09

정답 ⑤

불확실성의 대처능력, 자원의 조달 및 통제능력, 핵심적 위치, 희소성은 높아질수록 권력수준이 커지지만, 대체 가능성은 낮아질수록 권력수준이 커진다.

10

정답 ④

학습조직은 벤치마킹(Benchmarking)이 확대된 개념이고, 학습조직이 확대된 개념이 지식경영이다. 그리고 폐기학습은 잘못되거나 낡고 불필요한 기존 지식을 버리고 새로운 지식습득을 용이하게 하기 위한 학습방법을 말한다.

11

정답 ②

마이클 포터의 산업구조 분석 모델은 기존 경쟁자 간의 경쟁 정도, 잠재적 진입자의 위협, 대체재의 위협, 공급자들의 교섭력, 구매자들의 교섭력이라는 다섯 가지 요인으로 산업의 경쟁력과 수익성을 분석하는 방법이다. 이때 각 요인의 힘이 강하면 기업에 위협이 되고, 힘이 약하면 기회로 작용한다.
따라서 기존 은행의 거대한 자본조달능력과 지적재산은 신규 진입자에게 진입장벽을 형성하여 잠재적 진입자의 위협을 약화시켜 기회로 작용할 가능성이 높으므로 적절하지 않다.

오답 체크

㉠ 은행 간 유사한 서비스를 제공하여 서비스 간 차별성이 낮아질수록 대체재의 위협이 강해져 기업에 위협으로 작용할 가능성이 높으므로 적절하다.

㉢ 기존 은행 간 마켓쉐어가 유사하여 기존 경쟁자 간의 경쟁 정도가 높을수록 기업에 위협으로 작용할 가능성이 높으므로 적절하다.

㉣ 공급자가 독점적인 공급력을 가질수록 공급자의 교섭력이 강해져 기업에 위협으로 작용할 가능성이 높으므로 적절하다.

㉤ 구매자의 정보력이 높을수록 구매자의 교섭력이 강해져 기업에 위협으로 작용할 가능성이 높으므로 적절하다.

12

정답 ③

제시된 글에서 전량구매계약이 주유소에게 일방적으로 불리한 내용을 담고 있어 계약 해지에 따른 위약금 부담이 가중된 주유소는 전량구매계약을 유지할 수밖에 없고 정유소 교체 또한 어렵다고 하였으므로 구매자가 공급자를 교체할 때 전환 비용이 높은 경우인 '공급자의 교섭력'이 가장 적절하다.

13

정답 ③

제시된 글에서 설명하고 있는 기업의 수출 방식은 조립 설비 및 능력을 보유한 거래처에 부품 또는 반제품으로 수출하여 실수요지에서 조립함으로써 완제품 수입 제한 및 고관세를 피해 시장 진출이 가능한 '녹다운 수출'에 해당한다.

더 알아보기

수출 방식

위탁판매 수출	· 무환으로 수출하여 당해 물품이 판매된 범위에서 대금을 결제하고 판매 기간이 끝난 후 판매되지 않은 물품을 재수입하는 방식 · 위탁자에게 모든 책임이 위임되고, 수탁자는 물품 관리의 책임만 위임되어 있음
플랜트 수출	· 공장 건설부터 가동까지 공장 전체를 수출하는 방식 · 수출에 따른 국가 간 마찰이 적고 자원 절약 및 고용 유발 효과로 인해 선진 자본주의 국가의 전형적인 수출 방식이 됨
녹다운 수출	· 조립 능력 또는 설비를 갖춘 거래처에 부품이나 반제품 형태로 수출하여 실수요지에서 제품을 완성하는 수출 방식 · 완제품 수입 제한 및 높은 관세를 피해 시장 침투 가능
연불 수출	· 수입업자에게 결제 대금의 일부만 받고 남은 대금은 6개월 이상~3년 이하의 지급 유예 기간을 두고 나중에 받는 외상 수출 방식 · 플랜트 또는 선박과 같이 규모가 큰 제품을 수출할 경우 정부 및 민간은행의 지급 보증을 전제로 수출 금액 지급을 연기함
원상태 수출	· 수입신고 된 물품의 상태 그대로 외국으로 수출하는 방식 · 중계무역 등에 활용됨

14

정답 ②

작업 대상물이 컨베이어벨트를 따라 움직이고 작업자는 한자리에서 동일한 작업을 반복하도록 하여 불필요한 노동량을 최소화한 컨베이어벨트 시스템의 개발은 포드 시스템에 해당하는 내용이므로 가장 적절하지 않다.

15

정답 ③

제품 전략을 의미하는 Product는 제품 자체뿐만 아니라 포장, 서비스, 제품 디자인 등 여러 가지 요소까지 종합적으로 고려하는 것을 말하므로 적절하지 않다.

16

정답 ④

명성가격전략(Prestige pricing)은 판매 제품의 구매 가능성이 높은 고객층이 지불할 수 있는 최고 금액 또는 시장에서 제시된 가격 중 가장 높은 가격으로 책정하는 가격전략이며, 주로 자동차, 호텔, 여성 가방 등의 사치품에 고급 이미지를 부여하거나 강화하고자 할 때 이용된다.

오답 체크

① 단수가격전략: 제품을 시장에 선보일 때 제품 가격의 끝자리를 홀수(단수)로 표시하여 정상가격보다 약간 낮게 설정하는 전략

② 침투가격전략: 제품을 시장에 처음 선보일 때는 낮은 가격으로 설정한 후 목표한 시장점유율을 달성하면 가격을 인상하는 전략

③ 관습가격전략: 제품을 시장에 선보일 때 시장에서 이미 형성되어 있는 관습가격으로 가격을 설정하는 전략

⑤ 스키밍가격전략: 제품을 시장에 처음 선보일 때는 높은 가격으로 설정한 후 저가 대체품이 출시되면 가격을 인하하는 전략

17

정답 ③

매트릭스 조직은 조직 내 기존 기능부서 상태를 유지하면서 특정 프로젝트를 진행하고자 다양한 부서의 전문 인력이 함께 근무하는 조직으로, 매트릭스 조직 하의 구성원은 기능부서의 관리자와 프로젝트 관리자 모두의 관리를 받아 이중보고체계를 거쳐야 한다는 단점이 있으나 불안정한 환경에서 복잡한 의사결정과 빈번한 변화에 적절하게 대응 가능하다는 장점이 있으므로 적절하지 않다.

18

정답 ②

수요는 어떤 재화나 용역을 일정한 가격으로 사려고 하는 욕구를 말하지만, 상품이 특정 가격에 공급되지 않을 수도 있기 때문에 소비자가 실제로 구매한 양을 의미하는 것은 아니므로 적절하지 않다.

19 정답 ④

제시된 내용은 'POP 광고' 기법에 대한 설명이다.

오답 체크

① PPL 광고: 특정 기업의 협찬을 대가로 영화나 드라마의 소품으로 상품을 등장시켜 광고 효과를 노리는 간접 광고 기법

② 레트로 광고: 현재의 상품을 판매하고자 과거의 추억을 활용하는 광고 기법으로, 과거 물품에 대한 소비자의 향수를 자극하여 광고 효과를 노리는 광고 기법

③ 옥외 광고: 옥외에 설치하는 광고 기법으로, 애드벌룬, 광고탑, 네온사인 등을 활용하는 간접 광고 기법

⑤ 티저 광고: 기업명과 상품명을 명확히 밝히지 않음으로써 소비자의 구매 의욕을 자극하고 관심도를 높이면서 후속 광고 도입의 구실을 만드는 광고 기법

20 정답 ④

시장 유형에 대한 설명으로 옳은 것을 모두 고르면 ㉡, ㉢, ㉤이다.

오답 체크

㉠ 블루오션은 무경쟁 시장을 의미한다는 점에서 치열한 경쟁 시장을 의미하는 레드오션과 다르므로 옳지 않은 설명이다.

㉣ 높은 수익이 보장되어 있고, 빠른 성장도 가능한 시장은 블루오션이므로 옳지 않은 설명이다.

21 정답 ⑤

밑줄 친 제도는 가격 상한제이며, 가격 상한제에 대한 설명으로 옳은 것을 모두 고르면 ㉠, ㉢, ㉣이다.

㉠ 가격 상한제는 소비자를 보호하기 위해 최고가격 이상으로는 거래하지 못하도록 통제하는 제도이므로 옳은 설명이다.

㉣ 가격 상한제는 가격을 올릴 수 없기 때문에 재화의 분배문제를 해결하기 위해 추첨, 선착순, 배급제 등의 방법을 사용하므로 옳은 설명이다.

오답 체크

㉡ 조정된 시장 가격이 균형 가격 수준보다 높아 초과 공급이 발생하는 것은 가격 하한제에 대한 설명이므로 옳지 않은 설명이다.

22 정답 ③

첫 번째 사례는 기업이 제공하는 제품이나 서비스를 다른 제품이나 서비스와 구분되게 함으로써 경쟁적 우위를 달성하는 '차별화 전략', 두 번째 사례는 시장을 고객, 제품, 지역 등으로 세분화하여 기업의 자원을 집중적으로 투입하는 '집중화 전략'과 관련 있다.

23 정답 ⑤

베이스 업은 임금곡선 자체가 상향이동하여 임금이 증가하는 것을 의미하기 때문에 정태적인 임금 수준 조정이 이루어지게 되므로 적절하지 않다.

더 알아보기

- **정기승급**: 근속연수에 따라 기본급이 증대되는 임금곡선상 상향이동을 의미하여 동태적인 임금 수준 조정이 이루어지는 임금 체계

24 정답 ①

ㄱ. 우드워드(Woodward)는 기술을 복잡성의 정도에 따라 단위소량생산기술, 대량생산기술, 연속생산기술로 구분하였다.

ㄴ. 톰슨(Thompson)은 기술을 상호 의존성에 따라 중개형 기술, 장치형 기술, 집약형 기술로 구분하였다.

ㄷ. 페로우(Perrow)는 과업 다양성이 높고 분석 가능성이 높은 기술을 공학적 기술이라고 하였다.

ㄹ. 번즈(Burns)와 스탈커(Stalker)는 상황변수를 환경의 동태성으로 규정하여 환경을 정태적인 환경과 동태적인 환경으로 구분하였다.

25 정답 ②

ㄴ. 차별화 전략(Differentiation strategy)은 경쟁기업과는 다른 독특한 재화나 서비스를 제공함으로써 경쟁우위를 확보하려는 전략을 말한다. 제품이 가지는 차별성은 소비자의 특수한 욕구를 만족시키는 것으로부터 시작되기 때문에 기업들은 다양한 소비자 수요의 특성을 이해하기 위해 다차원 척도법(Multi-dimensional scaling)이나 컨조인트 분석(Conjoint analysis)을 이용하게 된다.

26 정답 ⑤

인사부서의 역할은 울리히(Ulrich) 모형에 의하면 행정전문가, 근로자의 대변인, 전략적 파트너, 변화담당자의 순서로 변화되어 왔다.

27 정답 ②

②는 인력 과잉에 대한 대응 전략에 해당한다. 구체적으로 인력 부족에 대한 대응 전략과 인력 과잉에 대한 대응 전략을 살펴보면 다음과 같다.

인력 부족에 대한 대응 전략	인력 과잉에 대한 대응 전략
· 초과 근무 확대 · 훈련을 통한 능력개발 · 신규채용 · 임시직 및 계약직원 고용 · 퇴직자 재고용 · 외국인 근로자 채용 · 휴일 근무 · 적은 인원이 필요한 직무 재설계	· 다른 직무의 수행이 가능하도록 교육훈련 제공 · 자연 감소 및 신규채용 동결 · 조기퇴직 또는 명예퇴직 유도 · 임시직 및 계약직 축소 · 전출 · 근로시간 단축 · 초과 근무 단축 · 정리해고 또는 일시해고 · 직무공유제

28 정답 ①

타당도가 높으면 신뢰도가 높지만, 신뢰도가 높다고 해서 타당도가 높은 것은 아니므로 옳은 설명이다.

오답 체크

② 어떤 선발도구로 한 사람을 반복하여 측정하였을 때 결과가 항상 일정하다면 그 선발도구는 신뢰도가 높은 것이다.

③ 동일한 유형의 난이도가 유사한 시험을 재실시하여 신뢰성을 검증하는 방법은 대체형식법이다. 시험-재시험법은 선발도구의 측정결과가 안정적인지를 알아보기 위해서 동일한 집단에게 동일한 시험을 시간적 간격을 두고 재실시하여 두 측정치의 일치 정도를 측정하는 방법이다.

④ 기준 관련 타당도는 다시 현직 종업원을 대상으로 측정되는 동시(현재) 타당도(Concurrent validity)와 지원자를 대상으로 측정되는 예측(미래) 타당도(Predictive validity)로 구분할 수 있다.

⑤ 내용 타당도는 선발도구의 내용이 얼마나 실제업무와 유사한가를 측정하는 타당도이다. 해당 선발도구가 측정도구로서의 적격성을 갖고 있는지를 나타내는 것은 구성 타당도이다.

29 정답 ③

인사평가의 오류는 다음과 같이 구분할 수 있다.

평가자에 의한 오류		피평가자에 의한 오류	제도적 오류
심리적 원인에 의한 오류	결과의 분포도 상의 오류		
· 상동적 태도 · 후광효과 · 논리적 오류 · 대비 오류 · 근접 오류	· 가혹화 경향 · 중심화 경향 · 관대화 경향	· 인사평가에 대한 편견 · 투사 (투영효과) · 지각적 방어	· 직무분석의 부족 · 평가 결과의 미공개 · 연공 오류

30 정답 ④

주로 숙련공들의 기술이 필수적으로 요구되던 종래의 생산 방식하에서 숙련노동자가 조직을 통해 노동시장을 배타적으로 독점하여 교섭력을 높이는 것을 주목적으로 하는 것은 직종별 노동조합이다. 산업별 노동조합은 직종이나 계층에 관계없이 동일산업에 종사하는 노동자가 조직하는 노동조합을 말한다. 즉 하나의 산업 전체 노동자가 일시에 파업하여 노동을 중지시키는 것이 교섭상 유리한 방법이 됨에 따라 노동조합도 같은 산업 내의 전체 노동자를 단위로 조직하게 된 것이 산업별 노동조합이다.

31 정답 ⑤

유연흐름전략은 인도시간이 길다.

32 정답 ③

병목(Bottleneck)은 생산활동 중 유효생산능력이 가장 낮아 전체 생산시스템의 산출률을 제한하는 부분을 말하므로 옳은 설명이다.

오답 체크

① 재화를 생산하는 생산시스템은 산출척도로 생산능력을 측정하고, 서비스를 생산하는 생산시스템은 투입척도로 생산능력을 측정한다.

② 생산능력 이용률은 '실제 생산능력 / 최대(설계) 생산능력'으로 정의할 수 있다. 따라서 설계생산능력이 커지면 생산능력 이용률은 감소한다.

④ 설계생산능력(Design capacity)은 생산시스템이 이상적인 조건하에서 달성할 수 있는 최대 산출량을 말한다.

⑤ 수요의 변동이 심한 경우, 미래의 수요가 불확실한 경우, 자원의 유연성이 낮은 경우에 기업은 큰 초과생산능력을 가져가는 것이 바람직하다.

33 정답 ③

경제적 주문량 모형(EOQ)에서는 재고가 일시에 보충된다고 가정하고, 경제적 생산량 모형(EPQ)에서는 재고가 점진적으로 보충된다고 가정한다.

34 정답 ①

R-관리도와 $\bar{X}$-관리도는 계량형(변량) 관리도에 해당하고, p-관리도와 c-관리도는 계수형(속성) 관리도에 해당한다.

35 정답 ④

지연 차별화의 핵심은 공급네트워크에서 특정 고객을 위해 제품을 차별화하는 것을 최대한 지연하는 것이다.

36 정답 ⑤

조직구매에서 일반적으로 나타나는 수정 재구매는 제한적 문제해결에 해당하고, 조직의 재구매상황에서 직접적으로 과거의 만족스러운 제품을 공급했던 판매자로부터 자동적으로 재구매를 하는 것이 일상적 문제해결이다.

37 정답 ⑤

다차원척도법에서는 소비자로 하여금 제품을 총체적으로 비교하게 하고, 컨조인트 분석에서는 마케팅 관리자가 직접 관리할 수 있는 구체적인 속성을 비교하게 되므로 옳은 설명이다.

오답 체크

① 경쟁자의 분석방법 중 표준산업분류, 기술적인 대체 가능성 등을 이용하는 방법은 기업 중심적인 방법에 해당한다.

② 경쟁의 범위는 제품형태, 제품범주, 본원적 효익, 예산으로 갈수록 넓어진다.

③ 시장세분화기준 중 사회계층, 라이프스타일, 개성 등은 심리특성적 기준에 해당한다.

④ 제품의 특성이 차이가 나거나 시장이 이질적인 경우에는 차별적 마케팅이 유리하다.

38 정답 ⑤

강력한 브랜드는 소비자의 브랜드 충성도를 높이고 그 결과 소비자의 자사 브랜드에 대한 가격민감도를 낮게 하므로 옳은 설명이다.

오답 체크

① 편의품, 선매품, 전문품 중 구매 빈도가 가장 높은 것은 편의품이다.

② 제품은 구매 욕구에 따라 기능적 제품, 감각적 제품, 상징적 제품으로 구분할 수 있다. 그리고 제품은 소비 목적에 따라 소비재와 산업재로 구분할 수 있다.

③ 신제품 수용 과정은 인지, 관심, 평가, 시용 구매, 수용의 순서로 이루어진다.

④ 제품범주 내에서 새로운 형태, 색상, 크기, 원료, 향 등의 신제품에 기존 상표를 함께 사용하는 상표개발전략은 라인 확장이다. 상표 확장은 현재의 상표를 새로운 제품범주의 신제품으로 확장하는 것을 말한다.

39 정답 ②

수요가 매우 탄력적이어서 낮은 가격이 매출액을 크게 증대시킬 수 있을 때 유통업자 상표가 효과적이다.

40 정답 ④

특정 상품범주를 깊게 취급하고 그 상품들에 대해 할인점보다 더 낮은 가격으로 판매하는 업태는 카테고리 킬러(Category killer)이다. 회원제 창고점은 회원들에게 거대한 창고형식의 점포에서 정상적인 제품들을 30~50% 할인된 가격으로 할인점보다 훨씬 더 저렴하게 판매하는 업태이다.

경제학

p.286

01	02	03	04	05	06	07	08	09	10
③	④	⑤	③	④	③	③	②	②	④
11	**12**	**13**	**14**	**15**	**16**	**17**	**18**	**19**	**20**
④	④	③	④	①	①	④	③	①	②
21	**22**	**23**	**24**	**25**	**26**	**27**	**28**	**29**	**30**
⑤	③	②	③	③	③	⑤	②	②	②
31	**32**	**33**	**34**	**35**	**36**	**37**	**38**	**39**	**40**
①	③	③	③	④	④	②	①	③	④

01 정답 ③

정액법에 따른 감가상각비 = (취득원가 - 잔존가치) / 내용연수이고, 정률법에 따른 감가상각비 = 취득원가 × 정률법 상각률임을 적용하여 구한다.
따라서 정액법에 따른 감가상각비는 {1,000,000 - (1,000,000 × 0.1)} / 3 = ₩300,000이고, 정률법에 따른 감가상각비는 1,000,000 × 0.357 = ₩357,000이다.

02 정답 ④

대형 마트에서 낱개 상품의 합보다 저렴한 가격으로 묶음 상품을 판매하는 것은 상품의 구매량에 따라 가격을 다르게 설정하는 2급 가격차별의 사례이다.

오답 체크

①, ②, ③, ⑤는 모두 소비자의 특징에 따라 시장을 구분하여 가격을 설정하는 3급 가격차별의 사례이다.

더 알아보기

- **가격차별:** 동일한 상품을 차별된 가격으로 판매하는 것으로, 개별 소비자의 지불 용의에 따라 가격을 다르게 책정하는 1급 가격차별, 소비자의 구매량에 따라 가격을 다르게 책정하는 2급 가격차별, 소비자 집단의 특징에 따라 가격을 다르게 책정하는 3급 가격차별로 나뉨

03 정답 ⑤

밑줄 친 이 효과는 '외부효과'이다.

⑤ CCTV는 처음부터 방범의 목적으로 설치하는 것이기 때문에 CCTV 덕분에 뺑소니 범인을 잡은 것은 어떤 사람의 경제활동이 의도치 않게 타인에게 이익을 준 것이 아니므로 외부효과의 사례로 적절하지 않다.

04 정답 ③

밑줄 친 내용은 시장실패를 교정하기 위한 정부의 시장 개입이 오히려 시장의 상태를 더욱 악화시키는 현상인 정부실패에 대한 설명이다.

③ 철도와 같은 공공재는 시장실패가 일어나게 만드는 요인이기 때문에 정부가 시장에 개입해 생산과 공급을 담당하는 경우가 많지만, 경쟁자가 없는 탓에 비효율이 발생한다. 이러한 정부실패를 해결하기 위해 공공 부문을 민영화하였으나 또 다른 부작용이 나타나게 되었다는 내용이므로 정부실패의 사례로 적절하지 않다.

05 정답 ④

제시된 그래프는 경기가 장기적으로 상승과 하락을 되풀이하는 현상을 나타낸 경기순환곡선으로 ⓐ는 침체기, ⓑ는 회복기, ⓒ는 호황기, ⓓ는 후퇴기에 해당한다.

④ 호황기에는 경제활동이 활발해져 실업률이 최저 수준이 되므로 옳지 않은 설명이다.

06 정답 ③

㉠ 청바지 1단위 생산의 기회비용은 A 국이 구두 1/3단위, B 국이 구두 2단위이고, 구두 1단위 생산의 기회비용은 A 국이 청바지 3단위, B 국이 청바지 1/2단위이다. 따라서 A 국은 청바지, B 국은 구두를 특화하게 되므로 옳은 설명이다.

㉡ 교역 시 B 국은 비교우위에 있는 구두를 특화하여 수출하게 되는데, 이 경우 수출하려는 상품의 국제 가격이 국내 가격보다 비싸야 교역에 응할 것이다. 따라서 B 국은 구두 1단위의 국제 가격이 청바지 1/2단위보다 커야 A 국과의 교역에 응할 것이므로 옳은 설명이다.

㉢ 동일한 노동력을 투입했을 때 구두를 더 많이 생산할 수 있는 것은 B 국이므로 구두 생산에 대한 절대우위를 갖는 것은 B 국이고, 구두 1단위 생산의 기회비용은 A 국이 청바지 3단위, B 국이 청바지 1/2단위로 A 국보다 B 국이 더 적은 기회비용으로 구두를 생산하므로 구두 생산에 대한 비교우위를 갖는 것도 B 국이다. 따라서 B 국은 A 국에 대하여 구두 생산의 절대우위와 비교우위를 모두 가지므로 옳은 설명이다.

오답 체크

㉣ 양국이 교역을 통해 모두 이득을 보려면 각 상품이 수출국의 국내 가격보다 높은 가격에 수출되고, 수입국의 국내 가격보다 낮은 가격에 수입되어야 한다. 따라서 청바지를 기준으로 하였을 때 청바지 1단위의 가격이 A 국의 국내 가격인 구두 1/3단위보다 크고, B 국의 국내 가격인 구두 2단위보다 작으면 교역이 성립할 수 있으므로 옳지 않은 설명이다.

07 정답 ③

제시된 돼지고기와 닭고기, 커피와 홍차는 모두 같거나 유사한 효용을 가지고 있어 경쟁관계에 놓이는 재화인 대체재 관계이다.

③ 수요의 교차탄력성이 음(-)의 값을 가지는 두 재화는 보완재 관계이므로 옳지 않은 설명이다.

더 알아보기

- **수요의 교차탄력성**: 한 재화의 가격 변화가 다른 재화의 수요량에 미치는 영향을 나타내는 수치로, 대체재는 교차탄력성이 양(+)의 값을 가지며 보완재는 교차탄력성이 음(-)의 값을 가짐

08 정답 ②

㉠은 IMF 구제 금융 사태(1997년)가 발생한 1990년대, ㉡은 저금리·저달러·저유가에 힘입어 경제가 고도로 성장하고 기술집약적 첨단 산업이 발전한 1980년대, ㉢은 제3차 경제 개발 5개년 계획(1972~1976년)이 추진된 1970년대, ㉣은 20-50클럽에 진입(2012년)한 2010년대의 경제 상황이다.

따라서 ㉠~㉣을 시간 순서대로 바르게 나열하면 '㉢ - ㉡ - ㉠ - ㉣'이다.

더 알아보기

- **3저 호황**: 1980년대에 금리, 원화, 유가의 가치가 낮은 상황을 배경으로 한국 경제가 호황을 누리던 현상
- **20-50클럽**: 선진국 진입의 기준인 1인당 GDP 2만 달러 이상, 인구 강국의 기준인 인구 5천만 명 이상을 동시에 충족하는 나라

09 정답 ②

㉠은 인플레이션, ㉡은 디플레이션, ㉢은 스태그플레이션에 대한 설명이다.

더 알아보기

- **리플레이션**: 통화 재팽창을 말하는 것으로, 디플레이션에서 벗어나 아직 심한 인플레이션까지는 이르지 않은 현상
- **스태그네이션**: 실질 경제성장률이 0이거나 낮은 성장을 하는 현상
- **디스인플레이션**: 인플레이션을 극복하기 위해 통화 증발을 억제하고 재정·금융긴축을 주축으로 하는 경제조정정책

10 정답 ④

편익은 경제적 선택을 통해 얻는 포괄적 이득으로, A가 집에서 쉬는 경우의 편익은 3만 원, 야구 경기를 보러 가는 경우의 편익은 4만 원이므로 옳지 않은 설명이다.

오답 체크

① A가 집에서 쉬는 경우 기회비용은 명시적 비용 0원과 암묵적 비용 2만 원을 더한 2만 원이므로 옳은 설명이다.

② A가 야구 경기를 보러 갈 때의 기회비용은 명시적 비용 2만 원과 암묵적 비용 3만 원을 더한 5만 원이므로 옳은 설명이다.

③ A가 집에서 쉬는 것을 선택할 경우 순편익은 편익 3만 원에서 기회비용 2만 원을 뺀 1만 원이므로 옳은 설명이다.

⑤ A가 집에서 쉬는 것을 선택할 경우 순편익은 1만 원, 야구 경기를 보러 가는 것을 선택할 경우 순편익은 -1만 원으로 집에서 쉬는 것이 합리적인 선택이므로 옳은 설명이다.

더 알아보기

- **기회비용**: 여러 가지 가능성 중 하나를 택했을 때 그 한 가지 선택 때문에 포기하게 되는 다른 가능성의 이익을 비용으로 표시한 것으로, 명시적 비용(선택으로 인해 실제 지불되는 회계적 비용)과 암묵적 비용(암묵적으로 포기한 다른 선택의 가치)으로 구성됨
- **순편익**: 편익에서 기회비용을 뺀 것으로, 편익이 동일할 경우 기회비용을 최소화해 순편익을 극대화하는 것이 합리적인 선택에 해당함

11 정답 ④

기준금리를 인하하면 예금금리와 대출금리가 낮아져 저축이 줄어들고 시중에 유통되는 통화량이 늘어나기 때문에 물가가 상승하므로 적절하지 않다.

오답 체크

① 다른 나라의 금리가 유지되고 있는 상황에서 한국은행이 기준금리를 인하하면 국내 원화 표시 자산의 수익률이 낮아져 원화에 대한 수요가 감소한다. 이에 따라 원화의 가치가 하락하고, 원화의 가치 하락은 외화 표시 수출품 가격을 하락시켜 한국 수출품의 가격경쟁력이 높아진다.

② 기준금리를 인하하면 기업의 자금 조달 비용을 낮춰 투자가 증가하게 된다.

③ 기준금리를 인하하면 주식, 채권, 부동산 등에 대한 투자가 증가하여 자산 가격이 상승하게 된다.

⑤ 기준금리를 인하하면 예금금리와 대출금리가 낮아져 가계는 저축을 줄이고 소비를 늘려 경기가 활성화되는 효과가 있다.

12 정답 ④

㉡ A 기업은 B 기업이 마케팅 비용을 확대할 경우 시장 진입을 포기하는 것이 유리하며, B 기업이 마케팅 비용을 유지할 경우 시장에 진입하는 것이 유리하여 우월전략이 존재하지 않으므로 옳은 설명이다.

㉢ A 기업이 시장에 진입할 경우와 시장 진입을 포기할 경우 모두 B 기업은 마케팅 비용을 유지하는 것이 이득이기 때문에 B 기업은 마케팅 비용을 유지하는 것이 우월전략이므로 옳은 설명이다.

㉣ A 기업이 시장에 진입한다면 B 기업은 마케팅 비용을 확대할 경우 50, 마케팅 비용을 유지할 경우 60의 이득을 얻기 때문에 더 큰 보수를 얻는 마케팅 비용 유지 전략을 선택할 것이므로 옳은 설명이다.

오답 체크

㉠ B 기업은 항상 우월전략인 마케팅 비용 유지를 선택할 것이며, B 기업이 마케팅 비용을 유지한다면 A 기업은 시장에 진입할 것이다. 따라서 내시균형은 A 기업이 시장에 진출하고 B 기업이 마케팅 비용을 유지하는 경우 1개이므로 옳지 않은 설명이다.

더 알아보기

- **내시균형**: 게임의 각 참여자가 다른 참여자들의 전략을 주어진 것으로 예상하고 자신에게 최적의 전략을 선택할 때, 그 결과가 균형을 이룰 수 있는 최적 전략의 조합
- **우월전략**: 상대방의 전략 선택과 관계없이 자신의 이득이 최대가 되는 전략

13 정답 ③

제시된 지문은 예금자들이 예금자보호제도에 의해 원리금 상환이 보장된다는 점을 이용해 이자율이 높다면 경영이 부실한 은행에도 돈을 맡기고, 은행은 그 돈을 신용도가 낮은 대출자에게 고금리로 융자해준다는 내용으로, 정보가 불균형한 상황을 이용해 상대방의 이익에는 반하지만 자신에게는 유리한 행동을 하는 도덕적 해이와 관련 있다.

③ 품질이 낮은 상품만 남게 되는 레몬시장에서 구매자는 제품과 서비스에 대한 품질을 알 수 없어서 고품질의 제품보다는 저품질의 제품을 선택할 가능성이 높아지게 되는데, 이는 정보가 충분하지 않아서 자신에게 불리한 의사결정을 하게 되는 역선택과 관련 있으므로 옳지 않은 설명이다.

14 정답 ④

제시된 지문은 4차 산업혁명으로 기술이 발달하면서 실업이 발생한다는 내용으로, 산업 구조가 고도화되고 기술 혁신이 이루어지면서 낮은 기술 수준의 기능 인력에 대한 수요 감소로 인해 발생하는 구조적 실업과 관련 있다.

오답 체크

① 자발적 실업: 더 나은 일자리를 찾는 과정에서 일시적으로 발생하는 실업

② 경기적 실업: 경기 불황으로 인해 노동 수요가 부족하여 발생하는 실업

③ 계절적 실업: 주로 건설업이나 농업 분야에서, 계절적 요인으로 인해 발생하는 실업

⑤ 마찰적 실업: 이직 시 불충분한 취업 정보로 인해 일시적으로 발생하는 실업

15 정답 ①

코즈의 정리는 자원을 배분할 때 재산권이 명확하게 확립되어 있어 민간의 경제 주체들이 비용을 치르지 않고 협상할 수 있다면 외부효과에 따른 비효율성을 시장에서 해소할 수 있다는 이론이므로 옳지 않은 설명이다.

오답 체크

⑤ 현실에서 시장실패가 발생하는 상황의 대부분은 높은 거래 비용이 발생하거나 이해당사자들 간의 정보가 불명확하여 코즈의 정리는 실현 가능성이 낮다는 약점이 있으므로 옳은 설명이다.

16 정답 ①

내부 시차란 경제에 어떤 충격이 미친 시점과 이 충격에 대응하여 정책이 시행된 시점 사이의 시간 차이로, 재정정책은 정책의 수립과 집행에 걸리는 시간이 더 길어 통화정책에 비해 내부 시차가 긴 편이므로 옳지 않은 설명이다.

17 정답 ④

디플레이션은 물가가 지속적으로 하락하는 현상으로, 디플레이션이 발생하면 화폐 가치는 상승하고 실물 자산의 가치는 하락함에 따라 금융 자산 보유자, 채권자 등은 유리해지고 실물 자산 보유자, 채무자는 불리해진다.
따라서 디플레이션이 경제에 미치는 영향으로 적절한 것은 ㉡, ㉢, ㉤이다.

오답 체크

㉠, ㉣ 물가가 지속적으로 상승하는 현상인 인플레이션의 영향이다.

18 정답 ③

개발도상국이 외국 자본을 유치하기 위해서는 자유무역 정책을 통해 외국 자본이 자유롭게 들어올 수 있도록 해야 하므로 옳지 않은 설명이다.

더 알아보기

- **바이 아메리칸:** 미국 정부의 경기부양법안 중 대규모 공공사업에 미국산 철강 등 자국 제품만을 쓰는 것을 의무화한 조항

19 정답 ①

저소득 가계일수록 총지출 가운데 식료품비가 차지하는 비율이 높고, 고소득 가계일수록 식료품비가 차지하는 비율이 낮으므로 옳지 않은 설명이다.

20 정답 ②

㉢ 채권 가격은 이자율에 반비례하고, 채권 가격과 수익률은 역의 관계이므로 옳지 않은 설명이다.

㉤ 채권의 잔존 기간이 길수록 채권 가격의 변동률이 커지므로 옳지 않은 설명이다.

따라서 채권 가격에 대한 설명으로 옳지 않은 것은 ㉢, ㉤으로 총 '2개'이다.

21 정답 ⑤

중앙은행이 금융기관에 대출을 실시하면 금융기관의 지급준비금이 늘어나 본원통화가 증가하게 되므로 옳지 않은 설명이다.

오답 체크

④ 국제수지 흑자 규모가 늘어나 달러화의 유입이 늘어나면 달러화가 원화로 환전되는 과정에서 본원통화가 증가하므로 옳은 설명이다.

22 정답 ③

금전이나 물건을 빌려 쓴 내용을 증명하는 문서인 차용증서는 유가증권에 해당하지 않으므로 가장 적절하지 않은 것은 ③이다.

오답 체크

①, ⑤ 채권과 주식은 유가증권 중 자본증권에 해당하므로 적절하다.

② 수표는 유가증권 중 화폐증권에 해당하므로 적절하다.

④ 물품 교환권은 유가증권 중 상품증권에 해당하므로 적절하다.

23 정답 ②

제시된 지문은 덤핑으로 들어온 수입품에 대해 덤핑 차액만큼의 관세를 부과하는 제도인 '반덤핑 관세'와 관련 있다.

오답 체크

① 상계 관세: 수출국이 특정 상품에 대해 보조금을 지급해 수출품의 가격 경쟁력을 높인 경우 수입국이 해당 품목에 대해 보조금만큼의 관세를 부과하는 제도

③ 조정 관세: 수출국이 정상가격으로 수출해도 수입국의 산업에 타격을 주는 경우 수입국이 자국의 산업을 보호하기 위해 해당 품목에 대해 일시적으로 관세를 부과하는 제도

④ 편익 관세: 조세법률주의에 따라 관세를 부과할 때는 관세법이나 국제 협약에 근거해야 하지만, 이에 근거를 두지 않고 정치적·경제적 유대 관계에 따라 특정 국가에 대해 관세상의 특전을 부여하는 제도

⑤ 양허 관세: 국가 간 협상을 통해 관세율을 인하하면, 특별한 사유가 발생하지 않는 한 관세 인상을 할 수 없게 되는 일종의 국제 협정 제도

24 정답 ③

제시된 내용은 '피치마켓'에 대한 설명이다.

오답 체크

① 레몬마켓: 판매자와 구매자가 서로 동일한 정보를 교환하지 못해 품질이 좋지 않은 재화나 서비스가 거래되는 시장

② 베어마켓: 주가가 하락하고 있거나 주가의 하락이 예상되는 시장

④ 불마켓: 주가가 상승하고 있거나 주가의 상승이 예상되는 시장

⑤ 오픈마켓: 개인 또는 소규모 업체가 온라인상에서 직접 상품을 등록해 판매할 수 있도록 한 전자상거래 사이트

25 정답 ③

제시된 내용은 '토빈세'에 대한 설명이다.

오답 체크

① 로빈후드세: 저소득층 지원을 목적으로 높은 수익을 올리는 기업이나 개인에게 부과하는 세금 제도

② 스텔스세: 납세자들이 세금을 납부하고 있다는 것을 쉽게 인식하기 어려운 세금으로, 주로 조세 저항이 적은 간접세에 부과하는 세금 제도

④ 버핏세: 미국의 기업인 워런 버핏이 주장한 것으로, 부유층의 자본소득에 적용되는 실효세율이 중산층의 실효세율 이상이 되도록 세율 하한선을 설정하는 일종의 부자 증세 제도

⑤ 저커버그세: 미국 세금 전문가 데이비드 밀러가 주장한 것으로, 주식 상승 시기에는 주식을 보유하고 있는 것만으로도 자산가치가 상승하므로 주식의 가치 상승분만큼 세금을 부과하는 제도

26 정답 ③

경제의 기초 체력과 사회적 안정이 뒷받침되지 않은 상태에서 리디노미네이션을 시행하면, 화폐 단위가 변경됨에 따라 국민들의 경제생활에 엄청난 혼란이 생길 수 있으므로 가장 적절하지 않은 설명이다.

오답 체크

① 다른 국가들에 비해 화폐 단위가 높으면 경제 후진국으로 인식되기 때문에 자국 통화의 대외적 위상을 높이기 위해 리디노미네이션을 시행하는 국가도 있다.

② 경제 규모의 확대와 물가 상승으로 거래 가격이 커지면 숫자의 자릿수가 지나치게 늘어나 회계나 계산에서 불편함이 가중되기 때문에 이를 해소하기 위해 리디노미네이션을 시행한다.

④ 리디노미네이션을 시행하면 화폐 단위가 변경됨에 따라 새 화폐를 제조하는 비용 및 현금지급기, 가격표 등 화폐 유통과 관련된 회계 정보 비용을 변경하기 위한 막대한 부수적 비용이 발생한다.

⑤ 리디노미네이션은 한 나라에서 통용되는 통화의 실질가치는 그대로 두면서 액면가를 1,000대 1, 100대 1 등의 동일한 비율의 낮은 숫자로 변경하여 화폐단위를 하향 조정하는 조치를 의미한다.

27

정답 ⑤

제시된 지문에서 원/위안화 환율이 낮아졌다고 하였으므로, 위안화가 절하되는 상황과 관련 있다.

⑤ 위안화가 절하된 상황에서 투자금을 회수하면 상대적으로 위안화의 가치가 높아서 많은 양의 원화를 투입시켜야 했던 투자 시점 대비 적은 양의 원화를 회수하게 되어 손해를 보게 되므로 가장 적절하지 않다.

오답 체크

① 위안화가 절하되면 상대적으로 원화 가치가 높아져 이자 및 원리금 상환 부담이 낮아진다.

② 위안화가 절하되면 상대적으로 우리나라 제품의 위안화 표시 가격은 상승하는 효과가 발생하여 가격 경쟁력이 낮아지므로 수출보다는 수입에 주력하는 것이 적절하다.

③ 위안화가 절하되면 현지 유통 창고 건설에 필요한 위안화를 상대적으로 적은 양의 원화로도 조달할 수 있게 된다.

④ 위안화가 절하되면 중국산 제품의 외화 표시 가격이 하락하여 가격 경쟁력이 높아지고, 상대적으로 우리나라 제품의 외화 표시 가격은 상승하는 효과가 발생하여 가격 경쟁력이 낮아지므로 이에 대한 대응책을 마련해야 한다.

28

정답 ②

독일 영토 내에서 생산 활동이 이루어지는 것이기 때문에 독일의 GDP는 증가하고 한국의 GDP는 변동이 없다. 그리고 한국인 직원이 생산 활동을 한 것이기 때문에 한국의 GNP는 증가하고 독일의 GNP는 변동이 없다.

더 알아보기

- GDP: '국내총생산'을 의미하는 것으로, 국적에 관계없이 한 나라의 국경 내에서 모든 경제 주체가 일정 기간 생산 활동에 참여하여 창출한 최종 재화와 서비스의 시장 가치
- GNP: '국민총생산'을 의미하는 것으로, 국경에 관계없이 한 나라의 국민이 일정 기간 국내와 국외에서 생산한 최종 재화와 서비스의 시장 가치

29

정답 ②

첫 번째는 배에 대한 수요 증가, 두 번째는 배에 대한 공급 증가와 관련 있는 상황이다.

② 수요와 공급이 모두 증가하면 균형가격은 불명확하며, 균형거래량은 증가한다.

더 알아보기

수요와 공급 변동에 따른 균형가격과 균형거래량의 변동

구분	공급 불변	공급 증가	공급 감소
수요 불변	가격 불변	가격 하락	가격 상승
	거래량 불변	거래량 증가	거래량 감소
수요 증가	가격 상승	가격 불분명	가격 상승
	거래량 증가	거래량 증가	거래량 불분명
수요 감소	가격 하락	가격 하락	가격 불분명
	거래량 감소	거래량 불분명	거래량 감소

30

정답 ②

제시된 표는 게임의 두 참여자가 서로 협력하면 최선의 결과를 얻을 수 있음에도 불구하고 각자가 자신에게 유리한 선택을 함으로써 양쪽 모두에게 불리한 결과를 가져오는 죄수의 딜레마와 관련 있다.

② 갑의 경우 을이 어떤 선택을 하든 자백하는 편이 더 유리한 결과를 가져오므로 갑의 우월전략은 자백하는 것이다. 마찬가지로 을의 경우 갑이 어떤 선택을 하든 자백하는 것이 우월전략이므로 옳지 않은 설명이다.

오답 체크

① 내쉬 균형은 상대방이 선택하는 전략을 예측하면서 주어진 상황 내에서 최선의 대응을 했을 때 형성된 균형 상태를 말한다. 따라서 상대방의 선택과 상관없이 갑과 을은 각각 자백을 하는 편이 유리한 결과를 가져오므로 갑과 을이 모두 자백하면 내쉬 균형에 도달하게 된다.

③ 카르텔에 속한 기업들이 모두 협정을 준수하면 전체의 이윤을 극대화할 수 있지만, 그중 한 기업이 협정을 위반하면 그 기업은 더 큰 이익을 얻을 수 있어 각 기업에게는 협정을 위반하는 것이 우월전략이 된다. 따라서 카르텔에 속한 기업들이 모두 우월전략을 선택하여 협정을 위반하려 하기 때문에 카르텔이 오래 지속되기 어렵다는 점을 죄수의 딜레마를 통해 설명할 수 있다.

④ 게임이 여러 번 반복되면 상대방이 어떤 전략을 선택하는지에 따라 자신의 다음 게임전략을 선택할 수 있기 때문에 게임의 두 참여자인 갑과 을은 서로 협력하게 된다.

⑤ 애덤 스미스는 합리적인 경제주체들에 의해 최적의 자원배분이 이루어질 수 있다고 주장하였지만, 죄수의 딜레마를 통해 각자에게 합리적인 선택이 항상 긍정적인 결과를 가져오는 것은 아님을 알 수 있다.

더 알아보기

- **우월전략:** 게임이론에서 상대방이 어떤 전략을 선택하든지 항상 자신에게 유리한 결과를 불러오는 전략
- **카르텔(Cartel):** 동종상품을 생산하는 기업들이 시장에서의 상호 경쟁을 완화하고 이윤을 확보하기 위해 가격과 생산량 등을 협정하는 일종의 기업 담합

31 정답 ①

e에서 a로의 변화는 균형 환율의 상승과 외환 거래량의 감소를 의미하며, e에서 b로의 변화는 균형 환율의 하락과 외환 거래량의 증가를 의미한다.

㉠ 우리나라 금융 기관에서 외화 차입 규모를 대폭 줄이면 외환 시장의 공급이 감소하여 균형 환율이 상승하고 외환 거래량이 감소하므로 옳은 설명이다.

㉢ 우리나라 제품의 수출이 증가하면 외환 시장의 공급이 증가하여 균형 환율이 하락하고 외환 거래량이 증가하므로 옳은 설명이다.

오답 체크

㉡ 우리나라에 외국 자본의 유입이 많아지면 외환 시장의 공급이 증가하여 균형 환율이 하락하고 외환 거래량이 증가하므로 옳지 않은 설명이다.

㉣ 우리나라를 방문하는 외국인 관광객이 줄어들면 외환 시장의 공급이 감소하여 균형 환율이 상승하고 외환 거래량이 감소하므로 옳지 않은 설명이다.

32 정답 ③

A에는 감소, B에는 대량생산, C에는 이상, D에는 범위의 경제가 들어간다.

더 알아보기

- **규모의 불경제:** 생산의 규모가 커질수록 단위당 생산비가 높아지는 현상으로, 모든 생산 요소의 투입을 2배 늘릴 경우 산출량이 2배 이하로 늘어남

33 정답 ③

제시된 지문은 한국전력공사가 규모의 경제가 존재하는 전력 사업을 독점하고 있다는 내용이므로 시장 지배력을 가진 하나의 기업에 의해서 재화와 서비스가 제공되는 시장 형태인 독점시장과 관련 있다.

③ 비가격경쟁은 과점시장과 독점적경쟁시장에서 나타나는 특징이며 독점시장에는 하나의 공급자만 존재하기 때문에 경쟁이 발생하지 않으므로 옳지 않은 설명이다.

더 알아보기

- **가격차별:** 독점기업의 이윤극대화 수단으로, 동일한 상품을 서로 다른 소비자 집단에 차별된 가격으로 판매하는 것
- **규모의 경제:** 투입되는 생산 요소의 양이 증가할수록 생산비는 절약되고 이익은 증가하는 현상

34 정답 ③

A 씨가 식당 개업을 선택할 때의 연간 기회비용은 식당을 운영하기 위해 지불해야 하는 명시적 비용 연 9천만 원(2천만 원 + 3천만 원 + 3천만 원 + 4백만 원 + 6백만 원)과 직장을 그만두어 포기하게 되는 암묵적 비용 연 5천만 원을 합한 1억 4천만 원으로, 식당 개업으로 예상되는 연간 수입이 기회비용보다 많으면 식당을 개업하는 것이, 적으면 계속 직장에 다니는 것이 합리적인 선택이다.

따라서 지문에 대한 설명으로 옳은 것은 (가), (다)이다.

(가) 식당 개업으로 발생하는 회계적 비용은 명시적 비용인 연 9천만 원이므로 옳은 설명이다.

(다) 식당 개업으로 얻게 되는 경제적 이윤은 연간 예상 수입에서 기회비용을 뺀 값으로, 연간 예상 수입이 2억 원일 경우 식당 개업으로 연 20 - 14 = 6천만 원의 경제적 이윤이 발생하므로 옳은 설명이다.

오답 체크

(나) 식당 개업으로 발생하는 연간 예상 수입이 1억 원일 경우 연간 예상 수입이 기회비용보다 적어 직장을 그만두는 것은 비합리적인 선택이 되므로 옳지 않은 설명이다.

더 알아보기

- **기회비용:** 여러 가지 가능성 중 하나를 택하기 위해 지불해야 하는 포괄적 가치로, 명시적 비용(선택으로 인해 실제 지불되는 회계적 비용)과 암묵적 비용(암묵적으로 포기한 다른 선택의 가치)으로 구성됨

35 정답 ④

양국이 교역을 통해 이득을 얻기 위해서는 교역 조건이 수출품의 기회비용과 수입품의 기회비용 범위 안에서 결정되어야 한다. 사과를 기준으로 보면 사과 1개 생산의 기회비용이 갑국은 배 4개, 을국은 배 2개이므로 양국 모두의 이익을 위한 교역 조건은 배 2개 < 사과 1개 < 배 4개이다.
따라서 사과와 배의 교역 조건이 1:2일 경우 을국은 교역을 통해 이득을 얻을 수 없으므로 옳지 않은 설명이다.

오답 체크

① 을국이 사과와 배 모두 갑국보다 더 많은 양을 생산할 수 있으므로 절대우위를 가진다.

② 사과 1개 생산의 기회비용은 갑국이 배 4개이고, 을국이 배 2개이므로 을국이 갑국보다 더 작다.

③ 두 나라가 교역을 통해 이득을 얻기 위해서는 상대국보다 더 낮은 비용으로 생산할 수 있는 상품, 즉 비교우위에 있는 상품을 특화해야 하므로 갑국은 배, 을국은 사과를 특화해야 한다.

⑤ 두 나라 간에 무역이 이루어질 경우 비교우위에 따라 갑국은 배, 을국은 사과를 특화하게 된다. 사과와 배의 교역 조건이 1:2.5로 정해질 경우 갑국은 배 32개를 생산하여 22개를 소비하고, 10개는 을국의 사과 4개와 교환할 수 있으므로 사과 4개와 배 22개를 동시에 소비할 수 있다.

36 정답 ④

ⓑ, ⓓ는 모두 정보의 불균형으로 인해 불리한 의사결정을 하게 되는 역선택의 사례이다.

오답 체크

ⓐ 어떤 사람의 경제 활동이 의도치 않게 다른 사람에게 이익을 주는 외부경제의 사례이다.

ⓒ 정보가 불균형한 상황을 이용해 상대방의 이익에는 반하지만, 자신에게는 유리한 행동을 하는 도덕적 해이의 사례이다.

37 정답 ②

유동성함정은 화폐수요의 이자율 탄력성이 무한대인 상황을 의미하므로 통화공급을 늘린다고 하여도 이자율이 하락하지 않는다.

38 정답 ①

장기 총공급곡선은 잠재 GDP 수준에서 수직선이므로 예상물가 수준의 변화는 장기 총공급곡선에 영향을 미치지 않는다.

39 정답 ③

솔로우의 경제성장모형은 지속적인 기술진보에 의해서만 지속적인 경제성장이 가능하다고 보았으므로 적절하지 않은 설명이다.

40 정답 ④

한계생산물가치를 구하여 결정한다.

근로자 수	1	2	3	4	5	6
한계생산	4	6	5	4	3	2
한계생산물가치	60	90	75	60	45	30

이윤을 극대화하기 위해서는 한계생산물의 가치가 한계요소비용(임금 40만 원)보다 클 때까지 고용해야 하므로 5명을 고용해야 한다.

전기·전자일반

p.302

01	02	03	04	05	06	07	08	09	10
⑤	③	②	③	②	⑤	⑤	④	⑤	④
11	**12**	**13**	**14**	**15**	**16**	**17**	**18**	**19**	**20**
③	①	②	④	③	①	②	②	②	①
21	**22**	**23**	**24**	**25**	**26**	**27**	**28**	**29**	**30**
②	②	④	⑤	①	②	①	③	⑤	②
31	**32**	**33**	**34**	**35**	**36**	**37**	**38**	**39**	**40**
⑤	③	②	④	④	④	①	③	④	⑤

01 정답 ⑤

공통 전위 $V=\frac{a_1V_1+a_2V_2+a_3V_3}{a_1+a_2+a_3}$임을 적용하여 구한다.

반지름이 각각 $a_1=3[cm]$, $a_2=4[cm]$, $a_3=5[cm]$이고, 도체구의 전위가 각각 $V_1=1,800[V]$, $V_2=900[V]$, $V_3=300[V]$이므로 공통 전위 $V=$
$\frac{(3\times10^{-2}\times1,800)+(4\times10^{-2}\times900)+(5\times10^{-2}\times300)}{(3\times10^{-2})+(4\times10^{-2})+(5\times10^{-2})}=875[V]$이다.

02 정답 ③

유전체 내의 정전용량 $C=\frac{\epsilon_0\epsilon_sS}{d}=\frac{\epsilon S}{d}$, 유전체 내의 전하량 $Q[C]=CV$임을 적용하여 구한다.

따라서 축적되는 전하량 $Q[C]=CV=\frac{\epsilon S}{d}V$이다.

03 정답 ②

분극의 세기를 P, 전계의 세기를 E, 전속밀도를 D, 분극률을 χ, 유전율을 ϵ, 비유전율을 ϵ_s, 공기나 진공 중의 유전율을 ϵ_0라고 할 때, $P=(1-\frac{1}{\epsilon_s}D)=\chi E=\epsilon_0(\epsilon_s-1)E=\epsilon E-\epsilon_0E=D-\epsilon_0E$ 임을 적용하여 구한다.

따라서 분극의 세기 $P=D-\epsilon_0E$이다.

04 정답 ③

현수애자 1개의 건조섬락전압을 V_1, 1련의 사용 애자 수를 n, 애자련의 건조섬락전압을 V_n이라고 할 때, 현수애자의 연효율 $\eta=\frac{V_n}{nV_1}\times100[\%]$임을 적용하여 구한다.

$V_1=100$, $n=10$, $V_n=800$이다.

따라서 현수애자의 연효율 $\eta=\frac{800}{10\times100}\times100=80[\%]$이다.

05 정답 ②

분극의 세기 $P=\epsilon_0(\epsilon_s-1)E$, 분극률 $\chi=\epsilon_0(\epsilon_s-1)$임을 적용하여 구한다.

분극률 $\chi=\frac{P}{E}$이고, 비유전율 $\epsilon_s=5$이므로 $\chi=\frac{P}{E}=\frac{1}{36\pi\times10^9}\times(5-1)=\frac{10^{-9}}{9\pi}[F/m]$이다.

06 정답 ⑤

단자 전압을 V, 전기자 전류를 I_a, 전기자 회로의 저항을 R_a, 정격 속도를 N이라고 할 때, 역기전력 $E=V-I_aR_a$, 토크$=9.55\frac{EI_a}{N}$임을 적용하여 구한다.

$V=100[V]$, $I_a=10[A]$, $R_a=1[\Omega]$, $N=1,800[rpm]$이므로

$E=V-I_aR_a=100-(10\times1)=90[V]$이다.

따라서 토크는 $9.55\times\frac{90\times10}{1,800}=4.775\fallingdotseq4.8[N\cdot m]$이다.

07 정답 ⑤

변압기군 A의 권수비 $a_A=\frac{V_1}{V_2\sqrt{3}}=40$이므로 $\frac{V_1}{V_2}=40\sqrt{3}$이다.

변압기군 B의 권수비 $a_B=\sqrt{3}\times\frac{V_1}{V_2}$이므로 120이다.

08 정답 ④

주파수를 f, 극수를 p, 회전자 지름을 D라고 할 때, 주변 속도 $v=\pi D\frac{120f}{60p}$임을 적용하여 구한다.

$f=60[Hz], p=4, D=2[m]$이므로 주변 속도 $v=3.14\times 2\times \frac{120\times 60}{60\times 4}=188.4[m/s]$이다.

09 정답 ⑤

정격 용량을 P_n, 1차 전류를 I_1, 1차 전압을 V_1, 2차 전류를 I_2, 2차 전압을 V_2, 2차 리액턴스를 x_2, 2차를 1차로 환산한 등가 리액턴스를 x_{12}라고 할 때, $I_1=\frac{P_n}{V_1}$, %리액턴스 강하 $q=\frac{I_1x_{12}}{V_1}\times 100$임을 적용하여 구한다.

1차에 환산한 등가 임피던스 $Z_{12}=r_{12}+jx_{12}=6.2+j7[\Omega]$이므로 $x_{12}=7$이고, $P_n=10[kVA]=10\times 10^3[VA]$이므로 $I_1=P\frac{P_n}{V_1}=\frac{10\times 10^3}{2,000}=5[A]$이다.

따라서 %리액턴스 강하 $q=\frac{I_1x_{12}}{V_1}=\frac{5\times 7}{2,000}\times 100=1.75[\%]$이다.

10 정답 ④

a, b 단자 사이에 걸리는 전압 $V_{ab}=\frac{\frac{V_1}{R_1}+\frac{V_2}{R_2}}{\frac{1}{R_1}+\frac{1}{R_2}}$임을 적용하여 구한다.

따라서 a, b 단자 사이에 걸리는 전압 $V_{ab}=\frac{\frac{12}{6}+\frac{15}{12}}{\frac{1}{6}+\frac{1}{12}}=13[V]$이다.

11 정답 ③

왜형률은 $\sqrt{\text{고조파 각각의 왜형률의 제곱의 합}}\times 100$임을 적용하여 구한다.

제3고조파의 왜형률은 0.4, 제5고조파의 왜형률은 0.3이다.

따라서 기본파의 40[%]인 제3고조파와 기본파의 30[%]인 제5고조파를 포함하는 전압파의 왜형률은 $\sqrt{0.4^2+0.3^2}\times 100=50[\%]$이다.

12 정답 ①

직류전차 사용전압은 600[V], 750[V], 1,500[V], 3,000[V]이다.

13 정답 ②

변위전류를 I_d, 변위전류밀도를 i_d, 전위의 최댓값을 V_m, 전속밀도를 D, 정전용량을 C, 각속도를 ω, 유전율을 ε, 간격을 d, 면적을 S라고 하면, 전계의 세기 $E=E_m cos\omega t[V/m]$일 때, $I_d=i_d\times S=-\omega(\frac{\varepsilon S}{d})V_m sin\omega t=-\omega CV_m sin\omega t$임을 적용하여 구한다.

따라서 $I_d=-\omega CV_m sin\omega t\rightarrow C=-\frac{I_d}{wV_m sin\omega t}[A]$이다.

14 정답 ④

변압기의 영상, 정상, 역상 임피던스는 동일하므로 성립하는 관계는 '$Z_0=Z_1=Z_2$'이다.

더 알아보기

3상 회로에 사용되는 송전선로의 영상, 정상, 역상 임피던스를 각각 Z_0, Z_1, Z_2라고 하면, 성립하는 관계는 '$Z_1=Z_2<Z_0$'이다.

15 정답 ③

전압이 154[kV]인 송전선로에 사용되는 현수애자 1련의 애자 수는 '9~11개'이다.

더 알아보기

전압별 애자 1련의 애자 수

전압[kV]	22.9	66	154	345	765
애자 수(개)	2~3	4~6	9~11	19~23	39~43

16 정답 ①

연가의 효과로는 소호 리액터 접지 시 직렬 공진 방지, 유도 장해 감소, 선로 정수 평형, 임피던스 평형이 있다.

17 정답 ②

전압변동률을 줄여 단락비를 증가시키는 것이 송전선로의 안정도 향상 대책이므로 적절하지 않다.

18 정답 ②

2초 내에 자동적으로 고압 전로를 차단하는 장치가 없으므로 제2종 접지 저항값은 $\frac{150}{1선\ 지락\ 전류}[\Omega]$ 이하이다.

따라서 제2종 접지의 최대 저항값은 $\frac{150}{60}=2.5[\Omega]$이다.

19 정답 ②

제시된 내용은 열차 자동 운전 장치인 ATO에 대한 설명이다.

오답 체크

① ATC: 자동 열차 제어 장치

③ ATP: 자동 열차 방호 장치

④ ATS: 자동 열차 정지 장치

⑤ CBTC: 무선 통신을 이용한 열차 제어

20 정답 ①

대용폐색방식은 열차 고장이나 장애로 상용폐색을 사용할 수 없을 때 사용하는 폐색이다.

21 정답 ②

종합 전달함수를 $G(s)$, 입력을 $R(s)$, 출력을 $C(s)$라고 할 때, $C(s)=G_1\times G_2\times R(s)$, $G(s)=\frac{C(s)}{R(s)}$임을 적용하여 구한다.

따라서 종합 전달함수 $G(s)=\frac{C(s)}{R(s)}=\frac{G_1\times G_2\times R(s)}{R(s)}=G_1\times G_2$이다.

22 정답 ②

계자 권선의 저항이 증가하면 계자 저항기의 저항이 증가하므로 공급전압을 나눈 여자 전류가 감소하고, 이에 따라 계자 자속도 감소하게 된다.

따라서 $n=k\frac{V-I_aR_a}{\Phi}$에 따라 자속 Φ가 감소하면 회전 속도 n은 증가하게 된다.

23 정답 ④

1차 지연 요소의 전달함수는 $G(s)=\frac{1}{1+T_s}$이다.

더 알아보기

전달함수의 요소

요소	전달함수
비례요소	$G(s)=K$
미분요소	$G(s)=T_s$
적분요소	$G(s)=\frac{1}{T_s}$
1차 지연 요소	$G(s)=\frac{1}{1+T_s}$
2차 지연 요소	$G(s)=\frac{\omega_n^2}{s^2+2\zeta\omega_n s+\omega_n^2}$
부동작 시간 요소	$G(s)=Ke^{-Ls}=\frac{K}{e^{Ls}}$

24 정답 ⑤

환상 솔레노이드의 자기 인덕턴스 $L=\frac{\mu SN^2}{l}$임을 적용하여 구한다.

자로 길이를 a배라고 했을 때, 단면적 S를 2배, 권수 N을 10배 했을 때 자기 인덕턴스 $L=\frac{\mu SN^2}{l}=\frac{\mu\times 2S\times(10N)^2}{al}$이므로 자로는 200배이다.

25 정답 ①

포트 전동기의 속도 제어에 적합한 것은 전동기에 가해지는 전원 주파수를 바꾸어 속도를 제어하는 방법으로서 원동기의 속도 제어에 의해 전용 발전기의 주파수를 변화시키는 '주파수 변화에 의한 제어'이다.

더 알아보기

전동기의 제어 방식에 따른 특징

구분	속도 제어 방식	특징
유도 전동기	1차 주파수 제어	· 광범위한 속도 제어 가능 · 속도 제어가 가능한 전 영역에서 고효율 운전이 가능
	극수 변환	· 단계적인 속도 제어 가능 · 다단기는 대형으로 가능
	1차 전압 제어	· 저속 시 효율이 낮음 · 속도 변동이 큼
	2차 저항 제어	· 저속 시 효율이 낮음 · 간단한 장치로 구성
	2차 여자 제어	· 제어 가능한 속도 범위의 제한 · 효율이 높음
직류 전동기	전압 제어	· 광범위한 속도 제어 가능 · 효율이 높고 응답성이 좋음 · 정 Torque 특성
	저항 제어	· 속도 변동이 큼 · 효율이 낮음
	계자 제어	· 제어 가능한 속도 범위의 제한 · 정 출력 특성

26 정답 ②

전계의 세기를 E, 도전율을 k, 전류밀도를 i라고 하면 $i=kE$임을 적용하여 구한다.

$E=5[V/m]$, $k=10^{-4}[\mho/m]$이다.

따라서 이 점의 전류밀도 $i=5\times10^{-4}[A/m^2]$이다.

27 정답 ①

불평형률 $=\frac{\text{역상분}}{\text{정상분}}\times100[\%]$임을 적용하여 구한다.

① 정상 전압: $200[V]$,

역상 전압: $20[V]$의 불평형률 $=\frac{20}{200}\times100=10[\%]$

② 정상 전압: $200[V]$,

역상 전압: $50[V]$의 불평형률 $=\frac{50}{200}\times100=25[\%]$

③ 정상 전압: $150[V]$,

역상 전압: $50[V]$의 불평형률 $=\frac{50}{150}\times100\fallingdotseq33[\%]$

④ 정상 전압: $150[V]$,

역상 전압: $70[V]$의 불평형률 $=\frac{70}{150}\times100\fallingdotseq47[\%]$

⑤ 정상 전압: $100[V]$,

역상 전압: $70[V]$의 불평형률 $=\frac{70}{100}\times100=70[\%]$

따라서 불평형률이 가장 낮은 것은 ①이다.

28 정답 ③

단위 계단 함수의 라플라스 변환과 z 변환 함수는 다음과 같다.

$f(t)$	$F(s)$	$F(z)$
$\delta(t)$	1	1
$\mu(t)$	$\frac{1}{s}$	$\frac{z}{z-1}$

따라서 단위 계단 함수의 라플라스 변환 함수는 '$\frac{1}{s}$', z 변환 함수는 '$\frac{z}{z-1}$'이다.

29 정답 ⑤

유전율 $1[\epsilon]=8.85\times10^{-12}[C^2/Jm]$이다.

더 알아보기

- **MKS 단위계:** 길이·질량·시간의 단위를 미터(m), 킬로그램(kg), 초(s)의 단위로 삼아 물리량을 표현하는 단위계
- **CGS 단위계:** 길이·질량·시간의 단위를 센티미터(cm), 그램(g), 초(s)의 단위로 삼아 물리량을 표현하는 단위계

30 정답 ②

터빈 발전기는 비돌극형 발전기의 특징이므로 적절하지 않다.

더 알아보기

돌극형 발전기와 비돌극형 발전기 비교

돌극형 발전기	비돌극형 발전기
· 극수가 많다. · 공극이 불균일하다. · 저속기(수차 발전기) · 철기계	· 극수가 적다 · 공극이 균일하다 · 고속기(터빈 발전기) · 동기계

31
정답 ⑤

강자성체는 자구를 가지고, 비투자율과 자화율이 크며, 히스테리시스 현상이 있다.

32
정답 ③

정격 전압을 V, 정격 출력을 P, 전기자 권선의 저항을 R_a, 분권 계자의 저항을 R_f, 전기자 전류를 I_a, 부하 전류를 I, 계자 전류를 I_f라고 할 때, 분권 발전기에서 계자회로 조건이 없는 경우 $I_a = I + I_f = \frac{P}{V} + \frac{V}{R_f}$, 변화된 정격 전압 $V_0 = V + R_a I_a$, 전압 변동률 $= \frac{V_0 - V}{V} \times 100$임을 적용하여 구한다.

$V = 200[V]$, $P = 10[kW] = 10 \times 10^3[W]$, $R_a = 0.1[\Omega]$, $R_f = 100[\Omega]$이므로

$I_a = \frac{P}{V} + \frac{V}{R_f} = \frac{10 \times 10^3}{200} + \frac{200}{100} = 52[A]$이고, $V_0 = V + R_a I_a = 200 + 0.1 \times 52 = 205.2[V]$이다.

따라서 전압 변동률[%]은 $\frac{205.2 - 200}{200} \times 100 = 2.6[\%]$이다.

33
정답 ②

사용 전압이 $15[kV]$ 초과 $25[kV]$ 이하일 때, 각 접지선을 중성선으로부터 분리하면 매 $1[km]$마다의 합성 전기 저항값은 최대 $15[\Omega]$이다.

34
정답 ④

매개 변수 변화에 따른 폐루프 극점을 표현한 것은 *Root Locus* 기법이므로 적절하지 않다.

더 알아보기

- Nyquist 선도: 루프전달함수를 극좌표 형태로 도시한 것으로 전 주파수에 걸쳐 주파수응답 특성을 알 수 있다.

35
정답 ④

전선의 지지점 높이 $= (\frac{2}{3} \times$ 전선의 이도$)$ + 전선의 평균 높이임을 적용하여 구한다.

전선의 이도는 $3[m]$, 전선의 평균 높이는 $15[m]$이므로

전선의 지지점 높이 $= \frac{2}{3} \times 3 + 15 = 17[m]$이다.

36
정답 ④

전로에 사용하는 대지전압이 $150[V]$ 초과 $300[V]$ 이하일 때 전로와 대지 사이 절연저항의 최솟값은 $0.2[M\Omega]$이다.

37
정답 ①

산지의 평균 경사도는 25° 이하여야 하므로 적절하지 않은 설명이다.

38
정답 ③

콘덴서의 정전용량이 각각 C_1, C_2, C_3일 때, 이를 병렬로 연결했을 경우 콘덴서의 합성정전용량 $C = C_1 + C_2 + C_3$임을 적용하여 구한다.

콘덴서 3개의 정전용량이 모두 C이므로 콘덴서의 합성정전용량은 $C + C + C = 3C$이다.

이때 각 콘덴서의 양단에 걸리는 전압은 V이므로 콘덴서 3개의 총 에너지 $w = \frac{1}{2}QV = \frac{1}{2}CV^2 = \frac{3}{2}CV^2$이다.

39
정답 ④

$Z = R + jX_L$임을 적용하여 구한다.

$Z_3 = R + j3\omega L = \sqrt{8^2 + (3 \times 2)^2} = 10[\Omega]$이므로 제3고조파 전류의 실횻값 $I_3 = \frac{V_3}{Z_3} = \frac{50}{10} = 5[A]$이다.

40
정답 ⑤

전계의 세기는 벡터이므로, 정육각형 중심에서의 전계의 세기는 각 점에 대한 벡터의 합을 의미한다.

따라서 정육각형 중심에서의 전계의 세기는 여섯 개의 꼭짓점까지의 전계의 벡터 합이므로 0이다.

더 알아보기

정n각형의 각 꼭짓점에 동일한 크기의 점전하가 놓여있을 때, 정n각형 중심에서의 전계의 세기는 0이다.

기계일반

p.314

01	02	03	04	05	06	07	08	09	10
③	③	④	②	④	⑤	④	②	④	②
11	**12**	**13**	**14**	**15**	**16**	**17**	**18**	**19**	**20**
④	①	③	⑤	③	①	①	②	①	④
21	**22**	**23**	**24**	**25**	**26**	**27**	**28**	**29**	**30**
②	②	③	①	②	⑤	⑤	①	①	②
31	**32**	**33**	**34**	**35**	**36**	**37**	**38**	**39**	**40**
③	③	④	①	⑤	④	①	③	③	④

01 정답 ③

주축의 끝에 설치되는 척은 공작물의 바깥지름을 고정하며 그 종류로는 단동척, 연동척, 유압척이 있고, 맨드릴은 구멍이 있는 공작물의 측면이나 바깥지름을 가공할 때 사용된다.
따라서 ㉠~㉣에 들어갈 알맞은 단어는 '척 - 바깥 - 맨드릴 - 바깥'이다.

02 정답 ③

원주피치(Circular pitch)는 한 개의 이와 다음 이 사이의 원주 길이를 의미한다.

03 정답 ④

셀러 커플링은 머프 커플링을 개량한 것으로 바깥 원통이 원추형이고, 2개의 축이 평행하거나 2개의 축이 거리가 가까울 때 사용하는 커플링은 올덤 커플링이다.

04 정답 ②

프와송 비 = $\frac{\text{가로 변형률}}{\text{세로 변형률}}$, 프와송 수 = $\frac{1}{\text{프와송 비}}$임을 적용하여 구한다.

프와송 비가 $\frac{\frac{0.05cm}{20cm}}{\frac{5cm}{200cm}} = \frac{0.0025}{0.025} = 0.1$이므로

프와송 수는 $\frac{1}{0.1} = 10$이다.

05 정답 ④

모듈을 m, 원동 측 기어의 잇수를 z_1, 종동 측 기어의 잇수를 z_2라고 할 때, 중심거리 = $\frac{m(z_1+z_2)}{2}$임을 적용하여 구한다.

중심거리 = $\frac{m(z_1+z_2)}{2}$ = 1,000이므로

$z_1+z_2 = 1{,}000 \times \frac{2}{m} = 1{,}000 \times \frac{2}{5} = 400[m]$이다.

따라서 종동 측 기어의 잇수 $z_2 = 400 - 100 = 300[m]$이다.

06 정답 ⑤

$p = wL$일 때, $\delta_1 = \frac{wL^4}{8EI}$, $\delta_2 = \frac{PL^3}{3EI}$임을 적용하여 구한다.

따라서 끝단 처짐의 비 $\frac{\delta_1}{\delta_2} = \frac{\frac{wL^4}{8EI}}{\frac{PL^3}{3EI}} = \frac{\frac{PL^3}{8EI}}{\frac{PL^3}{3EI}} = \frac{3}{8}$이다.

07 정답 ④

항복점은 탄성에서 소성으로 넘어가는 지점이다.

더 알아보기

- **비례한도:** 물체에 외력이 가해질 때 물체의 내력과 변형의 비례가 깨어지는 점
- **극한강도:** 구조 부재의 지지 능력의 한계까지 이르게 되는 상태의 강도
- **파괴점:** 물체가 크게 변화하여 파괴되는 극한점

08 정답 ②

기둥의 길이를 l, 최소회전 반경을 K, 단면적을 A, 최소단면 2차 모멘트를 I_{min}라고 할 때, 세장비$=\frac{l}{K}$, $K=\sqrt{\frac{I_{min}}{A}}$임을 적용하여 구한다.

기둥의 길이 $l=3[m]$, 최소회전 반경 $K=\sqrt{\frac{1800}{200}}=3$, 단면적 $A=200[m^2]$, 2차 모멘트 $I_{min}=1800[m^4]$이므로 세장비$=\frac{3}{3}=1$이다.

09 정답 ④

압력$[kPa]$을 p, 직경$[m]$을 d, 두께$[m]$를 t라고 할 때, 원주방향 응력$=\frac{pd}{2t}$임을 적용하여 구한다.

압력 $p=2000[kPa]$, 직경 $d=1.2[m]$, 두께 $t=0.02[m]$이므로 $\frac{pd}{2t}=\frac{2000kPa\times1.2}{2\times0.02}=6000kPa=6MPa$이다.

10 정답 ②

길이 L, 단면 A인 봉에 하중 P를 가했을 때 봉의 변형량 $\delta=\frac{PL}{EA}$임을 적용하여 구한다.

횡탄성계수 $G=\frac{E}{2(1+v)}$, 종탄성계수 $E=2G(1+v)$이므로 봉의 변형량 $\delta=\frac{PL}{EA}=\frac{PL}{2G(1+v)A}$이다.

11 정답 ④

$p=wL$일 때, $\delta_1=\frac{5wL^4}{384EI}$, $\delta_2=\frac{wL^4}{8EI}$임을 적용하여 구한다.

따라서 최대 처짐량의 비 $\frac{\delta_1}{\delta_2}=\frac{\frac{5wL^4}{384EI}}{\frac{wL^4}{8EI}}=\frac{40}{384}=\frac{5}{48}$이다.

12 정답 ①

주어진 수직응력의 압축응력은 $60[MPa]$, 인장응력은 $80[MPa]$이므로 모어원상의 두 점은 (-60, 40)과 (80, -40)이고, 모어원의 중심은 $\frac{-60+80}{2}=10$이므로 (10, 0)이다.

따라서 AB 단면은 기울어져 있으므로 모어원상에서는 90도만큼 반시계방향으로 회전한 ①이 답이 된다.

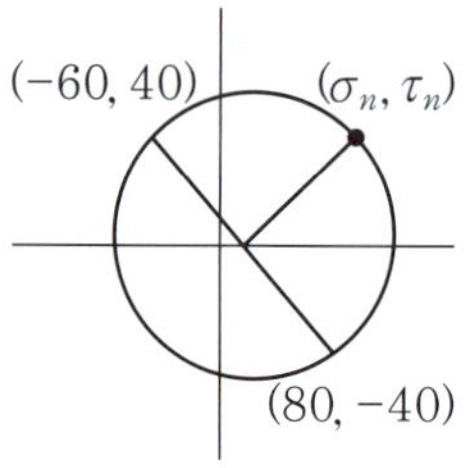

13 정답 ③

$A_0l_0=Al=A(l_0+\epsilon_nl_0)=Al_0(1+\epsilon_n)$일 때, 진 응력 $\sigma_T=\frac{P}{A}$임을 적용하여 구한다.

$\sigma_T=\frac{P}{A}=\frac{P}{\frac{A_0}{1+\epsilon_n}}=\sigma_n(1+\epsilon_n)$이다.

14 정답 ⑤

판재의 두께가 t일 때, 겹치기이음에서 바하의 경험식에 의한 리벳의 지름 $d=\sqrt{50t}-4$임을 적용하여 구한다.

판재의 두께 $t=50[mm]$이므로 리벳의 지름

$d=\sqrt{50\times50}-4=\sqrt{2{,}500}-4=50-4=46[mm]$이다.

더 알아보기

바하의 경험식에 의한 리벳의 지름 d

- 겹치기이음: $d=\sqrt{50t}-4$
- 양쪽 덮개판 이음
  - 1줄 리벳: $d=\sqrt{50t}-5$
  - 2줄 리벳: $d=\sqrt{50t}-6$
  - 3줄 리벳: $d=\sqrt{50t}-7$

15 정답 ③

인성 증가, 조직의 안정화, 응력을 제거하기 위한 열처리 방법은 '뜨임'이다.

오답 체크

① 담금질: 변태점 이상으로 가열한 후 물이나 기름에 급랭시켜 경도를 증가시킨다.

② 풀림: 일정온도에서 일정시간 가열 후 서서히 냉각시켜 내부응력을 제거한다.

④ 불림: 변태점 이상의 적당한 온도로 가열한 다음 일정시간 유지 후 서서히 공랭시키며, 취성을 낮추고 전연성을 향상시킨다.

⑤ 오스템퍼링: 250~600[℃]의 열욕에 담금질 작업한 후, 과냉각된 오스테나이트가 변태완료될 때까지 일정한 온도로 유지 후, 공기 중에서 서냉한다.

16

정답 ①

공작물의 지름을 d, 회전속도를 n이라 할 때, 회전운동의 절삭 속도 $v=\frac{\pi dn}{1,000}$임을 적용하여 구한다.

공작물의 지름 $d=10[cm]=100[mm]$, 회전속도 $n=100$ $[rpm]$이므로 절삭 속도 $v=\frac{\pi dn}{1,000}=\frac{\pi\times100\times100}{1,000}=31.4$ $[m/min]$이다.

17

정답 ①

새로운 연삭숫돌 입자를 생기게 하는 작업은 '드레싱'이다.

오답 체크

② 눈메움: 숫돌 표면의 기공이 칩에 의해 메워지는 현상

③ 트루잉: 모양이 변화된 숫돌을 정확한 모양으로 가공하는 작업

④ 폴리싱, ⑤ 호빙: 연마 작업의 한 종류

18

정답 ②

외력을 가할 때 결정이 미끄러져 움직이는 현상은 '슬립'이다.

더 알아보기

- **쌍정:** 결정 일부분의 방향이 모 결정에 대칭을 이루고 있는 것

19

정답 ①

수소저장합금은 금속과 수소가 반응하여 수소와 결합하여 있다가 필요할 때 수소를 방출하며, 대표적인 수소저장합금으로는 TiFe, Mg_2Ni 등이 있으므로 옳지 않은 설명이다.

20

정답 ④

SM45C에서 45C는 탄소 함유량 0.45%를 의미하므로 옳지 않은 설명이다.

21

정답 ②

비열비를 γ, 압축비를 r이라고 할 때, 효율 $n=1-\frac{1}{r^{\gamma-1}}$임을 적용하여 구한다.

비열비 $\gamma=1.4$, 압축비 $r=7$이므로

효율 $n=1-\frac{1}{7^{1.4-1}}=1-\frac{1}{7^{0.4}}=0.54$인 54%이다.

22

정답 ②

금속 구의 비열을 C_m, 금속 구의 질량을 m_m, (금속 구의 온도-평형온도)를 T_m, 물의 비열을 C_w, 물의 질량을 m_w, (평형온도-물의 온도)를 T_w라고 할 때, $C_m m_m \Delta T_m=C_w m_w \Delta T_w$임을 적용하여 구한다.

금속 구의 질량 $m_m=0.1[kg]$, (금속 구의 온도-평형온도) $T_m=(100-30)[℃]$, 물의 비열 $C_w=4,200[J/kg℃]$, 물의 질량 $m_w=1[kg]$, (평형온도-물의 온도) $T_w=(30-20)[℃]$이므로 $C_m\times0.1\times(100-30)=4,200\times1\times(30-20)$이다.

따라서 금속 구의 비열 $C_m=6,000[J/kg℃]=6[kJ/kg℃]$이다.

23

정답 ③

$P_1V_1=mRT_1$임을 적용하여 구한다.

$m=\frac{P_1V_1}{RT_1}=\frac{287\times3}{0.287\times(273+27)}=10[kg]$이며, 정적 과정이므로

엔트로피 변화량 $\Delta S=mC_v ln\frac{T_2}{T_1}=10\times0.716\times ln\frac{400}{300}$

$=2.06[kJ/K]$이다.

24

정답 ①

열이 전도의 형태로 전달되는지, 대류의 형태로 전달되는지를 결정하는 무차원 수는 '레일리수'이다.

더 알아보기

- **프루드수:** 관성력과 중력의 비
- **마하수:** 음속과 물체 속도의 비
- **프란틀수:** 점성력과 열확산율의 비
- **레이놀즈수:** 관성력과 점성력의 비

25

정답 ②

오토사이클의 열효율 $=1-\frac{T_4-T_1}{T_3-T_2}$임을 적용하여 구한다.

따라서 열효율은 $1-\frac{360-300}{500-400}=1-\frac{60}{100}=1-0.6=0.4$이다.

26 정답 ⑤

열용량에 대한 열전도율의 비는 '열확산율'이다.

오답 체크

① 정적비열: 기체 1[kg]을 체적이 일정한 상태에서 온도 1[℃]만큼 높이는 데 필요한 열량

② 정압비열: 기체 1[kg]을 압력이 일정한 상태에서 온도 1[℃]만큼 높이는 데 필요한 열량

③ 열유속: 단위 면적 및 단위 시간당 통과하는 열량

27 정답 ⑤

과도전도에서 사용되는 $Fourier$ 수는 '$\frac{\alpha t}{L_c^2}$'이다.

오답 체크

① $\frac{U}{\alpha}$: 마하수　② $\frac{C_p\mu}{k}$: 프란틀수

③ $\frac{pv^2}{P}$: 오일러수　④ $\frac{V}{\sqrt{gL}}$: 프루드수

28 정답 ①

열역학 제1법칙에 의해

$Q=W+m(h_2-h_1)=W+mC_p(T_2-T_1)=50+0.2\times1.005\times(500-1{,}000)=50-100.5=-50.5[kJ/s]$

따라서 열 손실률은 $-50.5[kJ/s]$이다.

29 정답 ①

열전도율 k, 벽의 면적 A, 벽의 두께 L, 온도 차이를 ΔT라고 할 때, 열 손실률 $q=kA\frac{\Delta T}{L}$임을 적용하여 구한다.

열전도율 $k=2[W/m]$, 벽의 면적 $A=0.5\times4=2[m^2]$, 벽의 두께 $L=0.2[m]$, 온도 차이 $\Delta T=1{,}500-1{,}000=500[K]$이므로 열 손실률 $q=2\times2\times\frac{500}{0.2}=10{,}000[W]=10[kW]$이다.

30 정답 ②

㉡ 열역학 제1법칙은 에너지 보존에 관한 법칙이므로 옳지 않은 설명이다.

㉣ 열역학 제3법칙은 절대영도 불가능의 법칙이므로 옳지 않은 설명이다.

따라서 열역학법칙에 대한 설명으로 옳은 것을 모두 고르면 '㉠, ㉢'이다.

더 알아보기

- **열역학 제0법칙**: 한 물체 C와 각각 열평형 상태에 있는 두 물체 A와 B는 서로 열평형 상태에 있다는 법칙
- **열역학 제1법칙**: 계가 열을 방출하면 내부에너지는 줄어들고 흡수하면 내부에너지가 증가한다는 법칙
- **열역학 제2법칙**: 에너지에는 전달 방향이 있다는 법칙
- **열역학 제3법칙**: 절대온도 0도에서 엔트로피 값에 관한 법칙

31 정답 ③

대류 열전달계수를 h, 물체의 열전도율을 k, 대표길이를 L이라고 할 때, $Biot$ 수 $Bi=\frac{L\times h}{k}$임을 적용하여 구한다.

대류 열전달계수 $h=400[W/m^2]$, 열전도율 $k=20[W/m]$, 대표길이 $L=\frac{0.6}{3}=0.2[m]$이므로 $Biot$ 수 $Bi=\frac{L\times h}{k}=\frac{0.2\times400}{20}=4$이다.

32 정답 ③

냉동기의 증발기 온도가 T_2, 역카르노 사이클의 성능계수가 COP일 때, 응축기 온도 $T_1=\frac{T_2}{COP}+T_2$임을 적용하여 구한다.

증발기 온도가 300[K], 성능계수가 2이므로 응축기 온도 $T_1=\frac{300}{2}+300=150+300=450[K]$이다.

33 정답 ④

동점성 계수를 v, 밀도를 p라고 할 때, $v=\frac{\mu}{p}$를 적용하여 구한다.

따라서 점성계수 $\mu=vp=10[cm^2/s]\times5[g/cm^3]=50[g/cm]$이므로 50[$poise$]이다.

34 정답 ①

유속을 V, 직경을 D, 동점성 계수를 v라고 할 때, $Re=\frac{VD}{v}$임을 적용하여 구한다.

유속 $V=10[m/s]$, 직경 $D=0.2[m]$, 동점성 계수 $v=0.005[m^2/s]$일 때, $Re=\frac{10\times0.2}{0.005}=400$층류이다.

따라서 마찰계수 $f=\frac{64}{Re}=\frac{64}{400}=0.16$이다.

35 정답 ⑤

건도 $= \frac{m_{증기}}{m}$임을 적용하여 구한다.

$m_{용액} = \frac{v(부피)}{\mu(비체적)} = \frac{0.1\times0.1}{0.001} = 1[kg]$,

$m_{증기} = \frac{v(부피)}{\mu(비체적)} = \frac{0.1\times0.2}{2} = 0.045[kg]$이며,

전체질량 $m = 1 + 0.045 = 1.045[kg]$이다.

따라서 건도 $= \frac{m_{증기}}{m} = \frac{0.045}{1.045} = 0.043$이다.

36 정답 ④

공기 중에서 물체의 무게 = 유체 속에 잠겼을 때 물체의 무게 + 부력임을 적용하여 구한다.

$1000[N] = 500[N]$ + 부력이므로 부력 $= 500[N]$이다.

이때 비중량 × 부피 = 500이므로 부피 $= \frac{500}{500} = 1[m^3]$이다.

37 정답 ①

파이프 벽에 거친 모래를 부착하면 항력이 커지므로 옳지 않은 설명이다.

38 정답 ③

흐르는 액체의 유량과 속도가 증가하기 시작할 때 펌프 입구에서 캐비테이션이 발생한다.

39 정답 ③

비압축 정상 유동의 관 흐름에서 유량은 일정하므로

$A_1v_1 = A_2v_2 \rightarrow 50\times20 = 5\times v_2 \rightarrow v_2 = 200$

이에 따라 단면 2의 유속은 $200[mm/s]$이다.

이때 면적이 넓은 단면 1에서는 속도가 느려지고 압력이 높아지며, 면적이 좁은 단면 2에서는 속도가 빨라지고 압력이 낮아지므로

$P_1 + \frac{1}{2}\rho v_1^2 = P_2 + \frac{1}{2}\rho v_2^2 \rightarrow P_1 - P_2 = \frac{1}{2}\rho(v_2^2 - v_1^2)$임을 적용하여 구하면 단면 1과 단면 2의 압력 차이는 $\frac{1}{2}\times10\times(200^2 - 20^2) = 198{,}000[kg/mm\cdot s^2] = 198[N/mm^2] = 0.198[kN/mm^2]$이다.

더 알아보기

- $1[N]$(힘의 단위): $1[kg]$의 질량을 갖는 물체를 $1[m/s^2]$가속시키는 데 필요한 힘($1[N] = 1[kg\cdot m/s^2]$)

40 정답 ④

파스칼의 원리에 의해 가운데 단면에서의 압력은 같아야 한다.

$P_A = P_B \rightarrow \frac{F_A}{A} = \frac{F_B}{B}$이고, 단면 A의 넓이는 $200[mm^2]$, 단면 B의 넓이는 $100[mm^2]$이므로

$\frac{F_A}{A} = \frac{F_B}{B} \rightarrow \frac{F_A}{200} = \frac{F_B}{100} \rightarrow \frac{F_A}{F_B} = \frac{200}{100} = 2$이다.

따라서 평형을 유지하기 위한 $\frac{F_A}{F_B}$의 값은 '2'이다.

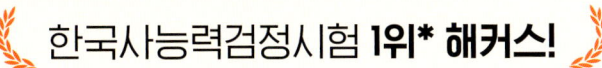